SPSS 18.0 활용
– 예제 데이터 파일 부록 참조 –

유아 · 아동교육에서의

교육통계와 SPSS

| 유구종 지음 |

창지사

본 책은 유아교육과 아동교육 분야에서의 활용을 중심으로 교육통계의 이론과 실제, 그리고 SPSS 활용에 대하여 다루었습니다. 이론의 경우 대학원 학생들이(학부생조차도) 수학적 배경지식의 도움을 받지 않고도 이해할 수 있도록 최선을 다하였으며, 실제의 경우 복잡한 계산공식의 사용이나 계산 절차의 사용은 배제하려고 노력하였습니다. 이는 통계를 어려워하는 유아교육과 아동교육 분야의 학생들이 쉽게 교육통계에 접할 수 있도록 하는 노력이었으나 심도 있는 기술이 되지 못한 아쉬움은 큰 게 사실입니다. 저자의 부족함으로 인하여 설명되지 못한 부가적인 내용은 교육통계 관련 전공서적을 추가로 참고하시기 바랍니다.

유아교육학과 학생들을 대상으로 교육통계 과목을 강의하면서 느낀 것은 학생들이 수식에 의해서 통계처리하는 과정을 꺼린다는 사실입니다. 교육 연구에 필수적으로 등장하는 것이 수(數)이고 이러한 수에 대한 통계적인 처리는 꼭 필요하다는 식의 충고는 교육통계 교재에 등장하는 수많은 개념과 수식 앞에 지쳐버린 학생들에게는 큰 위안을 주지 못합니다.

실제로 교육 분야에서 사용되는 통계 방법이나 개념들을 한 학기 강의를 통하여 전달하는 데는 한계가 있습니다. 학생들에게 익숙하지 않은 수학 기호와 수식의 이해를 통하여 필요한 모든 통계 방법이나 개념들을 전달하기에는 너무나도 부족한 시간입니다. 본 책은 교육통계와 관련한 필수적인 개념들을 이해하게 하고 실제로 사용되는 통계 방법을 수식보다는 실제적인 처리 단계를 제시함으로써 쉽게 적용할 수 있게 하는 데 목표를 둡니다. 때문에 통계적인 기초 지식을 갖고 있지 않은 유아교육, 아동교육 관련 학생들이 한 학기 동안에 기초 개념과 통계 방법을 실례를 통하여 단계적으로 익힐 수 있게 합니다. 이런 이유로 본 책은 통계학에 대한 심오한 이론이나 수식의 유도 등에 관심을 갖고 있는 교육학도에게는 적합하지 않을 수 있습니다. 복잡해 보이는 통계학에 쉽게 접근하고 학생 스스로 통계 처리를 할 수 있게 하는 데 목표를 두고 씌어졌기 때문입니다.

교육 관련 전공을 하는 대학원생들의 경우 논문에 필요한 자료 처리를 위하여 많은 노력과 시간을 허비한 후에 다시 타인의 힘을 빌리는 경우를 많이 보게 되는데 이렇게 되는 근본적인 이유는 컴퓨터에 의해 통계처리를 해놓고 그 결과를 자신의 논문에 맞게 해석하고 정리하는 데 어려움을 겪기 때문입니다. 또한 유아교육기관을 비롯한 교육 현장에서는 자료 정리를 위한 간단한 통계처리만 필요한 경우가 대부분입니다.

따라서 본 책에서는 교육 관련 전공 학생들과 교육 현장에 적합한 프로그램으로 SPSS 프로그램을 사용하며 프로그램 데이터 입력을 비롯한 기본적인 사용법을 제시합니다. 또 SPSS 분석 과정과 결과표를 함께 제시할 뿐 아니라 실제 논문에서 인용된 통계처리 방법과 통계처리 결과, 해석 등을 제시함으로써 실제적인 도움을 줍니다. 이렇게 함으로써 통계처리 과정을 이론적으로 이해할 뿐 아니라 논문 작성에 실제 적용하고 진술하는 데 도움을 줄 것입니다.

통계처리 이외에 본 책의 또 하나의 목적은 기본적인 통계 개념들의 이해에 있습니다. 왜냐하면 기본적인 통계 개념을 이해하고 있어야만 통계처리된 결과물들을 이론에 맞게 해석하고 적용할 능력이 생기게 되기 때문입니다.

아무쪼록 본 책을 이용하여 유아교육이나 아동교육 관련 분야에서 공부하는 학생들이나 교육 현장의 교사들이 자신의 통계 데이터를 부담 없이 처리하고 해석하는 모습을 기대해 봅니다.

더불어 책이 나오기까지 까다로운 편집에 기꺼이 응해 주신 창지사 편집부 여러분께 고마움을 전하며 특히 많은 자료들을 분석해 주고 체계적으로 정리되지 못한 원고를 하나하나 살펴준 오재연 교수의 정진을 빕니다. 교육통계에 대한 전문적인 지식을 갖추지 못한 채로 필요한 작업이라는 마음 하나로 겁 없이 내놓은 이 책의 오류에 대한 따가운 질책을 기다립니다.

* 본 책의 통계분석에 사용된 SPSS 데이터(.sav)를 다운로드하여 사용하는 방법은 [부록]에 제시하였습니다.

* 본 책에서는 최근 버전인 SPSS 18.0(PASW STATISTICS 18.0)을 토대로 통계처리 절차를 제시하였습니다. 하위 버전 사용자 및 프로그램 미구입자는 아래 사이트 상단 메뉴에서 [제품]을 클릭하시면 평가판을 다운받아 활용할 수 있습니다. 하위 버전 사용자의 경우에는 메뉴나 대화상자가 바뀐 부분을 비교해 가면서 사용하시기 바랍니다.

http://www.spss.co.kr

2011년 10월

유구종

제2부 통계 방법과 SPSS

제3부 SPSS 통계처리와 논문 작성의 실제

제 1 부

교육통계 이론과 SPSS 활용

제 1 장

교육통계 이론과 이해

1. 교육통계의 필요성과 실제적 적용
2. 교육통계의 기본 개념과 절차의 이해
3. 표집 방법 및 절차
4. 유아교육 도구 개발과 통계

본 장에서는 실제적인 교육통계 분석을 수행하기 전에 꼭 알아두어야 할 기본 개념과 기본적인 통계분석 과정을 실례로 들어 제시하고 표집 방법들을 기술하여 이해를 도모한다. 이렇게 함으로써 앞으로 기술통계와 추리통계의 여러 기법을 익히고 전산 처리할 수 있는 이론적, 실제적 토대를 마련한다.

1. 교육통계의 필요성과 실제적 적용

통계(統計, Statistics)나 통계 방법은 무엇을 위하여 존재하는가?

실제로 과학적인 연구의 대상이 되기 위해서는 어떤 현상이 수량화, 즉 측정이 가능한 것이어야 한다. 합리적이고 과학적인 방법으로 수집된 측정치들을 자료(data)라고 하는데 통계학은 이러한 자료(양적 정보)를 기술 · 해석 · 예측하는 방법에 관한 도구학문이라고 할 수 있다. 엄밀히 말하면 통계란 측정된 자료의 처리에 관한 학문이라고 할 수 있기 때문에 실제적인 적용이 무엇보다도 강조되는 분야이다.

다른 학문과 마찬가지로 유아교육적 현상을 보다 요약 기술하고, 그 현상을 보다 정확하고 광범하게 해석하고 예언하여 줄 수 있는 것이 통계이다. 유아교육 분야에서 공부하는 학생들이나 유아교육 현장에서 종사하는 사람들은 유아들에 관한 많은 자료를 수집하여 결과를 기술하고 분석 · 종합 · 해석하여 예측할 필요성에 직면하곤 한다. 통계는 이렇게 주어진 현상을 요약 · 기술해 주는 기능과 관찰된 결과를 토대로 관찰되지 않은 전반적인 현상에 대한 일반적인 결론을 내리는 기능 둘 다를 가지고 있는 것이다.

통계는 다음과 같은 두 가지 측면에서 중요한 역할을 하며 적용될 수 있다.

첫째, 통계란 근본적으로 자료를 기술하여 이해시키는 방법을 의미하기 때문에 그 집단의 자료, 측정치를 기술하기 위해 사용된 방법, 절차를 말한다. 이는 통계가 그 집단의 특성을 이해하는 방법을 제공하며 간략하게 요약해 주는 기능을 한다는 것이다. 유아교육 현장에서 유아들의 연령별 발달 특성을 파악하는 일은 통계가 하는 가장 기본적인 기능이다. 일반적으로 이러한 통계의 기능은 기술통계학 분야에 속하는 것이다. 이러한 분야의 통계처리는 계산기의 통계 기능만으로도 만족할 만한 결과를 얻을 수 있으나 SPSS나 SAS 같은 통계분석 프로그램, 엑셀과 같은 표계산 프로그램을 이용할 경우 보다 체계적인 분류에 의한 기술 통계치를 얻을 수 있다.

둘째, 관찰된 제한된 자료를 가지고 예측에 의하여 일반적인 결론을 도출한다. 이는 소집단에 관한 자료를 기초로 하여 측정되지 않은 대집단의 개개인에 대하여 예측을 하거나 일반화하는 기능을 말하는 것인데 이러한 기능은 추리통계학 분야에 속한다.

이러한 통계의 기능은 연구 결과에 의하여 계획을 수립하고 의사 결정을 하는 근거가 된다는 점에서 중요하다. 연구 결과가 연구 대상 집단, 연구 상황을 벗어나 일반화를 가능하게 해 주기 때문에 연구 결과를 토대로 현장에 투입하여 의사 결정을 하는 데 중요한 역할을 할 수 있다. 예를 들면, 유치원 원장이 외국에서 도입된 새로운 교수 방법을 유치원에 적용할 것인지 결정을 내리는 데 통계를 사용할 수 있다. 이러한 통계는 기존의 연구 결과를 사용할 수도 있지만 새로운 연구를 시도할 수도 있을 것이다. 이때 대두되는 것이 통계와 연구설계와의 관계이다.

실제로 연구설계를 어떻게 하는가에 따라 사용되는 통계 기법이 달라질 것이며 연구설계의 초기 단계부터 사용될 통계 기법을 고려하여야 좋은 결과를 가져올 수 있다.

이러한 분야의 통계처리를 위해서는 엑셀 프로그램을 이용할 경우 계산 과정에 따른 하나 하나의 결과치를 얻을 수 있으며 SPSSWIN 프로그램을 이용할 경우 일괄적인 결과치를 한꺼번에 얻을 수 있다.

일반적으로 통계의 필요성을 요약해 보면 다음과 같다.

① 한 집단의 특성을 이해할 수 있게 하며 간략하게 요약해 준다.

② 연구설계를 위한 기초적 소양으로 꼭 필요하다.
통계적 소양 없이 계획된 연구설계에서는 원하는 결과를 얻어 낼 수 없을 뿐만 아니라 연구설계의 시작 단계에서 통계를 고려하지 않아서 생기는 잘못된 연구 결과는 어떤 통계적 방법으로도 타당성을 보장받을 수 없다.

③ 통계 방법과 통계 이론은 전공 문헌들을 이해하는 데 필수적 요소이다.
많은 서적이나 논문이 통계적 개념을 이용한 이론이나 결론을 전개하고 있기 때문이다.

④ 통계 방법 활용을 통하여 합리적이고 과학적인 사고 능력을 증진할 수 있다.
유아교육 장면에서 관찰이나 인터뷰 등 주관적인 자료들로 생기는 비과학적인 면을 통계 방법을 통하여 해결할 수 있다.

2. 교육통계의 기본 개념과 절차의 이해

다른 학문 분야와 마찬가지로 통계학 분야도 전문용어가 있다. 본 절에서는 교육에 관련된 사람들이 통계학을 공부할 때 꼭 알아두어야 할 몇 가지 기본 개념과 용어, 기본적인 통계처리 절차를 이해할 수 있게 하는 것에 목표를 둔다. 그 외의 각 통계 기법에서의 개념이나 용어, 절차는 책 전반에 걸쳐 소개한다.

1) 측정

(1) 질적 측정과 양적 측정

연구 방법을 분류하는 한 가지 방법이 양적 연구와 질적 연구로 전형화하여 특징짓는 것이다. 두 가지 연구 방법 사이의 가장 분명한 차이점은 수집되는 자료(데이터)의 유형에 있다. 질적 자료분석에 있어서는 전형적으로 자료가 이야기(narrative) 형태로 제시된다. 반면에 양적 자료분석에 있어서는 자료가 전형적으로 숫자(numerical) 형태로 제시된다. 질적 연구의 연구자들은 항상 관찰(observation)과 면접(interview)을 광범위하게 사용하는 반면에 양적 연구의 연구자들은 최대한 객관성을 유지하려고 한다. 질적 연구는 상황 중심(context-based)이고 개개인이나 장면의 독특성을 인정한다. 양적 연구의 연구자들은 연구 결과가 한 가지 상황에서 다른 유사한 상황으로 일반화될 수 있다고 믿으며 법칙, 패턴, 유사성을 추구한다.

과거에는 연구자들이 자신을 '질적 연구자', '양적 연구자'라는 이름으로 이름 붙이고 두 개의 연구 패러다임을 전혀 다른 것으로 여겼다. 하지만 오늘날에는 점점 더 많은 연구자들이 두 패러다임 사이의 차이점을 인정하면서도 서로 보충적인 관계로 보면서 연구 수행에 있어서 두 가지 모두를 함께 사용하는 것을 지지하고 있다.

전형적인 양적 연구에 있어서 현상을 기술하거나 가설을 검증하기 위해서 자료들이 모아진다. 그런 다음 자료를 분석하기 위해서 통계 기법들이 사용된다. 다른 교육통계 책과 마찬가지로 본 책은 양적, 숫자 자료 분석 쪽으로 초점을 맞춘다.

(2) 변인과 측정 척도

측정(measurement)은 특정한 규칙에 따라 관찰치에 숫자를 할당하는 것으로 정의된다. 예를 들면, 측정은 어떤 현상이 발생할 때마다 숫자를 세는 것을 의미할 수도 있고, 어떤 조사에 대한 질문에 "예"라고 대답한 사람들 수를 의미할 수도 있다. 또 지능검사를 사용하는 것이나 몸무게, 키, 거리 등을 측정하는 것을 의미할 수도 있다. 각각의 측정 체계는 측정되는 것을 양화하기 위하여 각 측정 체계의 단위를 사용한다. 이러한 단위의 예를 들면 미터(meters), 마일(miles), 달러, 원, 백분위(percentiles), 빈도, 문장 읽기 수준 등이 있다.

변인(variable)은 다른 가치나 수준이 될 수 있는 측정된 특성이다. 이러한 변인의 예로는 연령, 학년, 키, 성별, 지능 등을 들 수 있다. 변인과 대조되는 개념이 상수(constant)인데, 이는 오직 한 개의 가치만을 가지는 측정이다. 예를 들면, 지름이 24cm인 정사각형의 한 변의 길이는 상수이다. 즉, 정사각형에서는 모든 변의 길이는 같아서 각 변의 길이가 다를 수 있는 다른 도형과는 반대된다. 또 연구의 참여자 모두가 3학년이라면 학년은 변수가 아니라 상수가 된다.

힌 트

여기에서 예로 든 학년이나 어떤 다른 특성이(예를 들면, 사회경제적 지위와 같은) 상수인지 변인인지에 대한 결정은 연구설계에 달려 있다. 예를 들면, 시간 경과에 따른 특별한 성장 유형을(예를 들면, 인지능력이나 사회적 기술) 측정하려고 하는 연구에 있어서는 학년이 변인일 수 있으며 몇 개의 학년 수준이 연구에 포함될 수 있을 것이다. 반면에, 1학년을 대상으로 3개의 교수 방법이 사용되는 연구에 있어서는 학년이 상수이다.

변인은 연속적일 수도 있고 비연속적일 수도 있다. 연속변인(continuous variables)은 넓은 범위의 가치를 가질 수 있으며 조금씩 증가하는 무한한 수를 포함한다. 예를 들면, 키(height)는 연속변인이다. 1cm를 단위로 사용할 수는 있지만 사람들의 키는 1cm 단위보다 더 작은 단위로 서로 차이를 보일 수 있다. 반대로, 불연속변인(discrete variables)은 어떤 주어진 두 개의 지점 사이에 한정된 수의 분명한 가치를 포함한다. 어떤 검사 점수는 불연속변인이다. 예를 들면, 어떤 검사에서 한 학생이 20점이나 21

점의 점수를 얻을 수는 있으나 20.5점은 얻을 수 없다.

지능검사의 경우를 예로 들면, 검사 자체는 특별한 점수들만 기록할 수 있는 반면에 (불연속변인) 지능 자체는 연속변인이다. 이와는 반대로 연구 보고서들은 불연속변인을 연속변인으로 취급하는 경향을 띠고 기술하는 경우가 많다. 예를 들면, 어떤 유치원의 교실당 유아 수를 보고하는 연구에서는 일반적으로 교실당 유아 수 26.4명으로 보고한다.

일반적으로 사용되는 4개 유형의 측정척도(measurement scales)가 있는데 명명척도(nominal scales), 서열척도(ordinal scales), 간격척도(interval scales), 비율척도(ratio scales) 등이다. 4개 척도 모두 숫자를 사용하는 것은 같지만 각 척도에서의 숫자들은 다른 속성을 갖고 있으며 다르게 조작되어야 한다. 여기에서 관찰한 것들을 양화(量化)하기 위하여 사용되는 숫자 척도들을 구별해 내는 것은 연구자의 의무로 남는데, 이러한 구별이 가능함으로써 자료를 분석하기 위하여 적용되는 적절한 통계 기법을 선정할 수 있기 때문이다.

이러한 측정척도의 유형을 기술하기 전에 이러한 척도의 유형을 나눌 때 기준이 되는 성질들을 먼저 기술한다.

(가) 척도의 성질

측정척도는 다음과 같은 3가지 성질을 가질 수 있다. 측정척도가 3가지 성질을 만족시키는 정도에 따라서 척도의 유형이 결정된다.

크기

더 크거나 작거나 같다고 평가할 수 있는 것은 척도의 크기에 의해서다. 예를 들면 신장의 측정 결과 140cm인 유아는 130cm인 유아보다 신장이 더 크다는 말이며 공격성이 6으로 평가된 유아는 4로 평가된 유아보다 더 공격적이라는 뜻이 된다.

척도의 크기(magnitude) 성질에 의하여 상대적인 위치 파악이 가능하다.

등간격

척도가 등간격(等間隔, equal intervals)으로 이루어져 있다는 것은 측정의 단위로 사용되는 속성의 크기가 척도의 어느 위치에 있거나 상관없이 동일하다는 것을 뜻한다. 예를 들면, 신장의 측정 결과 145cm인 유아와 150cm인 유아 사이의 차이는 135cm인 유아와 140cm인 유아 사이의 차이와 정확하게 같다. 이와 같이 cm는 척도의 어느 위치에서든지 특정한 양의 신장을 나타낸다는 의미에서 등간격의 성질을 갖고 있다.

등간격 성질에 의하여 가(+), 감(−)이 가능하게 된다.

절대영점

절대영점(絶對零點, absolute zero point)은 측정 중인 속성에 전혀 아무것도 존재하지 않는 값이다. 예를 들면, 체중이 0kg이라는 말은 체중이 전혀 없음을 나타내고 농구 자유투 10개를 실시하여 성공한 횟수가 0회란 말은 전혀 성공하지 못했다는 뜻이 된다. 그러나 평정의 경우에 있어서는 실험자가 할당할 수 있는 가장 낮은 점수가 절대영점을 나타내지 않는다. 예를 들면, 유아 교사의 자질 점수를 평정하는 경우에 있어서 한 유치원의 교사가 자질 평정에 있어서 0으로 평가되었다고 해서 그 교사의 교사로서의 자질이 전혀 없다는 말은 아니기 때문이다.

절대영점 성질에 의하여 승(×), 제(÷)까지 가능하게 된다.

(나) 척도의 유형

자료를 분석하기 위하여 적용할 적절한 통계 기법을 선정할 때 기준이 될 수 있는 측정척도의 유형은 다음과 같이 명명척도, 서열척도, 간격척도, 비율척도로 구분된다.

명명척도

명명척도(名命尺度, nominal scale)는 단순히 분류유목(category)을 붙임으로써 얻어지는 측정치의 개념으로 크기, 등간격, 절대영점의 성질을 지니지 않는다. 이러한 명명척도에 있어서, 숫자는 자료에 이름을 붙이거나 분류하거나 범주화하기 위하여 사용된다. 이는 가장 기본적인 척도로서 변인의 자료를 분류하는 기능만을 수행하기 때문에 분류척도라고도 한다. 예를 들어 사람은 성별, 연령, 눈의 색깔, 혈액형 등에 따라 분류될 수 있기 때문에 이러한 것들도 명명척도가 된다. 분류를 하기 위해서는 분류유목이 있어야 하고 통계처리를 용이하게 하기 위하여 분류유목에 수치를 부여하여 자료를 요약 정리하게 된다.

그러나 명명척도는 단지 분류를 나타내는 역할만을 하기 때문에 가감승제(+−×

÷)는 할 수 없다. 예를 들면, 컴퓨터 통계 프로그램에서 자료를 입력하기 위해서 성별 변인의 경우에 있어서 남자는 1, 여자는 2로 코딩할 수 있다. 그러나 이러한 경우에 1+2 또는 1×2는 아무런 의미를 갖지 못한다. 명명척도에서의 숫자는 연구자가 임의로 할당한 것이다. 때문에 반대로 남자를 2, 여자를 1로 코딩할 수도 있는 것이어서 가감승제가 아무런 의미를 갖지 못하는 것이다.

명명척도에서의 분류유목은 다음과 같은 두 가지 요건을 만족시켜야만 한다.

첫째, 명명척도에서의 분류유목은 포괄적(包括的, exhaustive)이어야 한다. 이는 변인의 모든 구성원들이 어느 분류유목엔가는 반드시 소속되어 있어야 한다는 것이다.

둘째, 명명척도에서의 분류유목은 상호 배타적(相互 排他的, mutually exclusive)이어야 한다. 이는 변인의 모든 구성원들이 반드시 한 가지 유목에만 소속되어야 한다는 것이다.

명명척도인 자료에 대하여 분석이 가능한 통계적 방법으로는 χ^2(카이자승법), %, 최빈치, phi(φ)계수 등이 있다.

서열척도

서열척도(序列尺度, ordinal scale)에 있어서는 관찰치들이 크기나 양에 따라 순서화될 수 있다. 이러한 척도는 '~보다 적다', 혹은 '~보다 많다'와 같은 개념을 갖는다. 예를 들면, 유치원에서는 준거로 IQ를 사용하여 유아들을 다른 유아들과 비교하여 순위를 매겨 순서화할 수 있다.

이러한 서열척도는 순위, 즉 상대적 위치를 나타내는 것으로 크기 성질만이 반영되며 등간격이나 절대영점의 성질은 지니지 않는다. 예를 들어, 유치원에서 유아들을 대상으로 훌라후프 돌리기를 하여 돌린 횟수에 따라 1위, 2위, 3위 등위를 매겨 상을 주는 경우 1, 2, 3이라는 척도치에는 크기라는 성질만 있을 뿐 등간격이나 절대영점의 성질은 있지 않다.

이와 같이 서열척도에 할당된 수의 크기는 상대적 위치를 말해 줄 뿐 1위와 2위의 차이가 3위와 4위의 차이와 동일하다고는 볼 수 없다. 따라서 순위의 차이는 항상 등간격을 지니지는 않는다. 이는 1위와 2위 간에는 서로 차이가 있다는 것만 보여줄 뿐 차이가 구체적으로 얼마인지는 말할 수 없다는 것을 의미한다.

또 서열척도에 할당된 수의 크기는 절대영점을 지니지 않는데, 측정하고 있는 속성에 전혀 아무것도 존재하지 않는 기준값이 존재하지 않는 것이다. 따라서 서열척도는 동일한 집단(변인 구성원) 내에서만 논의되는 것이지 타 집단과 비교될 수는 없다. 예를 들어 A유치원과 B유치원에서 유아들의 운동능력을 여러 가지 검사에 의거 비교 평가한 결과 [그림 1-1]과 같다고 하자.

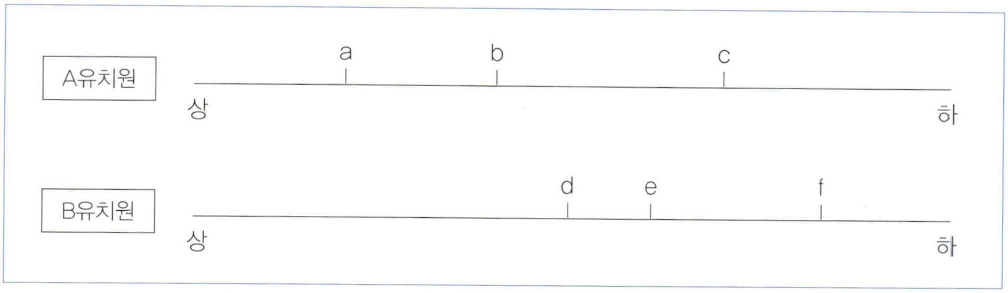

그림 1-1 유아 운동능력의 비교 평가표

[그림 1-1]에서 A유치원에서의 운동능력은 a가 b보다 우수하고, b는 c보다 우수하다고 볼 수 있으며, c와 비교해 볼 때 a가 c보다 훨씬 더 우수하다고 볼 수 있다. 그러나 위에서 말한 바와 같이 서열척도는 훨씬 더 우수하다는 등의 구체적인 차이의 정도는 나타내지 못한다. 즉, 차이가 있기는 하지만 구체적인 차이의 정도는 모르는 것이 서열척도이다.

또 한 가지 주목해야 할 것은 B유치원에서 가장 우수한 d는 A유치원에서 2위에 해당하는 b보다도 운동능력이 우수하지 못하다는 것이다. 따라서 등위는 동일 집단 내에서의 상대적 위치를 나타내는 것일 뿐 다른 집단 내에서 각각 동일한 등위를 받았다고 해서 그 능력이 동일하다고는 볼 수 없는 것이다. A유치원에서 운동능력이 20위인 유아가 B유치원에서는 1위를 할 수도 있다.

서열척도는 등간격 성질을 갖고 있지 않기 때문에 크다(〉), 작다(〈), 같다(=)는 등의 상호 비교는 할 수 있으나 이론상 가감승제(+ − × ÷)는 의미 있게 할 수가 없다. 하지만 설문지 분석 시에는 가감승제를 사용하는 경우가 많은데, 이 경우는 어떤 결론을 도출하기 위하여 등간격척도임을 가정하고 적용하는 것이다. 즉, 설문지 분석에서 5점 척도의 경우 각각의 점수를 서열뿐 아니라 등간격을 갖는 점수로 보고 분석하는 경우가 많다.

서열척도인 자료에 대하여 분석이 가능한 통계적 방법으로는 명명척도 자료에 사용 가능한 방법 이외에 중앙치, 사분편차, 등위차상관계수 등이 있다.

간격척도

간격척도(間隔尺度, interval scale)는 서열척도와 같은 성질을 갖고 있기는 하지만 척도의 점수들 사이에 동등한 간격을 갖고 있다는 점에서 다르며 동간척도(同間尺度)라고도 한다. 교육통계 책에서 사용되는 대부분의 통계 데이터가 이 간격척도를 사용하여 측정되며 우리가 흔히 쓰고 있는 학력점수, 온도, 연대, IQ 등의 수치들이 이 척도에 속한다.

이러한 간격척도는 크기나 등간격 성질은 갖고 있지만 절대영점 성질은 지니지 않기 때문에 측정치의 양적 정도를 나타내며 상이한 집단 척도치 간의 비교가 가능하고 가감이 가능하지만 승제는 불가능하다. 즉, 등간격의 성질을 갖고 있어서 가감은 가능하지만 절대영점이 없기 때문에 승제는 불가능하다.

예를 들어, 온도의 경우 30℃와 40℃의 차이는 70℃와 80℃의 차이와 같다고 말할 수 있지만(등간격 성질) 100℃가 50℃보다 두 배만큼 뜨겁다고는 말할 수 없다(절대영점 성질). 또 IQ의 경우 IQ가 100인 사람과 120인 사람의 차이는 IQ가 120인 사람과 140인 사람과의 차이와 같다고는 말할 수 있으나 IQ가 70인 사람보다 140인 사람이 두 배로 IQ가 높다고 말할 수는 없다. 그 이유는 온도나 IQ의 경우 절대영점이 없기 때문이다. 즉, 온도 0은 전혀 온도가 없는 상태를 표시하는 것이 아니며 단순히 물이 얼게 되는 온도를 뜻한다. 또 IQ 0이 IQ가 전혀 없는 상태라고 볼 수는 없다. 이와 같이 온도나 IQ 등은 등간격을 지니고 있기 때문에 가감(+, −)은 의미 있게 할 수 있다. 그러나 100℃가 50℃의 두 배로 뜨겁다거나 IQ가 120인 사람이 60인 사람보다 두 배로 IQ가 좋다는 말은 성립될 수 없어서 승제(×, ÷)의 계산을 불가능하다.

학력점수를 예로 들어 보자. 국어점수 80점인 학생이 40점인 학생보다 2배로 국어를 잘 한다는 해석이 불가능한데 이는 국어점수 0점이라고 해서 국어능력이 전혀 없다고 말할 수 없기 때문이다.

운동능력검사 결과 3명의 유아가 30점, 20점, 15점을 받았다고 하자. 여기에서 우리는 첫 번째 점수는 두 번째 점수보다 10점이 높고 두 번째 점수는 세 번째 점수보다 5

점이 높다는 것을 알 수 있을 뿐만 아니라 첫 번째 점수와 두 번째 점수 간의 차이는 두 번째 점수와 세 번째 점수 간의 차이보다 두 배로 크다고 말할 수 있다. 이는 체력검사 점수가 등간격 성질을 만족시키기 때문이다. 하지만 여기서 첫 번째 점수가 세 번째 점수보다 2배로 크다는 말은 할 수가 없는데 체력검사 점수가 절대영점 성질을 만족시키지 못하기 때문이다. 운동능력검사 결과 0점이라고 해서 운동능력이 전혀 없는 것을 뜻하는 것은 아니다.

그러나 교육통계에서 사용하는 대부분의 수치가 간격척도에 해당하는 것에도 불구하고 실제적인 통계분석의 경우를 보면 몇 가지 단서를 붙이는 조건하에서 승제를 자유롭게 하고 있다. 이는 위에서 예로 든 국어점수의 경우 해당시험이라는 조건하에서 볼 때 0점은 그 시험에 대해 아는 바가 전혀 없다는 해석을 가능하게 하기 때문에 승제 계산을 가능하게 한다. 즉, 0이라는 점수가 국어능력이 전혀 없는 것은 아니지만 해당 시험문제는 전혀 알지 못한다는 것을 의미하기 때문이다.

간격척도인 자료에 대하여 분석이 가능한 통계적 방법으로는 서열척도 자료에 사용가능한 방법 이외에 평균치, 표준편차, 피어슨 적률상관계수(r), t검증, 변량분석(ANOVA) 등이 있다.

비율척도

비율척도(比率尺度, ratio scale)는 간격척도와 같은 특징들을 갖고 있기는 하지만 추가적으로 절대영점을 갖고 있다는 점에서 다르다. 따라서 비율척도는 크기, 등간격, 절대영점의 세 가지 성질을 모두 가지고 있어서 비율척도에 의해 나타난 수치는 가감승제가 모두 가능하다. 길이, 무게, 시간 그리고 이들 간의 조합에 의해 나타나는 각종 수치는 모두 비율척도에 속한다. 예를 들면, 체중이 0kg이라면 무게가 없다는 뜻이며 따라서 30kg은 10kg보다 3배 무겁다는 해석이 가능하다. 10cm는 5cm의 두 배만큼 길고 10분은 5분의 두 배이며 20분의 반에 해당한다. 비율척도에 해당하는 자료는 어떠한 통계적 방법으로도 분석이 가능하다. 때문에 네 가지 척도 중 가장 이상적인 것은 비율척도이다.

비율척도는 자연과학에서는 쉽게 얻을 수 있지만 행동과학 영역에서는 얻기가 매우 어려우며 대부분이 서열척도나 간격척도이다. 하지만 앞에서 기술한 대로 간격척도의 경우에도 몇 가지 단서를 붙이는 조건하에서 승제를 자유롭게 하여 비율척도처럼 취급하는 경우가 많다.

○ 네 가지 척도의 비교

네 가지 각각의 척도별 측정치(測定値, measures)들은 보기에는 다 같은 숫자이지만 그 수를 의미 있게 수리적으로 처리할 수 있는 통계적 방법(統計的 方法)은 차이가 있음을 알 수 있다.

교육연구나 심리학연구에서 사용되는 데이터와 측정치는 간격척도인 경우가 대부분이다. 가장 일반적이고 강력한 통계검증들 중 많은 것들은(예를 들면, *t*검증, 변량분석, 회귀분석) 간격척도나 비율척도를 사용한다. 하지만 간격척도에 적용되는 규칙을 다소 확대하여 적용하는 경우도 많은데 리커트 척도(Likert scale)가 대표적인 경우이다. 리커트 척도에서는 "절대 찬성(strongly agree)"에서 "절대 반대(strongly disagree)"까지 1점에서 5점까지의 척도로 점수화되는 경우가 많다. 하지만 우리는 "절대 찬성"과 "찬성(agree)"사이의 간격이나 거리가 "중립(neutral)"과 "반대(disagree)" 사이의 간격과 같은지에 대하여 의문을 품게 된다. 일반적으로 연구자들은 리커트 척도를 간격척도로 취급하게 되는데, 그렇게 함으로써 자료를 분석하기 위해서 더 강력하고 편리한 통계 기법들을 사용할 수 있게 된다.

다음의 실제 교육 현장에서의 예들은 네 가지 척도들 사이의 차이를 구체적으로 예시화해 줄 것이다.

예 1

유아들을 유치원까지 등하원시키는 6대의 버스에 1부터 6까지의 수치를 부여한다. 각각의 버스에 할당된 유아들은 서로 가까운 곳에 살고 있어서, 같은 버스에 할당되었다는 것은 서로 이웃에 산다는 것을 의미한다. 이런 경우에 있어서 각 버스에 할당된 숫자들은 명칭으로만 기여하며 '명명척도'로 취급된다.

예 2

김 선생님은 달님반 유아들의 사진을 찍으려고 한다. 그래서 선생님은 유아들을 키 순서대로 가장 작은 유아부터 가장 큰 유아까지 차례로 줄을 서게 한다. 그 다음 유아들 하나하나에 1부터 30까지의 수치가 할당되는데 선생님이 나중에 달님반 그림을 정리하기 좋게 하기 위해서였다. 여기에서의 수치들은 '서열척도'로 취급된다. 예를 들면, 5가 할당된 유아는 4가 할당된 유아보다 키가 더 크다. 하지만 이 두 유아 사이의 키 차이는 다른 연속적인 수치가 할당된 두 유아들 사이의 차이와 항상 같은 것은 아니다.

예 3

초등학교 5학년 교사인 박 선생님은 지난 수학 시험에서 학생들이 얻은 점수 리스트를 보고 있다. 이 검사 점수들은 '간격척도'로 취급된다. 박 선생님은 검사 결과를 통하여 반의 몇몇 학생들이 더하기, 나누기에 어려움을 겪고 있는 것을 발견한다. 선생님은 이 학생들에게 더하기, 나누기를 연습시키기 위하여 학급 학생들의 평균키를 계산하는 과제를 준다. 여기에서 모든 학생들의 키 리스트는 '비율척도'이다.

2) 모수적 통계와 비모수적 통계

모수적 통계(母數的 統計, parametric statistics)와 비모수적 통계(比母數的 統計, nonparametric statistics), 두 가지 유형의 통계는 사용할 수 있는 연구 상황에 차이가 있다. 모수적 통계는 다음과 같은 가정이 충족되는 전집에서 나온 자료에 적용된다.

① 연구 대상 변인이 간격척도나 비율척도로 측정되어야 한다.
② 피험자들이 집단에 무선으로 배정되어야 한다.
③ 점수들이 정상분포를 이루어야 한다(정상분포 가정).
④ 비교된 집단의 변량의 차이가 크지 않아야 한다. 이는 표본이 추출된 전집변량이 동질적이어야 한다는 것을 의미한다(同變量性 가정).

이러한 가정들이 충족될 경우에는 모수적 통계가 비모수적 통계에 비하여 더 효율적이고 강력한 힘을 발휘한다. 이러한 모수적 통계법을 사용하는 모수적 검증(母數的

檢證, parametric tests)은 어떤 일정한 이론적 분포를 가정한 상태에서 실제적인 자료로부터 수집된 내용을 가정된 분포에 비추어 해석하고 결론을 내리는 통계법이기 때문에 분포가정 통계법(分布假定 統計法)이라고도 한다.

하지만 유아교육 분야를 포함한 행동과학에서의 많은 연구들에서는 이와 같은 4가지 가정들을 모두 충족시키는 것이 쉬운 일이 아니다. 때문에 모수적 검증을 사용한 자료처리 결과는 신중하게 해석되어야만 한다.

실제 자료처리에 있어서 표본의 사례 수가 너무 적거나 집단 간의 사례 수 차이가 클 때는 모수적 통계검증에서 전제하고 있는 동변량성 가정을 충족시키기 어려울 수 있다. 또 자료처리 대상 변인이 명명척도나 서열척도인 경우에는 이론적 분포를 가정하는 모수적 검증이 적절하지 못하다. 이렇게 모수적 검증에서 요구하는 가정들이 충족되기 어려운 경우에 편리하게 사용할 수 있는 통계법이 비모수적 검증(比母數的 檢證, nonparametric tests)인데 이는 분포와는 무관하기 때문에 비분포가정 통계법(比分布假定 統計法)이라고도 한다.

이러한 비모수적 검증은 전집의 이론적 분포에 대한 전제가 불필요하며 표본의 자료를 가지고 모수치를 추정하지 않는 검증법으로 모수적 검증이 요구하는 모든 가정을 요구하지 않는다. 때문에 이론적 전제를 고려하지 않은 상태에서 간편하게 검증할 수 있는 장점을 갖고 있는 것이 비모수적 검증이다. 하지만 다음과 같은 두 가지 이유 때문에 가정을 충족시킬 경우에는 일반적으로 모수적 검증을 선호하는 경향이 있다.

① 모수적 검증은 정상분포 가정과 동변량성 가정을 어느 정도 위반하더라도 통계적 검증력이 손상되지 않기 때문에 적용에 큰 무리가 없다.

② 모수적 검증은 비모수적 검증에 비하여 자료처리 결과로 많은 정보를 제공해 줄 수 있다. 예를 들면, 이원변량분석의 결과에서 두 변인 간의 상호작용 효과와 같은 정보가 그것이다.

요 약

결론적으로 위와 같은 장점이 있기 때문에 기본 가정을 어느 정도 충족시키는 한에 있어서는 모수적 검증을 사용하는 것이 유리하다고 할 수 있다. 하지만 정상분포나 동변량성 가정에서 심하게 이탈되거나 명명변인이나 서열변인의 경우에는 비모수적 검증을 사용하는 것이 적절하다고 할 수 있다.

모수적 통계법으로는 *t*검증과 변량분석(ANOVA)이 많이 쓰이며 비모수적 통계법으로는 카이자승(Chi square, χ^2)이 대표적이다.

3) 표집과 가설검증

(1) 전집과 표본

조사연구나 실험연구를 수행한 다음 결과로 나온 데이터를 통계처리하는 과정에 있어서 꼭 등장하는 용어가 전집(全集, population)과 표본(標本, sample)이라는 말이다.

전집이란 쉽게 말하면 한정된 집단의 전체 구성원을 뜻하며, 연구 대상이 된 전체 사례 수를 말한다. 예를 들어, 한국 유치원 유아의 평균신장을 조사하려고 할 경우는 전국의 유치원아 전체가 전집이 되며 초등학교 1학년 학생의 평균 IQ를 조사하려고 할 경우는 전국의 초등학교 1학년생 전체가 전집이 된다. 흔히 우리는 전집이 많은 수의 구성원을 포함하는 것으로 생각하고 있는 경향이 있는데 전집을 어떻게 정의하느냐에 따라 그 수가 적을 수도 많을 수도 있는 것이다. 예를 들어, 거제도 유치원아의 간식 실태에 대한 연구를 할 경우는 거제도 내의 유치원에 다니는 유아로 전집이 제한되는 것이다.

표본이란 전집의 일부로서 정의되며 실제 연구 대상이 되어 직접 통계처리의 대상이 되는 사례 수를 말한다. 대부분의 연구에서 전집, 즉 위의 경우 전국의 유치원아 전체를 연구 대상으로 하기에는 막대한 노력과 비용을 투자해야 하기 때문에 실제로는 불가능한 경우가 많다. 따라서 전국 유치원아 전체를 가장 잘 대표할 수 있는 소수집단을 표집하여 그 결과를 통해 전집의 특성(예를 들면, 신장이나 사회성)을 추정하는 방법을 택하게 된다. 이와 같이 전집의 어떤 특성을 추정하기 위해 전집으로부터 선발하여 실제로 조사되는 대상을 표본이라고 한다.

예를 들어, 전국 유치원아의 사회성 능력을 조사한다고 할 때 전국 유치원아 전체가 전집, 이들 가운데에서 타당한 기준에 따라 선발하여 실제로 연구 대상이 된 유아들이 표본이 된다. 이때 전집의 사회성 능력 점수를 전집치(全集値), 혹은 모수치(母數値)라고 부르며 표본에서 얻은 사회성 능력 점수를 통계치(統計値, statistics)라고 부른다.

요 약

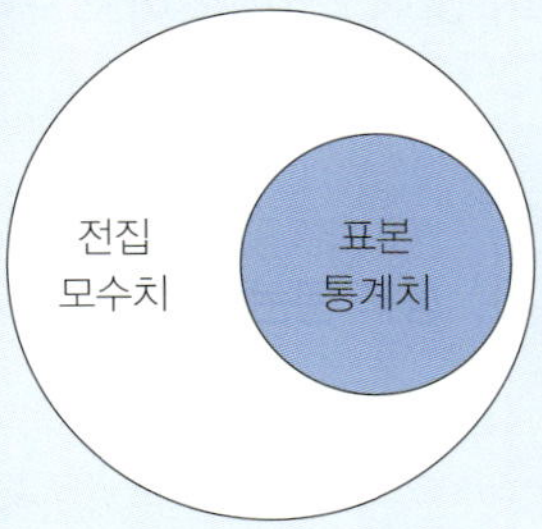

전집(population) → 모수치(parameter): μ, σ

↓ (표집: sampling)

표본(sample) → 통계치(statistics): $\overline{X}$, S

(2) 통계 가설검증의 과정

유아교육 분야를 비롯한 대부분의 연구는 조사나 실험의 지침이 되는 연구가설로부터 출발한다. 가설(假說, hypothesis)이 설정된 후에는 이러한 가설을 검증(檢證, testing)하기 위해서 연구가 설계된다. 연구에서 모아진 데이터를 가지고 연구자는 그러한 가설이 지지될 것인지 거부될 것인지를 결정할 수 있게 된다.

일반적으로 현상을 설명하고 연구에 포함된 변인 사이의 관계나 차이에 관한 예견을 하기 위해서 두 가지 가설을 사용한다. 이러한 두 가지 가설이 영가설과 대립가설이다. 영가설(null hypothesis, H_0으로 표시한다)은 변인들 사이에 관계가 없거나 차이가 없다고 예견한다. 예를 들면, 영가설은 처치의 결과로서 통제집단과 실험집단 사이에 차이가 없다고 예견할 수 있다. 이러한 것을 우연에 의하여 나타날 수 있는 것 이상으로는 의의 있는 차이가 없다고 표현한다. 또 영가설은 두가지 변인이(예를 들면, IQ와 읽기 이해도) 서로 관계가 없다고 진술할 수도 있다. 대부분의 경우에 있어서는 영가설(통계가설이라고도 부른다)이 표면적으로 형식을 갖추어 진술되지는 않지만 항상 적용된다.

대립가설(alternative hypothesis, H_A로 표시한다)은 연구설계에 방향성을 부가하며 조사나 실험의 지침이 된다. 대립가설은 변인들 사이에 어떤 관계나 차이가 존재한다고 예견한다. 예를 들면, 대립가설은 새로운 읽기 방법을 사용한 집단의 학생들이 기존의 전통적인 읽기 방법을 사용한 집단의 학생들에 비교하여 학년 말 읽기 검사에서 의의 있게 더 높은 점수를 얻을 것이라고 예견할 수 있다. 또 대립가설은 IQ와 읽기 이해도 사이에 긍정적인 상관관계가 있다고 진술할 수 있다.

연구를 통하여 통계처리 결과가 나오게 되는데, 이러한 결과는 영가설을 받아들일지 혹은 거부할지를 결정하기 위하여 사용된다. 일단 이러한 결정을 하고 나면 대립가설을 받아들일지를 결정할 수 있게 된다. 하지만 이러한 통계적 결정이 100% 확실한 것이 아니라 확률에 의하여 행해진 것이라는 점이 언급되어야 한다. 연구자는 어떤 것도 100% 보장할 수 없다. 다만 표집오차에 의하여 이러한 결과를 얻을 확률을 기술할 수 있을 뿐이다. 예를 들면, 연구자는 t검증이라고 부르는 통계 절차를 사용하여 통제집단과 실험집단 사이의 평균을 비교하려고 할 수 있다(5장을 참고하시오). 영가설은 두 평균의 차이가 0이라는 진술이다. 통계 결과에 의하여 연구자는 다음과 같은 두 가지 다른 결론을 내릴 수 있다.

① 두 평균의 차이가 우연에 의한 것만으로 보기에는 너무 크다. 두 평균은 같은 전집에서 나오지 않은 것으로 추측한다.

② 두 평균의 차이가 의의 있게 0보다 크지 않다. 두 평균은 같은 전집에서 나온 것으로 추측한다. 우리가 두 평균 사이의 차이를 지각할 수 있다 할지라도 그것은 실험 처치에 기인한 어떤 체계적인 차이가 아니라 표집오차에 기인한 것이다.

연구가설은 연구의 시작 부분에 제시되지만 통계적 검증과 결과 해석은 영가설에 관한 결정으로 시작된다. 일단 표본의 통계치를 계산하고 나면 나온 통계치를 적절한 기준값(critical value)과 비교하게 되는데, 결정계수는 해당 통계표로부터 얻을 수 있다(해당 통계분석의 기준값인 결정계수는 다른 통계책의 부록 통계표에서 확인할 수 있다). 계산 결과 얻은 통계치가 결정계수보다 크면 영가설을 거부하게 된다. 영가설을 거부한다는 것은 우연만에 의하여 이러한 통계치를 얻을 확률이 매우 낮다는(예를 들면, 5%나 1%) 것을 의미한다. 예견된 대립가설(H_A)에 따라서 변인들 간에 관계가 있거나 집단 간 차이가 있다고 결론을 내린다. 영가설을 받아들인다는 것은 이러한 결과가 표집오차에 기인한 것일 수 있으며 우연만에 의하여 일어날 수 있는 확률이 5%를 넘는다는 것을 의미한다. [그림 1-2]에서, 측정을 잘못함으로써 발생하는 측정오차를 포함한 표집 시 발생하는 표집오차가 5%를 넘는다는 것을 의미하는 것이다. 이러한 경우 처치효과는 95%에 못 미치게 되는 결과를 가져옴으로써 결국 영가설을 거부할 수 없게 되는 것이다.

SPSS와 같은 통계분석 프로그램을 이용할 경우 통계처리 결과창의 결과표에 확률수준(p값)이 산출되는데, 이러한 확률수준(p값)이 [그림 1-2]에서 오차(측정오차와 표집오차를 합산한 값)이다. 측정오차를 포함한 표집오차(p값)가 5%를 넘는가, 그렇지 않은가에 따라 영가설 거부 유무가 결정되며, 처치효과가 검증되는가, 그렇지 않은가를 결정하게 되는 것이다. p값이 5%를 넘지 않게 되면($p \leqq .05$) 처치효과는 95%를 넘게 되고 영가설을 거부하고 처치효과는 검증되는 것이다.

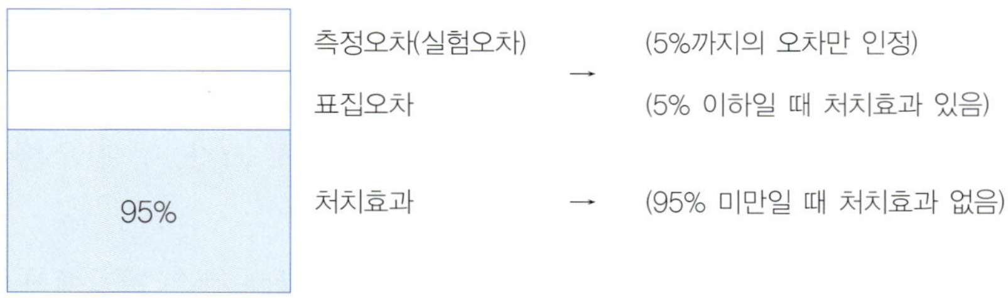

그림 1-2 처치효과와 오차(측정오차, 표집오차)

대부분의 통계검증들에 있어서 5% 확률수준(p가 .05)이라는 것은 결과가 통계적으로 의의 있는지, 통계적으로 의의 없는지를 결정하는 경계선으로 사용된다. p값(p level, 의의도 수준)은 영가설이 진(眞)인데도 불구하고 영가설을 거부할 확률을 나타낸다. 영가설을 잘못 거부할 확률이 p값인 것이다. 통계처리에 의하여 확률수준(p값)이 5% 이하로 나온다면($p \leqq .05$) 결과가 의의 있다고(통계적으로 유의미한 차이가 있다고) 보고된다. 확률수준(p값)이 5% 보다 크게 나온다면($p > .05$) 결과가 의의 없다고(통계적으로 유의미한 차이가 없다고) 보고하고 실제 p값은 보고하지 않는다.

확률수준(p값)의 기준 값은 연구의 시작 부분에 제시되는데 그리스 문자 α로 나타낸다. 이러한 α는 'α level'로 표현하는데, 우리말로 '유의도 수준' 정도로 번역할 수 있다. 일반적으로 교육연구에서는 α로 .05를 사용하는 것이 일반적이다. 하지만 연구자가 영가설을 거부하는 결정에 대한 신뢰도 수준을 높이기 위해서 .01의 α값을 사용할 수도 있다.

예를 들어, [그림 1-3]은 t검증에서의 SPSS 결과표를 제시한 것인데, 여기에서의 원안의 확률수준(p값) '.014'를 'α level(유의도 수준)'과 비교하여 영가설 거부 유무를 결정하게 된다. 여기에서는 확률수준(p값) '.014'가 'α level(유의도 수준)' '.05' 보다 작기 때문에(오차가 5% 이하이기 때문에) 영가설을 거부하고 결과가 의의 있다고(통계적으로 유의미한 차이가 있다고) 보고하게 된다.

T-검정

집단통계량

	책략	N	평균	표준편차	평균의 표준오차
기억검사	1	10	15.10	4.280	1.354
	2	9	9.78	4.116	1.372

독립표본 검정

		Levene의 등분산 검정		평균의 동일성에 대한 t-검정						
									차이의 95% 신뢰구간	
		F	유의확률	t	자유도	유의확률 (양쪽)	평균차	차이의 표준오차	하한	상한
기억검사	등분산이 가정됨	.135	.718	2.755	17	.014	5.322	1.932	1.247	9.398
	등분산이 가정되지 않음			2.761	16.911	.013	5.322	1.927	1.254	9.390

그림 1-3 t검증에서의 SPSS 결과표와 확률수준(p값)

(3) 가설검증에서의 오류

가설검증에서는 전집치(예를 들면 μ, σ 등)를 정확하게 알지 못하고 표본을 통하여 얻은 표본통계치에 의하여 전집치에 관한 결정을 내리기 때문에 여기에는 항상 표집오차가 따르기 마련이다. 또 가설검증은 어디까지나 확률적인 것이기 때문에 절대로 단정적인 판단이나 진술은 허용되지 않는다.

앞에서 지적한 대로 잘못 거부할 확률이 p값이다. 통계처리에 의하여 확률수준(p값)이 5% 이하로 나온다면($p \leq .05$) 결과가 의의 있는 차이가 있다고 보고된다. 이 경우는 영가설(H_0)이 거부되고 대립가설(H_A)이 받아들여지는 경우이다. 확률수준(p값)이 5% 보다 크게 나온다면($p > .05$) 결과가 의의 있는 차이가 없다고 보고된다. 이 경우는 영가설(H_0)을 받아들이는 경우이다.

이와 같이 영가설과 대립가설이 주어졌을 때 검증 과정을 거쳐 영가설을 받아들이거나 아니면 대립가설을 받아들이는 두 가지 중의 어느 하나를 선택하게 된다. 이때 영가설이 진(眞)일 때 영가설을 받아들이는 경우와 영가설이 거짓일 때 영가설을 거부하는 두 가지의 결론은 가설검증에서 올바른 결정을 내리는 경우가 된다. 그러나 영가설이 진(眞)일 때 영가설을 받아들이지 않고 대립가설을 받아들이는 경우나 영가설이 거짓일 때 이를 받아들이는 경우는 잘못된 경우가 된다. 이와 같이 잘못된 결정을 내리게 되는 것을 가설검증의 오류(假說檢證의 誤謬) 또는 통계적 오류(統計的 誤謬, statistical error)라고 한다.

표 1-1 가설검증 결과의 4가지 경우와 확률

실제 상태 / 결정	영가설이 眞인 경우	영가설이 거짓인 경우 (즉, 대립가설이 眞인 경우)
영가설을 인정할 경우	바른 판단 $1-\alpha$	잘못 인정(2종 오류) β
영가설을 부정할 경우	잘못 부정(1종 오류) α	바른 판단 $1-\beta$

〈표 1-1〉은 하나의 가설검증에서 가능한 네 가지의 결과를 보여주고 있는데 영가설이 진(眞)인데도 이를 부정하는 경우를 1종 오류(一種誤謬, type I error) 또는 α라 하고, 영가설이 거짓인데도 이를 받아들이는 경우를 2종 오류(二種誤謬, type II error) 또는 β라 한다. 여기에서 1종 오류는 영가설을 잘못 부정할 확률을 뜻하고 2종 오류는 영가설을 잘못 인정할 확률을 뜻한다.

따라서 1종 오류가 발생할 확률은 바로 의의도 수준인 α가 되고 의의도 수준은 곧 영가설(H_0)을 부정할 때 1종 오류를 범할 확률이 된다.

영가설이 거짓인 경우 바른 판단을 내릴 수 있는 확률($1-\beta$)을 통계적 검증력(統計的 檢證力, statistical power)이라고 한다. 이는 영가설이 거짓일 때 거부할 수 있는 확률을 의미한다. 즉, 통계적 검증력이 높다는 것은 영가설이 거짓일 때 잘못 받아들일 확률이 낮고 그 이외의 확률이 높다는 것을 뜻한다.

(4) 자유도

통계 가설검증의 과정에서 계산된 통계치와 비교할 기준값(critical value, 결정계수)을 해당하는 통계치의 통계표(주로 책의 부록에 제시된다)에서 찾기 위해서는 자유도(自由度, degree of freedom, df)의 개념을 알 필요가 있다. 자유도란 어떤 통계치의 계산에 있어서 자유롭게 변할 수 있는 성분의 수를 말한다. 즉, 전집에서 표집(sampling)을 할 경우에는 첫 번째 표집이 다음 번의 표집에 어떠한 영향도 미쳐서는 안 된다. 따라서 매 표집은 상호 독립적이어야 하는데 사례 수가 n일 경우 독립적일 수 있는 사례 수는 $n-1$(자유도)이다.

예를 들어, 3개의 점수 1, 3, 5로 구성된 표본에서 자유도를 생각해 보자. 3개 점수의 평균은 3이다. 평균이 3이라는 조건을 충족시키면서 3개의 점수 중에서 동시에 변할 수 있는 것은 2개만이 가능하다. 즉, 1과 3이 선택되었다면 평균 3이라는 조건을 만족시키기 위해서 나머지 하나는 5가 될 수밖에 없는 것이다. 3과 4가 선택되었다면 평균 3이라는 조건을 만족시키기 위해서 나머지 하나는 2가 될 수밖에 없다.

하지만 통계검증에 따라서 이러한 규칙은 조금 수정되기도 하는데 표본에서 통계치 하나를 계산할 때마다 자유도를 하나씩 상실하게 되기 때문이다. 즉, 사례 수 n의 표본에서 평균 하나만의 통계치를 계산한다면 자유도(df)는 $n-1$이지만 평균과 표준편차 두 가지 통계치를 계산한다면 자유도(df)가 $n-2$가 되는 것이다.

자유도는 SPSS 통계처리 결과로 산출되며 이 책에서 각 통계검증에 대해서 기술할 때 제시될 것이다.

4) 기술통계와 추리통계

통계 방법은 크게 기술통계(記述統計, descriptive statistics)와 추리통계(推理統計, inferential statistics) 두 가지 방법으로 구분된다. 기술통계는 한 집단의 특성을 수리적으로 요약, 기술해 주는 방법이다. 이 분류에 속하는 통계치(統計値)는 집중경향치(평균치 등), 변산도(표준편차 등), 상관계수 등이 있다. 추리통계는 전집(全集)으로부터 추출된 표본에 의하여 전집의 특성을 추정하는 통계적 방법이다. 다시 말하면 표본에서 얻은 통계치에 의해 전집의 모수치를 추정하는 방법이다. 이때 앞에서 기술한 의의도 수준(α)만큼의 확률은 잘못 결정을 내릴 각오를 한 상태에서 표본에서 얻은 통계치로 전집치를 추정하게 된다. 이 분류에 속하는 통계 방법은 가설검증(假說檢證) 방법으로 t검증이나 F검증 등이 있다.

기술통계와 추리통계는 어느 정도의 차이가 있는 것은 분명하지만 그 차이가 확연하다고는 말할 수 없다. 둘 다 기술적(記述的)인 과정은 필수적으로 포함된다. 기술통계뿐 아니라 추리통계에서도 표본집단에서 측정치(測定値)를 산출해 내는 것은 필수적인 과정이다. 추리통계는 다만 전집으로부터 표집된 표본으로부터 전집을 추정하는 부가적인 기능을 가지고 있다는 점에서 차이를 보인다.

이 책에서도 기술통계와 추리통계로 구분하여 통계검증들에 대하여 기술한다.

5) 연구설계와 교육통계

앞에서 지적하였듯이 유아교육 분야를 비롯한 대부분의 연구는 조사나 실험의 지침이 되는 연구가설로부터 출발한다. 이러한 가설(假說, hypothesis)은 단지 연구자에 의하여 예견된 것으로 이론(理論)이 되기 위해서는 일정한 검증 단계를 거쳐야 하는데 설정된 가설을 검증(檢證, testing)하기 위해서 연구가 설계된다. 연구설계에 의하여 연구를 진행하고 조사나 실험의 과정에서 모아진 데이터를 가지고 연구자는 그러한 가설이 지지될 것인지 거부될 것인지를 결정하기 위하여 통계적 방법을 동원하게 되는 것이다. 따라서 연구설계와 교육통계는 서로 보완적인 관계에 있으며 연구설계에 따라 통계적 방법이 좌우되기도 하고 사용할 통계적 방법에 의하여 연구설계가 변경되기도 한다. 하지만 연구설계에 따라 사용할 통계 방법을 결정하는 것이 바람직한데 건물을 지을 때 설계도에 따라 사용할 장비나 도구를 결정하는 것과 유사하다고 할 수 있다. 연구설계는 가설을 이론화하기 위한 예언의 과정이며 변인들 간의 인과관계를 밝히는 데 주 목적이 있다. 때문에 연구설계는 앞에서 설명한 것처럼 현상을 기술하는 기술통계보다는 예측하고 예언하려고 하는 추리통계와 긴밀한 관계가 있다고 할 수 있다. 연구문제에 따라 여러 가지 다양한 연구설계 방안이 있을 수 있는데 이러한 연구설계 방안에 따라 사용할 수 있는 통계 방법도 유기적으로 결정될 필요성이 있다. 구체적인 연구설계 방안에 대해서는 유아연구방법 책들을 참고하기 바란다.

중점 사항

통계분석은 수집된 데이터에 의해서 이루어지는데 데이터는 어떤 도구들과 절차를 사용하여 관찰, 측정 등에 의하여 수집된다. 사용된 도구가 신뢰도나 타당도에 있어서 결핍되어 있다면 이러한 도구의 사용을 통하여 얻은 결과에 기초하여 내린 결론이나 일반화가 의심받을 수 있다. 마찬가지로 연구설계가 제대로 되지 못할 때는 그러한 연구에서 얻은 결과들이 의심받을 수 있다. 잘못 수집된 데이터와 잘못된 연구설계에서 기인한 문제들은 통계분석의 기교로 극복될 수 없다는 데 문제가 있다. 수치를 컴퓨터로 처리하였고 결과가 나왔다는 것만으로 결과가 어떠한 실제적인 의미를 갖는다는 것을 보장하지는 않는다. 컴퓨터를 이용하여 통계 데이터를 처리하는 사람들이 꼭 명심해야 할 말이 있는데 그것은 다름 아닌 "쓰레기 데이터를 넣으면 쓰레기 데이터밖에 나오지 않는다"는 것이다.

이런 관점에서 실험 도구의 신뢰도와 타당도는 얻은 데이터에 대한 믿음을 주어서 통계처리 결과에 대한 신뢰를 높여 줄 수 있는데 이러한 신뢰도와 타당도에 대하여는 아래 부분에 기술한다.

6) 신뢰도와 타당도

통계처리의 대상이 되는 데이터를 얻기 위해서는 일반적으로 어떤 현상이나 개념적 변인을 측정하여야 하는데 이때 먼저 측정 방법을 선택하여야 한다. 이러한 측정 방법으로 일반적으로 사용되는 것이 교육 분야에서 사용되고 있는 지능 · 적성 · 성격 · 운동능력 · 체력 검사 등의 각종 검사(檢査, tests)들이다. 앞에서도 기술하였듯이 통계처리 결과에 대한 신뢰를 높이려면 올바른 연구설계와 더불어 측정 방법의 정확성이 중요하다. 측정 방법은 정확하고 유용한 자료를 얻는 데 큰 영향을 미치는데, 따라서 측정 방법으로 사용되는 검사의 신뢰도와 타당도 문제가 제기되는 것이다.

(1) 신뢰도

'신뢰로운(reliable)' 이란 용어를 사람의 특성을 기술할 때 사용할 경우에는 그 사람이 믿음직하고 일관적이며 신용이 있고 신뢰할 수 있다는 것을 의미한다. 마찬가지로 신뢰로운 측정은 일관적이고 믿을 만한 결과를 제공할 것으로 기대된다.

신뢰도(信賴度, reliability)는 동일한 상황하에서 한 검사자가 여러 번 검사를 실시할 때 그때마다 얼마나 동일한 값을 얻을 수 있느냐의 정도로 검사 자체의 일관성의 정도를 나타내는 지수이다. 일반적으로 검사의 일관성 정도를 측정하기 위하여 동일한 대상을 동일한 검사를 가지고 여러 번 반복 측정해서 각 측정치 간의 상관계수를 계산하여 신뢰도를 측정하게 된다. 예를 들어, 유아들의 EQ(정서지수)를 측정하는 검사를 개발하였을 경우 이 검사를 대상 유아들에게 실시하고 일주일 후에 같은 유아들에게 다시 실시해서 얻어진 두 결과 간의 상관계수를 계산하였을 때 이때의 상관도가 개발된 EQ검사의 신뢰도가 되는 것이다.

따라서 측정 절차가 일관성이 있고 반복 측정 시 그 결과가 유사하게 나올 경우에 그 측정은 신뢰롭다 또는 신뢰성이 높다고 표현한다. 예를 들어 A, B 두 명의 연구자가 유아들을 대상으로 각각 EQ검사를 개발하였다. 10명의 유아들에게 개발한 각각의 EQ검사를 1주일 간격으로 2회 실시하여 얻은 결과가 〈표 1-2〉와 같다고 하자.

표 1-2 EQ를 측정한 A, B 두 개 검사의 점수 분포

유아	검사(1회)	검사(2회)
1	93	92
2	87	87
3	84	85
4	83	79
5	80	79
6	75	78
7	75	74
8	74	73
9	73	70
10	70	65

A검사

유아	검사(1회)	검사(2회)
1	93	73
2	87	74
3	84	70
4	83	85
5	80	79
6	75	78
7	75	85
8	74	92
9	73	85
10	70	89

B검사

〈표 1-2〉에서 보면 A검사의 경우 두 번째 검사에서 10명의 유아가 얻은 점수의 절대값은 변하였지만 개인의 상대적인 서열은 변하지 않았다. 또 각 유아에 있어서 첫 번째 검사에서 얻은 점수와 두 번째 검사에서 얻은 점수 간에 큰 차이가 없음을 알 수 있다. 이와 같이 두 번의 검사 간에 일관성 있게 측정된 경우에는 검사의 신뢰도가 높다고 인정할 수 있으며 두 번의 검사 간에 상관계수를 계산하면 높게 나온다.

B검사의 경우는 두 번째 검사에서 10명의 유아가 얻은 점수가 절대값뿐 아니라 상대적인 서열도 변했다는 것을 알 수 있다. 또 각 유아에 있어서 1회, 2회 두 점수 간에 큰 차이가 있다는 것을 알 수 있다. 이와 같이 두 번의 검사 간에 일관성 없게 측정된 경우에는 검사의 신뢰도가 낮다고 볼 수 있으며 두 번의 검사 간에 상관계수를 계산하면 낮게 나온다. 이와 같이 두 번의 검사를 실시하여 검사 간의 상관도를 측정하는 경우를 재검사신뢰도라고 하며 검사의 신뢰도 계산에 있어서 일반적으로 사용된다. 검사의 신뢰도계수로는 보통 적어도 .90 이상이 되어야 하며 신뢰성을 보장하기 위해서는 .94 이상을 요구한다.

(2) 타당도

검사의 타당도(妥當度, validity)는 검사 점수를 사용하여 추론하고 해석한 것의 적절성 정도를 일컫는다. 따라서 신뢰도가 검사 자체를 얼마나 믿을 수 있는가 하는 것이라면 타당도는 검사를 얼마나 정확하게 원하는 측정 요소에 대하여 해석할 수 있는가 하는 것이다. 이러한 타당도는 한 검사가 어느 정도로 충실하게 측정하려는 것을 측정하고 있는지의 정도를 나타내는 것으로 일반적으로 검사 점수와 어떤 준거(準據, criterion measure)와의 상관관계로 표시하는 경우가 많다. 예를 들면, 유아의 창의성 검사를 개발하였을 경우 이 검사가 창의성 요소를 얼마나 정확하게 측정하고 있는지를 알아보기 위해서 기존에 개발되어 사용되고 있는(표준화 작업을 마친) 창의성 검사 점수와 개발된 검사 점수와의 상관계수를 계산하는 경우가 이에 해당되며 이를 준거관련 타당도(criterion-related validity)라고 한다. 검사의 타당도계수는 일반적으로 .60까지의 범위를 인정하고 있으며 검사에 의해 정확한 예견이 필요한 경우에는 보다 높은 계수가 요구된다.

결국 타당도는 계획에 의하여 검사하려고 하는 그 무엇을 얼마만큼 정확하게 측정하고 있는가를 의미하는 것으로 측정 절차들이 측정하려고 하는 현상을 정확하게 반영하고 있는 정도에 따라 결정되는 것이다. 또 타당도 높은 검사는 그 검사에서 측정하고 있는 것뿐 아니라 유사한 다른 능력의 측정을 예측할 수 있게 하기 때문에 다른 상황으로 일반화를 가능하게 한다는 점에서 유용하다.

요 약

신뢰도는 검사의 일관성 정도를 나타내는 지수이며 타당도는 검사의 정확성 정도를 나타내는 지수이다. 이러한 검사의 신뢰도와 타당도 측정을 통하여 측정치에 대하여 신뢰할 수 있게 되고 통계처리 결과에 대하여 믿을 수 있게 되어 일반화가 가능하게 된다.

타당도의 예를 들어 보면, 유아들의 EQ(정서지수)를 측정하려고 제작된 검사가 유아들의 IQ(지능지수)를 측정하고 있는 경우를 들 수 있다. 이러한 경우는 제작된 EQ검사가 측정할 때마다 일관된 점수를 산출함으로써 높은 신뢰도를 지닌 검사가 될 수는 있다. 하지만 유아들의 정서지수를 측정하기 위하여 제작된 검사가 정서지수가 아닌 지능지수를 측정하고 있기 때문에 정서지수 검사로서 타당하지 못한 것이다(High 신뢰도 Low 타당도; 신뢰도는 높으나 타당도는 낮다). [그림 1-4]는 이러한 신뢰도와 타당도의 관계를 도표화한 것이다.

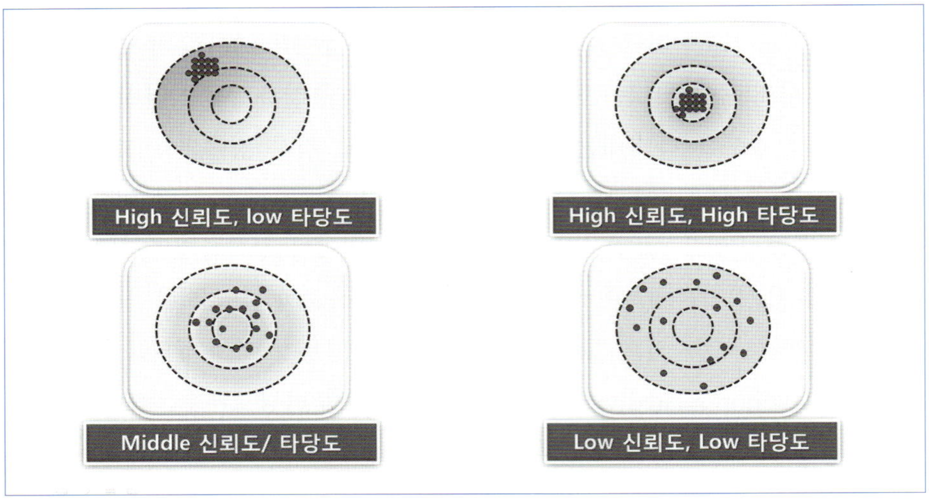

그림 1-4 신뢰도와 타당도의 관계

3. 표집 방법 및 절차

이 장의 앞부분에서 전집(population)과 표본(sample)의 기본 개념에 대해 기술한 바 있다. 간단히 기술하면 전집은 연구대상 전체 사례 수를, 표본은 실제 통계처리 대상 사례 수를 의미한다고 할 수 있다. 실제로 교육 분야에서 연구를 수행할 때 전집을 대상으로 측정하여 데이터를 얻는다는 것은 불가능한 경우가 많기 때문에 연구자는 전집을 대신하여 일정한 표집 절차에 의하여 표집한 표본을 대상으로 하는 경우가 많다. 특히 전집(全集)으로부터 추출된 표본에 의하여 전집의 특성을 추정하는 통계적 방법인 추리통계(推理統計, inferential statistics)의 경우에는 이러한 표집 절차가 필수적으로 필요하다. 표집 절차에 대하여 기술하기 전에 모수치(母數值, parameters)와 통계치(統計值, statistics)의 개념에 대하여 먼저 알아둘 필요가 있다.

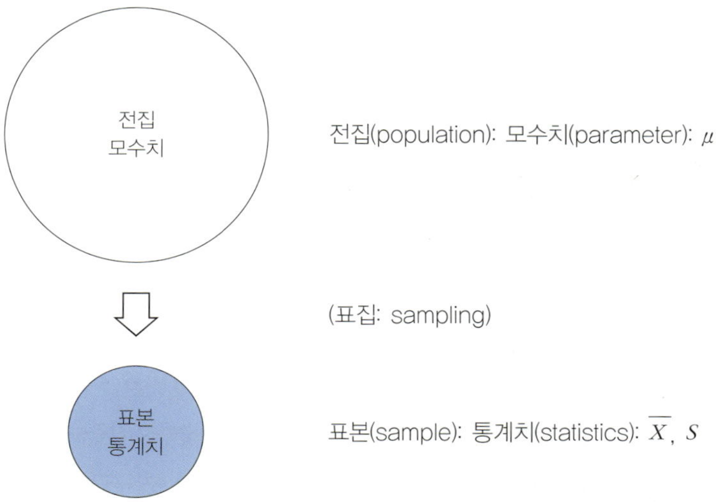

그림 1-5 전집과 표집의 관계

1) 모수치와 통계치

모수치(母數值, parameters)는 전체 전집의 특성을 측정한 것이다. 예를 들어, 서울 시내 대입 지원자의 학력고사 점수의 평균은 모수치이다. 대상으로 하는 전체 지원자를 대상으로 측정하였기 때문이다. 통계치(統計値, statistics)는 표본의 특성을 측정한 것이다. 대부분의 연구에 있어서 연구자는 전집 모수치에 관한 정보를 얻고 싶어 한다. 하지만 전집의 모든 대상을 직접 측정함으로써 모수치를 측정하는 대신에 표집 절차에 의하여 표집 대상을 측정하여 통계치를 얻게 되는데 이러한 통계치는 해당 전집 모수치를 추정하기 위해서 사용된다. 예를 들어, 연구자는 유아교사가 자신의 유치원 직무에 만족하는 정도를 알고 싶어 한다고 하자. 연구자는 표본을 선정하고 선정된 유아교사들을 면접하거나 질문지를 작성하게 하여 반응을 기록할 것이다. 그런 다음 연구자는 표본으로부터 나온 결과를 연구 대상이 될 수 있는 전체 모집단으로 일반화하게 된다. 또 연구자가 서울 시내 유치원아의 평균 IQ가 실제로 100인지를 알아보려고 하는 연구의 예를 들어 보자. 연구자가 1,000명의 유아들을 표집하여 그들의 IQ점수를 측정할 수 있다. 이때의 표본 평균 IQ는 통계치이고 이러한 통계치가 전집의 평균 IQ를 추정하기 위하여 사용될 수 있다. 여기에서 전집의 평균 IQ는 모수치이며 이러한 모수치가 연구의 초점이 되는 수치이다.

이제 분명해지는 것이 있는데 선정된 표본이 전집을 대표할 수 있어야 한다는 점이다. 그 이유는 표본 통계치가 전집 모수치를 추정하고 예견하기 위해 사용되기 때문이다. 표집해 내기 위해서 사용할 수 있는 몇 가지 절차들이 있다. 지금부터는 연구자가 광범위하게 사용할 수 있는 몇 가지 표집 기법들에 대하여 기술한다.

2) 표집 방법

교육 분야를 포함한 행동과학 연구들의 대부분은 연구하고자 하는 전집을 대표하는 표본을 사용하여 전집을 연구하는 데 관심을 갖는다. 많은 자연과학 연구들에 있어서 대표적인 표본을 얻는 것은 아주 단순한 일이다. 예를 들어, 어떤 과학자가 강의 수질에 대하여 연구하려고 할 때 필요한 일이라고는 작은 병에 강물을 담아 오는 일이 전부이다. 여기에서의 표본(sample)은 강물(전집)을 대표한다고 누구나 동의할 것이다. 교육, 심리학, 사회학과 같은 행동과학에서는 대표적인 표본을 얻는 일이 훨씬 더 복잡하다.

연구에 사용될 수 있는 몇 가지 표집 방법이 있다. 사용할 표집 방법을 선택하는 데 있어서 연구자는 주어진 상황에서 어떤 방법이 적절하고 실행 가능한지 결정해야만 한다. 모든 표집 방법들이 공유하고 있는 같은 단계나 계열이 있는데, 먼저 전집을 정하고 요구되는 표본 크기를 결정한 다음 마지막으로 표본을 선택하는 것이다.

(1) 단순무선표집

단순무선표집(單純無選標集, simple random sampling)은 전집의 모든 사례가 표본(標本)으로 추출될 확률이 동일하게 주어진다. 또 계통을 밟아 체계적으로 추출하는 것이 아니라 무작위(無作爲, random)로 추출하는 것이며 표본 추출 시 여러 단계를 거치는 것이 아니라 모집단(母集團)에서 최종 표본을 바로 추출한다. 단순무선표집을 선택하게 되면 표집에 포함되기 위해서 선택될 기회가 동등하고 독립적이다. 여기에서 독립적이라는 말은 한 사례가 선택될 때 어떤 식으로든 다른 사례가 선택될 기회를 증가시키거나 감소시키지 않아야 한다는 것이다. 줄지어 서 있는 사람들 중에서 앞에서 100명의 사람을 선택하거나 명단에서 하나 걸러 하나씩의 사람을 선택하는 표집 절차는 무선표집의 정의에는 맞지 않는다. 앞에서 100명의 사람을 선택한다는 것은 선택된 사람들 뒤에 서 있는 사람들은 표집에 포함될 기회를 갖지 못한다는 것을 의미하기 때문이다. 마찬가지로 연달아서는 선택하지 않고 한 사람 걸러서 선택한다는 것은 선택한 사람들 바로 옆의 사람은 표집에 포함될 기회가 없다는 것을 의미하기 때문이다.

이러한 단순무선표집을 사용하여 표본을 추출하고자 할 때는 다음과 같은 3가지 사항을 고려하여야만 한다.

첫째, 전집 내의 모든 사례가 표본으로 선택될 기회가 균등해야 한다.

둘째, 전집 내의 각각의 사례는 선택될 확률이 독립적이어야 한다. 즉, 전집에서 어떤 사례가 선택될 때 그것이 다른 사례의 선택 기회에 아무런 영향을 미치지 않아야 한다.

셋째, 표본 추출 도중에 전집 자체에 변화가 있어서는 안 된다.

이론적으로 무선표집이 충분히 크다면 모든 관점에서 전집을 진실로 대표할 수 있을 것이며 전집에 대한 진정한 반영일 수 있을 것이다. 반면에 무선표집 절차를 사용하여 표집하였다 할지라도 1,000명의 전집에서 10명의 표본만 추출하였다면 전집을 진실로 대표하지는 못하는 표본이 될 수 있다.

단순무선표집의 예로 전집이 5,000명인 서울 시내 유치원 교사 집단으로부터 50명을 표집할 경우 각각의 사례가 뽑힐 확률이 1/100이 되도록 표집하는 경우를 들 수 있다. 이렇게 하기 위해서는 5,000명의 이름을 적어 통 속에 넣고 고르게 섞어 50명을 뽑는 방법이 있을 수 있다. 이보다 더 신뢰롭고 더 많이 쓰이는 단순무선표집 방법이 있는데, 〈부록 2 난수표〉에 제시된 난수표(亂數表, table of random numbers)를 이용하는 방법이다.

일반적으로 난수표를 이용하여 표집하는 방법은 다음과 같은 순서에 따른다.

① 난수표를 이용하여 5,000명 중 50명을 뽑기 위해서는 먼저 전집의 모든 대상자인 5,000명에게 1번부터 5,000번까지 번호를 부여해야 한다. 이때 번호는 어떤 순서로 붙여도 상관없다.

② 수표에는 5자리 수가 나열되어 있는데 먼저 눈을 감고 수표 중 어느 한 부분을 손가락으로 짚고 선택된 수에 표시한다.

③ 선택된 수를 기준으로 어느 순서(가로, 세로 혹은 대각선)로 차례로 뽑아 갈 것인가를 결정한다.

④ 선택한 순서에 따라서 가로나 세로로 00001에서 05000까지의 숫자가 나올 때마다 차례로 50개의 숫자를 뽑아서 각 숫자에 해당하는 전집의 대상자 50명을 표본으로 추출한다. 이때 주의해야 할 점은 중간에 임의로 건너뛰는 경우 없이 차례로 읽어야 한다는 것이다.

요 약

- 단순무선표집은 전집의 모든 사례가 표본(標本)으로 추출될 확률이 동일하다.
- 단순무선표집은 전집에서 어떤 사례가 선택될 때 그것이 다른 사례의 선택 기회에 아무런 영향을 미치지 않는다.

(2) 체계적 표집

체계적 표집(體系的 標集, systematic sampling)은 전집의 전체 사례에 일련번호를 부여한 후에 일정한 표본 추출 간격에 해당하는 표본을 추출하는 방법이다.

무선표집에서와 같이 전집이 5,000명인 서울 시내 유치원 교사 집단으로부터 50명을 표집할 경우를 예로 들어 보면 다음과 같은 절차에 의하여 표본을 추출하게 된다.

① 5,000명 각각의 사례(전집)에 일련번호를 부여한다.

② 표본 추출 간격을 산출한다. 여기에서는 5,000명에서 50명을 추출하므로 100이 추출 간격이다(5,000/50). 즉, 5,000명에서 100의 간격을 두고 표본을 추출하면 50명이 추출될 수 있는 것이다.

③ 첫 번째 추출될 사례를 1번부터 50번까지에서 어느 한 사례를 무선적으로 표집한다(14번이 뽑혔다고 가정한다).

④ 전집에서 14번째 해당하는 사례를 우선 추출하고 이를 기점으로 100(표본 추출 간격)씩 더해 가면서 114, 214, 314, 414 … 4914번째 사례를 뽑아서 표본을 추출한다.

체계적 표집은 표집 사례들이 선택될 명단의 이름들이 무선으로 배치될 때 전집에 대한 훌륭한 대표치가 된다. 예를 들어, 출신 지역별로 정리된 명단에서 일정한 간격의 표본을 추출할 경우는 특정 출신 지역 출신의 사례가 체계적으로 탈락하는 경우가 발생할 수 있다. 체계적 표집 자체가 전집(全集, population)이 일정한 순서 없이 배열되어 있다고 전제하고 일정한 간격을 두고 사례를 추출해 내는 방법이기 때문에 전집이 무선으로 배치되어 있을 때 단순무선표집과 같은 효과를 가져올 수 있다.

(3) 유층표집

유층표집(類層標集, stratified sampling)은 전집이 가지고 있는 특성을 고려하여 몇 개의 하위집단(下位集團, strata)으로 나눈 후 각 하위집단으로부터 표본을 추출하는 방법이다. 이러한 유층표집을 위해서는 먼저 전집을 유층(하위집단)으로 나눈 다음 각각의 유층(하위집단)으로부터 무선표집을 한다. 이러한 유층표집은 전집이 어떤 속성에 의하여 뚜렷하게 구분될 경우에 표본의 대표성, 즉 전집과 표본 간의 어떤 속성에 대한 유사성을 높이고자 할 때 주로 사용한다. 따라서 유층표집은 시장조사나 여론조사 등에서 광범위하게 사용되며 표준화 검사에서도 많이 사용된다. 이러한 경우에 있어서는 지역이나 성(性), 연령 등의 속성을 고려하여 표집하여야 할 필요성이 크기 때문이다.

유층표집은 다시 비율적 유층표집(比率的 類層標集, proportional stratified

sampling)과 비비율적 유층표집(非比率的類層標集, nonproportional stratified sampling)으로 구분할 수 있는데 전자는 어떤 변인에 대한 속성이 전집의 구성 비율과 일치하도록 유층으로부터 표본을 추출하는 방법을 말하며, 후자는 전집의 구성 비율을 무시한 채 필요로 하는 표본의 크기만큼 각 유층으로부터 추출하는 방법을 말한다.

예를 들어, 전국의 공립 유치원 교사 800명의 전집으로부터 32명의 교사를 비율적 유층표집법으로 표본을 추출하여 실험 대상으로 하는 경우에 대하여 알아보자. 전집의 교사들을 표집하는 데 있어서 지역과 경력 속성을 고려하여 표집하여야 할 필요성이 있다고 판단한 연구자가 〈표 1-3〉과 같이 표집한 상황을 가정할 수 있다. 전집의 교사들을 지역별, 경력별로 유층을 나누었을 때 지역에 따른 비율은 3 : 2 : 2 : 1이었고 경력에 따른 비율은 3 : 1이었다고 가정한 것이다. 〈표 1-3〉은 지역, 경력 2가지 속성이 전집의 구성 비율과 일치하도록 일정한 비율에 의하여 표집한 것이다.

표 1-3 비율적 유층표집의 예

		경력		계
		5년 미만	5년 이상	
지역	서울 경기	225	75	300
	경상 강원	150	50	200
	전라 제주	150	50	200
	충청	75	25	100
계		600	200	800

전집

비율적 유층표집 →

		경력		계
		5년 미만	5년 이상	
지역	서울 경기	9	3	12
	경상 강원	6	2	8
	전라 제주	6	2	8
	충청	3	1	4
계		24	8	32

표본

하지만 유층의 어떤 특정한 하위집단의 구성 비율이 너무 현저하게 차이가 있을 경우에는 이러한 구성 비율을 무시하고 각각의 하위집단으로부터 필요한 표본의 사례를 추출하는 것이 바람직하다. 즉, 비비율적 유층표집(非比率的類層標集)을 사용하는 것이 좋다는 것이다. 예를 들어, 서울 시내 유치원 교사들 중에서 남자 교사와 여자 교사 간의 어떤 속성을 비교하고자 할 경우에는 비율적 유층표집을 사용하기가 곤란하다. 전집의 남녀 구성 비율이 200 : 1이라고 가정할 경우 집단 비율에 준하여 표본을 추출하면 여자 교사 200명을 표집할 경우 남자 교사 1명만이 뽑히게 된다. 이러한 표본의 경우에는 남자 교사가 1명에 불과하기 때문에 남녀 교사 간에 어떤 속성이나 변인에 대하여 의미 있는 비교를 할 수 없게 된다. 따라서 이와 같은 경우에는 비율적 유층표집 방법을 사용하는 것보다 비비율적 유층표집 방법을 사용하여 표본을 추출하는 것이 바람직하다고 할 수 있다.

(4) 군집표집

군집표집(群集標集, cluster sampling)은 표집의 단위가 개인(個人)이 아니라 집단(集團)인 표집 방법이다. 무선표집의 대상이 개인이 아니라 군집, 집단이라는 점에서만 차이가 있을 뿐 무선적으로 표집한다는 측면에서 단순무선표집과 유사하다고 할 수 있다. 여기에서 군집이란 학교, 회사, 시·군·읍·면 등의 행정구역 등과 같이 자연적 또는 인위적으로 이미 구분된 집단을 의미한다. 군집표집의 예를 들어 보자. 서울 시내의 유치원 부모교육에 대한 실태 조사를 하고자 할 경우에 서울 시내 유치원에 다니는 유아를 둔 모든 부모들 중에서 표본을 추출하자면 많은 시간과 경비가 소요될 것이다. 이보다는 서울 시내 유치원을 표집 단위로 하여 무선으로 몇 개의 유치원을 추출하여 그 유치원에 다니는 유아를 둔 부모들에 대하여 연구를 수행하는 것이 바람직하다. 이런 경우 추출된 유치원의 모든 부모들을 표집할 수도 있고 추출된 유치원의 부모들을 대상으로 다시 후속적인 표본 추출을 행할 수도 있다. 군집표집에 의하여 몇 개의 유치원을 선정하고 몇 개의 유치원 구성원을 대상으로 다시 무선표집을 행하는 경우 여러 단계의 표집 단위를 거쳐 최종적으로 개인을 표집하는 방법이기 때문에 다단계표집(多段階標集, multi-stage sampling)으로 분류하기도 한다.

요 약

군집표집은 표집의 단위가 전집의 구성원 개개인이 아니라 집단이다. 이때 전집에서 분류된 집단 중에서 몇 개를 무선적으로 선정하고 선정된 집단의 구성원들은 모두 표본으로 추출한다. 여기에서 선정된 집단의 구성원 모두를 표본으로 추출하지 않고 다시 그중에서 무선표집을 행하여 표집하는 경우 여러 단계의 표집을 거치기 때문에 다단계표집으로 분류하기도 한다.

(5) 임의표집

임의표집(任意標集, incidental sampling)은 연구자가 우연히 입수한 자료 또는 대상들, 가장 얻기 쉬운 기존에 형성된 집단으로부터 임의대로 표본을 선정하는 방법이다. 연구자가 연구자 자신의 학급이나 자신의 학교와 같이 얻기 쉬운 표본을 사용하여 연구를 수행하는 경우가 꽤 많다. 예를 들어, 연구자가 유치원 교사라면 편리성과 비용절감이라는 이유 때문에 실험연구를 수행하기 위하여 자신이 속한 유치원 유아들 중에서 표집하는 경우가 있을 수 있다. 또 석사논문을 쓰는 대학원생이 자료 처리에 필요한 데이터를 수집하기 위하여 자신이 다니는 학교를 표본으로 사용할 수 있다. 사실 유아교육을 비롯하여 교육이나 심리학 분야의 꽤 많은 연구들이 이용 가능하고 편리한 표본을 사용하여 행해지고 있다.

임의표집 방법을 사용하는 데 있어서 가장 큰 문제는 표본이 어떤 전집에 속하는지가 명확하지 않을 수 있다는 점이다. 이러한 문제는 정의된 전집에서 표본을 추출하는 것으로부터 연구를 시작하지 않았기 때문에 생긴다. 때문에 이런 경우 표집이 연구하려는 전집의 속성뿐 아니라 여러 가지 다른 속성들이 내포될 가능성이 더 커진다는 데 문제점이 있다. 이러한 표본은 어떤 전집을 대표한다고 말할 수 없으며 자료의 특성이 한쪽으로 치우칠 가능성이 높기 때문에 연구 결과를 일반화시키기가 어렵다는 문제점을 지니고 있다. 따라서 연구 결과를 전집에까지 일반화시키는 데 상당한 주의를 필요로 하게 된다.

3) 표집의 편파와 표본의 크기

대부분의 연구는 전집으로부터 표본을 추출하여 이들을 대상으로 연구에 착수하여 그 연구 결과를 전집에 일반화시키게 되고 연구의 일반화에 목적을 두고 있다. 이때 [그림 1-6]에서 보는 것처럼 전집에서 표본을 추출하는 표집 과정에서 표집오차가 나타나기 마련인데 이러한 표집오차는 연구 결과의 일반화 가능성을 저해시키므로 이에 대한 통제에 각별히 유의하여야 한다.

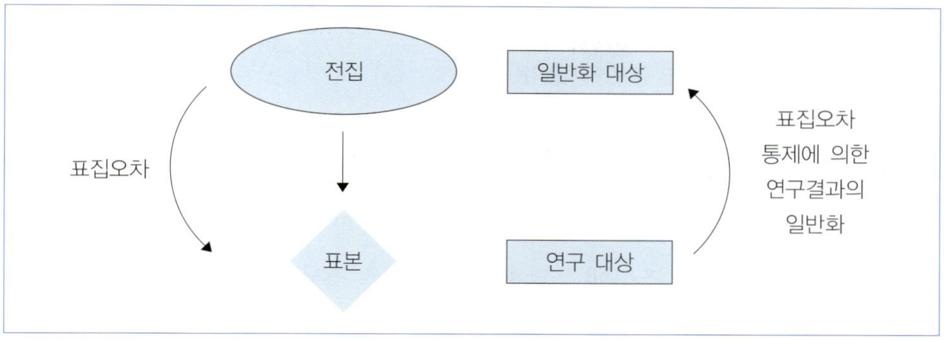

그림 1-6 표본 추출과 표집오차

표집오차(標集誤差, sampling error)란 표본으로부터 얻어 낸 통계치(statistics)와 모수치(parameters)와의 차이를 말하는데 이러한 표집오차는 다음과 같이 표집의 편파 및 표본의 크기와 밀접한 관계를 가지고 있다.

(1) 표집의 편파

전집으로부터 임의표집(incidental sampling)을 하였거나 고의로 어떤 특정한 속성을 지닌 표집 단위들만 표본으로 추출하였다면 이러한 편파적인 표집 방법으로 인하여 통계치와 모수치의 차이, 즉 표집오차가 발생하게 된다. 이때 편파된 표집은 전집과 어떠한 체계적인 차이를 보이는 체계적 오차를 포함하게 된다. 이와 같이 표집의 편파(標集의 偏頗, sampling bias)란 표집과 전집 사이의 무선적(random)인 차이를 제외한 체계적(systematic)인 차이만을 일컫는 말이다.

예를 들어, 대통령 선거에서 여론조사를 실시하는데 전화번호부의 이름들 중에서 무선으로 대상을 선택하였다면 표집된 표본은 전집과는 체계적으로 차이를 보이기 때문에 편파되어 있다고 할 수 있다. 이는 대상 선정에서 전화번호부에 이름이 등재되지 않은 투표자들을 제외시켰는데 이러한 대상자들의 제외는 전집에서 전화 소유라는 속성에 의하여 체계적으로 탈락시켰기 때문에 표집 편파의 예이다.

표집 편파의 또 다른 예로는 연구에 지원자를 대상으로 할 때 발생할 수 있다. 지원자(volunteer)들이 분명하게 정의된 전집에서 추출되었을지라도 전집의 다른 구성원들의 "전형"은 아닐 수 있다. '지원자' 라는 속성이 체계적으로 영향을 끼칠 수도 있는 것이다. 지원자들을 대상으로 연구를 수행하고 그 결과를 전집으로 일반화하게 되면 잘못된 결론이 이끌어지는 경우가 많다.

표집 편파는 또 조사연구에 있어서 조사에 응한 응답자들만을 대상으로 할 때 발생할 수 있다. 조사연구의 응답자들은 실험연구에 참여한 지원자들과 유사한 속성을 가지고 있다. 따라서 그들의 반응은 나머지 전집을 대표할 수도 있지만 그렇지 않을 수도 있다. 많은 경우에 있어서 조사에 응답하는 사람들은 조사 주제에 관하여 한쪽으로 치우친 감정을 갖고 있는 경우가 많다. 하지만 대부분의 사람들은 조사에 최선을 다해서 반응하지 않는 경향이 있다. 그럼에도 불구하고 조사연구에 응답한 사람들의 반응들이 전집으로 일반화되는 경우는 상당히 많다.

(2) 표본의 크기

일반적으로는 전집의 규모가 클 경우 전집의 3～5% 정도의 표본이면 전집을 대표하는 데 무리가 없다고 본다.

표본의 크기(size of sample)가 증가하면 전집을 대표할 가능성은 커지게 된다. 특히 무선표집의 경우에 더 그렇다. 표본의 크기, 즉 표본의 사례 수가 클수록 표집오차는 감소하며 반대로 표본의 크기가 작아질수록 표집오차는 증가한다. 특히 무선표집 과정에서 나타나는 표집오차는 단순히 우연에 의하여 발생한 오차이기 때문에 표본의 크기를 증가시킴으로써 이를 배제하거나 어느 정도 줄일 수 있다.

하지만 표집의 편파에 의한 표집오차는 표집 방법의 잘못으로 인하여 발생된 오차이기 때문에 표본의 크기를 증가시켜도 이를 통제 또는 배제시킬 수 없게 된다. 따라서 표집오차를 통제하고 전집을 대표할 수 있는 표본을 추출하기 위해서는 표집의 편파를 배제하고 표본의 대표성을 어느 정도까지는 보장할 수 있도록 무선표집 방법에 의하여 표본을 추출해야 한다. 뿐만 아니라 무선표집의 경우에도 우연에 의하여 발생하는 오차는 있기 때문에 표본의 크기를 적절하게 결정하여 무선표집오차를 줄이도록 해야 한다.

일반적으로 표본이 크면 클수록 그 분포는 정상분포에 가까워지며 전집을 대표할 수 있는 확률이 높아지는 것은 분명하다. 하지만 여러 가지 현실적 요인 때문에 표본의 크기를 무작정 크게만 할 수는 없다. 표본의 크기를 결정하는 데 있어서 고려하여야 할 몇 가지 대표적 요인들을 열거하면 다음과 같다.

① 피험자의 탈락이 예상될 경우에는 탈락자를 감안하여 표본의 크기를 증가시켜야 한다.

② 연구 결과에 영향을 미칠 수 있는 중요 변인들에 대한 적절한 통제가 이루어지지 못할 경우에는 표본의 크기를 증가시켜야 한다. 표본의 크기를 증가시킴으로써 통제되지 못한 변인들이 끼치는 체계적인 영향을 배제하고 이러한 영향이 무선적으로 작용하게 하여 가외변인의 영향을 상쇄시킬 수 있기 때문이다.

③ 처치의 효과가 크지 않을 것으로 예상될 경우에는 표본의 크기를 증가시켜야 한다. 표본의 크기를 증가시켜서 표집오차를 줄일 경우에는 처치의 효과를 발견할 수 있는 확률이 높아지기 때문이다.

④ 높은 수준의 통계적 의의도나 검증력이 요구되는 경우에는 표본의 크기를 증가시켜야 한다. 동일한 조건이라면 표본의 크기가 클수록 가설에 대한 통계적 검증력은 증가하기 때문이다. 즉, 표본의 사례 수가 많을수록 영가설을 거부할 수 있는 확률이 높아진다.

⑤ 표본이 추출될 전집의 대상들이 여러 가지 속성에 있어서 차이를 보인다면 표본의 크기를 증가시키는 것이 좋다. 표본의 크기를 증가시킴으로써 이러한 속성들의 차이를 상쇄시킬 수 있기 때문이다.

⑥ 표본의 크기를 결정할 때 사용된 표집 방법에 따라 크기를 증가시켜야 하는 경우가 있다. 예를 들어, 군집표집 방법을 사용할 경우는 단순무선표집 방법을 사용할 경우에 비하여 표본의 크기를 증가시켜야 한다.

⑦ 연구 대상 피험자들을 하위집단으로 세분하면 할수록 표본의 크기는 증가시켜야 한다. 예를 들면, 3세 집단과 4세 집단 두 개의 집단으로 나누었을 때보다 3세 집단, 4세 집단, 5세 집단, 6세 집단과 같이 네 개 집단으로 나누었을 때가 더 많은 표본을 필요로 한다. 표본의 전체 사례 수가 많을지라도 세분된 하위집단의 사례 수가 너무 적으면 통계분석이 불가능하며 가능하다고 하더라도 의미 있게 비교하는 것이 불가능하다. 예를 들어, 2개의 하위집단으로 나누었을 때는 30명의 표본으로도 통계분석이 가능하지만 4개 집단으로 나누었을 때는 30명의 표본으로는 의미 있는 통계분석이 불가능하다.

⑧ 그 이외에도 연구의 적용 범위(일반화 범위), 비용, 시간, 인력 등의 현실 조건들에 따라 표본의 크기를 조절하여야 한다.

힌 트

표집오차를 통제하고 전집을 대표할 수 있는 표본을 추출하기 위해서는 다음과 같은 두 가지 조건을 고려해야 한다.

- 표집 과정에서 발생하는 체계적인 오차는 무선표집 방법에 의하여 표본을 추출함으로써 편파를 배제할 수 있다.
- 표집 과정에서 발생하는 우연적인 오차는 표본의 크기를 적절하게 결정함으로써 줄일 수 있다. 하지만 임의표집 방법에 의하여 표본을 추출함으로써 생겨나는 체계적인 오차는 표본의 크기를 조절함으로써 해결될 수 없다.

4) 표집분포

표집분포(標集分布, sampling distribution)는 말 그대로 표집치들의 분포를 말하는데 전집에서 계속하여 표집하였을 경우 이러한 표집치들이 이루는 가상적인 분포가 표집분포이다. 일반적으로 표집분포는 표본의 평균치들로 구성된 가상적 분포를 말하는데 평균치들의 표집분포뿐만 아니라 표준편차, 상관계수 등의 표집분포도 작성할 수 있다.

어떤 전집에서 n개 표본을 무선적(無選的, random)으로 뽑아 $\overline{X}$(평균치)를 계산하고, 또 n개를 뽑아 $\overline{X}$를 계산하는 과정을 반복적으로 100회 한다면 같은 전집에서 100개의 평균치들을 얻을 수 있다. 이렇게 해서 얻은 100개의 평균치들을 분포(分布, distribution)로 나타낼 수 있는데 이 분포를 표집분포라고 하는 것이다. 여기에서 표집분포는 표본의 평균치들로 구성된 가상적 분포를 말하는 것으로 이러한 평균치들의 표집분포 평균치($\overline{X}_{\overline{X}}$)는 전집의 평균치($\mu$)와 같게 된다($\overline{X}_{\overline{X}}=\mu$). 또 평균치들로 구성된 표집분포의 표준편차를 표준오차(標準誤差, standard error of mean, $\sigma_{\overline{X}}$)라 하는데 이 값은 전집의 표준편차를 $\sqrt{n}$으로 나눈 것과 같다($\sigma_{\overline{X}}=\sigma/\sqrt{n}$).

그러나 실제 연구에서의 표집분포는 대부분 가상적이기 때문에 계산할 수 없다. 따라서 평균치의 표준오차도 표집분포에서 계산이 불가능하여 전집의 표준편차 추정치를 사용하여 전집의 표준편차 추정치($\hat{\sigma}$)를 $\sqrt{n}$으로 나눈 값을 사용한다($\hat{\sigma}/\sqrt{n}$). 하지만 $\hat{\sigma}$(시그마 햇이라고 읽는다, 전집 표준편차 추정치)도 실제로는 알 수 없기 때문에 표본에서 얻은 표준편차(S)를 전집 표준편차의 추정치($\hat{\sigma}$)로 대신 사용하게 된다.

전집 표준편차의 추정치($\hat{\sigma}$) 대신에 표본에서 얻은 표준편차(S)를 사용할 때 필수적으로 고려해야 할 사항으로 두 가지를 들 수 있다.

① $\hat{\sigma}$은 가상적이기는 하지만 변하지 않는 수치인데 반하여 S는 표집을 어떻게 하는가에 따라 변하기 때문에 표본의 사례 수가 적을수록 변동의 폭이 커진다.

② 표본의 사례 수가 적을수록 S는 $\hat{\sigma}$보다 작아질 가능성이 크기 때문에 표본의 사례 수가 적을 때 $\hat{\sigma}$ 대신에 S를 그대로 사용하는 것은 전집의 표준편차를 과소추정할 위험이 생긴다. 이러한 문제점을 해결하기 위하여 표본 수가 30보다 적을 때는 n 대신 자유도 $n-1$을 사용하여 $S/\sqrt{n-1}$을 평균치의 표준오차로 사용한다.

요 약

표집분포는 전집으로부터 무선적으로 표집하여 얻은 평균치들의 분포를 말하는데 다음과 같은 성질을 가지고 있다.

① 평균치의 표집분포는 정상적으로 분포되어 있다(정상분포 가정).

② 표집분포의 평균치는 전집의 평균치(μ)와 같다.

③ 표집분포의 표준편차(평균치의 표준오차)는 $\hat{\sigma}/\sqrt{n}$과 같으며 표본 수가 30명보다 적을 경우는 $S/\sqrt{n-1}$을 사용하여 계산한다.

4. 유아교육 도구 개발과 통계

본 절에서는 유아교육, 아동교육 분야에서 평가척도를 개발하는 과정을 기술하고 개발 과정에서 이러한 척도의 신뢰도와 타당도를 확보하는 방안에 대하여 기술한다. 본 절의 내용은 척도 개발 과정을 중심으로 설명하고 있으니 이를 기반으로 하여 추가적으로 본 책의 2부와 3부에서 도구 개발에 요구되는 구체적인 통계처리 절차를 이해하기 바란다.

실제로 평가척도를 개발하는 일은 통계에 어느 정도 자신을 가지고 있는 학생이라 할지라도 두려움을 갖게 하는 일이다. 하지만 교육 분야를 공부하는 대학원생들의 경우는 필수적으로 요구되는 통계 관련 지식일 수 있고, 또 유아교육이나 아동교육 관련 논문을 읽다 보면 필수적으로 이해해야 하는 부분이 많기 때문에 기본적인 척도 개발을 실제적인 예를 중심으로 다루어 보기로 한다.

1) 평가척도의 의미와 종류

(1) 평가척도의 의미

척도란 연구자가 '측정하고자 하는 어떤 동일한 측정 대상에 대한 정보를 제공해 주는 서로 관련된 문항을 모아 놓은 것' 이라고 할 수 있다. 이러한 척도는 단순히 여러 개의 진술문을 모아 놓은 것과는 구별되는데, 반드시 동일한 변인을 측정하기 위한 서로 관련되는 진술문으로 이루어져 있는 것을 척도라 할 수 있다. 이러한 척도가 척도로서 인정받기 위해서는 공통적으로 무엇을 측정하고 있는지 전문가들이 알 수 있는 진술문들로 제시되어야 한다. 서로 관련성이 없는 문항이나 무엇인가를 공통적으로 측정하고 있다고 판단되지 않는 문항이 있는 경우 평가척도라 할 수 없는 것이다.

(2) 평가척도의 조건

평가척도로 인정받기 위해서는 다음과 같은 2가지 조건을 만족시켜야 한다.

첫째, 척도 내의 각각의 진술문들(문항들)이 어떤 하나의 공통적인 특성을 지니고 있어서 서로 관련되어 있어야 한다. 그래야 하나의 척도를 형성하고 있다고 할 수 있는 것이다. 통계적으로 진술해 보면 각 문항들에 대한 반응(평정)에 있어 서로 상관이 있다는 말이다. 따라서 모든 진술문들(문항들)이 서로 적절히 상관되어 있다면 하나의 척도로 인정받을 수 있게 된다. 하지만 진술문들 간에 상관이 없다면(혹은 상관이 없는 문항이 있다면), 척도라고는 할 수 없으며 단순히 진술문들이 모여 있는 것에 불과할 수 있다. 유아교육이나 아동교육 분야의 연구에서 널리 사용되고 있는 설문지 분석의 경우를 예를 들어 보면, 설문지의 각 진술문들이 서로 상관이 없는 경우로 구성되는 경우가 많기 때문에 척도로 인정받기 어려운 것이다. 만약 각 진술문들이 적절히 서로 상관되도록 구성되었다면 설문지도 척도로 인정받을 수 있게 된다. 물론 신뢰도, 타당도 등의 다른 요소들에 대한 요건도 더불어 만족시켜야 할 테지만 말이다.

둘째, 평가척도의 진술문들(문항들) 중에서 완전한 상관을 갖는 진술문들이 있어서는 안 된다. 두 문항이 완전한 상관을 갖는다는 것은(통계적으로 두 문항에 대한 평정에 있어 서로 상관이 지나치게 높은 경우) 두 문항이 똑같은 정보를 제공해 준다는 것을 의미하기 때문에 두 진술문이 같은 척도에 포함되어서는 안 되는 것이다.

(3) 평가척도의 종류

척도 개발 방법에 사용되는 평가척도의 종류에는 대표적으로 Thurstone식 척도, Guttman식 척도, 의미미분법 척도, Likert식 척도 등을 들 수 있으나 여기에서는 일반적으로 척도 개발 방법으로 가장 많이 사용되고 있는 Likert식 척도에 초점을 맞추어 알아보고자 한다.

2) 척도 개발 과정과 타당화

척도 개발을 위해서는 다양한 통계적인 지식을 요구하는 것이 사실이나 여기에서는 평정척도로서 리커트 척도의 개발 과정을 중심으로 기본적인 과정을 제시하고 이해해 보고자 한다.

(1) 리커트 척도

리커트 척도의 길이는 대체로 길고, 종류 또한 다양하며 척도의 각 문항은 측정하려고 하는 특성에 관하여 긍정적인 것들과 부정적인 것들의 진술로 이루어진다. 아래와 같이 전통반응 양식은 5점 척도이며 변형반응 양식이 사용되기도 한다.

- 전통반응 양식 : 아주 그렇다/그렇다/그저 그렇다(결정할 수 없다)/그렇지 않다/전혀 그렇지 않다

- 변형반응 양식 : '결코/좀처럼/때때로/자주' 라고 표현하기도 함

반응자들은 위와 같은 형태로 이루어진 반응지의 반응들 중에서 자신의 생각과 느낌의 정도를 가장 잘 나타내는 반응을 선택하게 된다. 일단 적절한 반응을 선택한 후 반응의 표시는 도구 위에 직접 하거나 따로 마련된 반응지에 할 수도 있다. 최근에는 반응지를 이메일로 배포하는 경우가 많은데 이런 경우는 별도의 반응지를 제공해 주는 것이 좋다. 개인의 총점을 계산하기 위해서는 반응자들이 반응한 각 문항의 반응 선택란에 부여된 수치를 합산하게 된다.

〈표 1-4〉는 리커트 척도의 반응대안 수에 따른 변형된 반응 양식을 제시하고 있다.

표 1-4 리커트 척도의 반응대안 수에 따른 변형된 반응 양식

	반응대안의 수	반응대안
반응대안의 변형	2	그렇다, 그렇지 않다
	3	그렇다, 잘 모르겠다, 그렇지 않다
	4	아주 그렇다, 그렇다, 그렇지 않다, 전혀 그렇지 않다
	5	아주 그렇다, 그렇다, 잘 모르겠다, 그렇지 않다, 전혀 그렇지 않다
	7	아주 그렇다, 그렇다, 다소 그렇다, 잘 모르겠다, 다소 그렇지 않다, 그렇지 않다, 전혀 그렇지 않다

출처: 문수백(2003). 연구방법의 실제. 서울: 학지사, p. 126.

(2) 리커트 척도 개발 절차와 문항 분석, 통계

가. 개발 절차

리커트 척도 개발을 위해서는 [그림 1-7]과 같은 단계별 절차에 의해 개발될 수 있다. 물론 [그림 1-7]에 제시된 1단계의 문항 작성 이전에 이론적, 문항 개발 관점에서 개발하고자 하는 척도 관련 선행연구들을 분석하고 종합하는 과정이 필요하다. 그 다음 평가척도의 문항들을 작성하고 초안을 도출하게 된다.

Likert식 척도 개발 절차

단계	내용
1단계	• 측정하고자 하는 정의적 심리 특성과 관련해서 분명하게 호의적 또는 비호의적인 문항들을 작성하거나 또는 선택한다.
2단계	• 여러 명의 판단자들에게 문항들을 제시하고 판단자들로 하여금 각 문항을 검토한 다음 정적 · 부적 또는 중립적인 범주 중 어느 한 범주 속에 분류하도록 요구한다.
3단계	• 모든 판단자들에 의해 만장일치로 정적 또는 부적인 것으로 분류되지 않은 문항들을 제거한다. (왜냐하면 중립적인 진술문은 Likert식 척도에 포함시킬 수 없기 때문이다.)
4단계	• 각 문항에 제공될 선택 대안의 수를 정한다. (주의: 본래의 Likert 척도는 다섯 개의 선택 대안을 가지고 있는 것이었다.)
5단계	• 자기보고식 도구를 준비한다. 지시문도 작성해서 포함시킨다. 지시문은 반응자들 자신이 각 진술에서 아주 일치한다고 느끼면 "아주 그렇다"에, 전혀 일치하지 않는다면 "전혀 그렇지 않다"에 표시한다.
6단계	• 도구가 의도하고 있는 집단의 표집에 척도를 실시한다. (주의: 표집의 크기는 적어도 척도에 포함되어 있는 문항 수의 5배 정도가 되어야 한다.)
7단계	• 각 문항에 대한 반응과 총척도 점수 간의 상관을 계산한다. 총척도 점수와의 상관이 통계적으로 유의하지 않는 문항들은 제거해 버린다(Likert의 내적 합치성의 기준).

출처: 문수백(2003). 연구방법의 실제. 서울: 학지사, p. 124.

그림 1-7 리커트식 척도의 개발 절차

선행연구 분석과 전문가의 도움을 받아 초안을 작성한 후 문항 분석을 수행하게 되며 문항 작성 과정에서 문항 분석을 동시에 수행하기도 한다. 즉, 척도에 포함될 문항들을 측정하고자 하는 변인과 관련하여 명확하게 정적(호의적), 부적(비호의적) 문항들로 작성하고 검토하는 과정이 반복되어야 한다. 문항 분석 과정에서 명확하게 정적(호의적), 부적(비호의적) 문항으로 분류되지 않은 문항은 제거해 버린다.

[그림 1-7]의 3~6단계에서 보듯이, 선택 대안의 수(전통적으로는 5개)를 결정하고 지시문(선택 대안 표시 방법에 대한 설명문)을 작성하여 척도를 실시하는 목적에 부합하는 표집을 선정하고 척도의 평정을 실시한다(일반적으로 문항 수의 5배 이상의 표집 선정).

나. 문항 분석(개발 절차 7단계)

[그림 1-7]의 7단계는 표집에 척도의 평정을 실시한 후 각 평정 대상자별 각 문항의 평정 점수를 대상으로 문항 내적 일치도 기준을 점검하는 단계이다. 각 문항이 문항 내적 일치도 기준을 만족시키는지를 점검하는 일은 척도 개발 시 척도의 신뢰도와 관련하여 필수적으로 행해져야 하는 과정이다. 만일 어떤 문항이 해당 척도에 속하는 적절한 문항이라면, 그 문항에 대한 반응(문항 점수)과 전체 문항에 대한 반응(전체 총점) 간에는 어느 정도의 상관이 있어야 할 것이다. 만약 어떤 문항 점수와 전체 문항 총점 간에 유의미한 상관이 없다면, 그 문항은 총점에 기여하는 문항이 아닐 것이기 때문에 해당 척도에서 제거해야만 한다. 이러한 각 문항과 전체 총점 간의 상관(문항-전체 상관)은 SPSS 프로그램을 사용하여 '상관분석' 을 실시할 경우 산출할 수 있다.

[그림 1-8]은 이해를 돕기 위해 이러한 각 문항과 전체 점수와의 상관, 문항 제거 시 α값을 제시하고 있는 논문의 일부분을 제시한 것이다.

열린유아교육연구
The Journal of Korea Open Association for Early Childhood Education
2009. 2, Vol. 14, No. 1, pp.69-84.

부모용 유아 놀이 선호도 검사도구의 타당화 검증

이성균*·박대근**

<표 3> 문항 분석결과

요인	문항 요약	문항-전체상관	문항제거 시 α
활동-모험 놀이	신체적으로 용감하고 대담함	.76	.89
	놀이터에서 활동적이고 모험적	.71	.88
	놀이할 때 신체적으로 적극적	.68	.90
	달리거나 뛰어넘는 놀이 좋아함	.54	.87
	공을 잘 던짐	.67	.87
운동 놀이	신체접촉 놀이를 좋아함	.64	.89
	방망이를 사용한 놀이를 좋아함	.74	.88
	공으로 하는 놀이를 좋아함	.66	.89
거친 놀이	활동적이고 거친 친구 좋아함	.53	.87
	친구들과 활동적, 활발한 놀이를 좋아함	.54	.90
	친구들과 힘을 겨루는 놀이 좋아함 (씨름, 레슬링)	.56	.86
	놀이할 때 큰 소리 지르고 고함치는 것을 좋아함	.66	.89
조용한 놀이	조용한 테이블 활동을 좋아함	.44	.85
	미술과 손으로 하는 공예를 좋아함	.41	.89
	상상 놀이 좋아함	.48	.90

표 3에 나타난 바와 같이 문항-척도의 상관계수는 모든 문항이 모두 정적인 관계를 보였으며, 각 문항의 반응점수와 전체 척도 간의 상관관계가 대부분 적정 판정기준인 .40 이상을 나타내었다. 따라서 부모용 유아 놀이 선호도 측정도구 문항은 유아 놀이 선호도를 적합하게 검사할 수 있음을 증명해 주고 있다. 나아가, 표 3은 문항삭제 시 α 계수들이 .86~.90의 수준을 나타낸다는 사실을 보여주고 있다. 전체 척도 신뢰도 수준(Cronbach's α=.91) 보다 모두 낮은 수준을 보이고 있는 이 결과는 이 연구에서 측정된 모든 부모용 유아 놀이 선호도 측정문항들이 높은 신뢰도를 갖고 있다는 사실을 반영해 준다.

그림 1-8 문항분석 결과(각 문항과 전체 점수와의 상관, 문항 제거 시 α값)

[그림 1-8]의 원 안의 '문항-전체 상관' 수치는 SPSS 프로그램을 사용하여 '상관분석' 을 실시하여 산출된 각 문항과 전체 총점과의 상관계수를 제시한 것이다. 줄 친 해석 부분에서 제시하고 있는 바와 같이 '.40' 을 상관 유무의 기준으로 삼아 모든 문항이 기준보다 상관이 높은 것으로 나타났기 때문에 모든 문항을 본 연구의 척도에 적합한 문항으로 인정하고 있는 것이다.

상관관계와 상관분석에 관한 SPSS 통계처리 내용은 본 책의 '12장. 상관분석(상관관계)' 부분을 참고하기 바란다. SPSS 18.0 통계처리 과정은 '12장. 상관분석(상관관계)' 부분에 제시되어 있다(데이터는 「상관.sav」 파일). 상관분석을 위해서는 각 문항 점수와 전체 총점 데이터가 입력된 데이터 편집기 화면에서 [그림 1-9]와 같이 메뉴 상에서 「분석」을 선택한 다음 계속해서 「상관분석(C)」, 「이변량상관계수(B)」를 선택한다.

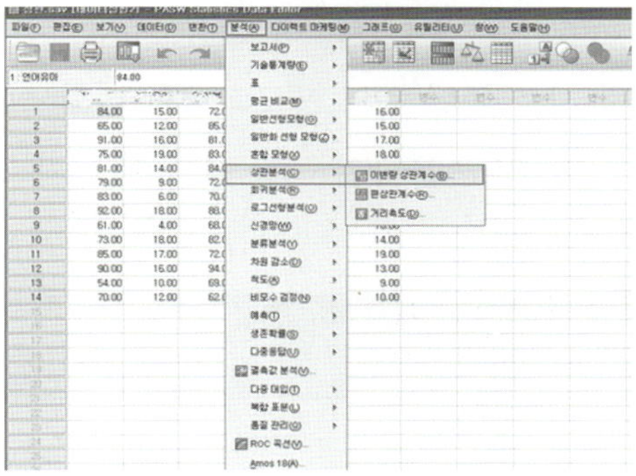

그림 1-9 SPSS 프로그램 상관분석 메뉴 선택

[그림 1-8]의 원 안의 '문항 제거 시 α' 수치는 SPSS 프로그램을 사용하여 '신뢰도분석' 을 실시하여 산출된 수치이다. 신뢰도분석을 위해서는 각 문항 점수 데이터가 입력된 데이터 편집기 화면에서 [그림 1-10]의 왼쪽 그림과 같이 메뉴 상에서 선택하면 된다(분석-척도화분석-신뢰도분석). 오른쪽 그림은 통계량 옵션 대화상자로 '문항 제거 시 척도' 를 선택한 것을 볼 수 있다. 아래의 SPSS 18.0 통계처리 과정은 '신뢰도(알파).sav' 파일을 예제로 한 것이다.

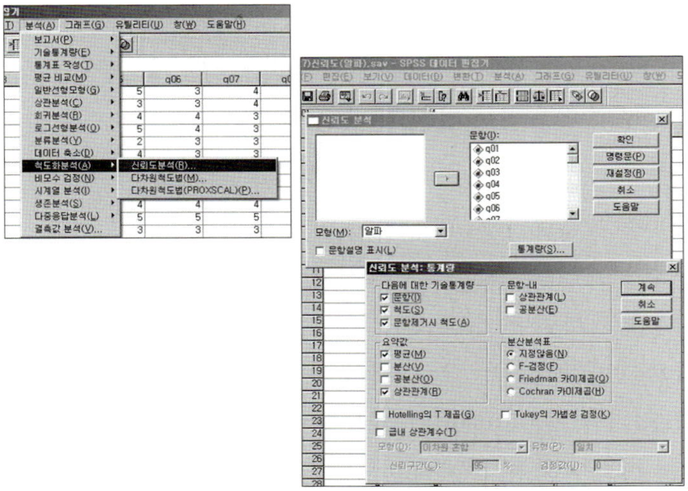

그림 1-10 SPSS 프로그램의 신뢰도 분석의 예-메뉴 실행, 통계량 옵션

[그림 1-11]에 이렇게 해서 산출된 SPSS 프로그램의 신뢰도분석 결과표가 제시되어 있다. 여기에서 원 안의 24번, 25번 문항의 문항 제거 시 신뢰도는 각각 .9460, .9455로

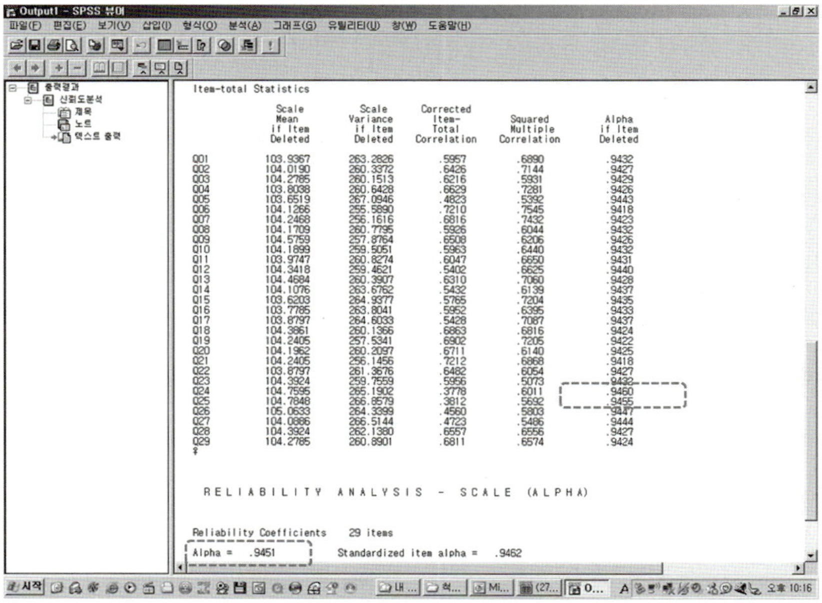

그림 1-11 SPSS 프로그램의 신뢰도분석의 예- 결과표

각 문항을 제거할 경우 전체 신뢰도(Cronbach α계수=.9451)가 커지기 때문에 제거해야 할 문항으로 고려해야 할 것이다. 해당 문항을 척도에서 없앨 경우 척도의 전체 신뢰도가 높아지기 때문에 다른 문항 분석 내용을 동시에 고려하여(전문가 문항 분석 등) 삭제 여부를 판단하여야 할 것이다.

다. 문항 분석(개발 절차 7단계의 후속 단계)

일반적으로 문항 분석을 위해서는 추가적으로 문항 변별도, 문항 난이도 등의 검증이 이루어진다. 이는 성취도 관련 척도의 경우 해당 문항에 대한 평정 결과가 우수한 집단과 우수하지 못한 집단으로 변별할 수 있어야 한다는 것이며(문항 변별도) 해당 문항의 난이도가 적절해야 한다는 것이다(문항 난이도).

문항 변별도(item discrimination)란 문항이 피험자의 능력을 변별하는 정도를 나타내는 지수이다. 검사에서 어떤 문항에 정답을 한 피험자의 검사점수가 높고 답이 틀린 피험자의 검사점수가 낮다면, 이 문항은 피험자를 변별하는 기능을 가졌다고 볼 수 있다.

통계적으로 문항 변별도는 각 문항이 척도에서 상위 점수를 획득한 집단과 하위 점수를 획득한 집단 간에 유의미한 차이가 있는지를 검증함으로써 제시한다. 아래의 연구는 상위 점수를 획득한 집단과 하위 점수를 획득한 집단 간에 유의미한 차이가 있는지를 검증하기 위해 집단 간 t검증(독립표본 t검증)을 실시한 결과를 제시하고 있다(독립표본 t검증의 경우는 본 책의 '5장' 을 참고하기 바란다).

幼兒敎育硏究
2007. 제 27 권 제 4호, 303-325

유치원 일과활동에서의 유아 자율행동 검사도구 개발*

이 학 선**
최 기 영***

〈표 8〉 유아 자율행동 검사도구의 문항변별도 분석을 위한 상·하 집단간 독립표본 t검증 결과

범주	문항번호	집단(n)	M	SD	t	ω^2	범주와상관	전체와상관
1. 동원 및 일과 계획	1	상(n=274)	3.83	.37	23.62***	.50	.74***	.62***
		하(n=274)	2.73	.67				
	2	상(n=274)	3.78	.44	25.03***	.53	.74***	.64***
		하(n=274)	2.50	.72				
	3	상(n=274)	3.73	.47	29.52***	.62	.84***	.72***
		하(n=274)	2.32	.63				
	4	상(n=274)	3.62	.49	28.92***	.60	.82***	.72***
		하(n=274)	2.30	.58				
	5	상(n=274)	3.44	.62	26.17***	.56	.76***	.69***
		하(n=274)	2.09	.59				
2. 자유 선택 활동	6	상(n=274)	3.55	.56	23.11***	.49	.64***	.66***
		하(n=273)	2.39	.62				
	7	상(n=274)	3.57	.53	20.76***	.44	.69***	.60***
		하(n=274)	2.56	.60				
	8	상(n=274)	3.37	.67	18.80***	.39	.63***	.52***
		하(n=274)	2.31	.64				
	9	상(n=274)	3.43	.57	19.53***	.41	.66***	.55***
		하(n=274)	2.40	.66				
	10	상(n=274)	3.47	.58	18.89***	.39	.65***	.58***
		하(n=273)	2.44	.69				
	11	상(n=273)	3.51	.57	19.70***	.41	.60***	.61***
		하(n=274)	2.45	.68				
	12	상(n=274)	3.42	.70	18.97***	.40	.66***	.54***
		하(n=274)	2.34	.63				
	13	상(n=274)	3.36	.57	19.46***	.41	.66***	.55***
		하(n=274)	2.37	.62				
	14	상(n=274)	3.37	.57	20.67***	.44	.70***	.59***
		하(n=274)	2.30	.63				
	15	상(n=274)	3.42	.62	18.71***	.39	.52***	.57***
		하(n=274)	2.38	.68				
	16	상(n=274)	3.17	.81	16.26***	.32	.61***	.48***
		하(n=274)	2.11	.71				
	17	상(n=274)	3.52	.58	20.25***	.43	.66***	.58***
		하(n=273)	2.50	.61				
	18	상(n=274)	3.62	.52	20.34***	.43	.62***	.61***
		하(n=274)	2.64	.60				
	19	상(n=274)	3.49	.56	19.72***	.41	.69***	.59***
		하(n=274)	2.44	.69				
	20	상(n=274)	3.53	.56	21.98***	.47	.69***	.64***
		하(n=274)	2.43	.60				
	21	상(n=274)	3.32	.69	10.72***	.17	.41***	.35***
		하(n=274)	2.67	.72				
	22	상(n=274)	3.57	.52	22.00***	.47	.69***	.64***
		[illegible]	[illegible]	[illegible]				

표 8에서 보는 바와 같이 유아 자율행동 검사도구의 문항별로 문항변별도를 검토해 보면, 모든 문항에서 상집단이 하집단의 평균보다 높게 나타났고 이러한 차이는 통계적으로 유의하였다(p<.001). 이러한 차이가 구체적으로 어느 정도의 설명력을 갖는지를 ω^2을 구하여 알아본 결과, 21번과 37번 문항의 설명력은 각각 17%와 25%로 적게 나타났지만, 이 두 문항을 제외한 모든 문항은 30%이상의 설명력을 갖고 있는 것으로 드러났다.

그림 1-12 문항 변별도 제시 연구의 예

통계적으로 문항 난이도는 문항 난이도 지수로 제시한다. 문항난이도(item difficulty)는 문항의 어렵고 쉬운 정도를 나타내는 지수(P)로, 총 피험자 중 정답을 한 피험자의 비율, 즉 정답률이 된다. 문항난이도 지수는 정답의 백분율이기 때문에 난이도 지수가 높을수록 그 문항은 쉽다는 의미가 된다.

문항 분석의 일환으로 문항 변별도, 문항 난이도와 더불어 문항반응분포가 추가적으로 분석될 수 있다.

문항반응분포 분석은 피험자 집단의 학습자들이 문항의 각 답지에 어떻게 반응하고 있는지를 기술하고, 이를 기초로 하여 분석하는 것이다. 이에는 문항반응에 대한 빈도 분석, 문항반응에 대한 변산도 등이 포함된다.

통계적으로 문항반응분포 분석을 위해 각 문항의 반응 빈도와 백분율을 제시하여 분석하고 각 문항의 반응 빈도의 차이 검증(카이자승 검증)을 실시할 수 있다. 아래의 연구는 이러한 각 문항별 반응 빈도 분석과 각 문항의 반응에 유의미한 차이가 있는지를 검증하기 위해 검증을 실시한 결과를 제시하고 있다(카이자승 검증의 경우는 본 책의 '11장' 을 참고하기 바란다).

幼兒敎育硏究
2007, 제 27 권 제 4호, 303-325

유치원 일과활동에서의 유아 자율행동 검사도구 개발*

이 학 선**
최 기 영***

〈표 7〉 유아 자율행동 검사도구의 문항반응분포 분석 결과

N(%)

범 주	문항 번호	평정의 빈도 및 백분율 1 매우 그렇지 않다	2 별로 그렇지 않다	3 그런 편이다	4 매우 그렇다	계	x^2
1. 등원 및 일과계획	1	10(1.0)	130(12.8)	435(42.9)	438(43.2)	1,013(100.0)	558.84***
	2	22(2.2)	190(18.8)	408(40.3)	393(38.8)	1,013(100.0)	398.64***
	3	22(2.2)	209(20.6)	442(43.6)	341(33.6)	1,014(100.0)	389.59***
	4	17(1.7)	225(22.2)	512(50.5)	259(25.6)	1,013(100.0)	488.04***
	5	41(4.0)	334(32.9)	431(42.5)	208(20.5)	1,014(100.0)	336.15***
2. 자유 선택 활동	6	17(1.7)	210(20.8)	537(53.1)	248(24.5)	1,012(100.0)	546.35***
	7	7(0.7)	169(16.7)	585(57.7)	253(25.0)	1,014(100.0)	701.36***
	8	28(2.8)	309(30.5)	453(44.8)	222(21.9)	1,012(100.0)	374.40***
	9	21(2.1)	256(25.3)	516(50.9)	220(21.7)	1,013(100.0)	489.99***
	10	17(1.7)	229(22.6)	527(52.0)	240(23.7)	1,013(100.0)	519.32***
	11	18(1.8)	211(20.8)	529(52.2)	255(25.1)	1,013(100.0)	525.84***
	12	25(2.5)	287(28.3)	475(46.8)	227(22.4)	1,014(100.0)	406.70***
	13	14(1.4)	321(31.7)	518(51.1)	161(15.9)	1,014(100.0)	553.98***
	14	25(2.5)	300(29.6)	532(52.5)	157(15.5)	1,014(100.0)	557.20***
	15	26(2.6)	263(25.9)	502(49.5)	223(22.0)	1,014(100.0)	451.79***
	16	81(8.0)	362(35.7)	389(38.4)	181(17.9)	1,013(100.0)	257.24***
	17	11(1.1)	219(21.6)	529(52.2)	254(25.1)	1,013(100.0)	536.61***
	18	10(1.0)	125(12.3)	609(60.1)	270(26.6)	1,014(100.0)	798.65***
	19	16(1.6)	255(25.1)	507(50.0)	236(23.3)	1,014(100.0)	477.23***
	20	13(1.3)	206(20.3)	559(55.2)	235(23.2)	1,013(100.0)	607.18***
	21	15(1.5)	250(24.7)	523(51.6)	226(22.3)	1,014(100.0)	513.93***
	22	19(1.9)	187(18.5)	564(55.7)	242(23.9)	1,012(100.0)	616.42***
	23	19(1.9)	202(19.9)	550(54.3)	242(23.9)	1,013(100.0)	575.27***
	24	25(2.5)	287(28.3)	482(47.6)	219(21.6)	1,013(100.0)	421.47***
	25	27(2.7)	284(28.0)	492(48.5)	211(20.8)	1,014(100.0)	437.56***
	26	25(2.5)	246(24.3)	517(51.0)	226(22.3)	1,014(100.0)	483.07***
	27	43(4.2)	330(32.5)	501(49.4)	140(13.8)	1,014(100.0)	490.34***
	28	13(1.3)	180(17.8)	602(59.4)	218(21.5)	1,013(100.0)	734.27***
	29	9(0.9)	173(17.1)	554(54.6)	278(27.4)	1,014(100.0)	619.96***
3. 정리 정돈 및 전이 3.	30	19(1.9)	234(23.1)	509(50.2)	251(24.8)	1,013(100.0)	476.43***
	31	10(1.0)	238(23.5)	504(49.8)	261(25.8)	1,013(100.0)	483.08***
	32	36(3.6)	329(32.4)	452(44.6)	196(19.3)	1,013(100.0)	377.95***
	33	15(1.5)	193(19.0)	551(54.3)	255(25.1)	1,014(100.0)	587.97***
	34	28(2.8)	319(31.5)	488(48.1)	179(17.7)	1,014(100.0)	456.34***
	35	21(2.1)	256(25.3)	510(50.4)	225(22.2)	1,012(100.0)	476.94***
	36	7(0.7)	129(12.7)	502(49.5)	376(37.1)	1,014(100.0)	603.63***
	37	2(0.2)	59(5.8)	406(40.0)	547(53.9)	1,014(100.0)	830.30***
	38	8(0.8)	127(12.5)	488(48.1)	391(38.6)	1,014(100.0)	592.38***
	39	24(2.4)	157(15.5)	462(45.6)	371(36.6)	1,014(100.0)	470.46***

– 생략 –

df=3, *** p<.001.

표 7에서 문항별로 반응의 분포를 분석한 결과 대부분의 문항이 부적편포를 보여주었고, 각 문항에 대한 척도별 반응의 차이를 검증한 결과 의미있는 차이가 있는 것으로 나타났다(df=3, p<.001). 이러한 결과를 문항의 변산도와 관련지어 살펴보면, 3점에 대한 반응을 기준으로 정적분포를 이루는 문항들은 변산도가 높은 문항이라고 볼 수 있다. 예를 들어, 4번, 6번, 10번, 20번, 30번, 53번의 문항들은 특히 변산도가 높은 문항으로서 각 문항에 대한 응답자들 사이에 차이가 있고 그러한 차이를 잘 드러내는 문항들로 구성되어 있다고 해석할 수 있다. 그러나 1번, 36번, 37번, 38번, 54번 문항은 3점과 4점에 지나치게 많은 응답을 하는 경우로서 변산도가 크지 않다고 볼 수 있다. 이러한 결과는 '등원 후 자신의 소지품 정리하기', '손씻기', '화장실 가기', '귀가 전 소지품 챙기기'에 대하여 대부분의 유아들이 잘 수행하고 있음을 반영하는 결과라고 해석할 수 있다.

그림 1-13 문항반응분포 분석 제시 연구의 예

(3) 리커트 척도 타당화와 통계

이상의 [그림 1-7]과 같은 개발 단계와 앞에 기술한 문항 분석을 위한 후속 단계를 거쳐 개발된 평청척도는 일정한 타당화 과정을 거칠 때 표준화된 척도로 인정받을 수 있다. 이러한 타당화 과정을 위한 실제 예를 제시하여 이해와 개발에 도움을 주고자 한다. 기본적인 척도 개발의 타당화에 관한 실제적인 예를 들어 보는 것은 척도 개발 과정과 기본적인 통계 방법을 이해하는 수단이 될 수 있을 것이다.

본 절에서는 다음 논문의 예를 들어 척도 개발을 위한 타당화 과정을 예시하고 설명하고자 한다[출처: 유구종(2006). 유아교육용 인터넷 콘텐츠 평가척도 개발 연구. 유아교육연구, 26(5), 287-306].

위 논문의 문항 양호도 제시와 타당화 과정을 도식화하여 제시하면 [그림 1-14]와 같다.

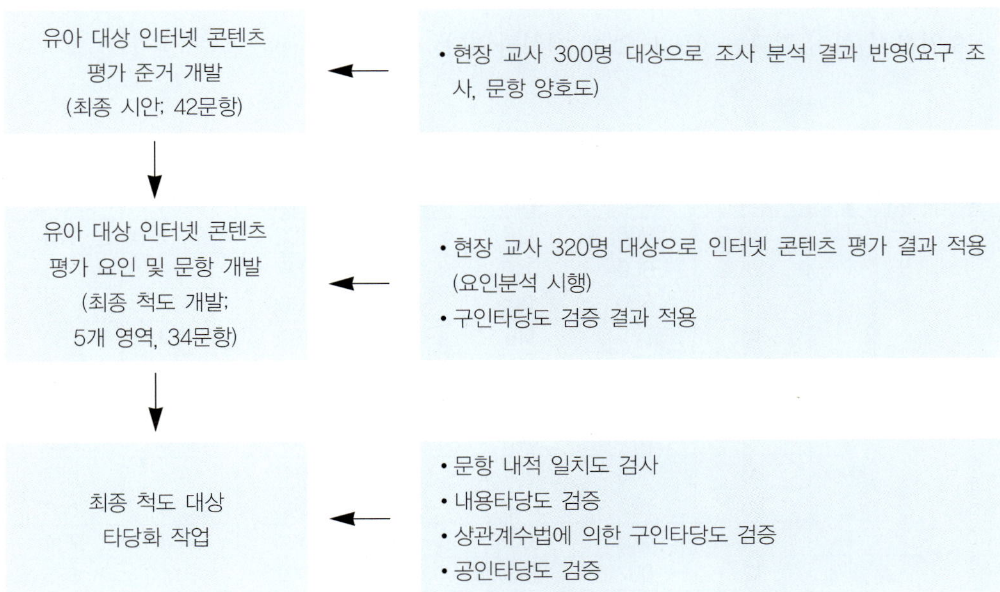

그림 1-14 리커트식 척도 개발을 위한 타당화 과정의 예

앞 절에서 제시한 과정에 따라 개발된 척도를 가지고 본 연구에서는 다시 현장 교사들을 대상으로 요구도 조사와 문항 양호도 조사를 실시한 결과를 반영하여 최종 척도를 개발하였다. 요구도 조사 결과 전반적인 요구들을 담고 있는 척도로 판정받았다.

유아 대상 인터넷 콘텐츠 평가 준거 개발 (최종 시안: 42문항)	←	• 현장 교사 300명 대상으로 조사 분석 결과 반영(요구 조사, 문항 양호도)

가. 구인타당도 분석

본 연구에서는 척도의 타당도 제시를 위해 구인타당도 검증으로 요인분석을 실시하였다(요인분석의 경우는 본 책의 '14장'을 참고하기 바란다).

유아 대상 인터넷 콘텐츠 평가 요인 및 문항 개발 (최종 척도 개발; 5개 영역, 34문항)	←	• 현장 교사 320명 대상으로 인터넷 콘텐츠 평가 결과 적용(요인분석 시행) • 구인타당도 검증 결과 적용

요인분석 실시 결과는 〈표 1-5〉에 제시하였다.

표 1-5 평가척도 최종 시안의 요인분석

요인명	번호	요인1	요인2	요인3	요인4	요인5	공통성
교육성	20	.866	.126	.013	.102	−.038	.778
	22	.860	.040	.026	.127	.129	.775
	19	.850	−.009	−.040	−.006	.272	.798
	18	.849	.148	−.019	109	−154	.780
	13	.839	−.004	−.004	.074	.288	.792
	24	.839	−.036	−.021	.044	170	.736
	16	.818	.045	−.016	.069	.288	.759
	23	.803	.024	−.042	.041	−.154	.672
	25	.795	.038	−.097	.048	.079	.651
	14	.678	−.056	−.022	.004	.468	.734
사용의 용이성	12	.057	.813	.003	.087	.117	.685
	1	.055	.792	−.005	−.008	−.082	.637
	3	−.036	.786	.029	.048	.060	.625
	6	−.010	.764	−.076	−.004	.055	.593
	8	.098	.761	−.055	.033	−.057	.597
	11	.041	.751	.047	.048	−.664	.575
	2	.045	.749	.005	−.015	.096	.573
	7	.012	.722	−.045	−.083	.102	.541
	9	.008	.576	.068	.023	−.054	.340

요인명	번호	요인1	요인2	요인3	요인4	요인5	공통성
흥미성	36	.009	-.075	.892	-.011	-.006	.801
	35	.128	-.002	.837	.178	.155	.773
	32	-.079	.001	.830	-.078	-.202	.742
	37	-.145	-.058	.827	-.135	-.104	.737
	31	.051	.066	.818	.196	.087	.72[illegible]
	38	-.006	.109	.802	.114	-.023	.669
	29	-.133	-.053	.787	-.142	-.079	.666
내용의 적합성	26	.104	.087	.004	.893	-.100	.825
	21	.075	-.020	.011	.875	.065	.776
	17	.187	-.036	.018	.809	.207	.734
	28	-.049	.133	.041	.802	-.204	.706
	15	.191	-.078	.029	.734	.400	.742
기술성	27	.125	.041	-.051	.030	.799	.659
	42	.176	.103	.023	.069	.779	.654
	40	.215	.012	-.088	.033	.760	.633
고유값		8.037	5.065	4.857	3.270	2.200	
설명변량 백분율		23.638	14.896	14.286	9.616	6.472	
누적변량 백분율		23.638	38.535	52.820	62.437	68.908	

* 각 변수의 공통성은 추출된 요인에 의해 설명되는 비율을 말한다. 공통성이 낮은 변수는 요인분석에서 제외된다. 일반적으로 공통성이 .4 이하이면 낮다고 판정한다.

나. 문항 내적 일치도, 상관계수법에 의한 구인타당도, 공인타당도

또한 척도의 신뢰도 제시를 위해 문항 내적 일치도를 진술하였으며 척도의 타당도 제시를 위해 내용타당도, 상관계수법에 의한 구인타당도, 공인타당도 등을 진술하였다.

최종 척도 대상
타당화 작업

←

- 문항 내적 일치도 검사
- 내용타당도 검증
- 상관계수법에 의한 구인타당도 검증
- 공인타당도 검증

최종 척도를 대상으로 신뢰도를 검증하기 위해 문항 내적 일치도 분석을 수행하였으며 결과는 아래 〈표 1-6〉과 같다. 〈표 1-6〉에 의하면, 최종 시안의 영역별 Cronbach α는 .85에서 .94로 산출되었으며, 전체 최종 시안의 Cronbach α는 .86으로 높게 나타났다. 따라서 각 영역별 최종 문항들이 내적 일치도 면에서 비교적 동질적이며 일관된 내용을 평가하는 것으로 나타났다.

표 1-6 최종 척도의 문항 내적 일치도

평가 영역	문항 수	Cronbach α
용이성	9	.90
교육성	10	.94
흥미성	7	.92
적합성	5	.89
기술성	3	.85
전체	34	.86

연구 도구의 타당도를 보장받기 위해서는 각 영역들이 서로 어느 정도 관련성이 있어야 한다. 구인타당도 추정을 위한 통계적 방법인 상관계수법은 구인들에 의해서 얻어진 점수와 총점과의 상관계수에 의하여 타당도를 검증한다. 이를 위해서 개발된 평가척도의 구인별 점수(하위영역 점수)와 총점 간의 피어슨 적률상관계수를 산출하고 상관분석을 수행하였다. 상관관계와 상관분석에 관한 SPSS 통계처리 내용은 본 책의 [12장. 상관분석(상관관계)] 부분을 참고하기 바란다. 각 영역별 타당도 계수는 교육성(.75), 용이성(.40), 흥미성(.44), 내용의 적합성(.45), 기술성(.40) 등으로 모두 $p < .001$ 수준에서 유의미한 상관이 있는 것으로 나타나서 본 연구 결과 구인은 적합한 것으로 판단할 수 있다.

본 연구의 평가 준거로 선정된 Buckleitner(1998)의 CSR 평가 도구를 사용하여 본 최종 척도의 영역별 점수와의 적률상관계수를 산출하여 공인타당도를 검증하였다. 상관관계와 상관분석에 관한 SPSS 통계처리 내용은 본 책의 [12장. 상관분석(상관관계)] 부분을 참고하기 바란다. 평정척도의 하위 요인 간 상관계수는 모두 '$p < .001$' 수준에서 유의미한 상관이 있는 것으로 나타나서 공인 근거가 높다고 할 수 있다.

표 1-7 최종 척도와 CSR과의 상관계수

평가 영역 (CSR 영역)	CSR
용이성 (용이성)	.47***
교육성 (교육성)	.49***
흥미성 (오락성)	.52***
기술성 (디자인)	.45***

***$p < .001$.

다. 최종 유아교육용 인터넷 콘텐츠 평가척도

이상과 같은 척도 개발 과정, 타당화 과정을 통해 개발되고 타당화된 인터넷 콘텐츠 평가척도는 5점 만점(아주 그렇다, 그렇다, 그저 그렇다, 그렇지 않다, 전혀 그렇지 않다)의 리커트 척도로 평정하며, 한 문항 안에서 두 가지 상황이 제시되었을 경우, 두 가지 상황이 모두 만족되었는지의 유무를 평가한다.

/연/습/문/제/

1. 다음 용어들을 간단히 설명하시오.
   ① 절대영점
   ② 연속변인과 비연속변인
   ③ 군집표집
   ④ 기술통계와 추리통계
   ⑤ 모수적 통계와 비모수적 통계
   ⑥ 리커트 척도

2. 신뢰도와 타당도를 비교하여 설명하시오.

3. 비율척도가 가지는 세 가지 특성에 대하여 기술하시오.

4. 평정척도의 개발 과정에 대하여 기술하시오.

제 2 장

SPSS 프로그램의 활용

1. SPSS의 기본 환경
2. SPSS의 통계분석 환경

본 장에서는 통계자료 처리를 위한 수단으로 SPSS 프로그램(PASW STATISTICS 18.0) 등을 소개하고 기본적인 교육통계 분석을 수행하기 전에 꼭 알아두어야 할 프로그램 환경에 대해 기술하고자 한다.

PC용 통계 전용 프로그램으로 SPSS가 처음 등장했을 때 전자계산소의 터미널이 아닌 개인의 책상 위에서 모든 통계처리를 할 수 있게 되었다. 그러나 운영체제로 윈도우가 등장하면서 더 쉬운 통계 프로그램을 요구하게 되었고, 이제는 SPSS(윈도우용 SPSS)라는 통계 프로그램이 많은 사회과학 연구자들의 관심을 집중시키고 있으며 최근 18.0 버전(PASW STATISTICS 18.0)이 출시되었다. 물론 윈도우용 SAS 프로그램도 같은 맥락에서 이해될 수 있다. 통계 프로그램들이 도스 환경에서 윈도우 환경으로 옮겨 가면서 자판에서 키를 두드려 명령문을 입력할 필요가 없어졌다. 이는 SPSS 프로그램을 사용할 때 가장 큰 어려움으로 작용하던 통계처리를 위하여 필요한 명령문 입력 공포가 해결된 것을 의미한다. 프로그램 메뉴 상에서 통계처리 모듈을 선택하면 나타나는 대화상자에서 실지로 모듈을 처리하는 데 필요한 명령 내용을 선택하는 것으로 기존의 명령문 입력을 대신하게 된 것이다. 뿐만 아니라 이렇게 처리된 모든 명령 내용은 자동으로 기록되어 기존의 명령문상에서 잘못된 부분을 수정할 수도 있다. 또 자료의 호환 측면에서도 뛰어난 기능을 발휘한다. 자체에 구비된 스프레드시트를 이용하여 데이터를 입력할 수 있을 뿐 아니라 EXCEL과 같은 표 계산 프로그램들이나 한글과 같은 워드프로세서로 작성된 데이터를 손쉽게 불러들여 사용할 수 있다.

이에 따라 본 장에서는 SPSSWIN 18.0 버전(PASW Statistics 18)을 중심으로 프로그램 사용 방법과 환경을 살펴보고자 한다.

1. SPSS의 기본 환경

1) 프로그램 시작

시작 화면 하단 왼쪽의 「시작」 단추를 마우스로 누른 다음 프로그램에서 「SPSS Inc」 폴더를 선택한 다음 [그림 2-1]에서처럼 「PASW Statistics 18」 아이콘을 클릭한다.

그림 2-1 SPSS 18.0 프로그램 시작 화면

그러면 데이터 편집기 창(SPSS Data Editor)이 열리고 데이터를 입력받을 준비를 한다. 프로그램이 실행되면 [그림 2-2]와 같은 대화상자가 나타나는데 「기존 데이터 소스 열기」를 선택하거나 오른쪽 「데이터 입력」 선택 후 "확인"을 누르면 SPSS 데이터로 저장된 자료를 읽어 와서 편집하거나 통계처리할 수 있으며, 「다른 파일 유형 열기」를 선택하면 모든 파일 유형을 읽어 올 수 있다. 또한 「자습서 실행」을 선택하여 확인을 누르면 도움말을 볼 수 있다.

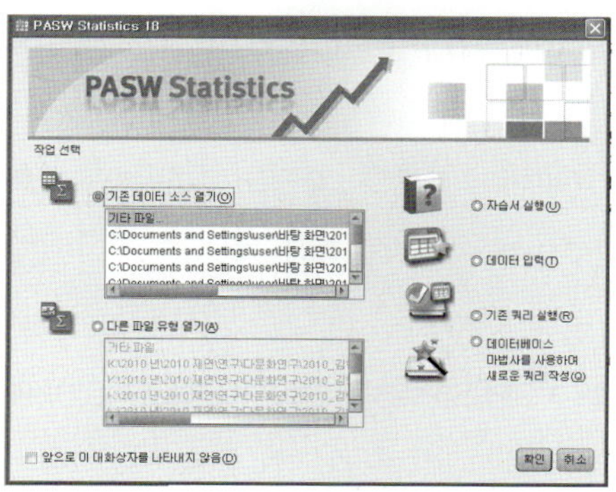

그림 2-2 SPSS 실행 시 나타나는 대화상자

2) 프로그램 끝내기 및 저장

SPSS 화면 오른쪽 위에 있는 ⊠단추를 마우스로 누르면 프로그램을 끝낼 수 있다. 메뉴 상에서 '파일(F)-종료(X)'를 선택해도 된다. 만약, 데이터를 수정하거나 변화를 가했다면 프로그램을 끝내기 전에 저장하라는 메시지를 보게 될 것이다. 저장하기를 원하면 "예"를 선택하고 그렇지 않으면 "아니오"를 선택하면 된다.

저장하려면 메뉴 상의 '파일(F)-저장(S)'을 선택하고 다른 이름으로 저장하려면 '파일(F)-다른 이름으로 저장(A)'을 선택하면 되는데 SPSS에서는 활성화되어 있는 창의 내용에 따라서 저장 파일의 형식이 달라진다. 〈표 2-1〉은 SPSS에서의 내용 분류에 따른 저장 파일 형식을 보여준다.

표 2-1 SPSS에서의 내용 분류에 따른 저장 파일 형식

분류	파일 설명	파일 형식	실례
데이터(Data)	SPSS 데이터 파일	xxxx.sav	data1.sav
분석결과(Output)	SPSS 분석결과 파일	xxxx.spv	output1.spv

* 분석 결과물 파일은 Viewer 창에서 사용되는 분석 결과를 보여주는 파일로 16.0 이전 버전에서는 '*.spo'가 사용되었으나 18.0에서는 '*.spv'로 사용된다.

3) SPSS 주요 메뉴

SPSS는 메뉴 방식이기 때문에 사용하고자 하는 통계분석기법을 메뉴 상에서 선택하여 사용할 수 있다. 메뉴 바는 [그림 2-3]과 같이 10개의 메뉴로 구성되어 있다.

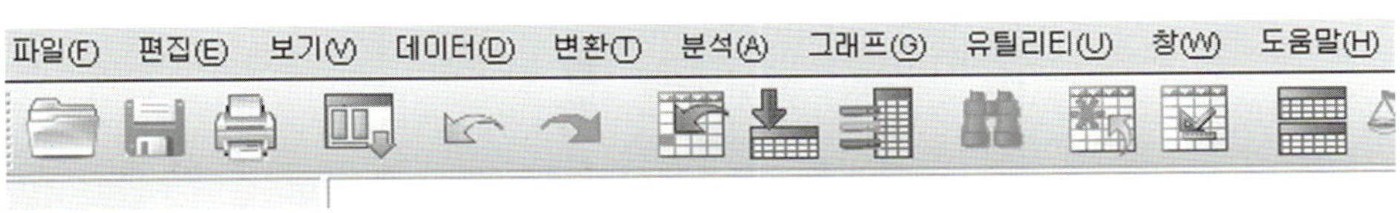

그림 2-3 SPSS(PASW STATISTICS 18.0) 메뉴 바

(1) 파일(F) 메뉴

새로운 SPSS 파일을 만들거나, 기존의 파일 및 다른 소프트웨어 프로그램에서 만든 스프레드시트 및 텍스트 파일 등을 읽어 들이거나 저장할 때 사용된다. 또한 작업 중의 파일을 인쇄하거나 SPSS 프로그램을 종료할 때 사용된다.

(2) 편집(E) 메뉴

데이터나 분석 결과물을 수정하거나 복사할 때 사용되며 데이터 내의 특정 값을 찾을 때 사용된다.

(3) 보기(V) 메뉴

여러 가지 도구 바(Toolbars, Status bar…)를 나타나게 하거나 사라지게 할 때 사용되며, 글꼴이나 글자 크기를 변경할 때도 사용된다.

(4) 데이터(D) 메뉴

분석을 수행하기 위해서 일부분을 선택하거나, 사례를 삽입하는 것, 여러 파일들을 하나로 결합하는 것, 변수 및 사례를 옮기는 것 등 SPSS 데이터 파일에 대한 전체적인 수정을 할 때 사용한다.

(5) 변환(T) 메뉴

기존의 변인 값에서 새로운 변인을 계산하거나 코딩 변경을 할 때 사용된다.

(6) 분석(S) 메뉴

실제 통계처리를 담당하는 부분이다. 다양한 통계 모듈이 제공되는데 특정 통계 모듈을 선택하면 나타나는 대화상자에서 옵션(명령 내용)을 지정하고 "확인" 단추를 눌러서 실행한다. 지정한 명령 내용을 확인하려면 "붙여넣기" 단추를 눌러서 명령문 입력창(PASW Statistics Syntax Editor)에서 확인하고 수정할 수 있다.

(7) 그래프(G) 메뉴

분석 결과를 다양한 그래프로 사용하고자 할 때 사용되며, 변인에 따른 도표를 작성할 수 있다.

(8) 유틸리티(U) 메뉴

SPSS 데이터 파일의 변인들에 관한 정보를 알고 싶을 때, 변수군을 정의할 때 사용된다. 또한 스크립트를 실행하거나 메뉴를 편집할 때도 사용된다.

(9) 창(W) 메뉴

창의 이동이나 창의 크기를 최소화/최대화할 때 사용된다.

(10) 도움말(H) 메뉴

항목(온라인 도움말), 자습서, 제품 정보, 제품 등록 등의 기능이 제시되어 있어 SPSS 분석기법 사용에 관한 정보, 온라인 도움말, 인터넷 사이트를 이용한 도움말 등을 얻을 수 있다.

4) SPSS 도구 모음

메뉴 상의 '보기(V)-도구 모음(T)-사용자 정의(C)' 에서 도구 모음을 설정하거나 사라지게 할 수 있다.

아이콘	이름	설명
	데이터 문서 열기	기존의 데이터 파일을 열 때
	이 문서 저장	파일을 저장할 때
	인쇄	인쇄하고자 할 때
	최근 사용한 대화상자 다시 호출	최근 사용한 문서를 불러올 때
	사용자 작업 실행 취소	이전 작업을 취소할 때
	사용자 작업 다시 실행	취소 작업을 다시 실행할 때
	케이스로 이동	지정 검색 케이스로 이동할 때
	변수로 이동	지정 검색 변수로 이동할 때
	변수	변수와 관련된 정보를 확인할 때
	찾기	특정 조건의 데이터를 찾을 때
	케이스 삽입	새로운 케이스를 추가할 때
	변수 삽입	새로운 변수를 추가할 때
	파일 분할	특정 변수 기준으로 파일을 분할할 때
	가중 케이스	케이스에 가중치를 부여할 때
	케이스 선택	특정 케이스를 기준으로 케이스를 찾을 때
	변수값 설명	변수값 설명을 나타내거나 사라지게 할 때
	변수군 사용	변수군을 만들어 낼 때
	모든 변수 표시	모든 변수를 표시할 때
	맞춤법 검사	맞춤법을 검사할 때

2. SPSS의 통계분석 환경

1) 데이터 파일 불러오기

통계분석의 대상이 될 데이터 파일은 SPSS 데이터 편집기에서 직접 입력하거나 파일을 불러오게 되는데, 다음과 같은 방법으로 불러올 수 있다.

(1) SPSS 데이터 파일 불러오기

▶ 메뉴 바를 이용한 데이터 불러오기

SPSS 데이터 편집기에서 입력되어 저장된 파일을 불러온다.

① '파일(F)-열기(O)-데이터(A)' 를 선택한다.

② [그림 2-4]와 같은 대화상자가 나타난다.

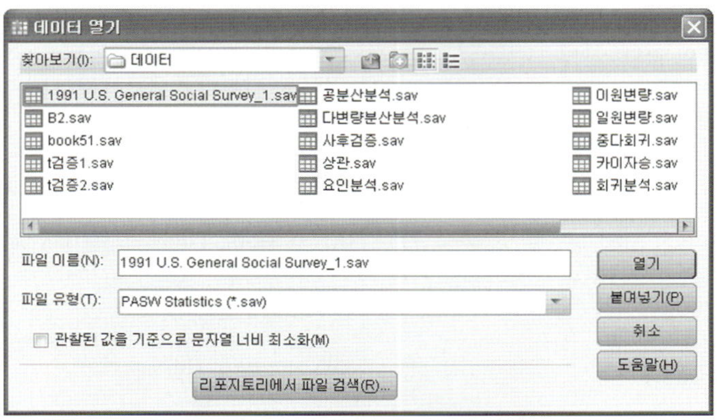

그림 2-4 SPSS 파일 불러오기

③ 파일 유형(T)이 '*.sav' 의 확장자를 갖는 데이터 파일을 볼 수 있으며, 여기서 원하는 파일이 있는 폴더를 선택하고 다시 원하는 파일을 마우스로 선택한 다음 "열기" 를 누른다. 여기에서는 SPSS 폴더의 「1991 U.S. General Social Survey.sav」 파일을 불러 본다(본 책의 '예제 데이터' 에도 수록되어 있다. 예제

데이터 다운로드 방법은 본 책의 '부록' 을 참고하기 바란다).

④ [그림 2-5]와 같은 데이터 파일이 데이터 편집기 안에 나타난다.

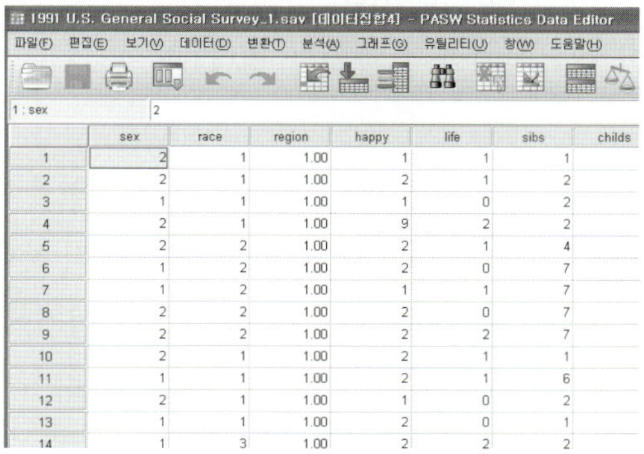

	sex	race	region	happy	life	sibs	childs
1	2	1	1.00	1	1	1	
2	2	1	1.00	2	1	2	
3	1	1	1.00	1	0	2	
4	2	1	1.00	9	2	2	
5	2	2	1.00	2	1	4	
6	1	2	1.00	2	0	7	
7	1	2	1.00	1	1	7	
8	2	2	1.00	2	0	7	
9	2	2	1.00	2	2	7	
10	2	1	1.00	2	1	1	
11	1	1	1.00	2	1	6	
12	2	1	1.00	1	0	2	
13	1	1	1.00	2	0	1	
14	1	3	1.00	2	2	2	

그림 2-5 데이터 편집기에 나타난 SPSS 데이터 파일

▶ 도구 모음을 이용한 데이터 불러오기

도구 모음 상자에서 모양의 아이콘을 클릭하면 파일 불러오기를 할 수 있다. 그러면 메뉴 바를 이용한 파일 불러오기처럼 [그림 2-4]와 같은 대화상자와 파일 유형(T)이 '*.sav' 의 확장자를 갖는 데이터 파일을 볼 수 있으며, 여기서 원하는 파일이 있는 폴더를 선택하고 다시 원하는 파일을 마우스로 선택한 다음 "열기"를 누르면, [그림 2-5]와 같은 데이터 파일을 볼 수 있다.

본 책의 데이터 파일

본 책에서 SPSS 통계처리의 예를 들기 위하여 사용된 데이터들은 SPSS 프로그램의 데이터 파일 형태이며 다음 2가지 방법 중 택일하여 사용하기 바란다.

- 창지사 홈페이지(www.changjisa.com)에 접속하여 [커뮤니티/자료실]에서 '파일(통계책 데이터.zip)' 을 다운로드 받아 압축을 푼다.
- 유구종 교수 홈페이지에 접속하여(네이버에서 "유구종" 검색, www.youngchild.kr) 홈페이지 하단의 아이콘을 누르면 나타나는 'mbus.or.kr' 사이트의 [자료실]에서 '파일(통계책 데이터.zip)' 을 다운로드 받아 압축을 푼다.

자세한 내용은 <부록>을 참고하기 바란다.

(2) 엑셀 파일 불러오기

엑셀 프로그램에 입력되어 저장된 파일을 불러온다.

① SPSS 메뉴 상에서 '파일(F) – 열기(O) – 데이터(A)' 를 선택한다.

② [그림 2-6]과 같이 대화상자에서 파일 유형(T)을 「Excel(*.xls, *.xlsx, *.xlsm)」로 한다.

③ 원하는 파일이 있는 폴더를 선택하고 다시 원하는 파일을 마우스로 선택한 다음 "열기" 를 누른다. 여기에서는 「TMP1.xlsx」 파일을 불러 본다.

④ [그림 2-7]과 같이 선택 사항 대화상자가 나타나는데 여기에서 「데이터 첫 행에서 변수 이름 읽어 오기」를 체크하고 "확인" 단추를 누른다. 예제 파일의 경우 첫 행에 변수 이름이 입력되어 있기 때문에 변인 이름까지 불러오겠다는 의미이다. 물론 첫 행에 변수 이름이 없고 곧바로 데이터 수치를 입력하였다면 이 부분을 체크하지 않아야 한다.

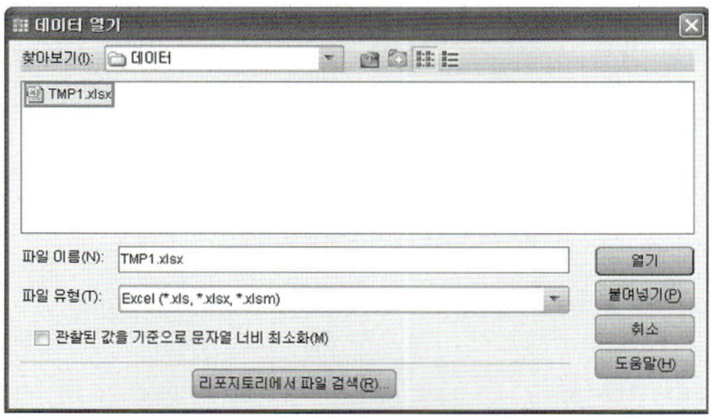

그림 2-6 SPSS에서 엑셀 파일 불러오기

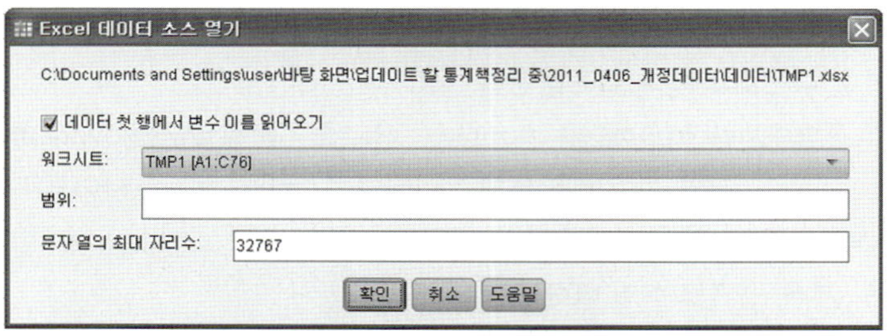

그림 2-7 선택 사항 대화상자

☞ Excel 데이터 소스 열기의 선택 사항 [범위]는 다음의 내용을 의미한다.

범위: Excel의 데이터 워크시트 중 일부분을 불러올 때 범위를 지정하며, 범위를 지정할 때는 콜론(:)을 사용한다. 예를 들면, A3: D80I라 범위를 지정한다면 A3 셀과 D8셀을 대각선으로 하는 영역을 의미한다. 본 사례 데이터의 경우 데이터 전부를 읽어 올 것이기 때문에 이 부분은 해당되지 않는다.

⑤ [그림 2-8]과 같은 데이터 파일이 데이터 편집기 안에 나타난다. 데이터 편집기에 나타난 엑셀 파일에서 변인 이름을 볼 수 있다. 첫 행의 데이터를 변인 이름으로 불러온 것이다.

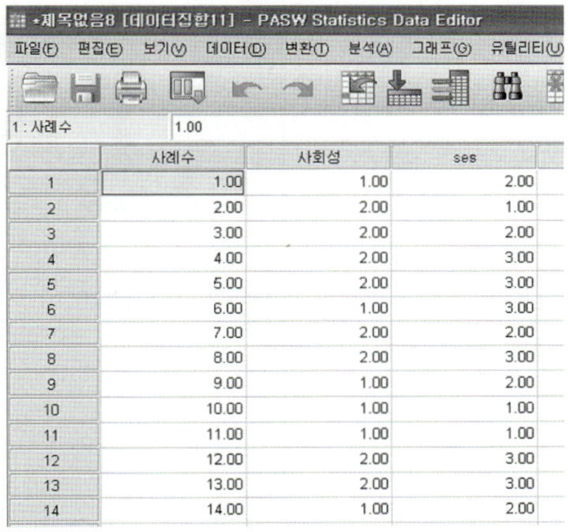

	사례수	사회성	ses
1	1.00	1.00	2.00
2	2.00	2.00	1.00
3	3.00	2.00	2.00
4	4.00	2.00	3.00
5	5.00	2.00	3.00
6	6.00	1.00	3.00
7	7.00	2.00	2.00
8	8.00	2.00	3.00
9	9.00	1.00	2.00
10	10.00	1.00	1.00
11	11.00	1.00	1.00
12	12.00	2.00	3.00
13	13.00	2.00	3.00
14	14.00	1.00	2.00

그림 2-8 데이터 편집기에 나타난 엑셀 파일

(3) 텍스트(Text) 파일 불러오기

텍스트 파일로 입력되어 저장된 파일을 불러온다.

① SPSS 메뉴 상에서 '파일(F)-열기(O)-데이터(A)' 를 선택한다.

② [그림 2-9]와 같이 대화상자에서 파일 유형(T)을 「텍스트(*.txt. *dat)」로 한다.

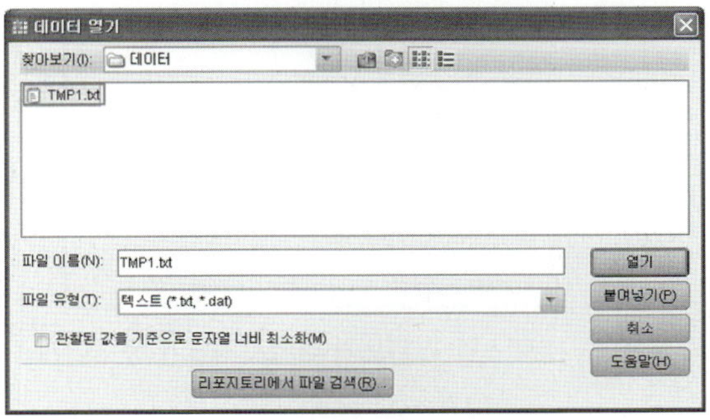

그림 2-9 텍스트 파일 열기 대화상자

③ 원하는 파일이 있는 폴더를 선택하고 다시 원하는 파일을 마우스로 선택한 다음 "열기"를 누른다. 여기에서는 「TMP1.txt」 파일을 불러 본다.

④ 그러면 [그림 2-10]과 같이 텍스트 가져오기 마법사 6단계 중 1단계 대화상자가 나타나는데 '다음(N)'을 선택하면 [그림 2-11]과 같은 마법사 6단계 중 2단계 대화상자가 나타난다.

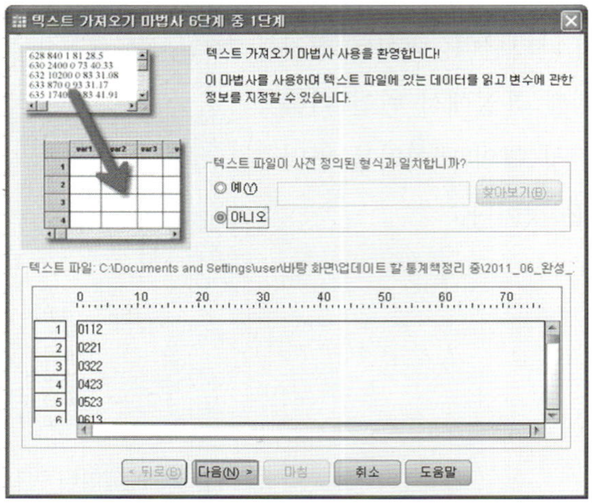

그림 2-10 텍스트 가져오기 마법사 6단계 중 1단계

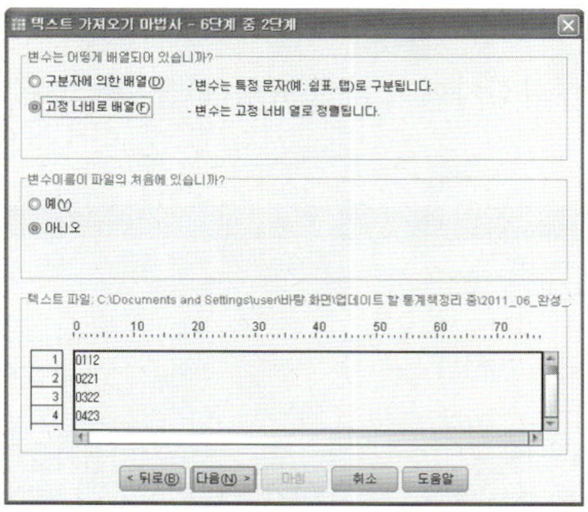

그림 2-11 텍스트 가져오기 마법사 6단계 중 2단계

☞ 텍스트 가져오기 마법사 6단계 중 2단계의 선택 사항의 의미는 다음과 같다.

〔변수는 어떻게 배열되어 있습니까?〕

- 구분자에 의한 배열 : 텍스트 파일에서 코딩할 때 응답 값들 사이에 쉼표나 탭으로 구분 지은 경우에 선택한다.
- 고정 너비로 배열 : 텍스트 파일에서 연속적으로 코딩했을 경우에 선택한다.

〔변수 이름이 파일의 처음에 있습니까?〕

- 예 : 변수명이 파일의 첫 줄에 있을 때 선택한다.
- 아니오 : 변수명이 파일의 첫 줄에 없을 때 선택한다.

⑤ [그림 2-11]에서 다음(N)을 선택하면 [그림 2-12]와 같이 텍스트 가져오기 마법사 6단계 중 3단계 대화상자가 나타나는데 '다음(N)' 을 선택하면 [그림 2-13]과 같은 텍스트 가져오기 마법사 6단계 중 4단계 대화상자가 나타난다. 4단계에서는 데이터 영역에서 원하는 위치를 클릭하여 변수 구분선을 삽입하면 된다(4단계 대화상자에서 설명된 대로 원하는 위치를 마우스로 클릭하거나 화살표 키로 이동하여 삽입하면 되는데 마우스로 클릭하는 것이 편리하다). 보통은 열 하나하나마다 클릭하여 변수 구분선을 삽입하게 된다(열 하나가 변수 한 개인 경우가 많기 때문에). [그림 2-12]의 예에서는 1, 2열에 일련번호를 입력하였으나(01, 02, 03 등으로) SPSS의 경우 자동으로 케이스의 일련번호가 부여되기 때문에 굳이 입력할 필요가 없는 것이다.

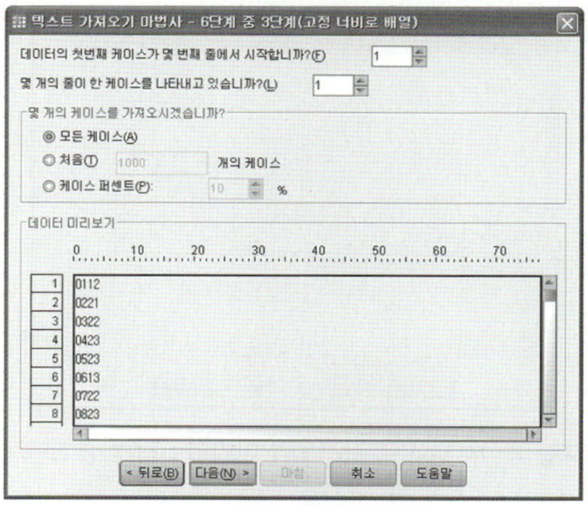

그림 2-12 텍스트 가져오기 마법사 6단계 중 3단계

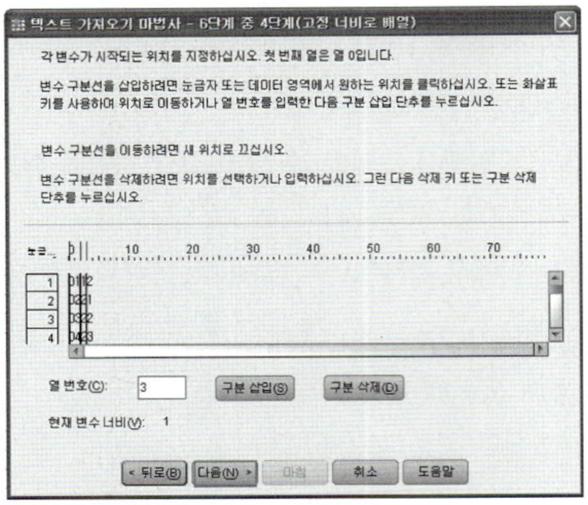

그림 2-13 텍스트 가져오기 마법사 6단계 중 4단계

⑥ [그림 2-13]에서 '다음(N)' 을 선택하면 텍스트 가져오기 마법사 6단계 중 5단계 대화상자가 나타나는데 그림과 같이 변수 이름(V)에는 변수명(일련번호, 성별, …)을 각 각 입력하고 다음 셀(V2, V3)을 클릭하면 다음 변수명을 입력할 수 있게 된다. 또한, 데이터 유형에 맞는 데이터 형식(D)을 설정한 후 '다음(N)' 을 클릭하면 [그림 2-15]와 같은 텍스트 가져오기 마법사 6단계 중 6단계 대화상자가 나타난다. 물론 그대로 '다음(N)' 을 클릭하여 다음 단계로 넘어가고 필요한 경우 이후에 변수명을 입력할 수 있다.

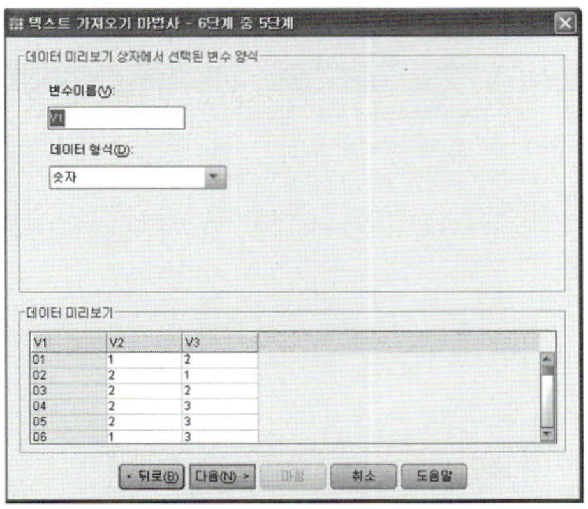

그림 2-14 텍스트 가져오기 마법사 6단계 중 5단계

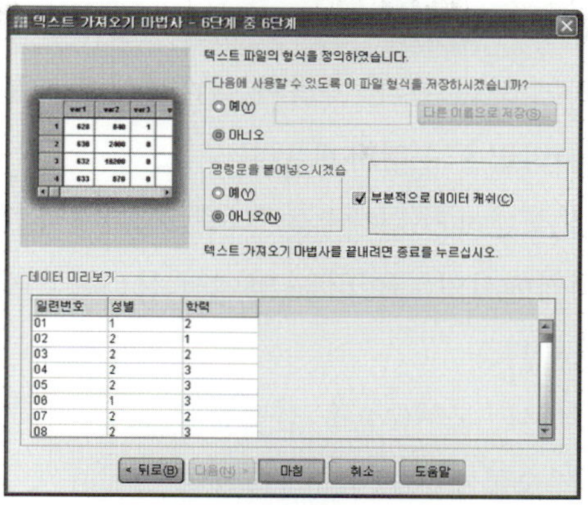

그림 2-15 텍스트 가져오기 마법사 6단계 중 6단계

⑦ [그림 2-15]에서 '마침'을 선택하면 [그림 2-16]과 같이 텍스트 파일의 변수 이름과 데이터가 데이터 편집 화면에 나타나게 된다.

그림 2-16 데이터 편집 화면에 나타난 텍스트 파일

2) 통계분석 절차

[그림 2-17]에서 볼 수 있는 「분석」 메뉴에는 일반적인 통계 범주에 따른 통계 모듈 목록들이 모두 포함된 것을 볼 수 있다. 화살표(▶)가 있는 통계 범주는 하위에 많은

통계 모듈들을 포함하고 있다는 것을 의미하여 통계 범주를 마우스로 선택하면 다시 통계 모듈들 중에 선택하게 되어 있다. 따라서 실제적인 통계분석은 부메뉴인 통계 모듈들 중에 선택하여 분석 명령을 수행하게 된다.

예를 들면, 빈도분석을 실행하기 위해서는 [그림 2-17]에서 보는 것처럼 다음과 같은 절차를 거친다. (물론 여기에서의 데이터는 앞에서 불러온 「1991 U.S. General Social Survey.sav」 파일을 사용한다.)

① 메뉴 바(Menu bar)에서 「분석(A)」을 선택한다.

② 메뉴가 나타나면 「기술통계량(E)」을 선택한다.

③ 부메뉴가 나타나면 다시 「빈도분석(F)」을 선택한다.

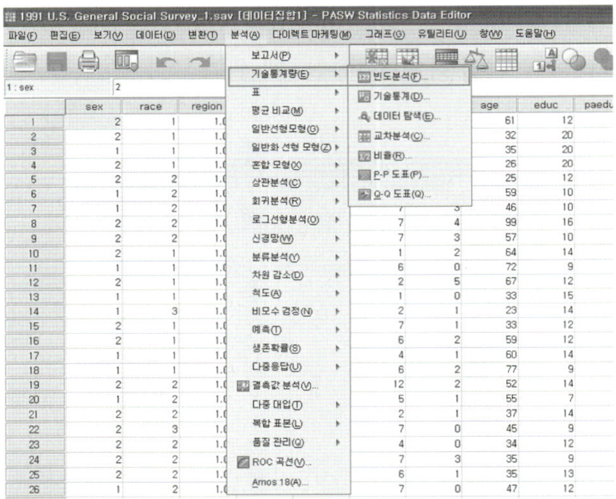

그림 2-17 통계분석을 위한 통계 모듈의 선택(빈도분석의 경우)

④ 통계분석을 수행하기 위한 통계 모듈 대화상자가 나타난다. [그림 2-18]은 빈도분석을 수행하기 위한 대화상자를 보여준다. [그림 2-18]에서 보면 4개의 기본적인 구성 요소를 포함하고 있다는 것을 알 수 있다.

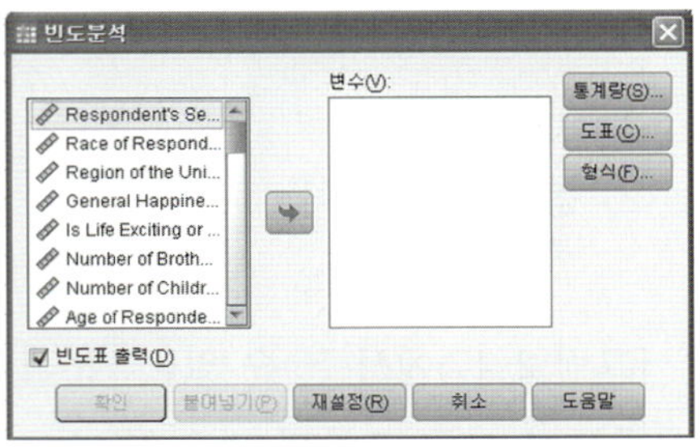

그림 2-18 통계 모듈 대화상자

• 왼쪽의 큰 박스 – 데이터 파일에 포함된 변인들의 이름이 나열되어 있다.

• 오른쪽의 큰 박스 – 통계분석을 위해서 선정된 변인들이 나타난다. 왼쪽의 큰 박스에서 분석 대상이 될 변인을 마우스로 선택하고 단추를 클릭하면 오른쪽 박스로 선정된 변인이 옮겨간다.

• 아래의 다섯 개 단추 – 아래의 다섯 개 단추는 실행과 관련된 명령어 단추이다. "확인" 단추를 누르면 명령 내용이 실행되고, "붙여넣기(P)" 단추를 누르면 명령 내용들이 명령문 입력창에 명령문 형태로 나타나며, "재설정(R)" 단추를 누르면 설정을 다시 하는 명령이다.

• 오른쪽의 세 개 단추 – 오른쪽의 세 개 단추는 통계 방법상의 선택 사항에 관한 명령어 단추들이다. "통계량(S)" 단추는 결과에 포함될 통계량들을 선택하며, "도표(C)" 단추는 여러 가지 유형의 차트를 만든다.

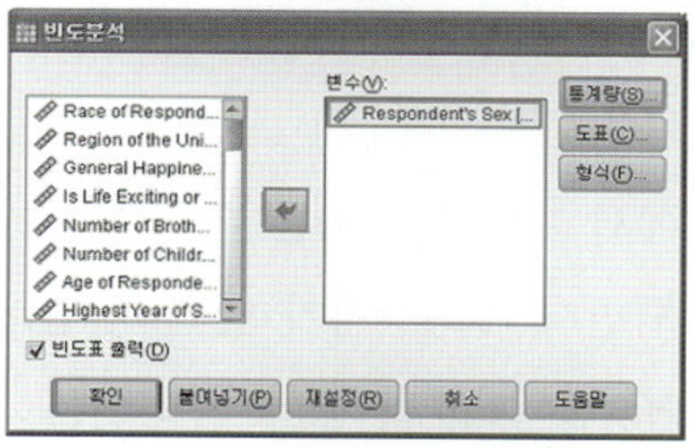

그림 2-19 통계처리 대상 변인 선택

⑤ 통계분석 시 사용할 변인을 선택하기 위해서 왼쪽의 큰 박스에서 분석 대상이 될 변인을 마우스로 선택하고 단추를 클릭하면 오른쪽 박스로 선정된 변인이 옮겨 간다. [그림 2-19]에서와 같이 「Respondent' s Sex」 변인을 선택한다.

[그림 2-19]에서는 변인이 「Respondent' s Sex」 하나만 선택되었지만 많은 변인을 동시에 선택할 수도 있다. 일단 선택한 변인을 다시 왼쪽 상자로 돌려놓으려면 오른쪽 상자의 변인을 마우스로 클릭하여 선택한 상태에서 방향이 왼쪽을 향하고 있는 단추를 누르면 된다.

⑥ 대부분의 통계분석은 변인을 선택한 다음 마우스로 "확인" 단추를 누르면 된다. 하지만 필요한 통계 방법상의 선택 사항을 설정하기 위해서는 오른쪽에 위치한 세

개 단추를 눌러서 설정한 다음 아래의 "확인" 단추를 누르는 것이 필요하다. 특히 "통계량(S)" 단추는 결과에 포함될 통계량들을 선택할 때 필요하며, "도표(C)" 단추는 여러 가지 유형의 차트를 만든다. 여기서는 [그림 2-20]에서처럼 "통계량(S)" 단추를 누르고 포함될 통계량으로 「평균, 합계, 표준편차」 등을 선택하였다.

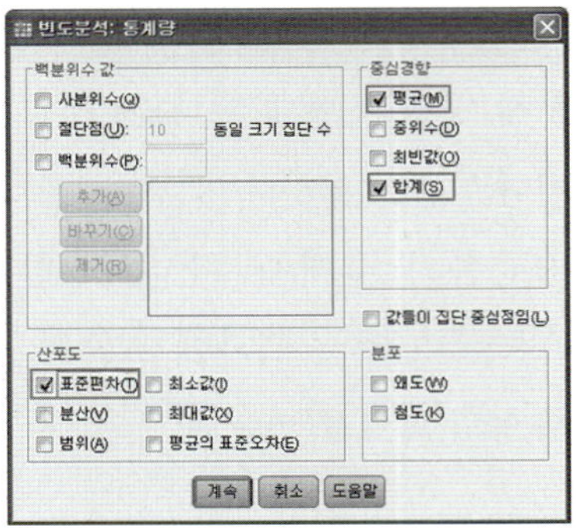

그림 2-20 "통계량" 선택 시 나타나는 통계량 설정 대화상자

⑦ 통계량 설정 대화상자에서 "계속"을 누른 후, [그림 2-19] 아래 "확인" 단추를 누르면 통계처리가 시작되면서 대화상자가 닫힌다. 잠시 후 [그림 2-21]과 같이 분석 결과가 분석 결과 창(SPSS Output 창)에 나타난다.

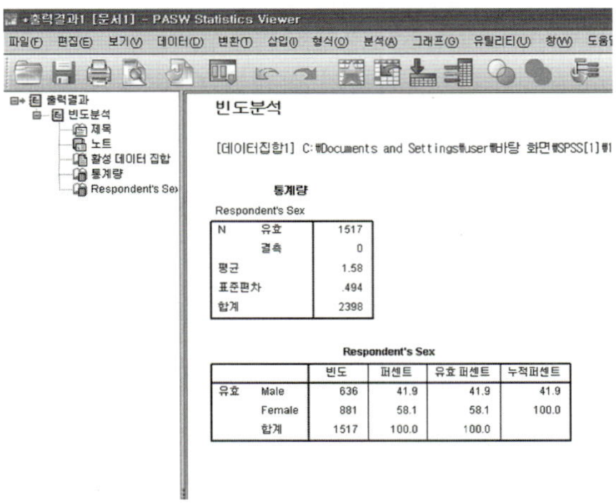

그림 2-21 SPSS Output에 나타난 분석 결과

⑧ [그림 2-19] 대화상자에서 곧바로 "확인" 단추를 눌러서 통계처리를 수행할 수도 있지만 "붙여넣기" 단추를 누르면 명령어 하나하나를 비교하면서 편집할 수 있는 명령문 입력창(Syntax Window)으로 명령문들을 보낼 수 있다. 명령어 편집이 끝나면 명령문 입력창 "실행"에서 「모두(A)」나 「선택영역(S)」 버튼(, ▶)을 눌러서 곧바로 똑같은 기능으로 분석 결과를 실행할 수 있다. [그림 2-22]는 명령문 입력창(Syntax Window)에 보내진 프로그램 명령어들을 보여준다.

그림 2-22 명령문 입력 창(Syntax Window)

⑨ 선택 사항으로 [그림 2-19] 대화상자에서 "도표" 단추를 누르면 다시 [그림 2-23]과 같은 차트 설정 대화상자가 나타난다. 원하는 차트 유형을 선택하면 되는데 여기서는 「막대도표」를 선택한다. 차트 유형을 선택한 다음 다시 [그림 2-19] 대화상자로 돌아가서 "확인" 단추를 누르면 [그림 2-24]와 같이 분석 결과 창의 분석 결과 아래에 그래프가 함께 나타난다.

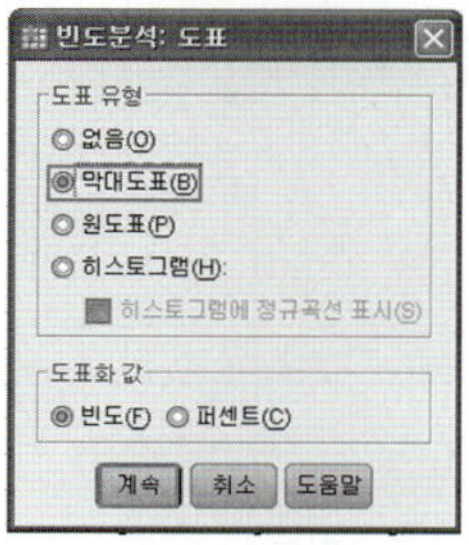

그림 2-23 도표 설정 대화상자

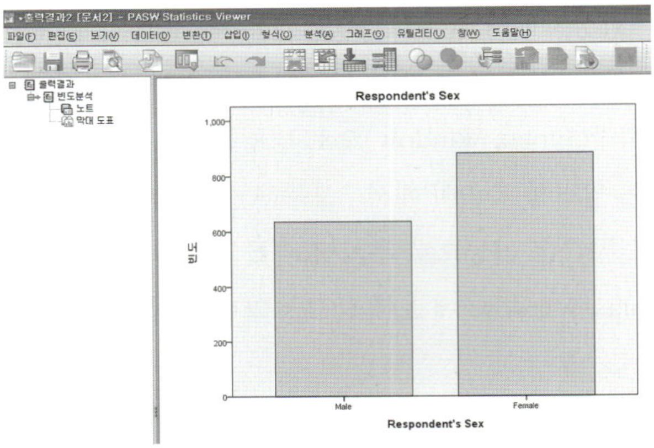

그림 2-24 막대도표 선택 시 분석 결과 창에 나타난 그래프

피벗표의 내용을 수정하고자 할 때는 해당 그래프에 마우스를 위치시키고 더블 클릭하면 된다. 더블 클릭할 경우 해당 도표는 검은 빗금으로 표시되며 '편집 대기' 상태가 된다. 편집기 창에서는 도표의 색상, 유형, 글자의 종류와 크기 등을 수정할 수 있다. [그림 2-24]에 나타난 막대도표를 보면 남자와 여자의 빈도가 표시되어 있지 않다. 빈도를 표시하기 위해서는 '도표 편집기' 도구상자 아이콘 중 왼쪽 상단에 있는 ▦를 클릭한 후 도표의 남자와 여자 부분에 클릭하면 [그림 2-25]와 같이 빈도수가 나타난다.

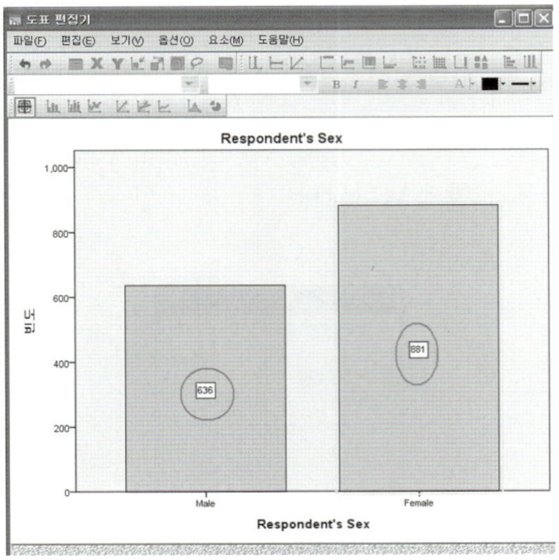

그림 2-25 막대도표에 빈도수가 나타난 경우

3) 저장과 호글 편집

SPSS에서 위와 같은 통계처리 과정을 거쳐서 나온 통계처리 결과는 표 편집을 이용하여 정리된 형태로 출력되는 경우가 많다. 이렇게 표로 이루어진 통계 결과는 직접 프린터를 이용하여 인쇄할 수도 있지만 주로 많이 사용하는 문서 편집기인 호글 프로그램에서 그대로 불러서 보고서 문서로 편집할 수 있기 때문에 효용성이 높다. 즉, SPSS 파일로 저장하게 되면 호글에서 불러서 호글 문서로 편집하는 것이 불가능하지만 SPSS 18.0의 내보내기를 통한 MS Word(.doc) 파일로 저장하게 되면 통계처리 결과에 포함된 표를 그대로 호글에서 불러와 편집할 수 있다.

(1) SPSS 파일로 저장

통계처리 결과가 출력 결과 화면에 나온 상태에서 「저장하기」를 수행하면 SPSS 파일로 저장할 수 있다. 메뉴 상의 〈파일〉을 선택한 상태에서 〈다른 이름으로 저장〉이나 〈저장〉을 선택하면 [그림 2-26]와 같은 저장하기 대화상자가 나타난다. 그러면 「파일 이름:」에 저장할 파일 이름을 지정한 후 "저장" 단추를 누르면 된다. 폴더 위치를 지정하여 저장할 수도 있으며 파일의 확장자는 자동으로 「.spv」가 붙는다. 이렇게 저장된 SPSS 파일은 호글에서 그대로 불러올 수 없기 때문에 문서 편집에 이용하기 위해서는 다음에 기술하는 '〈내보내기〉-「MS Word」' 메뉴를 이용하는 것이 좋다.

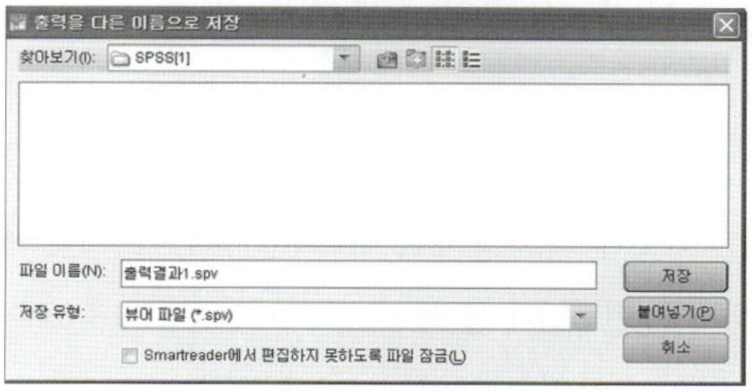

그림 2-26 SPSS 파일로 저장하기

(2) MS Word로 저장

앞에서 기술한 것처럼 MS Word로 저장할 경우에는 MS Word에서 복사하여 흔글 프로그램에서 붙여넣기를 사용하여 원하는 대로 수정하여 사용할 수 있기 때문에 유용하다. 특히 논문 등의 보고서를 작성할 경우 흔글에서 표를 작성하는 노력을 덜 수 있기 때문에 도움이 된다.

MS Word로 저장하려면 통계처리 결과가 출력 결과 화면에 나온 상태에서 〈내보내기〉를 선택하면 된다. 메뉴 상의 〈파일〉을 선택한 상태에서 〈내보내기〉를 선택하면 [그림 2-27]과 같은 내보내기 대화상자가 나타난다.

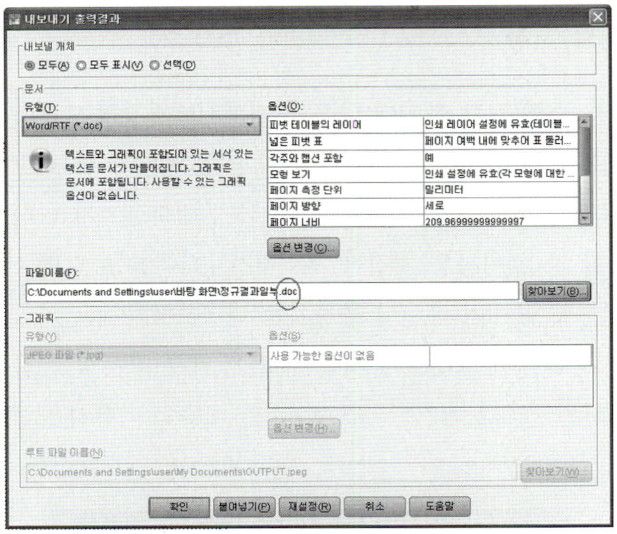

그림 2-27 SPSS 18.0의 내보내기를 통한 MS Word로 저장하기

나타난 내보내기 출력 결과 대화상자에서 「파일 이름(F):」에 저장할 폴더와 저장할 파일 이름을 지정한 후 "확인" 단추를 누르면 되며, SPSS 18.0에서는 기본 설정이 MS Word로 되어 있어 파일의 확장자는 「*.doc」가 붙는다.

☞ SPSS 18.0의 내보내기 출력 결과 대화상자에서 선택 사항은 다음의 내용을 의미한다.

- 내보낼 개체 : 분석 결과 중 어느 부분을 내보낼 것인지를 선택한다. 모두(A)는 분석 결과에 보이지 않는 부분인 노트도 내보내는 것을 의미하며, 모두 표시(V)는 분석 결과에 보이는 부분만을 내보내는 것을, 선택(D)은 분석 결과 중 선택한 부분만을 내보내는 것을 의미한다.
- 문서 : 분석 결과를 어떤 파일 형식으로 내보낼 것인가를 선택한다. 기본 설정은 MS Word(확장자 *.doc)로 설정되어 있다.
- 파일 이름 : 내보내기 파일의 위치를 선택한다. 찾아보기(B)를 클릭하여 원하는 위치를 선택할 수 있다.

이렇게 저장된 내보내기 자료를 훈글에서 작업하기 위해서는 MS Word에서 파일을 불러 필요한 표와 그림을 복사하여 훈글로 가져온다. 또한, SPSS 분석 결과표를 [그림 2-28]과 같이 개체 복사하여 MS Word로 붙여넣기하여 사용할 수도 있다. 만약 훈글에서 문서를 편집해야 할 때에는 MS Word에서 복사기능을 실행한 후, 이를 복사하여 훈글에서 편집하면 된다.

물론 훈글 프로그램에서 MS Word 파일인 「*.doc」를 그대로 불러와서 사용할 수도 있다.

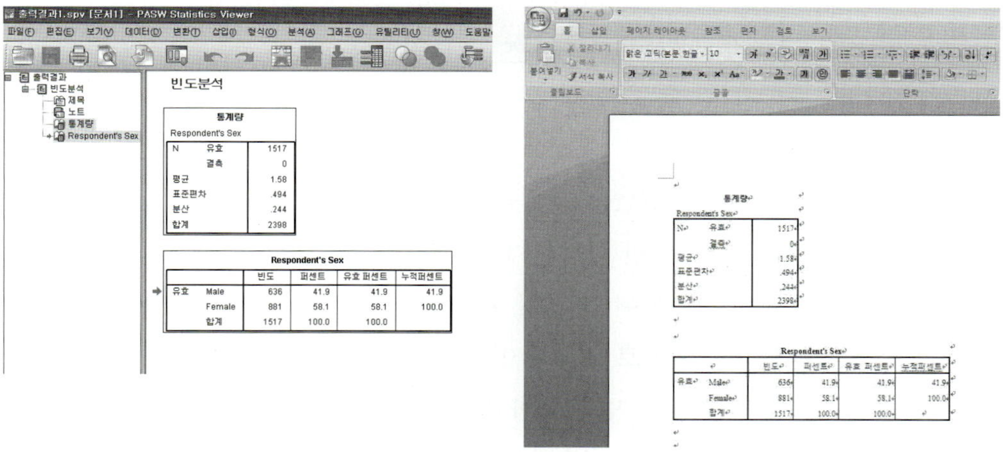

그림 2-28 SPSS 분석 결과를 개체 복사하여 MS Word에 붙여넣기

(3) 텍스트 파일로 저장

텍스트 파일로 저장하는 방법은 MS Word로 저장하는 방법과 같다. 다만 SPSS의 메뉴 상에서 〈파일〉-〈내보내기〉를 선택하면 나타나는 「내보내기 출력 결과」 대화상자에서 「유형(T)」 부분의 선택을 「텍스트-일반(*.txt)」으로 하는 것만 다르다. [그림 2-29]에서 보는 것처럼 파일 이름을 정하고 폴더를 확인한 후 "확인"를 선택하면 「.txt」 확장자가 붙은 텍스트 파일로 저장된다.

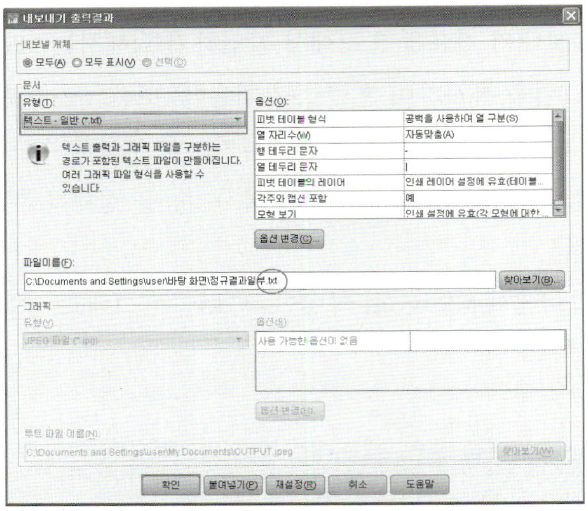

그림 2-29 텍스트 파일로 저장하기

이렇게 저장된 텍스트 파일(*.txt)을 흔글에서 불러들이는 과정도 역시 「MS Word 파일로 저장」 부분과 같다. 다만 나타난 흔글의 불러오기 대화상자에서 파일 형식을 「텍스트(*.txt)」로 지정해 주면 된다. 흔글 메뉴 상의 '〈파일〉-〈불러오기〉'를 선택하고 파일 형식을 「텍스트(*.txt)」로 지정한 상태에서 불러들일 파일을 선택한 후에 "열기" 단추를 누른다. 그러면 문서 종류 대화상자가 나타나는데 여기에서 「완성형」을 선택하고 "확인" 단추를 누른다. 그러면 자료처리 결과가 흔글에 나타난다. 다만 저장된 표가 대부분 깨지는 경우가 많은데 편집하기 까다롭기 때문에 SPSS 18.0에서 기본으로 설정된 「MS Word 파일로 저장」을 선택하여 저장하고 개체들을 복사하여 사용하는 것이 흔글에서 편집을 용이하게 한다.

제 2 부

통계 방법과 SPSS

제 3 장

빈도분석

1. 빈도분포와 백분위
2. SPSS와 빈도분포

교육 분야에서 얻어진 데이터들은 특별한 순서 없이 배열되어 있는 경우가 많아서 점수 분포를 파악하기 어려울 뿐 아니라 어떤 점수의 상대적인 위치도 파악하기 어렵다. 이러한 질적 자료가 가지고 있는 속성을 파악하기 용이하도록 정리할 필요성이 생기는데 이럴 때 사용하는 것이 빈도분석이다.

본 장에서는 SPSS 18.0 프로그램을 이용하여 빈도분포를 작성하는 방법을 익히고 백분위, 백분점수 등을 계산해 본다.

1. 빈도분포와 백분위

1) 빈도분포

교육 분야에 종사하는 사람들은 특별한 순서 없이 배열되어 있는 숫자들로 이루어진 자료를 얻게 되는 경우가 많다.

예로 유아들의 사회성 검사 점수를 들 수 있는데 유치원에 마련된 유아들 명단에 각 유아 이름 바로 옆에 기록하는 경우가 많을 것이다. 각각의 유아가 검사에서 상대적으로 어떤 수행을 보였는지 알기 위해서 또는 등급을 매기기 위해서 교사가 어떤 식으로든 점수들을 조직화하고 싶어 할 수 있다. 이럴 때 첫 번째로 해야 할 일이 점수들을 순서화하는 것이다. 지금까지는 점수들을 가장 높은 점수에서 가장 낮은 점수로 순서화하는 것이 일반적이었다. 검사에 제한된 수의 문항이 있고 점수 범위 또한 제한되어 있다면 같은 점수를 얻는 유아들이 생겨날 것이다. 교사가 두 번째로 해야 할 일은 이렇게 중복된 점수들을 계속해서 열거하지 않고 중복된 숫자를 세어 기록하는 일이다. 이렇게 함으로써 빈도분포가 만들어진다. 빈도분포(頻度分布, frequency distribution)는 기둥도표(histograms)와 절선도표(frequency polygons)와 같은 차트 형태로 그림 표현이 자유롭다.

이와 같이 아무리 사례 수를 늘리고 정확하게 측정된 자료라 할지라도 무질서하게 나열된 상태에서는 그 자료가 가지고 있는 속성을 쉽게 파악하기 어렵기 때문에 먼저 자료 정리를 위한 질서와 체계를 세우고 의미 있게 활용될 수 있도록 요약 기술하는 절차가 필요하게 되는데 이와 같은 통계적 기법을 빈도분포의 작성이라고 한다. 빈도분포는 한 집단의 점수들 중에서 각 점수치(또는 각 급간)의 빈도(frequency)를 나타낸 것인데 유아들을 대상으로 한 사회성검사 점수들을 예로 들어 보자. 25명의 유아들에게 사회성 능력을 검사하여 그 점수를 기록한 것이 〈표 3-1〉과 같다고 하자.

표 3-1 유아 사회성검사 점수표

27	16	23	22	21
25	28	26	20	22
30	24	29	17	28
24	17	23	24	26
19	21	18	23	25

표 3-2 순서화한 점수표

점수
30
29
28
28
27
26
26
25
25
24
24
24
23
23
23
22
22
21
21
20
19
18
17
17
16

표 3-3 빈도분포

점수(X)	빈도(f)
30	1
29	1
28	2
27	1
26	2
25	2
24	3
23	3
22	2
21	2
20	1
19	1
18	1
17	2
16	1

N=25

이 검사의 문항은 30개로 한 문항당 1점씩 배당하였다. 〈표 3-1〉의 점수로는 유아들의 사회성 점수에 대한 어떤 특징을 찾아내기가 매우 어렵다. 더구나 자료의 수가 많아질수록 그 특징을 찾아내기가 더욱더 어려워진다. 따라서 가장 높은 점수에서 가장 낮은 점수로 순서화하여 점수표를 만들면 자료의 특징을 쉽게 파악할 수 있게 되는데 〈표 3-2〉와 같이 점수를 순서화할 수 있다.

하지만 이것 또한 자료 수가 많아지면 매우 복잡하고 비능률적이다. 그래서 보다 더 간단하게 요약 기술한 것이 〈표 3-3〉과 같은 빈도분포인데 자료의 특징을 훨씬 쉽게 파악할 수 있다. 여기에서 점수(측정치)는 X로 나타내고 빈도(frequency)는 f로 나타내며 해당 점수의 계수를 말한다.

〈표 3-1〉과 같은 자료를 원자료(原資料, raw data)라고 하는데 이러한 복잡한 원래의 자료에서 최고점과 최하점을 찾아내어 이를 최고점부터 하향순으로 점수를 기록한 다음 그 점수에 해당하는 사람의 수를 세어 빈도란에 기록하면 빈도분포표가 작성된다. 이러한 분포를 빈도분포(頻度分布) 또는 단순빈도분포(單純頻度分布)라고도 한다.

2) 누가빈도분포

자료를 조직화하는 방법으로 누가빈도분포(累加頻度分布, cumulative frequency distributions)를 작성하는 방법이 있다. 누가빈도분포는 주어진 점수 이하 점수들의 빈도와 퍼센트를 보여준다. 즉, 한 집단의 점수 분포에서 어떤 점수 이하에는 전체 사례수 중 몇 명이나 있으며 또 몇 퍼센트가 되는지를 알 수 있게 해준다. 〈표 3-5〉는 20명의 유아들에게 훌라후프 돌리기를 하여 나온 결과인 〈표 3-4〉를 가지고 누가빈도분포표를 작성한 것이다.

표 3-4 유아들의 훌라후프 돌리기 점수표

8	5	6	10
16	6	14	16
8	10	20	14
14	17	17	19
10	16	16	14

표 3-5 누가빈도분포표(<표 3-4> 자료)

점수 (X)	빈도 (f)	누가빈도 (cf)	백분율 (%)	누가백분율 (c%)
20	1	20	5	100
19	1	19	5	95
17	2	18	10	90
16	4	16	20	80
14	4	12	20	60
10	3	8	15	40
8	2	5	10	25
6	2	3	10	15
5	1	1	5	5

복잡한 원래의 자료(〈표 3-4〉)에서 최고점과 최하점을 찾아내어 이를 최고점부터 하향순으로 점수를 기록한 다음 그 점수에 해당하는 사람의 수를 세어 빈도란에 기록하는 것까지는 빈도분포표 작성과 같다(1열과 2열).

그리고 난 다음 세 번째 열이 추가된다. "누가빈도" 열(3열)은 맨 아래부터 작성된다. 세 번째 열을 작성하기 위해서 다음과 같이 스스로에게 질문해 보는 것이 좋다. '점수 5 이하를 맞은 사람들은 몇 명인가?' 즉, '훌라후프를 5번 이하로 돌린 유아는 몇 명인가?' 답은 1, 즉 1명이다. 그래서 세 번째 열의 맨 아래 칸에는 1이 기록된다. '점수 6 이하를 맞은 사람들은 몇 명인가?' 답은 3이다. 그래서 다음 칸에는 3이 기록된다. '점수 8 이하를 맞은 사람들은 몇 명인가?' 답은 5. 계속해서 이런 식으로 나머지 칸들을 메워 나가면 된다.

네 번째 열인 "백분율"은 그 점수를 얻은 사람들의 비율을 백분율(%)로 표시한 것이다. 예를 들어, 훌라후프를 돌린 유아들의 5%가 20점을 얻었고 20%가 16점을 얻었다는 것을 알 수 있다.

3열의 누가빈도는 누가백분율로 전환되어 5열에 기록된다. 누가백분율로의 전환은 맨 아래부터 혹은 맨 위에서부터 둘 다 가능하지만 아래부터 시작하는 것이 편리하다. 먼저 분포에서의 전체 사례 수(N)를 알아야 한다. 여기에서 예로 든 것은 20이다(N=20). 아래 칸부터 시작한다면 다음과 같이 스스로에게 질문해 보는 것이 좋다. '20에서 1은 몇 %나 차지하는가?' 여기에서 제일 먼저 누가백분율로 전환할 3열의 맨 아래 수치가 1이기 때문에 1부터 시작한 것이다. 답은 5%이다. 계속해서 다음과 같이 질문해 볼 수 있다. '20에서 3은 몇 %인가?', '20에서 5는 몇 %인가?' 답은 각각 15%와 25%이다. 이런 식으로 계속해서 맨 위 열까지 채워 나가면 된다.

누가빈도는 오자이브(ogive)곡선이라고 부르는 누가백분율곡선을 사용하여 시각적으로 제시할 수 있다. 누가백분율곡선은 아래의 '3) 빈도분포의 도시(圖示, graphing)' 부분에서 예시화된다.

힌트

누가백분율($c\%$)은 해당 점수의 누가빈도를 전체 사례 수로 나누어서 100을 곱하면 계산할 수 있다.

$$누가백분율(c\%) = (cf/N) \times 100$$

3) 빈도분포의 도시(圖示, graphing)

그래프(graphs)는 정보를 전달하기 위해서 사용된다. 그래프는 숫자 자료를 시각적인 형태로 변환해 준다. 그래프를 통하여 읽는 사람은 숫자 자료에서 쉽게 볼 수 없는 관계들을 볼 수 있게 된다. 여러 가지 유형의 그래프가 있는데 자료 유형에 따라서 적절한 그래프가 다르다.

빈도분포의 경우에도 그래프로 나타내면 자료의 해석에 도움이 될 뿐만 아니라 읽기가 쉬워 읽는 사람이 수치 개념에 익숙하지 못할 경우에도 도움을 준다. 숫자 자료를 그래프화하는 방법에는 여러 가지 형태가 있으나 여기서는 대표적으로 기둥도표(histogram), 절선도표(polygon), 누가곡선, 원형도표(pie graph), 막대도표(bar graph), 선도표(line graph)를 다룬다.

(1) 빈도분포의 도표화

빈도분포는 기둥도표(histogram)나 절선도표(polygon)를 사용하여 도표화될 수 있다. 즉, 〈표 3-6〉과 같은 빈도분포는 [그림 3-1]과 같은 기둥도표로 표현될 수도 있고

[그림 3-2]와 같은 절선도표로 표현될 수도 있다. 기둥도표는 빈도를 기둥 면적으로 나타내며 절선도표는 빈도를 나타내는 중간점을 연결하여 그린다.

표 3-6 빈도분포

점수(X)	빈도(f)
6	1
5	2
4	4
3	3
2	2
1	1

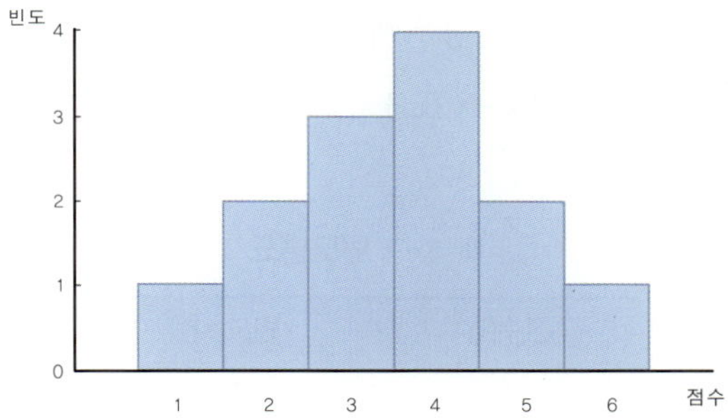

그림 3-1 기둥도표(histogram)

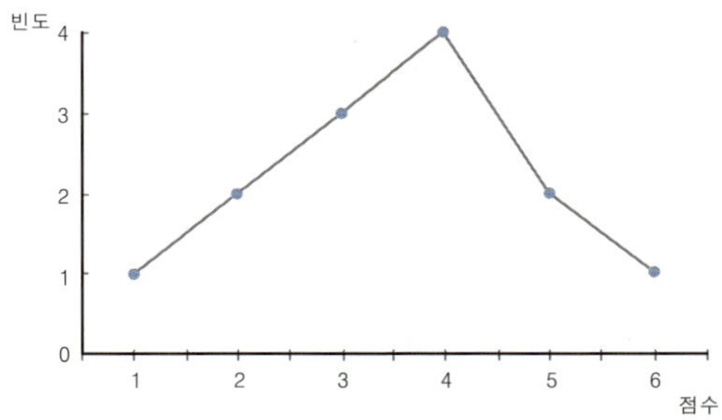

그림 3-2 절선도표(polygon)

기둥도표와 절선도표를 작성함에 있어 다음과 같은 몇 가지 규칙을 따라야만 한다.

① 가로축은 항상 점수를 나타내고 세로축은 항상 빈도를 나타낸다.

② 두 축 모두 가장 낮은 숫자는 교차점에 위치하며 가로축은 오른쪽으로 갈수록, 세로축은 위로 갈수록 숫자가 증가한다.

③ 세로축(빈도축)은 항상 빈도 0에서 시작한다. 가로축(점수축)은 점수 0에서 시작할 수도 있고 그보다 큰 점수에서 시작할 수도 있다.

④ 가능하다면 세로축이 가로축보다 더 짧아야 한다(3/4 정도로). 이렇게 함으로써 모양이 더 자연스러워질 수 있을 뿐 아니라 잘못된 표현을 줄일 수 있다.

⑤ 기둥도표의 기둥은 서로 붙어 있어야 하는데 그 이유는 점수들이 연속성을 갖고 있는 연속변인의 자료라는 것을 나타내기 때문이다. 가로축 변인이 연속변인이 아니라 불연속변인이어서 막대가 서로 떨어져 있는 도표의 경우에는 막대도표(bar graph)로 취급된다.

⑥ 어떤 점수가 빈도 0 값을 가질 경우에는 기둥도표나 절선도표가 [그림 3-3]과 같이 그려져야 한다. [그림 3-3]은 〈표 3-7〉 자료를 도표화한 것이다.

표 3-7 빈도분포

점수(X)	빈도(f)
6	1
5	2
4	4
3	3
2	0
1	1

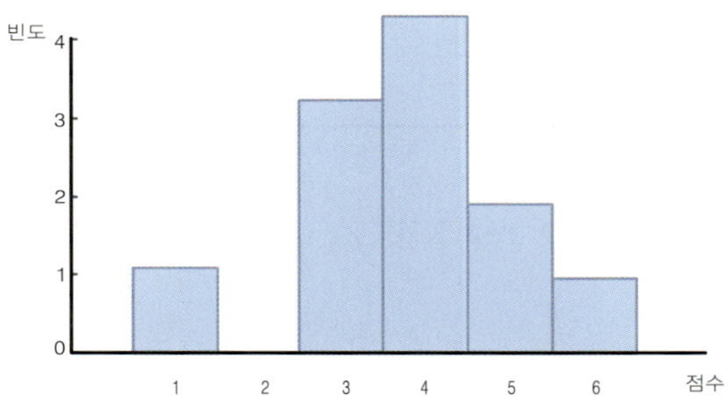

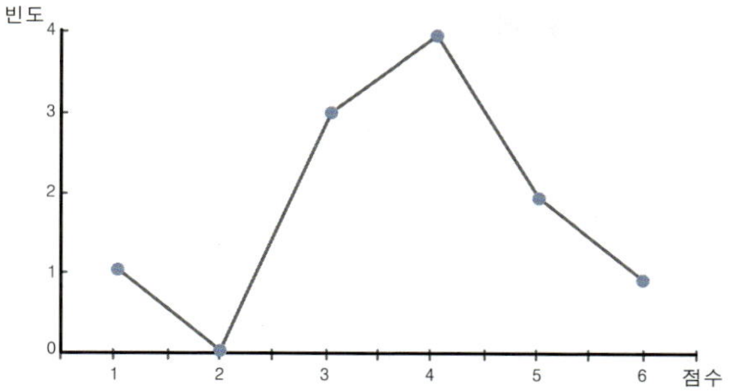

그림 3-3 빈도 0 값을 가질 경우의 기둥도표와 절선도표

기둥도표에서 기둥의 높이는 Y축의 빈도수와 일치되게 한다. 기둥의 넓이는 X축에 표시한 측정치(점수)의 정확한계와 일치되어야 한다. 그것은 기둥도표의 자료가 연속변인의 자료라고 생각하여 정확하한계와 정확상한계 내에 모든 빈도가 고르게 분포되어 있다고 가정하기 때문이다.

(2) 누가빈도분포의 도표화

누가빈도분포(cumulative frequency distribution)를 도표화하기 위해서는 오자이브(ogive)곡선이라고 부르는 누가도표를 작성하는데 절선도표(polygon)의 특수한 경우로써 취급될 수 있다. 가로축은 점수를 기록하고 세로축은 누가빈도나 누가백분율(〈표 3-5〉의 3열과 5열 참조)을 기록한다. 여기에서 세로 좌표(Y축)의 값을 누가빈도로 하면 누가빈도곡선(累加頻度曲線), 누가백분율로 하면 누가백분율곡선(累加百分率曲線)으로 구분한다. 전형적인 오자이브곡선은 최소 점수와 최대 점수에서 경사가 완만하고 중간 점수에서 경사가 급한 경향이 있다. 이것은 중간 점수에 사례들이 집중되어 있는 경우가 많기 때문이며 때문에 "s" 자 곡선을 형성하는 경우가 많다. 이에 따라 "s" 곡선("s" curve)이라고도 부른다.

이러한 오자이브곡선은 특히 급간을 설정한 묶음빈도분포에서 절선도표와 해석을 달리 해야 한다는 점에 유의해야 한다. 절선도표에서는 도표 작성 시 점수 급간의 중간점에 잡고 빈도를 표시하지만 오자이브곡선의 경우는 점수 급간의 정확상한계상에서 표시해야 한다. 왜냐하면 빈도는 해당 점수의 사례만을 대상으로 하지만 누가빈도나 누가백분율의 경우는 각 급간의 정확상한계 바로 아래까지 놓여 있는 모든 사례를 대상으로 하기 때문이다. [그림 3-4]를 보면 [표 3-5]에 제시된 것과 같은 정보를 읽을 수 있다.

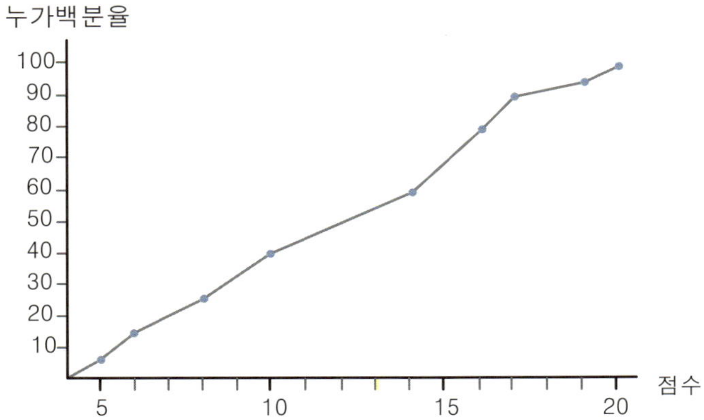

그림 3-4 <표 3-8> 자료를 도표화한 누가백분율곡선(오자이브곡선)

예를 들어, 17점을 맞은 사람은 내 점수와 같거나 내 점수보다 못한 점수를 맞은 사람이 전체의 90%라고 말할 수 있다.

(3) 일반 자료의 도표화

앞에서는 가로축이 점수 단위로 표시되고 세로축이 빈도나 누가빈도로 표시되는 빈도분포와 누가빈도분포를 도표화하는 방법에 대하여 기술하였다. 여기에서는 자료의 유형에 따라 다양하게 이용될 수 있는 도표들에 대하여 기술한다.

(가) 원형도표

원형도표(pie graph, pie chart)는 하위 유목들이 모여서 전체 100%를 이루는 자료에 사용된다. 따라서 비연속적이거나 명명변인인 경우에 주로 사용된다. 원형도표를 그릴 때는 각각의 하위 부분에 해당하는 이름표가 붙여져야 하고 숫자 정보도 %나 숫자 형태로 부가되어야 한다. 원형도표의 예를 들기 위하여 한 지역의 4개 유치원 원아 수 비율을 도표화하여 [그림 3-5]에 제시하였다.

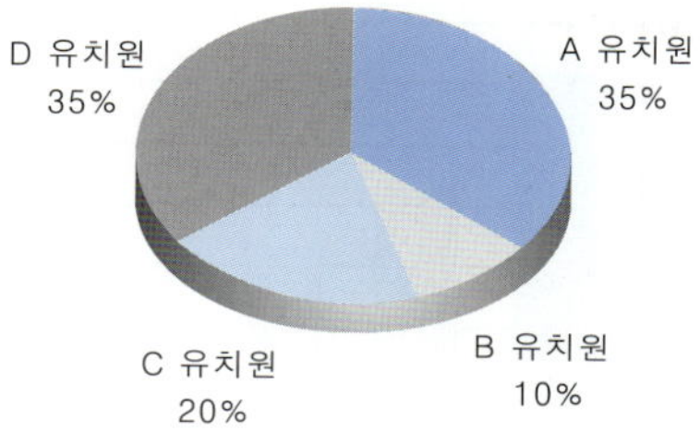

그림 3-5 한 지역의 유치원아 %를 나타내는 원형도표

원형도표는 하위 유목 간의 비교를 한눈에 볼 수 있게 해주는 장점이 있다. 하지만 원형도표를 손으로 그리기에는 다소 복잡한데 백분율을 원형도표의 하위 유목으로 변환하는 일이 생각보다 쉽지 않기 때문이다. 이럴 때 아래에 설명할 SPSS를 비롯한 통계 프로그램이나 엑셀, 컴퓨터 그래픽 프로그램들이 도움을 준다.

(나) 막대도표

막대도표(bar graph, bar diagram)는 나란히 놓여 있는 여러 개의 막대들로 이루어진다. 하지만 이러한 막대들은 서로 붙어 있지 않고 떨어져 있게 되며 유목은 자유롭게 배치된다. 즉, X축의 유목이 떨어져 있는 막대로 표현되며 이러한 유목은 자유롭게 배치될 수 있다(가장 낮은 점수에서 가장 높은 점수로든지 가장 높은 점수에서 가장 낮은 점수로든지). 이러한 유형의 도표는 명명변인이거나 비연속적 변인과 같은 범주 자료(categorical data)에 사용된다.

도시별 공립유치원 수가 〈표 3-8〉과 같다고 가정할 때 이를 비교하고자 할 경우 [그림 3-6]과 같은 막대도표를 작성할 수 있다.

표 3-8 도시별 공립유치원 수

도시	공립유치원 수
서울	72
부산	53
대구	45
광주	42

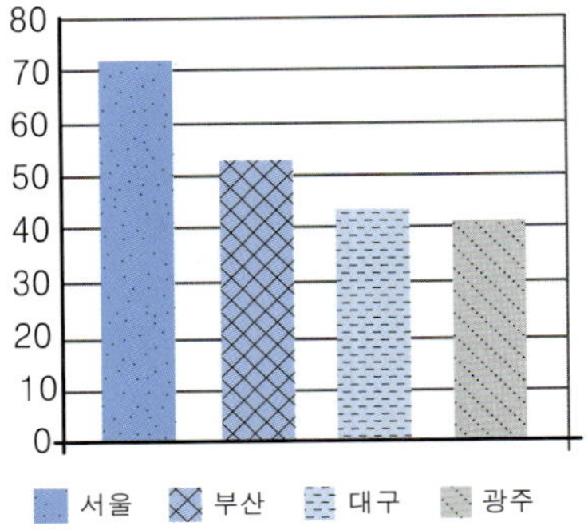

그림 3-6 자료를 나타내는 막대도표

막대를 두 개씩 나란히 그릴 수도 있다. 예를 들어서, 〈표 3-8〉의 공립유치원 수 자료에서 유치원장이 남자인 경우와 여자인 경우로 나누어서 비교하고자 한다면 [그림 3-7]과 같은 막대도표를 그릴 수 있다. 이럴 경우 각 지역에 따른 유치원 수를 비교할 뿐 아니라 남자 원장과 여장 원장에 따라 유치원 수를 비교할 수도 있다. 즉, 2개의 비연속적 변인을 동시에 비교하고자 할 때 막대도표를 사용할 수 있다.

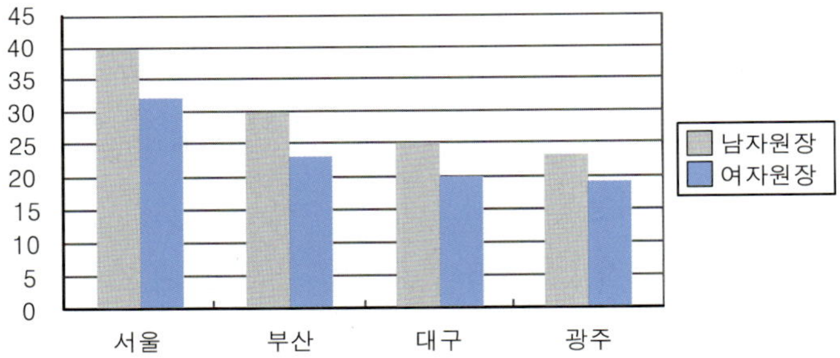

그림 3-7 각 지역 간의 유치원 수 비교와 지역 내의 원장 성별을 비교하는 막대도표

가장 일반적으로 학생들이 범하는 실수 중 하나가 이러한 막대도표를 히스토그램(기둥도표)과 혼동하는 것이다. 막대도표가 겉보기에는 히스토그램과 유사하지만 두 가지가 다른 목적으로 사용되기 때문에 혼동되어서는 안 된다. 히스토그램의 경우는 빈도분포의 경우에만 사용되며 두 축의 경우에도 가로축에 점수, 세로축에 빈도가 위치된다. 막대도표와는 달리 히스토그램의 가로축 점수들은 간격척도나 비율척도로 이루어지고

연속선상에 존재하게 된다. 때문에 히스토그램의 기둥들은 연속적이라는 것을 나타내기 위하여 서로 붙어 있다. 막대도표에 있어서의 막대들은 명명 자료, 범주 자료(예를 들면 도시 이름, 유치원의 반 이름)를 나타내며 연속성을 의미하지 않고 비연속적이다.

막대도표를 그릴 때 무엇보다도 유의해야 할 점이 있는데 막대도표를 그리는 사람이 선택하는 척도에 따라 도표가 전달하는 메시지가 달라진다는 점이다. [그림 3-8]의 (a)와 (b) 도표는 똑같이 세 명의 대통령 후보자의 여론조사 결과 지지도를 나타내고 있다. 하지만 (a) 도표의 경우보다 (b) 도표의 경우는 세 후보자 간의 차이를 훨씬 더 강조하여 후보자 간에 차이가 있다는 판단을 내리게 할 확률이 상대적으로 높다. 여론조사가 후보자의 득표율에 상당한 영향을 끼치는 점을 고려하면 (b) 도표와 같이 세 후보자 간의 차이를 과장하여 보여줄 수 있다는 점은 무척 흥미로운 것이다. 우리나라 선거의 경우도 언론사의 대표적인 선거 관련 불공정 보도의 하나로 지적되었던 사항이다.

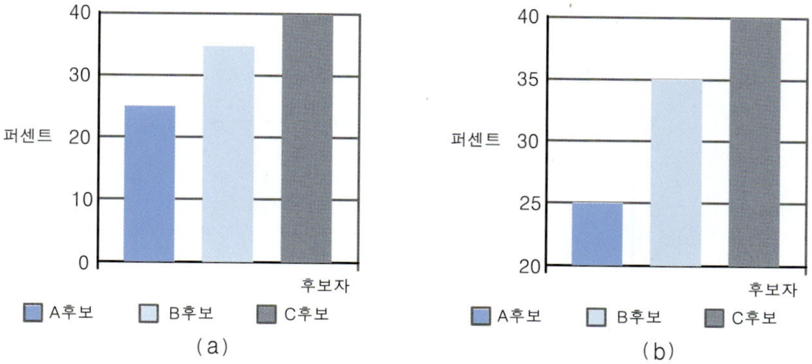

그림 3-8 세 후보자 간의 여론조사 결과 지지율을 나타내는 막대도표 a, b의 비교

(다) 선도표

선도표(線圖表, line graph)는 가장 일반적으로 사용되는 도표이다. 우리가 그냥 "도표"라고 하면 이런 형태의 도표를 의미하는 경우가 많다. 선도표는 두 개의 축 위에 표시되는 두 개 변인 사이의 관계를 보여주기 위해서 사용된다. 가로축은 연속선상에 있는 수치를 나타낸다(예를 들면, 연도나 개월). 세로축은 다양한 유형의 자료에 대하여 사용될 수 있다(예를 들면, 검사 점수, 기온, 소득). 〈표 3-9〉는 지난 4년 동안 한 유치원의 교사 평균 월급을 가정하여 나타낸 것이다. [그림 3-9]는 〈표 3-9〉의 자료를 도표

로 보여준다.

선도표의 가장 큰 장점은 같은 도표상에서 한 개 이상의 집단을 동시에 나타낼 수 있다는 것이다. 각각의 집단은 색깔로 표현할 수 있고 그렇지 않으면 다른 종류의 선(예를 들면 점선, 실선 등)으로 표현할 수도 있다. [그림 3-10]이 두 개 집단(두 개 유치원)을 다른 종류의 선으로 표현한 경우이다.

표 3-9 유치원 교사의 월급

연도	월급(단위 만 원)
1996	55
1997	60
1998	70
1999	70

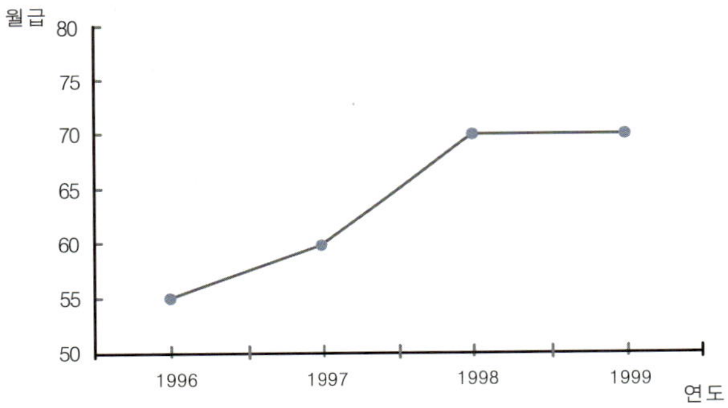

그림 3-9 자료를 나타내는 선도표

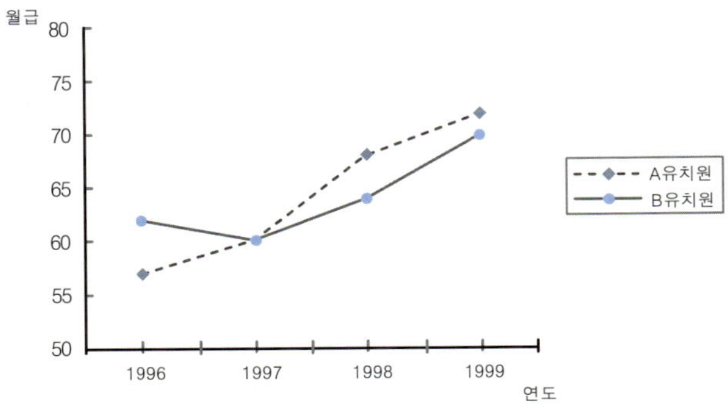

그림 3-10 두 개 유치원의 교사 월급을 나타내는 선도표

이처럼 선도표도 두 개 변인을 동시에 비교할 수 있다는 측면에서는 막대도표의 경우와 같으나 두 개 변인을 비교할 때는 선도표가 상대적으로 더 좋은 효과를 거둘 수 있다. 따라서 선도표는 두 개 변인을 비교하고자 할 때 주로 사용되며 통계처리에 있어서도 두 개 변인의 상호작용 효과를 보고자 할 때 주로 이용된다.

또 명심해야 될 것이 있는데 선도표(line graph)는 절선도표(polygon)와는 다르다는 것이다. 선도표는 절선도표와는 다른 목적으로 사용되며 절선도표처럼 세로축에 빈도를 표시하지 않는다.

4) 백분점수와 백분위

빈도분포의 주된 목적은 전체 점수들을 나타내 주는 것이지만 전체 점수들 중에서 개인의 점수가 차지하는 위치를 알아보는 데도 사용될 수 있다. 원점수는 많은 정보를 제공하지 못한다. 어떤 학생이 시험에서 43점을 얻었다고 가정해 보자. 이러한 점수만 가지고는 얼마나 잘했는지 말할 수 없다. 이 학생의 점수를 평가하기 위해서는 평균이나 이 학생보다 더 높은 점수를 얻은 사람들, 혹은 더 낮은 점수를 얻은 사람들 수와 같은 추가적인 정보를 필요로 한다. 이런 추가적인 정보가 있어야만 반에서 이 사람의 상대적인 위치를 파악할 수 있게 된다. 원점수가 많은 정보를 제공해 주지 못하기 때문에 이러한 점수를 더 의미 있는 형태로 변환할 필요가 생기는데 대표적인 것이 원점수를 백분위로 변환하는 것이다.

백분점수(百分點數, percentile score: *P*)와 백분위(百分位, percentile rank: *PR*)는 한 분포에서 어떤 점수의 상대적 위치를 표시해 주기 때문에 유용한 정보가 될 수 있다. 물론 한 집단 내에서의 상대적 위치를 파악하는 가장 기본적 방법은 순위를 이용하는 방법이다. 하지만 다같이 순위가 10이라고 하더라도 그 집단의 사례 수가 50인 경우와 100인 경우의 의미는 많은 차이가 난다. 이런 이유 때문에 순위를 백분율 순위로 고쳐 읽게 되는데 이렇게 백분율로 변환한 순위가 백분위이다.

어떤 점수에 대한 백분위란 전체 사례 수에 대하여 그 점수 미만에 속하는 사례 수의 백분율을 말한다. 따라서 백분위는 어떤 점수가 차지하는 상대적인 위치를 전체를 100으로 보고 수치로 표현한 것이다. 백분점수는 어떤 백분위에 해당하는 원점수를 말한다. 백분율로 바꾼 순위가 백분위라면 이렇게 백분율로 바꾼 순위의 원점수가 백분점수가 된다.

예를 들어, 어떤 학생이 국어 시험에서 80점을 받았고 이 시험을 친 학생의 75%가 이보다 낮은 점수를 받았다고 한다면 이때 이 학생의 점수 80점에 해당하는 백분위는 75이고 백분위 75에 해당하는 백분점수는 80점이 된다. 이처럼 백분위나 백분점수는 어떤 백분위에 대한 백분점수 혹은 어떤 백분점수에 대한 백분위로서 상대적 의미를 갖는다. 백분위를 PR, 백분점수를 P로 표시하며 어떤 점수에 대한 백분위는 PR_X로, 어떤 백분위에 대한 백분점수는 P_X로 표시한다. 위 학생의 국어 시험 점수의 예에서는 백분점수 80점에 대한 백분위는 PR_{80}으로 표기하고 그 값은 $PR_{80}=75$이다. 반대로 백분위 75에 대한 백분점수는 P_{75}로 표기하고 그 값은 $P_{75}=80$이다.

백분위 50(정 가운데)에 대한 백분점수(P_{50})는 앞으로(4장에서) 설명하게 될 중앙치와 같다. 왜냐하면 중앙치를 구한다는 것은 백분위 50에 해당하는 백분점수(P_{50})을 구하는 것과 같기 때문이다.

빈도분포표에서의 누가백분율(cumulative percentage)은 어떤 점수 이하의 점수를 맞은 사람들의 백분율을 보여준다. 하지만 명심해야 될 것이 하나 있는데 빈도분포표상의 점수는 척도상의 점수가 아니라는 것이다. 이러한 점수는 하나의 점수 값이 아니라 일정한 한계를 가지고 있는 범위값으로 해석되어야 한다. 〈표 3-10〉과 같은 누가빈도분포표에서 예를 들어 보자.

표 3-10 누가빈도분포표

점수 (X)	빈도 (f)	누가빈도 (cf)	누가백분율 (c%)
5	1	20	100
4	5	19	95
3	8	14	70
2	4	6	30
1	2	2	10

도표상에서 2점이라는 점수는 측정치가 1.5와 2.5 범위의 어떤 값을 갖는다는 것을

의미한다. 측정치 2.46의 값도 빈도분포표상에서는 2점으로 표현된다. 따라서 누가빈도분포표에 의하여 2점에 해당하는 누가백분율이 30%라고 하는 것은 2점이 가질 수 있는 범위값('정확한계' 라고 한다)의 최고값('정확상한계' 라고 한다)까지 사례 수의 30%가 포함된다는 것을 의미하는 것이다.

각 점수의 누가백분율은 점수 범위의 상한계와 관련된다는 것을 명심할 필요가 있다. 이러한 관계를 〈표 3-11〉과 같이 표현할 수 있다.

표 3-11 정확상한계와 누가빈도 사이의 관계 도시화

누가빈도(cf)	0 ←		2 ←		6 ←		14 ←		19 ←		20 ←
점수(X)		1		2		3		4		5	
빈도(f)		2		4		8		5		1	
정확상한계	0.5		1.5		2.5		3.5		4.5		5.5

〈표 3-11〉에서 보면 2명이 1점을 맞았는데 정확한계 0.5와 1.5 사이에 위치하고 있다고 해석할 수 있다. 정확한 위치는 알 수 없지만 2명의 점수가 정확상한계 1.5보다 작다는 것은 분명하다. 그래서 1점의 정확상한계인 1.5까지 도달하기 이전에는 2명의 점수가 포함되어 있다고 확신할 수가 없는 것이다.

중점 사항

사실 백분점수 계산에 있어서 최근에는 정확한계를 고려한 정확한 계산보다 대략적인 추정치를 사용하는 경우가 많다. 정확한 백분점수(exact percentile score)를 계산하지 않고 추정된 백분점수(estimated percentile score)를 선호하는 경우이다. 이는 통계처리에 있어서 SPSS와 같은 컴퓨터 프로그램 이용이 보편화되면서 나타난 현상으로 컴퓨터 프로그램의 경우는 백분점수 계산에 있어서 대략적인 추정치를 계산해 낸다.

2. SPSS와 빈도분석

SPSS 프로그램을 이용하여 빈도분석을 수행하게 되면 빈도분포상에서 원점수들이 어떠한 분포적 특성을 가지고 있는지 파악할 수 있게 해주는 다음과 같은 3가지 요소를 얻을 수 있다.

- 누가빈도분포표
- 백분위수 값(사분위수, 절단점, 백분위수), 중심경향치(평균, 중위수, 최빈값), 산포도(표준편차, 분산, 범위, 최소값, 최대값, 평균의 표준오차), 분포(왜도, 첨도) 등의 각종 통계량
- 막대도표(Bar chart), 원도표(Pie chart), 히스토그램(Histogram) 등과 같은 도표

빈도분석을 수행하기 위해서는 다음과 같은 단계를 거치는데 SPSS를 통한 빈도분석의 예를 들기 위한 빈도분포는 〈표 3-12〉와 같다. 〈표 3-12〉의 자료를 입력한 SPSS의 데이터는 본 책의 예제 데이터에 「B2.sav」 이름으로 저장하였다.

표 3-12 누가빈도분포표

점수 (X)	빈도 (f)	누가빈도 (cf)	누가백분율 (c%)
10	2	25	100
9	8	23	92
8	4	15	60
7	6	11	44
6	4	5	20
5	1	1	4

① 원점수를 데이터 윈도우에 입력하거나 「B2.sav」 파일을 불러온 다음 [그림 3-11]과 같이 SPSS의 주 메뉴 상에서 〈분석(A)〉-〈기술통계량(E)〉-〈빈도분석(F)〉을 선택한다.

그림 3-11 SPSS에서의 빈도분석 실행 명령

② 빈도분석을 실행하면 [그림 3-12]와 같은 빈도분석 대화상자가 나타나는데 이 대화상자에서 "빈도표 출력"을 선택하여 체크하면 해당 자료의 누가빈도분포표를 얻을 수 있고 "통계량" 단추를 눌러 통계 옵션을 선택하면 다양한 통계량을 얻을 수 있으며 "도표" 단추를 누르면 각종 도표를 얻을 수 있다.

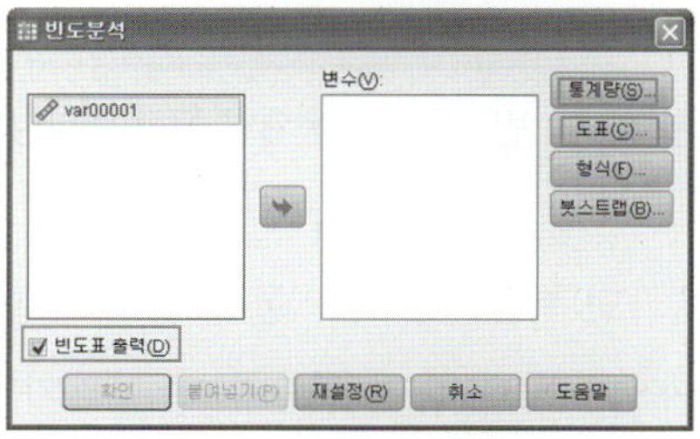

그림 3-12 빈도분석 대화상자

[그림 3-13]에서 보는 것처럼 빈도분석의 대상이 될 변인을 선택한 다음 "빈도표 출력"을 선택하여 빈도분포표를 그리게 하고 "통계량" 단추를 눌러 원하는 통계량을 지정한 다음 다시 "도표" 단추를 눌러 원하는 도표를 선택한다.

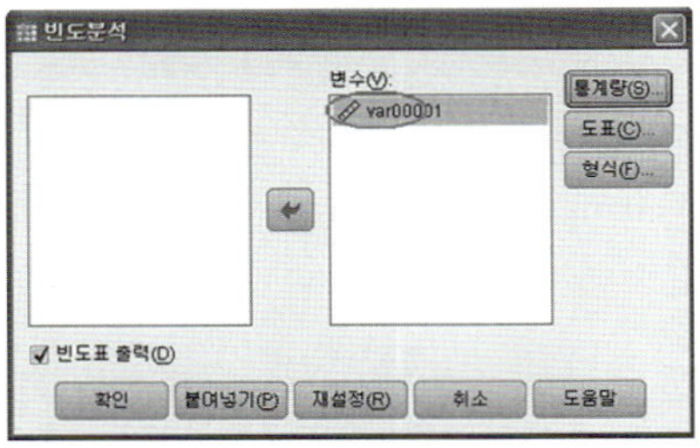

그림 3-13 빈도분석 대화상자에서 변수 지정

③ "통계량" 단추를 누르면 [그림 3-14]와 같은 통계량 지정 대화상자가 나타나는데 여기에서 원하는 통계량을 선택하면 해당 통계량을 얻을 수 있다. 여기에서는 [그림 3-14]에서 보는 것처럼 사분위(Quartiles), 표준편차, 평균 등의 통계량을 선택하였다.

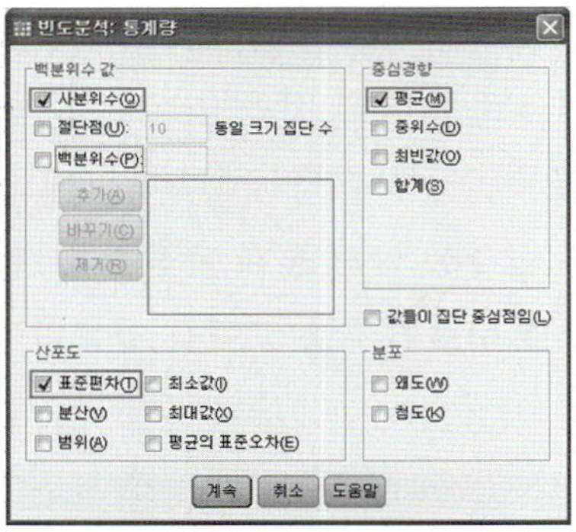

그림 3-14 빈도분석의 통계량 지정 대화상자

④ 이렇게 한 다음 "계속" 단추를 누르면 '통계량 대화상자' 가 사라지고 다시 "확인" 단추를 누르면 SPSS의 결과 화면 윈도우에 결과가 나타나는데 빈도분포표와 통계치 결과는 [그림 3-15]와 같다.

SPSS의 신택스 윈도우(Syntax window)는 도스용 SPSS의 명령어들을 보여주는 창이다. [그림 3-12]의 빈도분석 대화상자에서 "붙여넣기" 단추를 누르면 나타나는데 [그림 3-16]은 빈도분석에서의 신택스 윈도우를 보여준다.

빈도분석

통계량

var00001

N	유효	25
	결측	0
평균		7.8000
표준편차		1.38444
백분위수	25	7.0000
	50	8.0000
	75	9.0000

var00001

		빈도	퍼센트	유효 퍼센트	누적퍼센트
유효	5.00	1	4.0	4.0	4.0
	6.00	4	16.0	16.0	20.0
	7.00	6	24.0	24.0	44.0
	8.00	4	16.0	16.0	60.0
	9.00	8	32.0	32.0	92.0
	10.00	2	8.0	8.0	100.0
	합계	25	100.0	100.0	

그림 3-15 산출된 빈도분포표와 통계치 결과

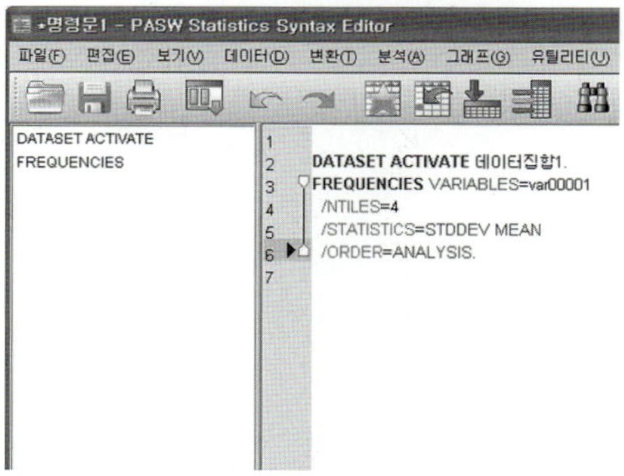

그림 3-16 빈도분석에서 "붙여넣기" 처리 시 Syntax 윈도우

⑤ SPSS는 빈도분석과 더불어 세 가지의 도표 중에서 선택한 도표를 자동으로 그려 준다. 선택할 수 있는 도표는 막대도표(Bar chart), 원도표(Pie chart), 히스토그램(Histogram) 등이다. 도표를 선택하려면 [그림 3-12]의 빈도분석 대화상자에서 "도표" 단추를 누르면 된다. "도표" 단추를 누르면 [그림 3-17]과 같은 도표 선택 대화상자가 나타나는데 여기에서는 "막대도표"를 선택해 본다.

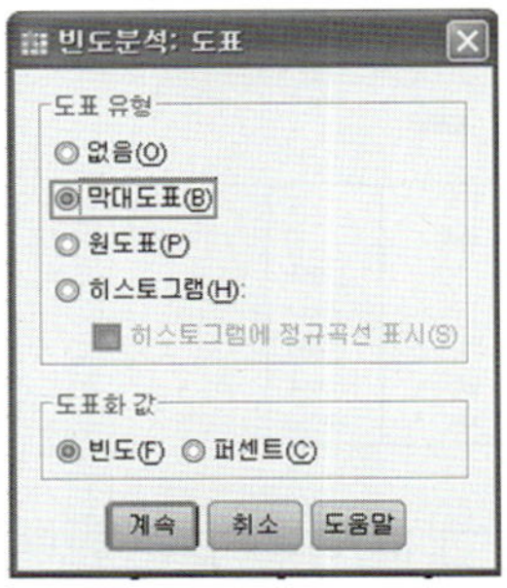

그림 3-17 도표 선택 대화상자

"막대도표"를 선택하고 "계속" 단추를 누르면 [그림 3-18]과 같은 막대도표가 "결과 창"에 나타난 것을 볼 수 있다.

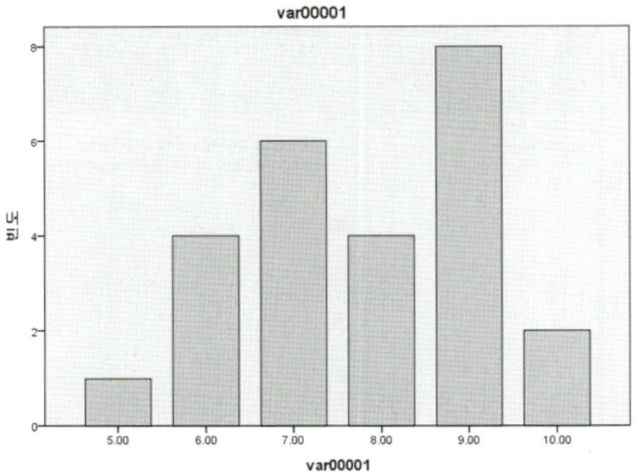

그림 3-18 "결과 창"에 나타난 막대도표

제 4 장

기술통계분석

1. 집중경향치
2. 변산도
3. SPSS와 기술통계

본 장에서는 표본에서 얻어진 자료의 특성을 파악하기 위하여 필요한 기술통계치인 집중경향치와 변산도의 개념과 종류를 설명하고 계산 방법을 제시한 후, 표본에서 얻어진 자료의 중심경향 값과 자료의 흩어진 정도를 살펴보는 산포도를 이해해 보고자 한다. 양적 자료가 가지고 있는 속성을 파악하기 용이하도록 정리할 필요성이 생기는데, 이럴 때 사용하는 것이 기술통계분석이다.

본 장에서는 SPSS 18.0 프로그램을 이용하여 기술통계치를 산출하고 해석하는 방법을 익힌다.

1. 집중경향치

통계에서는 개개의 수치도 중요한 의미를 갖지만 보통 한꺼번에 여러 개의 수치를 동시에 다루는 경우가 많기 때문에 집단을 대표할 수 있는 수치가 필요한 경우가 많다. 3장에서 다룬 빈도분포나 도표화, 백분위 등을 통하여 집단 내에서의 개개의 수치를 상대적으로 비교하는 것이 가능해진다. 하지만 이러한 것들은 어떤 집단을 명확히 기술할 수 없을 뿐만 아니라 다른 분포와의 정확한 비교도 불가능하다. 이러한 집단 간의 비교를 위해서는 그 집단 점수 분포의 대표치가 필요하게 되는데 이를 집중경향치(集中傾向値, central tendency)라고 한다. 즉, 한 집단의 점수 분포를 한눈에 볼 수 있도록 요약해서 보여주는 것이 빈도분포라면 한 집단의 점수 분포를 하나의 값으로 요약 기술해 주는 수치, 집단을 대표하는 수치가 집중경향치이다. 따라서 한 집단 내에서 개인 점수의 상대적 위치는 빈도분포나 백분위로, 한 집단과 다른 집단 사이의 점수 비교는 집중경향치로 가능해진다.

어떤 집단의 특성을 적절하게 기술하기 위해서는 일반적으로 다음과 같은 세 가지 정보가 필요하다.

① 그 집단의 점수 분포는 어떠한가? – 점수 분포가 어떤 형태인가?

② 그 집단의 점수 분포를 대표하는 값은 무엇인가?

③ 그 집단 점수 분포는 얼마나 분산되어 있는가(흩어져 있는가)?

따라서 이러한 세 가지 정보를 갖고 있다면 어떤 점수 분포의 특성을 정확히 알고 있다고 할 수 있다.

세 가지 정보 중에서 첫 번째 정보는 빈도분포와 도표화를 통하여 얻을 수 있다. 두 번째 정보는 여기서 다루고 있는 집중경향치를 계산함으로써 얻을 수 있다. 세 번째 정보는 다음에 다루게 될 변산도(變散度, variability)를 계산함으로써 얻을 수 있다.

가장 많이 사용되는 집중경향치는 평균치($\overline{X}$, mean), 중앙치(Mdn, median), 최빈치(Mo, mode) 등이다. 이러한 집중경향치들 중에서 어느 것을 사용할 것인가는 어떤 종류의 측정치인가, 분포가 어떤 모양을 이루고 있는가, 어떤 용도로 쓰일 것인가에 따라서 결정된다. 하지만 일반적으로는 측정치의 종류에 따라 결정되는 경우가 많은데, 평균은 측정치가 간격척도나 비율척도인 경우에, 중앙치는 서열척도인 경우, 최빈치는 명명척도인 경우에 상대적으로 적절하게 사용될 수 있다. 점수 분포 측면에서 보면 점수 분포가 지나치게 편포를 이루고 있는 경우에는 평균치보다 중앙치나 최빈치(일반적으로는 중앙치)가 더 적절할 수 있다.

1) 최빈치

최빈치(最頻値, mode, *Mo*)는 빈도가 가장 많은 점수이다. 예를 들어 5, 8, 6, 8, 5, 9, 8, 6의 분포에 있어서는 8이 최빈치이다(〈표 4-1〉을 보시오). 최빈치를 얻기 위해서는 각 점수별로 빈도를 세어서 가장 많은 빈도를 보이는 점수를 찾아내면 된다. 8이 가장 많은 빈도를 보이기 때문에(3번) 최빈치는 8이다.

표 4-1 유아들의 검사 점수

점수(X)	빈도(f)
9	1
8	3
6	2
5	2

최빈치가 되기 위해서는 점수가 적어도 두 번은 반복되어야 한다. 두 개 점수가 빈도가 같다면 최빈치가 2개가 되고 이러한 자료를 양봉분포(兩峰分布, bimodal)라고 한다. 3개 이상의 점수가 같은 빈도로 반복된다면 최빈치가 3개 이상이 되고 이러한 자료는 다봉분포(多峰分布)라고 한다. 다음의 〈표 4-2〉는 양봉분포의 예이다. 최빈치가 4와 6 두 개인 것을 알 수 있다.

표 4-2 양봉분포(bimodal distribution)

점수(X)	빈도(f)
7	1
6	2
5	1
4	2
2	1

빈도분포를 도표화한 절선도표(polygon)에 있어서, 최빈치는 도표의 꼭지점이다([그림 4-1]의 (a) 도표). 양봉분포에 있어서는 두 개의 꼭지점이 있으며 두 점수의 높이가 같다([그림 4-1]의 (b) 도표).

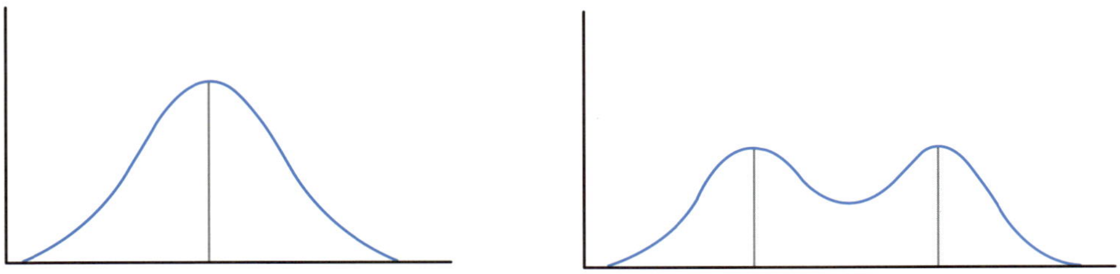

(a) (b)

그림 4-1 최빈치가 하나인 경우(a)와 두 개인 경우(b)의 도표

2) 중앙치

중앙치(中央値, median, *Mdn*)는 점수들의 50%는 위에 있고, 50%는 아래에 있는 분포상의 지점이다. 즉, 전체 점수들을 50%만큼씩 정확하게 상하로 양분하는 점의 값을 말하며 점수들을 서열순으로 배열했을 때 중간 서열에 위치하는 점수가 중앙치이다. 따라서 3장에서 다룬 백분위 개념으로 보면 전체를 100으로 보았을 때의 가운데 위치인 백분위 50에 해당하는 백분점수(P_{50})를 의미한다.

(1) 대략적으로 추정된 중앙치 계산

예 1

7명 유아들의 검사 점수인 〈표 4-3〉의 예를 들어 보자.

표 4-3 7명 유아의 검사 점수

10
8
7
6
4
2
1

중앙치는 6이다. 점수 6의 위에 3개, 아래에 3개의 점수가 있기 때문이다.

한 가지 유의해야 할 것이 있는데 여기에서 중앙치는 한 개의 지점(point)이지 꼭 검사에서 얻은 실제 점수는 아니라는 점이다. 검사 점수가 10, 8, 7, 6인 경우 중앙치는 7.5가 된다. 실지로 검사에서는 7.5점이라는 점수를 할당하지 않지만 말이다.

표 4-4 중앙치가 7인 검사 점수

11
10
9
7
7
6
5

최근에는 중앙치를 정확히 계산하지 않고 추정하는 추세이다. 예를 들어, 〈표 4-4〉와 같은 점수 분포에서 7을 중앙치로 사용하게 된다. 이럴 경우에는 중앙에 위치한 해당 점수를 중복 여부와 관계없이 중앙치로 사용하는 경우이다. 점수 7 위에 3개의 점

수가 있고 아래에 2개의 점수가 있지만 말이다. 실지로 SPSS와 같은 통계 프로그램을 사용하여 중앙치를 계산할 경우에도 정확한 중앙치(exact median)를 계산하지 않고 추정된 중앙치(estimated median)를 구한다.

다음은 SPSS를 이용하여 〈표 4-4〉자료를 빈도분석한 결과이다.

통계처리 결과를 보면 중앙치(SPSS에서는 '중위수')가 7인 것을 볼 수 있는데 이것이 바로 SPSS에 의하여 추정된 중앙치(estimated median)이다. 처리 결과에서 빈도분포표를 보면 7점에 해당하는 누가백분율이 57.1로, 추정된 중앙치 7점 이하에 57.1%의 사례가 포함된다는 것을 알 수 있다.

<SPSS의 통계처리 결과>

통계량

VAR0001

N	유효	7
	결측	0
평균		7.8571
중위수		7.0000
최소값		5.00
최대값		11.00

VAR0001

		빈도	퍼센트	유효 퍼센트	누적 퍼센트
유효	5.00	1	14.3	14.3	14.3
	6.00	1	14.3	14.3	28.6
	7.00	2	28.6	28.6	57.1
	9.00	1	14.3	14.3	71.4
	10.00	1	14.3	14.3	85.7
	11.00	1	14.3	14.3	100.0
	합계	7	100.0	100.0	

위 SPSS의 빈도분포표에 의하여 추정된 중앙치 7점 이하에 57.1%의 사례가 포함된

다는 것을 알 수 있다. 하지만 정확한 중앙치(exact median)를 계산하게 되면 중앙치를 중심으로 점수들이 정확히 50%씩 양분되게 된다.

물론 정확한 중앙치는 언제나 계산 가능하다. 다소 복잡한 계산 절차를 거치지만 말이다. 이러한 정확한 중앙치 계산은 정확한계를 고려할 때 가능해지며 본 책에서는 다루지 않는다.

3) 평균치

평균치(平均値, mean)는 산술평균이라고도 부르는데, 평균(average)이라고 부르는 경우도 많다. 평균치는 최빈치(mode)나 중앙치(median)보다 더 많이 사용되는 집중경향치이다. 또 평균치는 기술통계(descriptive statistics)와 추리통계(inferential statistics) 둘 다에서 사용된다. 표본 평균치는 통계 기호로 $\overline{X}$("엑스바"라고 읽는다)로 표시하며 전집 평균치는 μ(그리스 문자, "뮤"라고 읽는다)로 표시한다. 대부분의 연구에 있어서는 표본 평균치($\overline{X}$)가 전집 평균치(μ)를 추정하기 위해서 사용된다. 실제로 연구자는 전집의 평균치를 알고자 하는 경우가 많이 있지만 전집의 평균치를 계산한다는 것은 실제적으로 불가능한 경우가 많다. 때문에 우리는 전집을 대상으로 평균치를 직접 계산하는 대신에 표본을 추출하여 표본을 대상으로 평균치를 계산하고 그러한 평균치를 가지고 전집 평균치를 추정하게 되는 것이다.

(1) 평균치의 계산

평균치는 모든 점수를 더한 다음 사례 수 N으로 나누어 줌으로써 계산할 수 있다.

총합(總合, summation)을 나타내는 통계 기호는 Σ(그리스 문자 시그마)이다. Σ는 시그마로 읽고, 그 뒤에 나오는 수들을 모두 합하라는 의미를 내포하고 있다. 따라서 검사점수를 편의상 X라는 변인으로 지정한다면 5명 학생 각각의 점수는 X_1, X_2, X_3, X_4, X_5로 표시할 수 있다. 또 여기에서 5명 학생 점수의 합은 ΣX로 표시할 수 있다.

따라서 평균은 다음 공식을 사용하여 계산된다.

<평균치($\overline{X}$) 계산 공식> [4-1]

$$\overline{X} = \frac{\Sigma X}{n}, \mu = \frac{\Sigma X}{N}$$

ΣX를 계산하기 위해서는 모든 점수를 합할 필요가 있다. 통계 기호로는 $\Sigma X = X_1 + X_2 + \cdots X_n$과 같이 표현될 수 있다. 이러한 것은 첫 번째 점수, 두 번째 점수를 포함하여 마지막 점수까지 빠짐없이 합해야 한다는 것을 의미한다. 여기에서 사례 수 n이 10이라면 X_n 점수는 10번째 점수가 된다.

예 1

〈표 4-5〉의 점수에서 살펴보자.

표 4-5 5명 유아의 검사 점수

10
9
8
6
2

〈표 4-5〉에서 5개 점수의 총합은 35이고 평균은 7이다.

$$\Sigma X = 10 + 9 + 8 + 6 + 2 = 35$$

$$\overline{X} = \frac{\Sigma X}{n} = \frac{35}{5} = 7$$

계산기의 통계기능을 이용하여 계산해 보자. 특히 사례 수가 많은 경우에는 계산기의 통계기능을 이용할 경우 훨씬 편리하게 계산할 수 있다. 또 계산기의 통계기능을 이용하면 한 번 데이터 입력으로 각종 통계치를 한꺼번에 계산할 수 있기 때문에 유용하게 사용될 수 있다.

▶ 계산기의 통계기능을 사용한 계산(샤프 계산기 기준)

① 〈표 4-5〉의 데이터 5개를 계산기에 입력한다(데이터 입력).

10 [DATA] 9 [DATA] 8 [DATA] 6 [DATA] 2 [DATA]를 차례로 입력한다.

데이터를 입력하면 표시부의 상단에는 입력한 데이터 수치가 하단에는 현재까지 입력한 데이터 수가 표시되는 것을 볼 수 있다.

② 통계기능으로 전환하기 위해서 [ALPHA] 키를 누른다(통계기능 전환).

③ 평균치를 계산하기 위하여 상단에 하늘색으로 "$\bar{x}$"라고 되어 있는 [4] 키를 누르고 [=] 키를 누른다.

④ 평균치 7을 얻을 수 있다.

중점 사항

계산기에 통계 데이터를 입력하기 전에 기존에 입력한 데이터를 지우는 것을 잊어서는 안 된다. 특히 입력한 데이터는 계산기를 껐다가 켜도 지워지지 않기 때문에 꼭 [2nd F] [CL]를 눌러서 데이터를 지운 다음 입력을 새로 시작해야 한다.

예 2

유치원에서 원아들이 제기차기 놀이를 한 결과 〈표 4-6〉과 같은 결과를 얻었다. 유아들의 제기차기 횟수의 평균치를 구해 보자.

표 4-6 단순빈도분포에서의 평균치

점수 (X)	빈도 (f)	점수×빈도 (Xf)
12	1	12
10	2	20
9	2	18
8	5	40
7	1	7
6	4	24
5	2	10
2	1	2
1	2	2
계	20	135

〈표 4-6〉에서 총합(ΣX)을 구해 보면 각 점수를 해당 빈도와 곱해서 더한 점수(ΣXf)가 135인 것을 알 수 있다. 따라서 총합인 135를 사례 수 20으로 나누면 다음과 같이 6.75가 된다.

$$\bar{X} = \frac{\Sigma Xf}{N} = \frac{135}{20} = 6.75$$

힌 트

단순빈도분포에서 평균치를 구할 경우, 공식 [4-1]에서 ΣX를 구하는 과정에 유의해야 한다. <표 4-6>과 같은 단순빈도분포에서는 각 점수에 따른 빈도가 제시되기 때문에 총합을 구한다는 것은 각 점수에 해당 빈도만큼 곱해 주어야 하기 때문이다. 따라서 단순빈도분포에서는 다음과 같이 총합(ΣX)을 계산해 주어야 한다.

ΣXf - 「각 측정치와 빈도를 곱한 다음 더해 준다.」

▶ 계산기의 통계기능을 사용한 계산(샤프 계산기 기준)

① 〈표 4-6〉의 데이터 20개를 계산기에 입력한다(데이터 입력).
12 [DATA] 10×2 [DATA] 9×2 [DATA] 8×5 [DATA] 7 [DATA] 6×4 [DATA] 5×2 [DATA] 2 [DATA] 1×2 [DATA]를 차례로 입력한다.

② 통계기능으로 전환하기 위해서 [ALPHA] 키를 누른다(통계기능 전환).

③ 평균치를 계산하기 위하여 상단에 하늘색으로 "$\bar{x}$"라고 되어 있는 [4] 키를 누르고 [=] 키를 누른다.

④ 평균치 6.75를 얻을 수 있다.

(2) 평균치의 성질

평균치가 일반적으로 집중경향치 중에서 가장 많이 사용되고 가장 신뢰롭게 사용되는 이유는 평균치가 다음과 같은 성질들을 갖고 있기 때문이다.

① 평균치와 모든 점수들의 편차의 합은 0이다. 즉, 각 점수에서 평균치를 빼서 더하면 0이 된다. 이를 기호로 표시하면 다음과 같다.

$\Sigma(X_i - \overline{X}) = 0$

평균을 중심으로 평균보다 작은 점수들까지의 거리의 합과 평균보다 큰 점수들까지의 거리의 합은 같다. 따라서 평균보다 작은 점수들까지의 거리의 합(−)과 평균보다 큰 점수들까지의 거리의 합(+)을 상쇄하면 0이 나오는 것이다.

② 모든 점수들을 고려할 때 가장 가까운 곳에 위치한 점수가 평균치이다. 따라서 평균치와의 차의 자승화는 다른 어떤 점수와의 차의 자승화보다 작다.

(3) 결합집단의 평균

통계처리에서 가끔 개개의 집단 평균치만 알 수 있을 때 2개 이상의 결합집단 평균치를 알고자 할 때가 있다. 예를 들어, 유치원에서 남자아이들의 IQ 평균치와 여자아이들의 IQ 평균치를 가지고 있는 상태에서 전체 유치원 유아들의 IQ 평균을 계산하려고 한다고 가정하여 보자. 유치원에 남아와 여아의 수가 같다면 두 평균치를 더하여 2(평균치의 개수)로 나눔으로써 단순하게 두 평균의 평균을 구할 수 있다.

하지만 남아의 수와 여아의 수가 다를 때는 가중평균(weighted mean)을 구하여야 한다. 가중평균은 각 집단의 평균뿐 아니라 같지 않은 각 집단의 사례 수도 고려한다는 의미를 내포한다.

예 1

예를 들어, 은지유치원에는 두 개 반이 있는데 개나리반에 25명, 미나리반에 28명의 원아가 있다고 가정해 보자. 두 반은 사회성검사를 받았고 유아들의 사회성검사 평균치는 각 반의 교사에 의해 별도로 계산되었다. 그래서 개나리반의 평균은 83.6, 미나리반의 평균은 90.2가 나왔다. 이때 원장이 은지유치원 원아들의 사회성검사 평균치를 보고할 것을 요구하였다.

▶ 풀이

전체 평균을 계산하기 위해서는 두 반의 각기 다른 평균뿐 아니라 두 반의 다른 원아 수도 고려해야만 한다. 이렇게 하기 위해서는 두 반의 평균과 원아 수를 각각 곱해서 더하고 다시 전체 원아 수($N=53$)로 나누어야 한다. 여기에서 두 반의 평균에 원아 수를 곱한다는 것은 각 평균에 원아 수만큼을 가중한다는 의미로 가중평균(weighted mean)의 의미가 되는 것이다.

또 다른 의미로는 원아들의 원점수의 합을 구하여 전체 사례 수로 나눈다는 의미로도 해석이 가능하다. 실제로 이러한 해석은 곧바로 아래와 같은 식을 유도할 수 있게 하는 데 유용하게 사용될 수 있다.

<하위집단이 두 개일 때, 결합집단의 평균치 계산 공식> **[4-2]**

$$\overline{X}_{\text{전체집단}} = \frac{n_1 \cdot \overline{X}_1 + n_2 \cdot \overline{X}_2}{n_1 + n_2}$$

결국, 공식 [4-2]는 각 하위집단의 평균치에 하위집단의 사례 수를 곱하여 그 집단의 원점수의 합을 구한 다음, 이러한 하위집단의 원점수 합을 더해서 결합집단의 원점수 합을 구하여, 전체 사례 수로 나누는 과정을 기호화한 것이다. 따라서 여기에서의 예는 다음과 같이 계산될 수 있다.

$$\overline{X} = \frac{(25 \times 83.6 + 28 \times 90.2)}{(25 + 28)}$$

결과로 나온 가중평균 87.09는 개나리반, 미나리반 두 개 반의 사회성검사 점수를 나타낸다.

이러한 과정은 3개 이상의 하위집단이 있을 때도 똑같이 적용되는데 이는 공식 [4-3]과 같이 표현할 수 있다.

<결합집단의 평균치 계산 공식> **[4-3]**

$$\overline{X}_{\text{전체집단}} = \frac{\Sigma(n_i \overline{X}_i)}{N}$$

예 2

은지유치원에서는 토끼반, 사슴반, 사자반의 원아들을 대상으로 훌라후프 돌리기를 실시하여 〈표 4-7〉과 같은 빈도분포를 얻었다. 은지유치원의 훌라후프 돌리기 평균치를 구하시오.

표 4-7 세 개 반의 훌라후프 돌리기 분포

토끼반	사슴반	사자반
4	4	2
5	6	4
6	6	5
8	7	7
	8	9
		9

▶ 풀이

〈표 4-7〉의 분포에서 세 개 반의 평균을 구하기 위해서는 각 반의 사례 수와 평균이 필요하다. 각 반의 사례 수와 평균치를 구하면 〈표 4-8〉과 같다.

표 4-8 세 개 반의 사례 수와 평균치

	토끼반	사슴반	사자반
	4	4	2
	5	6	4
	6	6	5
	8	7	7
		8	9
			9
사례 수	4	5	6
평균($\overline{X}$)	5.75	6.2	6

▶ 풀이 1

각 반의 원점수의 합을 구하면

토끼반 $= 4 \times 5.75 = 23$

사슴반 $= 5 \times 6.2 = 31$

사자반 $= 6 \times 6 = 36$

세 반의 원점수의 합을 합한 결합집단의 원점수 합은

$$23 + 31 + 36 = 90$$

다시 전체 사례 수로 나누면

$$\frac{90}{4+5+6} = 6$$

따라서 은지유치원의 훌라후프 돌리기 평균치는 6이다.

▶ 풀이 2

공식 [4-3]에 대입하면

$$전체\ 평균 = \frac{(5.75 \times 4 + 6.2 \times 5 + 6 \times 6)}{(4+5+6)} = 6$$

따라서 은지유치원의 훌라후프 돌리기 평균치는 〈풀이 1〉과 마찬가지로 6이다.

/연/습/문/제/

1. 은지유치원 세 개 반 유아들의 평균신장이 다음과 같을 때 은지유치원 전체 유아의 평균치를 구하라.

집 단	토끼반	사슴반	사자반
평균신장($\overline{X}$)	123	131	127
원 아 수(n)	24	22	26

2. 〈표 4-9〉는 유아들을 대상으로 사회성검사를 수행한 결과이다. 평균치를 구하라.

표 4-9 유아들의 사회성 점수 분포

점수 (X)	빈도 (f)
95	7
90	7
85	10
80	8
75	17
70	17
65	9
60	3
55	4
50	8

4) 집중경향치 간 비교

평균치(mean)는 분포상의 모든 점수의 영향을 받게 되는데, 모든 점수를 다 더한 다음 사례 수 N으로 나누어서 계산하기 때문이다. 점수 분포상의 한 점수만 변해도 평균치는 달라지게 된다. 하나 하나의 점수에 영향을 받는다는 말이다. 반면에 최빈치(mode)와 중앙치(median)는 한 점수가 변하면 변할 수도 있지만 그렇지 않을 수도 있다. 평균치가 가지고 있는 이러한 특성은 장점이 될 수도 있지만 단점이 될 수도 있다. 장점은 분포상의 모든 점수를 대변할 수 있다는 점이다. 단점은 편포된 분포에서 극단적인 점수들이 있을 때 발생한다. 즉, 분포상의 점수들 하나 하나를 고려하기 때문에 극단적인 점수의 영향을 많이 받는 것이다. 예를 들어 보자.

예 1

10, 12, 13, 13, 15, 16과 같은 점수 분포를 예를 들어 보자.
최빈치와 중앙치는 13이고 평균치는 13.17이다. 분포상의 마지막 점수 16을 30으로 바꾸어 보자. 최빈치와 중앙치는 변함이 없지만 평균치는 15.83으로 변화를 가져온다.

최빈치는 명명, 서열, 간격, 비율척도 모두에 사용될 수 있다. 최빈치를 계산하기 위해서는 순위대로 배열할 필요가 없다. 따라서 명명척도에서도 사용될 수 있는 것이다. 중앙치에 있어서는 50% 사례에 해당하는 점수를 찾아내기 위해서 점수들을 가장 높은 점수에서 낮은 점수로 순서화할 필요가 있다. 명명척도는 순서를 가지고 있지 않다. 따라서 중앙치를 계산하기 위해서는 적어도 서열척도가 필요하다. 물론 간격척도와 비율척도에서도 계산이 가능한 것은 물론이나 최소한 서열척도 이상이어야 한다는 말이다. 평균치를 계산하기 위해서는 모든 점수를 더해서 사례 수로 나눌 필요가 있다. 따라서 평균치는 가(+), 감(−)이 가능한 간격척도와 비율척도에서만 계산될 수 있다. 척도들을 비교해 보면 집중경향치로 한 개 이상을 고려해야 하는 이유를 알 수 있다. 평균치가 가장 많이 사용되는 것은 사실이지만 명명척도나 서열척도에서는 부적절하다.

최빈치와 중앙치는 기술통계치로 주로 사용된다. 평균은 기술통계치뿐 아니라 추리통계치로도 사용된다. 또 평균은 계속적인 통계처리가 필요한 경우 기초 자료로 광범위하게 사용되기도 한다(앞으로 기술될 *t*검증이나 변량분석의 경우가 대표적인 경우이다).

어떤 경우에 있어서는 자료가 간격척도임에도 불구하고 평균치보다 중앙치를 더 선호하게 되는 경우도 있다. 다음의 예를 보면 평균치 대신에 중앙치를 사용하게 되는 경우를 알 수 있게 될 것이다.

예 2

은지유치원에 네 명의 교사와 한 명의 원장이 근무하고 있다고 가정해 보자. 네 명 교사의 연봉은 각각 1,300만 원, 1,400만 원, 1,600만 원, 1,100만 원이고 원장은 6,000만 원을 받는다고 가정하자. 누군가가 한 교사에게 다음과 같이 물어볼 수 있다. "당신은 연봉을 얼마나 받죠?, 이 유치원 근무자들은 평균 얼마나 받는데요?" 여기에서 다섯 명 연봉의 중앙치는 1,400만 원이고 평균치는 2,280만 원이다.

이 경우 대표치로서 평균치와 중앙치 중에서 고르라고 한다면 아마 중앙치를 선택해야 할 것이다. 왜냐하면 여기에서 중앙치(1,400만 원)가 다섯 명의 근무자 중 네 명에 대해서는 훌륭한 대표치가 되기 때문이다. 평균치 2,280만 원은 네 명의 교사들에게는 대표치가 되기에는 너무 높은 수치이고 원장에게는 너무 낮은 수치이다. 따라서 평균치는 다섯 명 근무자 중에서 어떤 사람의 연봉도 대표하지 못한다.

이러한 예는 평균치가 대표치로서 적절하지 못한 경우이다. 극단적으로 크거나 작은 점수들이 있는 경우에는 그러한 점수들 쪽으로 평균치를 옮겨 가는 경향이 있기 때문에 대다수의 점수들에 대해서는 부적절한 대표치가 되고 만다. 이러한 일은 평균치가 극단적인 점수들의 영향을 가장 많이 받는 집중경향치이기 때문에 발생한다.

[그림 4-2]는 점수들의 분포에 따라 평균치, 중앙치, 최빈치 값이 변화하는 관계를 보여준다. 정상분포의 경우에는 평균치, 중앙치, 최빈치 값이 일치하지만 편포됨에 따라 일정한 변화를 보인다.

모집단의 분포를 히스토그램으로 그리게 되면 일반적으로 어느 한 점을 중심으로 좌우 대칭이 되는 형태의 도표가 그려지는 경우가 많다. 즉, 평균치와 중앙치, 그리고 최빈치가 일치하며 좌우 대칭이 되는 형태의 분포를 말한다. 이러한 분포를 정상분포(normal distribution)라 한다. 정상분포의 특징은 세 가지의 집중경향치 값이 같고, 좌우 대칭이며 형태는 [그림 4-2]의 (a)와 같다.

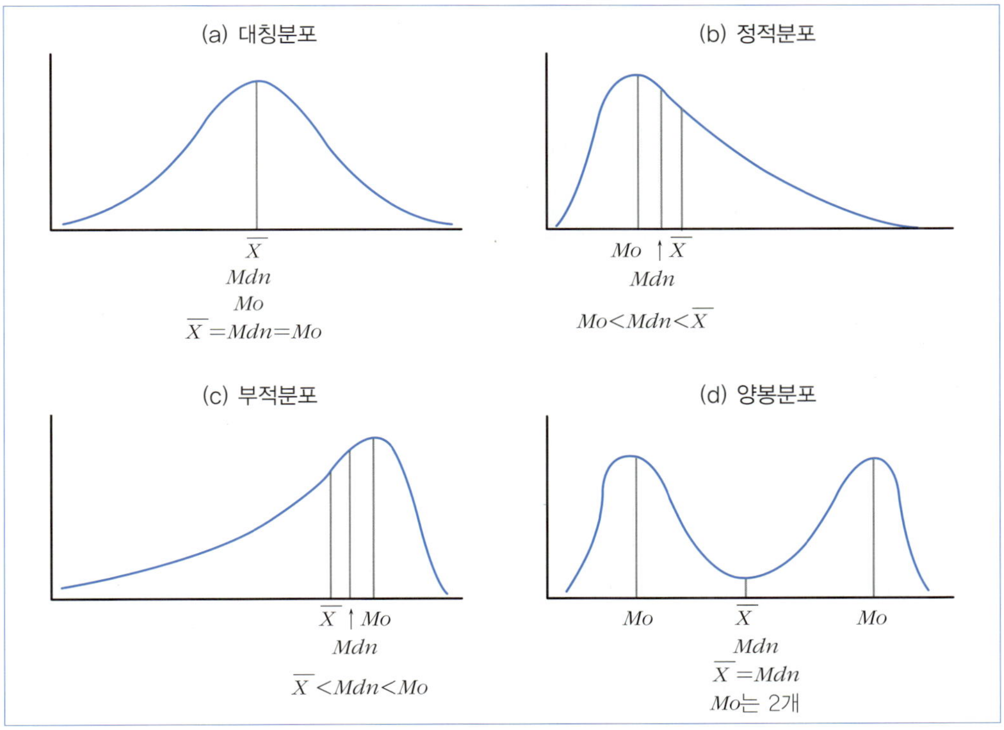

그림 4-2 점수 분포와 집중경향치 간의 관계

계산의 편의를 위하여 최빈치, 중앙치, 평균치를 계산하기 위해서 필요한 단계들을 요약하여 다음에 제시한다.

요 약

▣ 통계 계산 단계 요약(최빈치, 중앙치, 평균치의 계산)

다음과 같은 간단한 점수 분포의 예를 들어 최빈치, 중앙치, 평균치를 계산하기 위해 필요한 단계들을 요약해 보자.

9, 15, 12, 11, 12, 9, 7, 13, 12, 8, 8

표 4-10 빈도분포

점수 (X)	빈도 (f)
15	1
13	1
12	3
11	1
9	2
8	2
7	1

단계 1: 점수를 순서대로 배열하고 각 점수의 빈도를 계산하여 빈도분포를 만든다(〈표 4-10〉과 같이).

단계 2: 가장 빈번하게 발생한(빈도가 가장 큰) 점수를 찾는다. 여기에서는 12인데 이 점수가 최빈치이다.

단계 3: 분포에서 중간에 위치한 점수를 찾는다. 여기에서는 11이다. 11 위에 5개의 점수가 있고 11 아래에 5개의 점수가 있기 때문이다. 이 점수 11이 중앙치이다.

단계 4: 모든 점수를 다 더해서 사례 수인 11로 나눈다. 점수의 총합은 116이고 11로 나누면 10.55가 된다. 이 점수 10.55가 평균치이다.

2. 변산도

분포의 특성을 기술하는 측정치로 빈도분포, 집중경향치, 변산도 등의 세 가지를 들 수 있다. 앞에서 집중경향치(최빈치, 중앙치, 평균치)를 대표점수라고 하였다. 즉, 점수 분포를 대표하는 하나의 수치가 집중경향치인 것이다. 이러한 측정치들은 점수 분포의 중앙을 나타낸다. 변산도(變散度, variability)는 분포의 여러 점수들이 집중경향치로부터 흩어져 있는 정도를 뜻한다. 즉, 측정치의 흩어져 있는 상태를 수치로 표시해 주는 통계치가 변산도이다. 따라서 변산도가 크다는 것은 보다 이질적인 점수들이 많이 있다는 것을 의미하므로 한 분포에 속하는 여러 점수들이 평균치에서 멀리 떨어져 있다는 뜻이고, 반대로 변산도가 작다는 것은 보다 동질적인 점수들이 많다는 것을 의미하는 것으로 여러 점수들이 평균치 주변에 조밀하게 모여 있다는 뜻이다. 때문에 변산도가 클수록 분포의 각 점수들은 그만큼 이질적(異質的, heterogeneous)이고 변산도가 작을수록 동질적(同質的, homogeneous)인 분포라고 말할 수 있는 것이다.

어떤 집단의 점수 분포는 집중경향치만으로는 충분히 설명될 수 없다. 점수 분포를 보다 정확하게 기술하려면 집중경향치와 함께 변산도가 제시되어야 한다. [그림 4-3]을 보면 집중경향치와 더불어 집단의 변산도가 꼭 필요한 이유를 알 수 있게 될 것이다.

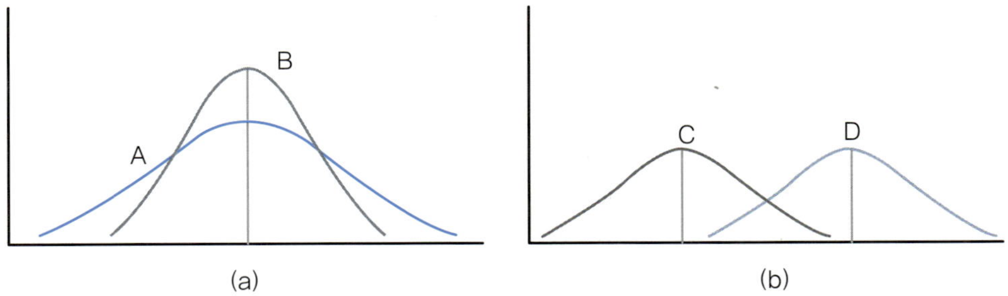

그림 4-3 평균치가 같지만 변산도가 다른 두 개 집단을 나타내는 도표(a)와 평균은 다르지만 변산도가 같은 두 개 집단을 나타내는 도표(b)

[그림 4-3]의 도표 (a)와 도표 (b)를 비교해 보자. 두 도표 사이의 공통점과 차이점은 무엇인가? 도표 (a)를 먼저 보면, 집단 A와 집단 B가 평균은 같지만 집단 A가 더 넓게 퍼져 있다는 것을 알 수 있다. 즉, 집단 A가 B보다 더 이질적인 것이다. 집단 B에 있어서는 점수들이 평균치에 더 가까이 밀집해 있는 경향이 있다. 이제 도표 (b)를 한번 보자. 집단 C와 D 모두 퍼져 있는 정도는 같으나(즉, 변산도는 같으나) 집단 D가 C보다 평균치가 더 높다는 것을 알 수 있다.

[그림 4-3]의 도표 (a)가 유치원 두 개 반의 IQ 점수를 나타내고 당신이 내년에 담당할 학급을 선택해야 한다고 가정해 보자. 그리고 당신이 두 개 반의 평균치만 알 수 있다면 아마 당신은 선택하기 위해서 동전을 던질지도 모른다. 왜냐하면 두 반의 평균치가 같기 때문이다. 하지만 [그림 4-3]의 도표가 제공된다면 당신은 아마 B반을 선택하게 될 것이다. 왜냐하면 B반이 더 동질적이고 따라서 가르치기 더 쉽기 때문이다. A반의 경우는 개인차가 너무 심해서 가르치기 까다로울 것은 뻔한 일이다.

도표 (b)의 경우 평균치만 제공하고 똑같은 질문을 한다면 당신은 아마 평균치가 더 높은 D반을 선택할 것이다. 하지만 항상 C반보다 D반이 교사의 노력이 덜 드는 것은 아닐 것이다. 우수한 반은 우수한 반대로 열등한 반은 열등한 반대로 교사의 노력을 요구하기 때문이다.

[그림 4-3]의 도표는 한 집단을 정확하고 완전하게 기술하기 위해서는 평균과 더불어 또 다른 지수(指數, index)가 필요하다는 것을 한눈에 알아볼 수 있게 해준다. 그것은 다름 아닌 한 집단의 변산도이다.

변산도를 나타내는 지수로 범위(範圍, range), 사분편차(四分偏差, quartile deviation), 평균편차(平均偏差, average deviation), 표준편차(標準偏差, standard deviation)에 대해서 알아보자.

1) 범위

변산도 중에서 가장 단순하고 쉬운 측정치가 범위(範圍, range)이다. 범위는 점수 분포에서 가장 높은 점수와 가장 낮은 점수 사이의 거리를 나타낸다. 범위는 주로 기술적인 목적으로 사용되는데(기술통계, descriptive statistics) 분포 내에서의 변산도에 관하여 많은 정보를 제공하지는 못한다.

범위는 변산도 측정치로서 유용성이 제한되어 있다. 범위는 단순히 두 개의 극단적인 점수들 사이의 거리만을 나타내기 때문에 그 점수들 사이에 무엇이 있는지에 관하여는 아무것도 알지 못한다. 예를 들어, 다음과 같은 두 개 집단의 점수 분포를 비교해 보자.

A: 10, 10, 10, 9, 1 　　　　B: 10, 2, 1, 1, 1

A, B 두 개 집단이 범위는 같지만 매우 다른 점수 분포를 나타내고 있다.

이러한 범위를 계산하는 방법이 통계책마다 다르게 제시된다는 것은 무척 흥미롭다. 범위의 계산 방법은 다음과 같은 두 가지 접근으로 나누어지는데 그 이유는 정확한계의 고려 때문이다.

접근 1 – 정확한계를 고려한 경우의 계산 방법

일반적으로 통계 전문가들의 지지를 받고 있는 범위 계산 방법이다.

가장 높은 점수에서 가장 낮은 점수를 뺀 값에 1을 더해 준다. 즉, 범위(R)=최대치(H)−최저치(L)+1이 된다. 예를 들어, 점수가 9, 10, 11, 14, 15일 경우에 범위를 계산해 보자. 최대 점수가 15이고 최저 점수가 9이기 때문에 범위는 15−9+1=7이 된다. 이 때 1을 더해 주는 이론적 근거는 극단적인 점수 15와 9 둘 다 포함된다면 범위가 7이 된다는 것이다. 즉, 15의 정확상한계는 15.5이고 9의 정확하한계는 8.5이다. 따라서 최대값의 정확상한계인 15.5에서 최소값의 정확하한계인 8.5를 뺀 값이 범위가 된다(R=15.5−8.5). 이러한 관계는 [그림 4-4]를 보면 쉽게 이해할 수 있다.

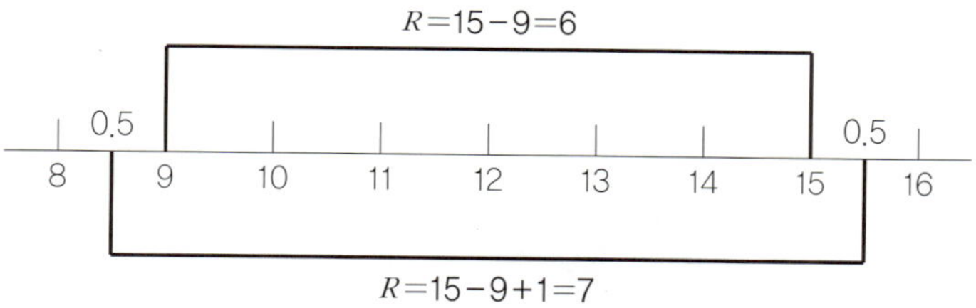

그림 4-4 범위에서의 정확한계 고려

접근 2 – 정확한계를 고려하지 않은 경우의 계산 방법

일반적으로 컴퓨터의 통계 프로그램에 의하여 계산할 때는 〈접근 1〉과 같이 정확한계를 고려하지 않는다. 때문에 최근에는 범위를 계산할 때 정확한계를 고려하지 않는 경우가 많다. 이는 다른 통계치(백분점수 등)의 계산에 있어서도 적용되는데 최근에 컴퓨터를 이용한 통계처리가 보편화되면서이다. 이런 경우에 있어서는 단순히 최대점수에서 최소 점수를 뺀다. 예를 들어, 점수가 9, 10, 11, 14, 15일 경우에 범위를 계산해보면 최대값 15에서 최소값 9를 뺀 값인 6이 된다(R=15−9).

2) 사분편차

범위는 간단하게 계산할 수 있는 장점이 있으나 점수 분포상에서 양 극단의 점수를 기초로 하여 계산되기 때문에 사례 수의 크기에 따라 영향을 받으며 안정성이 낮은 변산도 수치이다. 이러한 범위가 갖고 있는 제한점은 사분편차(四分偏差, quartile deviation 혹은 semi-inter quartile range)를 사용하면 어느 정도 해소가 가능하다. 사분편차는 집중경향치로서 중앙치(中央值)를 사용하였을 때 사용되는 경우가 많다. 여기에서 중앙치라는 것은 앞에서 기술한 정확한계를 고려하여 정확히 계산된 중앙치를 일컫는 것이다. 사분편차는 중앙치를 기준으로 한 변산도이며 중앙 부분의 50%에 해당하는 점수들이 중앙치를 기준으로 어느 정도 흩어져 있는가를 나타내는 정도이다.

사분편차는 점수 분포의 아래에서부터 사례 수의 25%에 해당하는 척도상의 점과 아래에서부터 75%에 해당하는 척도상의 점 사이의 거리를 2등분한 것이다. 사분편차를 Q라고 하면 공식 [4-4]로 나타낼 수 있다.

<사분편차(Q) 계산 공식> **[4-4]**

$$Q = \frac{Q_3 - Q_1}{2}$$

Q_3 =75%에 해당하는 점수(P_{75})
Q_1 =25%에 해당하는 점수(P_{25})

위 공식에서 Q_1은 점수 분포 전체를 4로 나누었을 때 아래에서부터 25%(1/4)에 해당하는 척도상의 점을 뜻하며 백분위 25에 해당하는 백분점수(P_{25})이고 제1사분위라고 한다. 위 공식에서 Q_3는 점수 분포 전체를 4로 나누었을 때 아래에서부터 75%(3/4)에 해당하는 척도상의 점을 뜻하며 백분위 75에 해당하는 백분점수(P_{75})이고 제3사분위라고 한다. 따라서 위 사분편차(Q) 계산 공식은 백분위 75에 해당하는 백분점수(P_{75})에서 백분위 25에 해당하는 백분점수(P_{25})를 뺀 다음 2로 나눈 것이다. 따라서 [4-4] 공식은 다음과 같이 백분위로 바꾸어서 표현할 수 있다.

<사분편차(Q) 계산 공식> [4-5]

$$Q = \frac{P_{75} - P_{25}}{2}$$

P_{75}=75%에 해당하는 점수
P_{25}=25%에 해당하는 점수

또 점수 분포 전체를 4로 나누었을 때 아래에서부터 50%(2/4)에 해당하는 척도상의 점, 백분위 50에 해당하는 백분점수(P_{50})를 Q_2라고 하는데 이 값이 바로 중앙치(*Mdn*)가 된다.

3) 표준편차

한 분포에 있어서 모든 하나하나의 점수와 산술평균치와의 차를 합하면 0이 된다. 이렇게 편차의 합이 0이 되는 것을 방지하기 위한 방법은 두 가지가 있을 수 있는데 편차에 절대값을 씌우는 방법과 편차를 자승하는 방법이다. 여기에서 편차에 절대값을 씌우는 방법으로 계산된 변산도가 평균편차이고 편차를 자승하는 방법으로 계산된 변산도가 표준편차이다.

평균편차(平均偏差, average deviation)는 편차의 합이 0이 되는 것을 방지하기 위하여 편차 점수(각각의 점수 - 평균치) 각각에 절대값을 씌워서 합한 다음 평균한 값이다. 이러한 평균편차는 범위나 사분편차보다는 신뢰도가 높다고 볼 수 있지만 수리적 조작에 한계가 있고 추리통계에서 적용이 되지 않기 때문에 본 책에서는 고려하지 않는다.

[그림 4-5]에서 보면 (a) 도표에서 각각의 점수들이 평균치에서 떨어진 거리는 (b) 도표에서 각각의 점수들이 평균치에서 떨어진 거리보다 더 크다. 이와 같이 이치에 맞게 평균치에서 떨어진 평균거리 수치를 계산할 수 있고 절대값으로 표현할 수 있게 된다(+, − 관계없이). 평균치에서 떨어진 평균거리를 나타내는 수치를 바로 표준편차(標準偏差, standard deviation)라고 부른다. 점수들이 많이 흩어져 있는 분포에서는 이러한 수치가 높고 점수들이 적게 흩어져 있는 분포에서는 이러한 수치가 낮다.

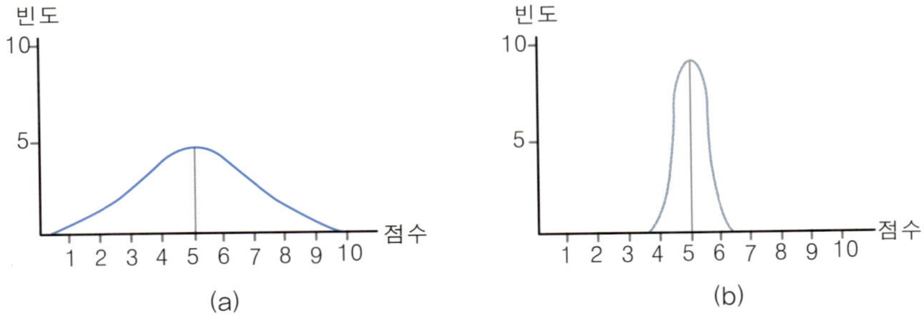

그림 4-5 평균은 같지만 흩어진 정도가 다른 두 도표

(1) 변량과 표준편차의 사용

간격척도나 비율척도로 측정해서 얻은 자료의 변산도를 계산하는 방법 중 바람직한 것은 변량(變量, variance)이다. 변량은 편차(偏差: $x = X - \overline{X}$)의 자승화의 평균으로 정의된다. 만일 우리가 기술통계치로만 사용할 것이라면, 점수 분포에서 모든 점수의 편차(x)를 계산하고 자승하여 합하고 사례 수로 나누면 된다.

중점 사항

변량(S^2, σ^2)은 편차의 자승화의 평균이다.

변량은 대개 표준편차를 계산할 때, 혹은 t검증이나 변량분석을 할 때 중간 단계로써 사용된다. 반면에 표준편차는 자료를 보고할 때 사용된다. 점수 분포를 기술할 때 집중경향치와 더불어 표준편차가 사용된다. 예를 들어, 어떤 검사 결과를 보고할 때 평균치와 표준편차와 같은 요약점수(기술통계치)가 사용되는 경우가 대부분이다. 검사 매뉴얼들을 보면 평균치와 표준편차를 가장 광범위하게 사용하고 있다는 것을 알 수 있다. 검사 척도들은 항상 평균과 표준편차 측면에서 기술된다. 예를 들어, 어떤 IQ검사가 평균은 100이고 표준편차는 15라고 기술된다.

변량이 커지면 커질수록 집단 내 변산도 수치도 높아진다는 말이다. 하지만 변량은 해석하기가 어려운데, 변량이 자승 단위로 측정되기 때문이다. 반면에 표준편차는 원자료와 같은 단위로 측정되기 때문에 해석이 쉽다. 예를 들어, 키를 측정할 때 표준편차(SD) 3이라는 것은 집단 사례들의 키가 평균치에서 평균적으로 3cm만큼 떨어져 있다는 것을 의미한다.

변량과 표준편차는 극단적인 점수들에 민감하다. 집단 내에서 하나의 극단적인 점수만 있어도 변량과 표준편차를 상당히 증가시킬 수 있다. 〈표 4-12〉와 같은 a, b 두 집단의 점수들을 가지고 생각해 보자. b 집단에 한 개의 극단적인 점수가 있다는 것을 제외하고는 a, b 두 집단이 동일하다.

표 4-12 한 개 집단에 극단적인 점수가 포함된 점수 분포

	a 집단	b 집단
	11	40
	10	10
	9	9
	8	8
	7	7
	6	6
	5	5
	4	4
	3	3
	2	2
$\Sigma X=$	65.00	94.00
$\overline{X}=$	6.50	9.40
$VAR=$	8.24	110.04
$SD=$	2.87	10.49

b 집단의 평균치는 대부분의 점수들을 고려할 때 예상되는 수치보다 높다. 40이라는 극단적인 점수가 평균을 끌어올렸기 때문이다. b 집단의 변량과 표준편차 또한 a 집단에 비하여 훨씬 더 높은데, 40이라는 극단적인 점수 때문이다. 이러한 경우에 평균치로부터 평균적으로 떨어져 있는 정도를 나타내기 위해서 10.49라는 표준편차를 사용하게 되면 잘못된 정보를 제공하게 될 것이다. 왜냐하면 40이라는 점수를 제외한 모든 점수들은 꽤 가까이 붙어 있고 그러한 점수들 중 어떤 것도 평균치에서 10.49만큼 떨어져 있는 점수는 없기 때문이다.

(2) 변량과 표준편차에 영향을 끼치는 요인들

변량과 표준편차에 영향을 끼치는 첫 번째 요인은 점수들의 이질성(異質性, heterogeneousness) 정도이다. 이미 파악하고 있겠지만 범위(range), 변량(variance), 표준편차(*SD*) 간에는 관계가 있다. 범위가 더 커지면 커질수록 변량과 표준편차도 더 커진다. 최고 점수와 최저 점수 간에 차이가 크거나 떨어져 있을 때 범위가 더 커진다. 즉, 측정되는 특성에 대하여 집단이 더 이질적일 때 범위가 커지는 것이다. 예를 들어, 이러한 특성은 키, IQ, 읽기 점수, 연령 등일 수 있다. 범위, 변량, 표준편차는 한 개 이상의 극단적인 점수들이 있을 때 높아진다. 비록 그 외의 대부분의 점수들이 모여 있을지라도 말이다.

두 번째 요인은 검사의 난이도(難易度, difficulty) 수준이다. 검사가 아주 쉬우면 대부분의 학생들이 모든 질문에 올바르게 대답한다. 따라서 점수들에 있어서 변산도(변하는 정도)가 낮고 점수들이 서로 모여 있게 된다. 이와 유사하게, 검사가 아주 어려우면 대부분의 점수가 낮아지게 된다. 따라서 낮은 점수대에서 점수들이 모여 있을 가능성이 높다.

검사의 길이 또한 변량과 표준편차에 영향을 끼친다. 검사가 길게 되면 검사가 짧을 때보다 점수들이 더 넓게 퍼질 가능성이 높아진다. 예를 들어, 두 개의 검사를 비교해 보자. 문항이 100개인 검사 A와 문항이 10개인 검사 B가 있다고 가정한다. 검사 A의 평균치는 50이고 검사 B의 평균치는 5라고 가정하자. 검사 A에 있어서 사람들은 평균치를 기준으로 위, 아래로 50점까지 점수를 맞을 수 있을 것이다. 검사 B에 있어서는 평균치를 기준으로 위, 아래로 5점까지만 점수를 맞을 수 있을 것이다. 표준편차란 평균치로부터 점수들이 떨어져 있는 평균 거리이기 때문에, 이러한 평균 거리는 분명히 B 검사보다는 A 검사에서 더 커질 수밖에 없다. 따라서 긴 검사는 짧은 검사보다 항상 표준편차가 더 크게 된다.

(3) 전집과 표본에 있어서의 변량과 표준편차

앞에서 전집치와 표본치에 관하여 기술하였기 때문에 각각의 개념에 대하여 기억하고 있을 것이다. 변량이나 표준편차도 전집(全集, population)의 모수치와 표본(標本,

sample)의 통계치에 따라서 계산이 약간 달라지며 표시도 다르기 때문에 계산에 앞서서 이해할 필요가 있다.

전집의 변량은 σ^2(시그마 자승)으로 표시되며, 표본의 변량은 S^2로 표기된다. 표준편차의 경우에도 전집의 표준편차는 σ로, 표본의 표준편차는 S(standard deviation의 첫머리글자)로 표기된다.

전집의 표준편차(σ)는 고정된 수치이지만 표본의 표준편차(S)는 표집을 어떻게 하는가에 따라서 달라진다. 같은 전집에서 몇 개의 표본이 선택되는 경우에 그러한 표본에 따라서 표준편차가 조금씩 달라지게 된다. 연구자가 그러한 표본들을 선정된 전집과 비교해 본다면 표본의 변량이나 표준편차가 전집의 변량이나 표준편차보다 일관적으로 더 낮다는 것을 알 수 있게 될 것이다. 특히 표본의 크기가 적을 때 그렇다(30 미만). 전집치를 추정하기 위하여 표본치가 사용될 때(예를 들면, 평균이나 표준편차), 일관적인 오류를 범하는 것을 피하기 위하여 표본 변량의 계산을 위하여 공식이 수정되어야 한다. 결과적으로 표본 변량이 약간 더 커지도록 말이다. 왜냐하면 표본 변량이 전집의 변량을 과소추정할 가능성이 많기 때문이다. 표본 변량이 커지면 전집의 변량을 더 잘 추정할 수 있게 된다.

표준편차는 두 가지 방법으로 계산될 수 있는데 편차점수에 의한 계산법과 원점수에 의한 계산법이다. 편차점수에 의하여 변량과 표준편차를 계산하는 방법과 원점수에 의하여 변량과 표준편차를 계산하는 방법은 복잡한 계산 과정을 필요로 함으로 본 책에서는 다루지 않기로 한다. 다음 절('3. SPSS와 기술통계')을 참고하여 SPSS 프로그램을 사용하여 산출하는 방법을 익히기 바란다.

3. SPSS와 기술통계

SPSS 프로그램을 이용하여 기술통계분석을 수행하게 되면 각각의 변인 하나하나에 대한 기술통계치인 평균, 합계, 산포도(표준편차, 분산, 범위, 최소값, 최대값, 평균의 표준오차), 분포(첨도, 왜도) 등의 각종 통계량을 산출할 수 있다.

기술통계분석을 수행하기 위해서는 다음과 같은 단계를 거치는데 SPSS를 통한 기술통계분석의 예를 들기 위한 SPSS의 데이터는 본 책의 예제 데이터에 「book51.sav」 이름으로 저장하였다.

1) 기술통계분석

(1) 분석 과정 – 기술통계분석

① 원점수를 데이터 윈도우에 입력하거나 「book51.sav」 파일을 불러온 다음 [그림 4-6]과 같이 SPSS의 주 메뉴 상에서 〈분석(A)〉–〈기술통계량(E)〉–〈기술통계(D)〉를 선택한다.

그림 4-6 SPSS에서의 기술통계분석 실행 명령

② 기술통계분석을 실행하면 [그림 4-7]과 같은 기술통계분석 대화상자가 나타나는데 이 대화상자에서 구하려고 하는 변인을 왼쪽에서 마우스로 선택하고 단추를 눌러서 오른쪽으로 보낸다. 아래 예에서는 「비디오」, 「컴퓨터」 두 변인 모두의 기술통계치를 원하기 때문에 두 변인 모두를 선택하였다. 대화상자 아래의 「표준화 값을 변수로 저장(Z)」을 선택하면 [그림 4-8]과 같이 각 변인에 대한 표준화 점수인 Z점수를 데이터 입력창에서 볼 수 있다.

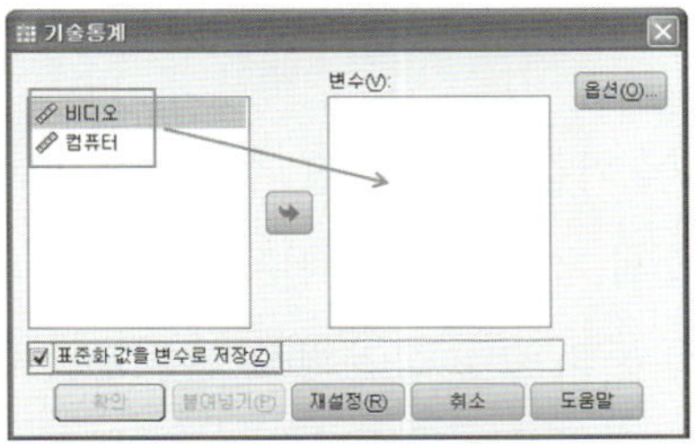

그림 4-7 기술통계분석 대화상자

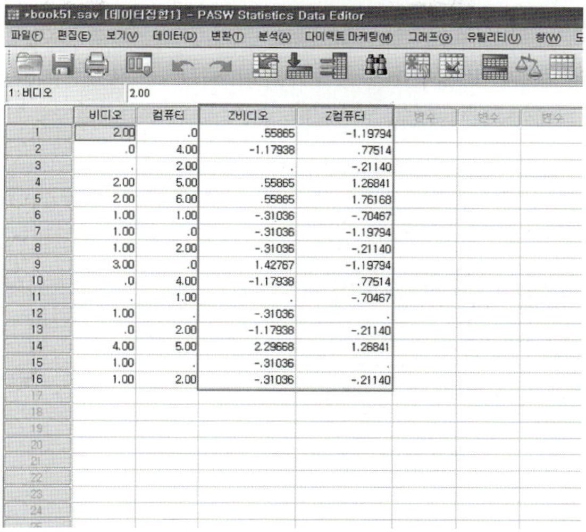

그림 4-8 변인에 대한 Z점수가 산출된 데이터 창

③ "옵션" 단추를 누르면 [그림 4-9]와 같은 옵션 지정 대화상자가 나타나는데 여기에서 원하는 기술통계치들을 선택하면 해당 통계량을 얻을 수 있다. 여기에서는 [그림 4-9]에서 보는 것처럼 평균, 합계, 표준편차, 분산, 범위, 최소값, 최대값 등의 통계량을 선택하였다.

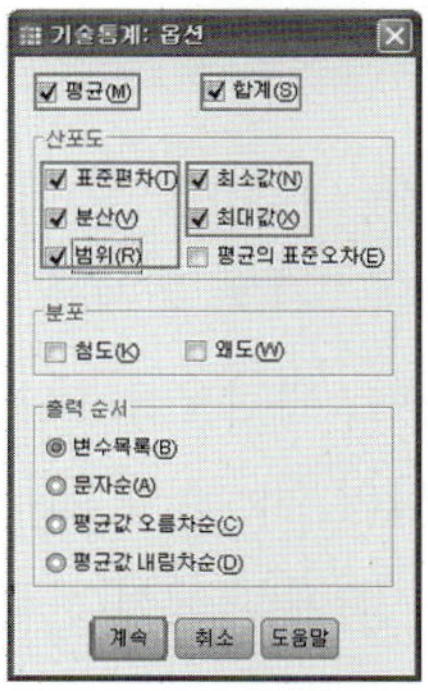

그림 4-9 기술통계분석의 옵션 지정 대화상자

④ '옵션'의 기술통계치들을 선택한 후 하단의 "계속" 단추를 누르면 '옵션' 대화상자가 사라지는데, 여기에서 "확인" 단추를 누르면 [그림 4-10]과 같은 분석 결

과가 SPSS 창에 나타난다. 또한, [그림 4-7]의 기술통계분석 대화상자에서 아래의 "붙여넣기" 단추를 누르면 [그림 4-11]처럼 해당 스크립트(신택스)를 볼 수 있다.

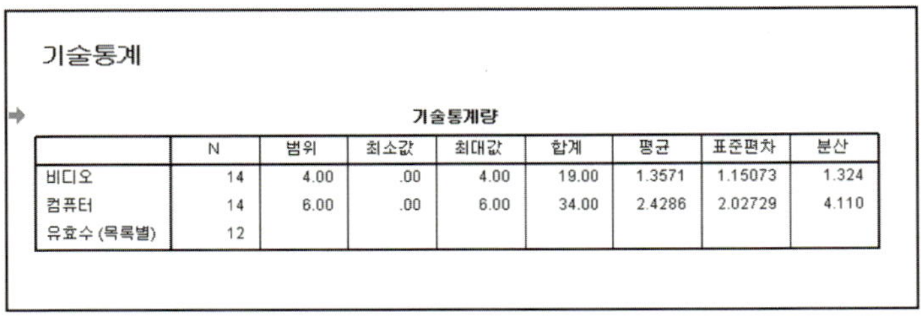

기술통계

기술통계량

	N	범위	최소값	최대값	합계	평균	표준편차	분산
비디오	14	4.00	.00	4.00	19.00	1.3571	1.15073	1.324
컴퓨터	14	6.00	.00	6.00	34.00	2.4286	2.02729	4.110
유효수 (목록별)	12							

그림 4-10 기술통계분석 결과

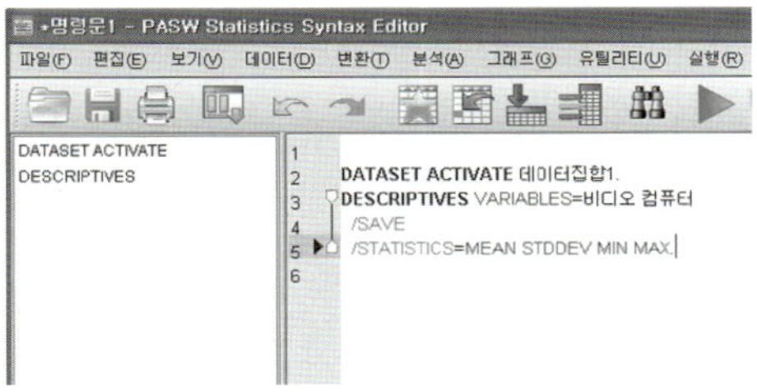

그림 4-11 기술통계분석에서 "붙여넣기" 처리 시 Syntax 윈도우

2) 케이스 요약 분석(구 버전 SPSS의 '기초 통계표')

○ 분석 과정 – 변인이 한 개인 경우

케이스 요약 메뉴(구 버전 SPSS의 '기초 통계표' 메뉴)를 이용하여 기술통계치를 산출해 본다. 원점수를 데이터 윈도우에 직접 입력하거나 예제 데이터의 「book52.sav」 파일을 불러온다. 먼저 한 개 변인(연령 변인)에 대해서 하위 레벨에 따른 기술통계치 산출을 해 본다.

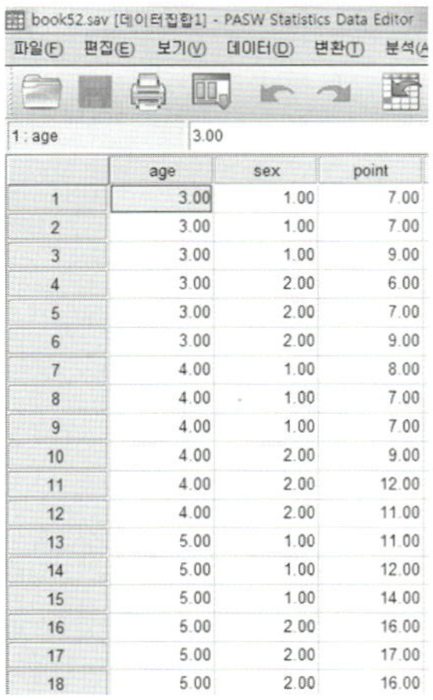

	age	sex	point
1	3.00	1.00	7.00
2	3.00	1.00	7.00
3	3.00	1.00	9.00
4	3.00	2.00	6.00
5	3.00	2.00	7.00
6	3.00	2.00	9.00
7	4.00	1.00	8.00
8	4.00	1.00	7.00
9	4.00	1.00	7.00
10	4.00	2.00	9.00
11	4.00	2.00	12.00
12	4.00	2.00	11.00
13	5.00	1.00	11.00
14	5.00	1.00	12.00
15	5.00	1.00	14.00
16	5.00	2.00	16.00
17	5.00	2.00	17.00
18	5.00	2.00	16.00

① 케이스 요약(구 버전 SPSS의 '기초 통계표' 메뉴) 분석을 수행하기 위해서 메뉴 상에서 아래 그림에서와 같이 〈분석〉-〈보고서〉-〈케이스 요약〉을 선택한다.

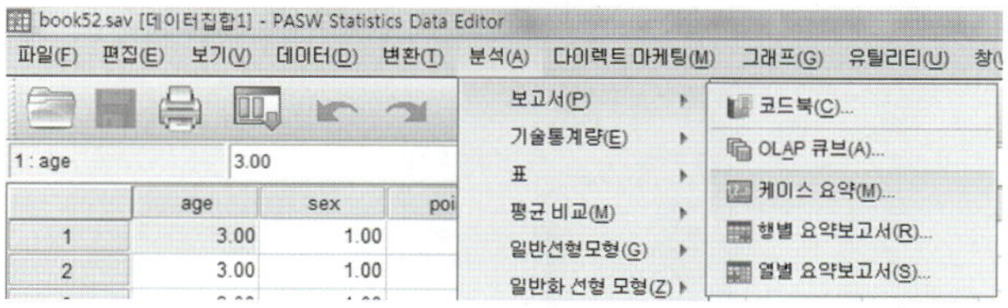

② 그러면 아래 그림과 같은 「케이스 요약」 대화상자가 열린다. 나타난 대화상자에서 기술통계치를 구하려고 하는 변인을 왼쪽에서 마우스로 선택하고 ➡ 단추를 눌러서 오른쪽으로 보낸다. 여기에서는 「연령」 변인의 기술통계치만을 원하기 때문에 「age」 변인을 선택하여 아래 그림과 같이 「집단변수」 영역으로 보낸다(독립변인 설정). 기술통계치를 얻으려는 변인은 읽기점수(point) 변인이므로 「point」 변인을 선택하여 아래 그림과 같이 「변수」 영역으로 보낸다(종속변인 설정). 이제 두 개 변인의 설정은 끝났다. 원하는 기술통계치들을 선정해 줄 차례이다. 원하는 기술통계치들을 설정하기 위해서 아래 그림에서 원 안의 "통계량" 단추를 누른다.

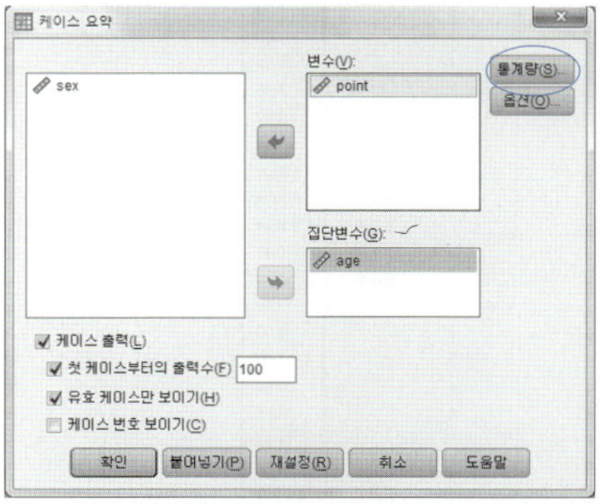

③ "통계량" 단추를 누르면 아래 그림과 같은 「요약보고서: 통계량」 대화상자가 나타나는데 여기에서 원하는 기술통계치들을 선택한다. 여기에서는 아래 그림과

같이 케이스 수(사례 수; Count), 평균(Mean), 중위수(중앙치; Median), 표준편차(Std Deviation), 최소값(Minimum), 최대값(Maximum) 등을 선택하였다. 다 선택하고 "계속" 단추를 누른다.

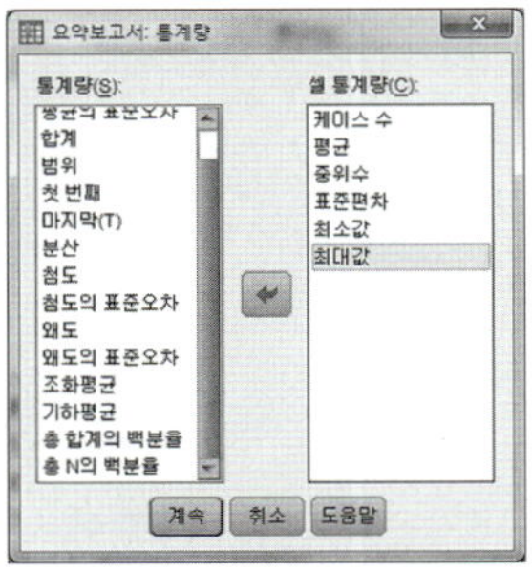

④ 그런 다음 「케이스 요약」 대화상자에서 "확인" 단추를 누른다. 그러면 다음과 같은 분석 결과가 출력 결과(SPSS Viewer) 창에 나타난다.

케이스 처리 요약[a]

	케이스					
	포함		제외		합계	
	N	퍼센트	N	퍼센트	N	퍼센트
point * age	18	100.0%	0	.0%	18	100.0%

a. 처음 100 케이스로 제한됨.

케이스 요약[a]

				point
age	3.00	1		7.00
		2		7.00
		3		9.00
		4		6.00
		5		7.00
		6		9.00
		합계	N	6
			평균	7.5000
			중위수	7.0000
			표준편차	1.22474
			최소값	6.00
			최대값	9.00
	4.00	1		8.00
		2		7.00
		3		7.00
		4		9.00
		5		12.00
		6		11.00
		합계	N	6
			평균	9.0000
			중위수	8.5000
			표준편차	2.09762
			최소값	7.00
			최대값	12.00

결과표에서 각 연령에 따른 기술통계치들이 제시되어 있는 것을 볼 수 있다. 여기에서는 3세, 4세의 사례 수, 평균, 중앙치, 표준편차, 최소값, 최대값 등이 제시되어 있다.

○ 분석 과정– 변인이 두 개인 경우

두 개의 변인이 교차할 경우의 기술통계치 분석은 두 개의 변인을 지정해 주는 과정만 차이가 있을 뿐 변인이 한 개인 경우와 다를 바 없다.

변인이 한 개인 경우와 마찬가지로 원점수를 데이터 윈도우에 직접 입력하거나 예제 데이터의 「book52.sav」 파일을 불러온다.

① 케이스 요약 분석을 수행하기 위해서 메뉴 상에서 앞에서와 같이 〈분석〉-〈보고서〉-〈케이스 요약〉을 선택한다.

② 그러면 아래 그림과 같은 「케이스 요약」 대화상자가 열린다. 「age」 변인을 선택하여 아래 그림과 같이 「집단변수」 영역으로 보낸다(독립변인 1 설정). 「sex」 변인을 선택하여 다시 「집단변수」 영역으로 보낸다(독립변인 2 설정). 기술통계치를 얻으려는 변인은 읽기점수(point) 변인이므로 「point」 변인을 선택하여 아래 그림과 같이 「변수」 영역으로 보낸다(종속변인 설정).

그 다음 원하는 기술통계치들을 설정하기 위해서 아래 그림에서 원 안의 "통계량" 단추를 누른다.

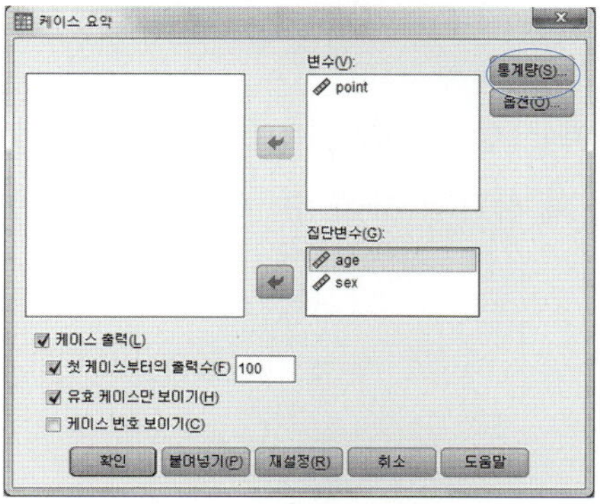

③ "통계량" 단추를 누르면 「요약보고서: 통계량」 대화상자가 나타나는데, 여기에서 변인이 한 개인 경우와 마찬가지로 케이스 수(사례 수; Count), 평균(Mean), 중위수(중앙치; Median), 표준편차(Std Deviation), 최소값(Minimum), 최대값

(Maximum) 등을 선택하고 "계속" 단추를 누른다.

④ 그런 다음 「케이스 요약」 대화상자에서 "확인" 단추를 누른다. 그러면 다음과 같은 분석 결과가 출력 결과(SPSS Viewer) 창에 나타난다.

케이스 처리 요약[a]

	케이스					
	포함		제외		합계	
	N	퍼센트	N	퍼센트	N	퍼센트
point * age * sex	18	100.0%	0	.0%	18	100.0%

a. 처음 100 케이스로 제한됨.

케이스 요약[a]

						point
age	3.00	sex	1.00	1		7.00
				2		7.00
				3		9.00
				합계	N	3
					평균	7.6667
					중위수	7.0000
					표준편차	1.15470
					최소값	7.00
					최대값	9.00
			2.00	1		6.00
				2		7.00
				3		9.00
				합계	N	3
					평균	7.3333
					중위수	7.0000
					표준편차	1.52753
					최소값	6.00
					최대값	9.00
			합계	N		6
				평균		7.5000
				중위수		7.0000
				표준편차		1.22474
				최소값		6.00
				최대값		9.00

결과표에서 각 연령에 따른 성별 기술통계치들이 제시되어 있는 것을 볼 수 있다. 여기에서는 3세의 경우 남, 녀 각각의 사례 수, 평균, 중앙치, 표준편차, 최소값, 최대값 등이 제시되어 있다.

제 5 장

추리통계 절차와 t검증

여기에서부터는 전집(全集)으로부터 추출된 표본에 의하여 전집을 추정할 때 사용하는 추리통계를 다룬다. 본 장에서는 먼저 이러한 추리통계에서의 검증 절차와 t검증을 다룬다.

t검증이란 표본의 평균과 모집단의 평균을 비교하여 표본이 모집단을 대표할 수 있는지, 혹은 표본이 모집단과 통계적으로 유의미한 차이를 보이는지를 검증하는 것이다. 많은 연구들이 실험집단과 통제집단의 평균을 비교하여 두 집단의 차이를 비교하여 그 차이가 통계적으로 유의미한지 여부를 검증하고 있다. 본 장에서는 SPSS 18.0 프로그램을 이용하여 t검증 사용 방법을 익힌다.

1. 추리통계와 가설검증

1) 추리통계

통계 방법은 크게 기술통계(記述統計, descriptive statistics)와 추리통계(推理統計, inferential statistics) 두 가지 방법으로 구분된다. 기술통계는 한 집단의 특성을 수리적으로 요약, 기술해 주는 방법이다. 즉, 기술통계는 연구자가 관찰 혹은 수집한 자료를 쉽고 편리하게 서술하는 통계로 관찰된 대상이나 수집된 자료로 대상의 속성을 설명하는 데 그치는 통계라고 할 수 있다. 이 분류에 속하는 통계치(統計値)는 집중경향치, 변산도, 상관계수 등이 있다.

추리통계는 전집(全集)으로부터 추출된 표본에 의하여 전집의 특성을 추정하는 통계적 방법이다. 다시 말하면 전집(모집단)을 대표하는 표본에서 얻은 통계치(전집의 추정치)에 의해 전집의 모수치를 추정하는 통계이다. 그러기 위해서 물론 표본은 전집을 잘 대표하도록 표집되어야 한다.

알지 못하는 전집(모집단)의 속성을 알기 위하여 표본에서 얻은 통계치(전집의 추정치)로 전집의 속성을 유추하여 결론을 유도할 때 판정의 오류가 발생하기 마련이다. 이와 같이 확실치 않은 사실에 대하여 판단을 할 때는 확률에 의하여 의사결정을 하는 것이 타당하다. 이때 앞에서 설명한(제1장에서) 유의도 수준(α)만큼의 확률은 잘못 결정을 내릴 각오를 한 상태에서 표본에서 얻은 통계치로 전집치를 추정하게 된다. 이 분류에 속하는 통계 방법은 가설검증(假說檢證) 방법을 사용하며 본 장부터 다루게 될 t 검증이나 F검증 등이 있다.

기술통계와 추리통계는 어느 정도의 차이가 있는 것은 분명하지만 그 차이가 확연하다고는 말할 수 없다. 둘 다 기술적(記述的)인 과정은 필수적으로 포함된다. 기술통계뿐 아니라 추리통계에서도 표본집단에서 측정치(測定値)를 산출해 내는 것은 필수적인 과정이다. 추리통계는 다만 전집으로부터 표집된 표본으로부터 전집을 추정하는 부가적인 기능을 가지고 있다는 점에서 차이를 보인다.

이 책에서도 기술통계와 추리통계로 구분하여 통계 검증들에 대하여 기술하는데 제

5장부터는 추리통계 부분을 다룬다.

2) 가설검증

추리통계는 알지 못하는 전집(모집단)의 속성을 추정하기 위하여 전집을 대표하는 표본을 추출하여 표본의 속성을 가지고 모집단의 속성을 추정하여 확률적으로 의사를 결정하는 방법이라 언급하였다. 그렇다면 확실히 밝혀지지 않은 사실(가설)을 설정하여 그것이 참인지 거짓인지를 판단하는 절차가 필요할 것이다. 이럴 때 사용되는 통계적 가설 검증의 기본 절차는 아래와 같다.

(1) 이론적 연구를 모색한다.

이론적 배경에 대한 탐구는 연구를 유도하기 위한 매우 중요한 부분으로 영가설, 대립가설의 설정은 물론 유의도 수준의 설정, 표본의 크기, 올바른 통계 방법의 선택 등에 대한 기초적인 정보를 제공하여 준다. 모든 연구에서 이론적 연구를 등한시하였을 경우에는 연구의 내적 타당도는 물론 외적 타당도도 상실할 가능성이 크다.

(2) 이론적 연구를 바탕으로 영가설과 대립가설을 설정한다.

유아교육 분야를 비롯한 대부분의 연구는 조사나 실험의 지침이 되는 연구가설로부터 출발한다. 가설(假說, hypothesis)이 설정된 후에는 이러한 가설을 검증(檢證, testing)하기 위해서 연구가 설계된다. 연구에서 모아진 데이터를 가지고 연구자는 그러한 가설이 지지될 것인지 거부될 것인지를 결정할 수 있게 된다.

일반적으로 현상을 설명하고 연구에 포함된 변인 사이의 관계나 차이에 관한 예견을 하기 위해서 두 가지 가설을 사용한다. 이러한 두 가지 가설은 영가설과 대립가설이다. 영가설(null hypothesis, H_0으로 표시한다)은 변인들 사이에 관계가 없거나 차이가 없다고 예견한다. 예를 들면, 영가설은 처치의 결과로서 통제집단과 실험집단 사이에 차이가 없다고 예견할 수 있다. 이러한 것을 우연에 의하여 나타날 수 있는 것 이상으로는 의의 있는 차이가 없다고 표현한다. 또 영가설은 두 가지 변인이(예를 들면, IQ와 읽기 이해도) 서로 관계가 없다고 진술할 수도 있다. 대부분의 경우에 있어서는 영가설(통계가설이라고도 부른다)이 표면적으로 형식을 갖추어 진술되지는 않지만 항상 적용된다.

대립가설(alternative hypothesis, H_A로 표시한다)은 영가설의 반대되는 사실로 연구자가 주장하고자 하는 가설이며 연구가설(research hypothesis)이라고도 한다. 연구 설계에 방향성을 부가하며 조사나 실험의 지침이 된다. 대립가설은 변인들 사이에 어떤 관계나 차이가 존재한다고 예견한다. 예를 들면, 대립가설은 새로운 읽기 방법을 사용한 집단의 학생들이 기존의 전통적인 읽기 방법을 사용한 집단의 학생들에 비교하여 학년 말 읽기 검사에서 의의 있게 더 높은 점수를 얻을 것이라고 예견할 수 있다. 또 대립가설은 IQ와 읽기 이해도 사이에 긍정적인 상관관계가 있다고 진술할 수 있다.

이러한 가설은 전집치(모수치)에 대한 서술이어야 하며, 수치에 의하여 표현되는 통계적 가설로 표기하여야 한다.

(3) 유의도 수준과 대상자 수를 결정한다.

확실치 않은 사실에 대하여 판단을 할 때는 확률에 의하여 의사결정을 하는 것이 타당하다고 하였는데, 여기에서 결정한 유의도 수준(α)만큼의 확률은 잘못 결정을 내릴 각오를 한 상태에서 표본에서 얻은 통계치로 전집치를 추정하게 된다. 이러한 결정은 잘못 결정을 내렸을 경우의 심각성 정도를 고려하여 결정하여야 한다. 또 실험연구에서는 실험 대상자 수를 정하여야 하고 사회조사 방법에서는 조사 대상자 수인 표본의 크기를 설정하여야 한다.

(4) 올바른 통계 방법을 선택한다.

우선 연구 목적을 달성할 수 있는(연구가설을 검증할 수 있는) 통계 방법을 선택하는 것이 중요하다. 또 각각의 통계 방법을 사용하기 위해서 필요한 기본 가정을 충족하고 있는지를 확인한 후에 그 가정을 충족하는 통계 방법을 선택하여야 한다.

(5) 통계 방법에 의하여 통계 값을 계산한다.

선택된 통계 방법에 의하여 통계 값을 계산한다. 통계 값을 계산하는 일반적인 기본 개념은 유사하지만 통계 방법에 따라 계산 방법에 다소 차이가 있으니 주의하여야 한다.

최근에는 SPSS 등의 프로그램을 사용하여 통계 값을 계산하는 경우가 많은데, 이러한 경우에는 각 통계 방법의 전제 조건이나 '옵션' 등에 유의하여 통계 값을 산출하고 제시해야 한다.

(6) 영가설 기각 여부를 밝힌다.

유의도 수준(significance level)에 따라 기준값을 찾아서 앞에서 계산한 통계치와 비교하여 영가설 기각 여부를 밝혀야 한다.

연구를 통하여 나온 통계처리 결과는 영가설을 받아들일지 혹은 거부할지를 결정하기 위하여 사용된다. 일단 이러한 결정을 하고 나면 대립가설(연구가설)을 받아들일지를 결정할 수 있게 된다. 영가설을 거부하면 대립가설을 받아들이게 되는 것이다. SPSS 프로그램을 사용할 경우에는 p값(확률 값, 유의도 값)이 결과표에 제시되므로 기준값 없이도 영가설 기각(연구가설의 채택) 여부의 판단이 가능하다.

(7) 결론과 해석을 한다.

결론과 해석을 한다. 통계적인 결론(영가설 기각 여부)에 이어 자신의 연구가설과 결부하여 결론을 내리고 해석을 해주어야 한다.

특히 자신이 내린 통계적 결정이 100% 확실한 것이 아니라 확률에 의하여 행해진 것이라는 점이 언급되어야 한다. 연구자는 어떤 것도 100% 보장할 수 없다. 다만 표집오차에 의하여 이러한 결과를 얻을 확률을 기술할 수 있을 뿐이다. 예를 들면, 연구자는 t검증이라고 부르는 통계 절차를 사용하여 통제집단과 실험집단 사이의 평균을 비교하려고 할 수 있다. 영가설은 두 평균의 차이가 0이라는 진술이다. 통계 결과에 의하여 연구자는 다음과 같은 두 가지 다른 결론을 내릴 수 있다.

① 두 평균의 차이가 우연에 의한 것만으로 보기에는 너무 크다. 두 평균은 같은 전

집에서 나오지 않은 것으로 추측한다.

② 두 평균의 차이가 의의 있게 0보다 크지 않다. 두 평균은 같은 전집에서 나온 것으로 추측한다. 우리가 두 평균 사이의 차이를 지각할 수 있다 할지라도 그것은 실험 처치에 기인한 어떤 체계적인 차이가 아니라 표집오차에 기인한 것이다.

연구가설은 연구의 시작 부분에 제시되지만 통계적 검증과 결과 해석은 영가설에 관한 결정으로 시작된다.

전통적 결과 해석 방법은 다음과 같다.

일단 표본의 통계치를 계산하고 나면 나온 통계치를 적절한 기준값(critical value)과 비교하게 되는데, 기준값은 해당 통계표(주로 전통적 통계책의 부록에 제시된다)로부터 얻을 수 있다. 계산 결과 얻은 통계치가 기준값보다 크면 영가설을 거부하게 된다. 영가설을 거부한다는 것은 우연만에 의하여 이러한 통계치를 얻을 확률이 매우 낮다는(예를 들면, 5%나 1%) 것을 의미한다. 예견된 대립가설(H_A)에 따라서 변인들 간에 관계가 있다고 결론을 내린다. 영가설을 받아들인다는 것은 이러한 결과가 표집오차에 기인한 것일 수 있으며 우연만에 의하여 일어날 수 있는 확률이 5%를 넘는다는 것을 의미한다.

대부분의 통계 검증들에 있어서 5% 확률수준(p가 .05)이라는 것은 결과가 통계적으로 의의 있는지, 통계적으로 의의 없는지를 결정하는 경계선으로 사용된다. p값(p level, 확률값)은 영가설이 진(眞)인데도 불구하고 영가설을 거부할 확률을 나타낸다. 영가설을 잘못 거부할 확률이 p값인 것이다. 통계처리에 의하여 확률수준(p값)이 5% 이하로 나온다면($p \leq .05$) 결과가 의의 있다고 보고된다. 확률수준(p값)이 5%보다 크게 나온다면($p > .05$) 결과가 의의 없다고 보고하고 실제 p값은 보고하지 않는다.

SPSS와 같은 통계 프로그램을 사용했을 경우의 결과 해석 방법은 SPSS 통계처리 결과표에 제시된 p값을 사용하여 이와 같이 결정하게 된다. 이럴 경우 전통적 결과 해석 방법에서의 통계표 확인 과정은 불필요한 과정이 된다.

의의도 수준(유의도 수준; significant level)은 연구의 시작 부분에 제시되는데 그리스 문자 α로 나타낸다. 일반적으로 교육연구에서는 α로 .05를 사용하는 것이 일반적이다. 하지만 연구자가 영가설을 거부하는 결정에 대한 신뢰도 수준을 높이기 위해서

.01의 α값을 사용할 수도 있다.

2. t검증

1) t분포

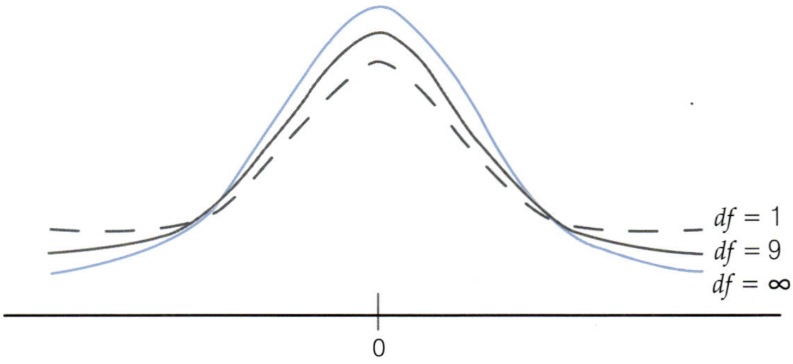

그림 5-1 t분포

[그림 5-1] t분포의 굵은 곡선은 누구나 몇 번씩은 보아 이미 익숙한 정규분포 곡선이다. 또한 z검증에 사용되는 곡선이기도 하다. 그렇지만 실제 연구에서 z검증을 사용할 수 있는 일은 그리 많지 않다. 그럼에도 불구하고 우리가 사용하는 통계적 기법들을 이해하는 데 있어 이 정규분포에 대한 이해는 아무리 강조해도 지나침이 없다. z분포 곡선을 다시 거론하며 확인하고자 하는 것은 흔히들 범하는 오류를 지적하고 싶어서이다. 수표에는 두 가지의 수가 나온다. 0보다 크고 1보다 작은 많은 수와 일정한 간격으로 크기를 더해 가는 수가 나온다. 위의 그래프와 관련해 생각해 보면 일정한 간격으로 커 가는 옆에 자처럼 늘어서 있는 수들은 수평선상의 값, 즉 z값이라고도 하고, x/σ라고도 하는 값으로 그래프상의 중앙이 0이다. 1보다 작고 0보다 큰 수들은 z분포 곡선 전체의 적분값을 1로 보았을 때 왼편의 일정한 간격의 수를 수평선에 대입했을 때 곡선 아래 좌우를 가르는 면적을 소수로 나타낸 것이다. 그럼 이 면적과 수평선상의 값은 무엇을 의미하는가? 면적은 바로 모집단을 의미한다. 그리고 수평선상의 값은 중

앙에서 얼마나 멀리 떨어져 있는지를 나타낸다. t분포도 마찬가지이다. 그러나 t분포는 사례 수가 적을 경우, 즉 자유도가 낮을 경우엔 중앙이 낮고 양단이 높아지게 된다.

모든 t분포는 좌우 대칭이며, 꼭지가 하나이고, 평균이 0이다. 이런 점들은 z분포와 유사하나 z분포는 변량이 1인 반면 t분포는 변량이 1보다 크다. 그러나 자유도가 커지면(사례 수가 많아지면) z점수의 변량인 1에 가까워진다. 그래서 자유도가 30 이상이 되면 z분포에 근접하게 되고 자유도가 무한인 경우 t분포는 z분포가 된다. 자유도가 낮은 t분포는 중앙은 비교적 평평해 낮고, 꼬리 부분은 완만해 상대적으로 높다.

2) t검증의 가설검증

z검증과 마찬가지로 t검증에서도 영가설과 대립가설을 수립하는데 연구자들은 흔히 영가설을 부정하여 대립가설을 채택하는 것을 목적으로 삼아 대립가설을 연구가설이라고 부르기도 한다. 예를 들어, 1부터 100까지의 숫자가 적힌 100개의 구슬이 든 상자가 있다고 할 때 이 상자에서 하나의 구슬을 꺼낼 경우의 확률을 생각해 보자. 각각의 구슬은 1/100의 뽑힐 수 있는 확률을 가진다. 이 중 특정한 구슬 5개, 예를 들면 1부터 5까지의 숫자가 적힌 구슬이 우연히 뽑힐 확률은 5%에 불과하다. 결국 어떤 사람이 이 상자에서 구슬을 하나 꺼냈을 때 만일 미리 정한 5개의 구슬을 꺼냈다면 이 사람은 대단히 운이 좋은 사람이거나, 대부분(95%)은 속임수를 쓴 것이라고 할 수 있다. 다시 t검증으로 돌아오면, 의의도 .05에서 가설검증을 한다는 말은 두 평균의 차이가 5% 이내에 들었다는 말이고, 이 차이가 우연히 발생했을 확률이 5%, 즉 대부분(95%)은 두 평균 중 적어도 하나는 무선화(randomized)된 표집(sampling)의 평균이 아니라는 말이다. 그러므로 의의도 5% 수준에서 영가설($H_0 : \mu_1 = \mu_2$)을 기각할 수 있게 된다.

가설검증은 방향성을 두고 두 가지 검증으로 나눌 수 있다. 하나는 일방검증(one-tailed test) 혹은 단측검증이고 다른 하나는 양방검증(two-tailed test) 혹은 양측검증이다. 양방검증은 연구자가 검증의 결과를 예측하지 못할 때, 즉 결과가 양으로 나올지 음으로 나오게 될지 확신할 수 없을 때 사용하게 된다. 이때의 영가설은 $H_0 : \mu_1 = \mu_2$, 그리고 대립가설은 $H_A : \mu_1 \neq \mu_2$이 된다. 일방검증은 연구의 목적이나 연구자의 관심에 따라 연구자가 특정한 목적을 지향하고 결과를 예측할 수 있을 때 사용한다. 예를 들어, 정부에서 댐공사를 추진하여 댐의 건설을 통해 늘어난 농업용수가 농촌지역의 생산성 향상에 미치는 영향을 조사하려고 댐을 건설하기 전과 댐을 건설한 후의 생산성을 비교하였다고 하자. 댐을 건설해 농산물 생산이 줄어드는 것은 정부가 바라는 일이 아니며 줄어들 것이라고 생각하지 않았을 것이다. 즉, 영가설을 수립할 때 $H_0 : \mu_1 \leqq \mu_2$, 따라서 대립가설은 $H_A : \mu_1 > \mu_2$로 정할 것이다. 여기서 중요한 차이는 검증력의 문제인데 일방검증을 사용할 때는 양방검증을 사용할 때에 비해 동일한 유의도에서 검증하더라도 검증력이 상대적으로 높다는 것이다. 만일 환경단체에서 댐 건설로 인해 지역의 기후 변화를 초래해 특정 농산물 생산은 오히려 줄 수도 있으므로 가설검증을 양방검증으로 해야 한다고 주장한다면 댐 건설의 장점만을 검증할 목적으로 고안된, 댐 건설이 농산물 생산에 긍정적인 영향을 미치는 것을 민감하게 수용할 수 있는 일방검증을 양방검증으로 수정하여 부정적인 영향도 검증해야 하므로 유의도 수준 α는 일방검증 시 검증력 α에서 양방검증 시 $\alpha/2$로 줄어들 것이다.

중점 사항

일방검증이 양방검증에 비하여 통계적 검증력이 높다는 것은 집단 간 차이가 있을 때 t검증 결과 통계적으로 유의미한 차이가 있음을 밝힐 수 있는 힘이 더 강하다는 것을 뜻한다. 잘못 거부할 확률(p값)의 기준값(α수준)이 일방적 검증에서 2배이기 때문에 영가설을 거부하고 통계적인 차이를 밝힐 확률은 그만큼 커지는 것이다. 다만 일반적인 통계처리 과정에서는 양방검증을 더 많이 사용하는데, 통계 프로그램에서는 양방검증을 기본값으로 설정하기 때문이기도 하다.

3) 자유도

t검증에서 자유도(df; degree of freedom)는 표본의 크기에서 1을 뺀 값이다. 자유도는 임의의 표본을 추출할 때 자유롭게 선택될 수 있는 개별 자료의 수를 말하는데 일정한 개수의 표본을 구해 평균을 구했다고 하면 이런 평균을 갖는 표본은 9개의 자유로운 개별 자료를 선택할 수 있으나 마지막 하나는 나머지 9개에 의해 이미 정해진 수가 되고 만다. 때문에 평균뿐 아니라 다른 통계치(예를 들면, 변량)도 사용하는 경우라고 한다면 자유도는 $n-1$이 아니라 $n-2$가 될 수도 있다. 그러나 t검증에서는 집단의

사례 수에서 1을 뺀 값을 자유도로 사용한다.

4) 단일표본 *t*검증

우리는 모집단의 정상분포 가정을 확신할 수 있을 때 모집단에서 단일표본을 추출하여 *t*검증을 할 수 있다. 즉, 모집단의 분포가 편포되어 있지 않고(unbiased) 정상분포에 준하는 수준으로 분포되어 있을 때, 표본의 평균을 모집단의 평균과 비교하여 미리 설정한 유의도 수준(예를 들면 α=.05, α=.01, 등)에서 표본이 전집을 대표할 수 있는지의 여부(표집의 무선성 여부)를 검증할 수 있다.

5) 두 개의 표본 간의 *t*검증

단일표본의 평균과 모평균을 비교하여 차이를 검증하는 경우는 지능검사와 같은 표준화검사(standardized test)를 사용하는 경우를 제외하고는 드물다. 여아가 남아보다 글을 더 빨리 깨우치는가, 혹은 경력이 많은 교사와 경력이 짧은 교사의 교수 방법에는 다른 점이 발견되는가 등의 문제를 이해하기 위해서는 두 개의 표본의 차이를 구할 필요가 있다.

두 개의 표본의 평균을 비교하는 경우는 두 가지로 나눌 수 있다. 하나는 서로 독립적으로 표집하여 표본을 추출한 2개 독립표본의 경우이다. 다른 하나는 종속표집에 의한 두 표본(혹은 한 개 표본의 2개 측정치 간)의 평균을 비교하는 종속표본의 경우이다.

두 독립표본의 평균의 차이를 검증하기 위한 전제 조건을 살펴보면,

① 두 독립표본의 모집단은 모두 정상분포를 가정할 수 있어야 한다.

② 두 독립표본의 모집단은 동일한 변량이 가정되어야 한다(동일한 변량이 가정되지 못하는 경우는 아래에서 다시 다루기로 한다).

③ 두 독립표본은 각각의 모집단으로부터 무선적(random)으로 표집(sampling)된 것이어야 한다.

독립표본 평균의 차이를 검증하기 위해서는 두 표본의 평균은 서로 상관이 없어야(uncorrelated) 한다. 앞서도 지적한 바가 있지만 잘못된 독립표본의 예를 소개하자면, 5세의 남아를 무선적으로 표집하여 얻은 한 표본이 있는데 비교할 집단으로 표집된 남아의 여동생을 표집하였다고 하면 남아의 변화에 따른 여아의 변화는 우리가 연구 주제로 삼는 대부분의 변인에 있어서 서로 상관(correlation)이 있을 것이다. 이는 독립표본이라고 할 수 없는 것이다. 이처럼 표본의 독립성을 강조하는 이유는 두 표본의 분산을 고려할 때 서로 독립적이지 않은 표본이라면, 즉 상관이 있는(correlated) 표본들의 경우엔 두 표본의 분산이 겹치는 만큼의 양을 체계적으로 제거해야 하기 때문이다.

그런데 서로 독립적인 두 표본이라고 할지라도 두 집단의 전집 변량의 동질성 가정을 할 수 없는 경우($\sigma_1^2 \neq \sigma_2^2$)는 동일한 전집에서 표집되었다는 가정을 할 수 없는 경우에 해당한다. 이런 경우에는 전집의 표준편차(σ)를 추정하기 위하여 두 표본에서 얻은 표준편차(s_1, s_2)를 통합하여 통합변량 추정치를 사용할 수 없다. 두 표본에서 얻은 표준편차(s_1, s_2)를 통합하기 위해서는 두 집단의 전집 변량의 동질성 가정을 할 수 있어야 하기 때문이다. 이를 포함한 앞서의 세 가정이 충족되지 않는다면 올바른 검증이 될 수 없다. 때문에 이런 경우엔 통합 표준편차를 사용하지 않는 방법을 사용해 Behrens-Fisher의 분포를 이용한다.

일반적으로 행동과학 영역의 측정치들은 정상분포를 이루는 경우가 대부분이므로 두 집단 간에 동변량성 가정을 할 수 있는 경우가 대부분이다. 따라서 특별한 경우를 제외하고는 전집 변량의 동질성 가정을 할 수 없는 경우의 t검증은 많이 사용되지 않는다.

(1) 동변량성을 가정한 두 표본의 t검증(독립표본 t검증)

독립표본 t검증은 독립적인 두 모집단으로부터 추출된 두 표본에 대한 평균 차이를 검증하는 방법으로 성별에 따른 프로그램의 평균 차이를 구하거나 효과성을 검증하는 경우에 주로 사용되며, 실험집단과 통제집단의 처치의 효과성의 차이 검증에 많이 사용된다. 하지만, 종속변인이 질적 변인일 경우에는 t검증을 사용할 수 없으며, 두 독립표본 t검증은 두 표본 집단의 등분산성을 기본 가정으로 하기 때문에 두 독립표본 t검증 전에 두 집단의 분산이 동일한지(동변량성 가정 충족 여부) 확인해야 한다.

중점 사항

독립표본 t검증은 두 개 집단이 서로 독립적일 경우 두 집단 간에 통계적인 차이가 있는지를 검증한다. 따라서 두 집단 간에 상관이 있거나(종속되어 있거나) 반복 측정의 경우에는 다음에 제시되는 종속표본 t검증을 사용하게 된다. 또, 측정치(종속변인)가 간격척도 이상일 경우 사용하며 명명척도나 서열척도일 경우에는 다른 비모수적 통계 기법을 사용해야 한다. 일반적으로 두 집단의 분산이 동일한지(동변량성 가정 충족 여부)를 검증하기 위해서는 SPSS 결과표에서 Levene 등분산 검증을 통해 확인하게 된다.

(2) 동변량성을 가정한 종속표본 t검증(종속표본 t검증)

두 종속표본 t검증(대응표본 t검증)은 표본의 모집단들이 서로 관계가 있을 때 두 집단의 종속변인에 대한 차이 연구를 위하여 사용한다. 즉, 표집한 두 표본의 자료가 서로 연관이 있는 경우에 해당하는데, 두 집단의 표본이 서로 관계를 가지고 있거나 사전-사후검사와 같이 반복 측정된 경우에 사용될 수 있다. 예를 들어, 새로운 교수법의 효과를 측정하기 위해 새로이 유치원에 입학하는 원아들을 대상으로 인지검사를 실시하였다고 가정하자. 같은, 혹은 비슷한 점수의 아이들을 둘씩 짝을 지어 둘 중 한 유아는 달님반으로, 다른 한 명은 별님반으로 무선적(random)으로 배정하여 일정한 시간이 경과한 후에 두 반의 유아들을 대상으로 성취도검사를 실시하여 두 반의 성취도검사 결과를 비교하였다면 바로 종속표본 간의 차이 검증이 되는 것이다. 또한 유치원에서 신학기에 전체 원아들 중에서 무선적으로 유아들을 뽑아 인지검사를 실시하고 학기 말에 다시 그 유아들을 대상으로 인지검사를 실시하여 사전-사후의 결과를 비교하였다면 이 역시 종속표집의 예가 된다. 두 종속표본 t검증의 원리는 독립표본에서와 동일하나 t값 계산 시 상관계수를 고려하면 된다.

중점 사항

본 절의 예에서 종속표본 t검증(대응표본 t검증)을 실시하게 되는 이유는 비슷한 점수의 아이들을 둘씩 짝을 지어 둘 중 한 유아는 달님반으로, 다른 한 명은 별님반으로 배정하여 짝짓기 표집에 해당되기 때문이다. 이와 유사하게 한 유아의 어머니와 아버지를 둘씩 짝을 지어 어머니는 어머니 집단에 아버지는 아버지 집단에 배정하여 어머니 집단과 아버지 집단 간의 차이를 검증하는 경우도 짝짓기 표집에 해당하기 때문에 대응표본 *t*검증을 실시하여야 할 것이다.

종속표본이라는 의미는 표본 간에 상관이 존재한다는 의미이며, 이는 대표적으로 본 절의 예와 같이 짝짓기 표집 간의 차이 검증이나 사전–사후 점수 간의 차이 검증이 해당된다. 사전–사후 점수 간의 차이 검증이 종속표본 *t*검증에 해당하는 이유는 사전검사 점수와 사후검사 점수는 결국 같은 유아를 대상으로 한 점수이기 때문에 상관이 존재할 수밖에 없기 때문이다.

3. SPSS와 *t*검증

1) 동변량성을 가정한 두 표본의 *t*검증(독립표본 *t*검증)

두 집단의 전집 변량의 동질성 가정을 할 수 있는 경우의 예를 들어 보자.

● 연구의 예

연구자는 유아들의 기억력 증진을 도모하고자 개발한 새로운 기억 책략이 유아들의 기억력 증진에 효과적인지를 연구하고자 하였다. 그래서 20명의 유아들을 새로운 기억 책략인 연상분류 책략을 훈련시킨 집단($n=10$)과 기존의 기억 책략을 훈련시킨 집단($n=10$)으로 나누었다. 훈련 후에 기억력 검사를 한 결과를 입력한 결과가 [그림 5–2]와 같았다. 기존의 기억 책략을 훈련시킨 집단의 대상 유아 한 명은 중간에 탈락하여 분석 대상은 9명이 되었다.

● 분석 과정

① [그림 5–2]는 데이터를 SPSS에 입력한 화면이다. 데이터는 직접 입력하거나 본 책 예제 데이터의 「*t*검증1.sav」 파일을 불러온다.

	책략	기억검사
1	1	21
2	1	18
3	1	14
4	1	20
5	1	11
6	1	19
7	1	8
8	1	12
9	1	13
10	1	15
11	2	12
12	2	14
13	2	10
14	2	8
15	2	16
16	2	5
17	2	3
18	2	9
19	2	11

그림 5–2 SPSS '*t*검증1.sav' 입력 데이터

② [그림 5-3]과 같이 메뉴 상에서 〈분석(A)〉-〈평균비교(M)〉-〈독립표본 T검정(T)〉을 차례로 선택한다. 그러면 [그림 5-4]와 같은 「독립표본 T검정」 대화상자가 나타난다.

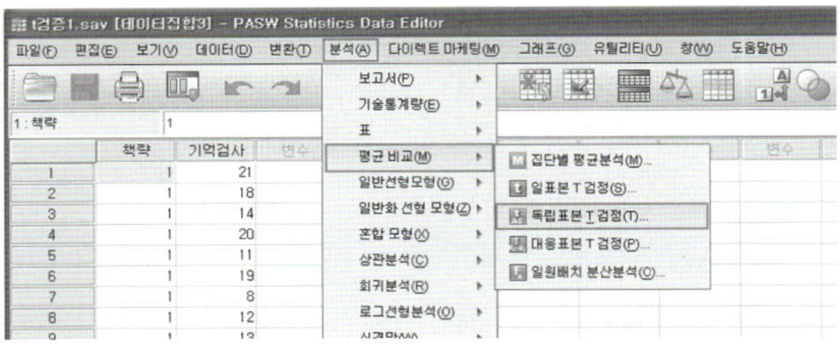

그림 5-3 SPSS에서의 t검정 실행 명령

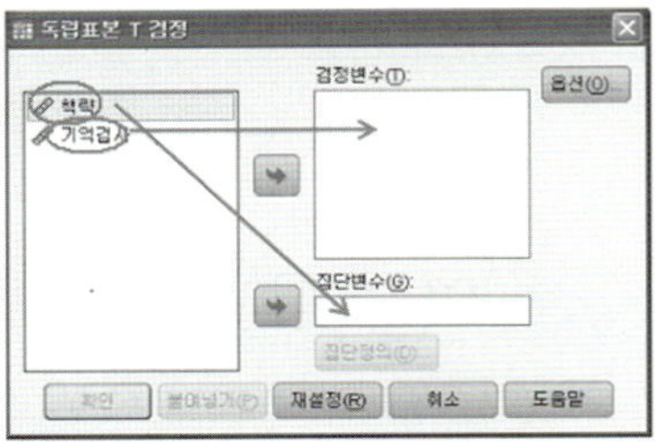

그림 5-4 「독립표본 T검정」 대화상자

③ [그림 5-4]와 같이 검정변수(T) 옆의 단추를 눌러 "기억검사" 변인을 종속변인으로 설정하고 "책략"을 클릭한 후 집단변수(G) 옆의 단추를 누른다.

④ "집단정의(D)" 단추를 누르면 [그림 5-5] 집단 지정(Define Groups)이 나온다. 빈 칸에 1과 2를 넣어 새로운 책략과 기존의 책략을 지정해 주고 "계속" 단추를 누르면 [그림 5-4] 「독립표본 T검정」 대화상자로 돌아온다.

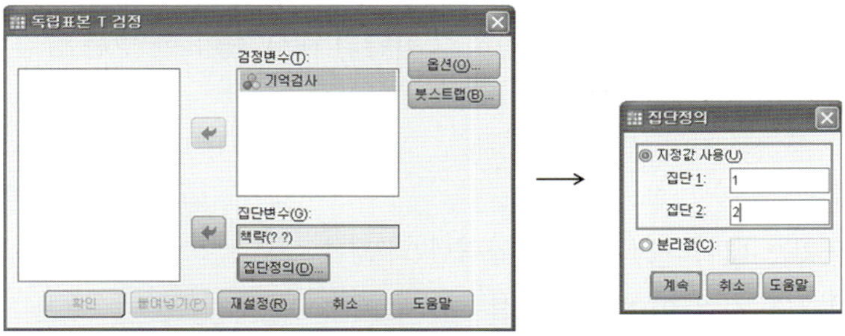

그림 5-5 집단 지정(Define Groups)

☞ 독립표본 *t*검증의 '집단정의'는 다음의 내용을 의미한다.

- 지정값 사용(U)
  - 사용자 정의 기본 설정을 의미하며 집단화된 집단 1과 집단 2의 값을 입력한다.

- 분리점(C)
  - 분리값을 설정하면 분리값으로 설정된 분리점을 기준으로 분리값보다 작은 코드는 한 집단으로 묶여지고 분리값보다 크거나 같은 코드는 또 하나의 집단에 설정된다.

⑤ [그림 5-4] 아래 하단의 "확인" 단추를 누르면 아래와 같은 결과가 나온다.

T-검정

집단통계량

	책략	N	평균	표준편차	평균의 표준오차
기억검사	1	10	15.10	4.280	1.354
	2	9	9.78	4.116	1.372

독립표본 검정

		Levene의 등분산 검정		평균의 동일성에 대한 t-검정						
									차이의 95% 신뢰구간	
		F	유의확률	t	자유도	유의확률 (양쪽)	평균차	차이의 표준오차	하한	상한
기억검사	등분산이 가정됨	.135	.718	2.755	17	.014	5.322	1.932	1.247	9.398
	등분산이 가정되지 않음			2.761	16.911	.013	5.322	1.927	1.254	9.390

결과표 해석

먼저 집단통계량을 보면 집단 1(새로운 기억책략)과 집단 2(기존의 기억책략)의 통계치들이 나오는데 각각의 사례 수는 10과 9로 표시되어 있고, 새로운 기억책략 집단의 평균은 15.10, 기존의 기억책략 집단의 평균은 9.78임을 알 수 있다. '독립표본 검정' 부분을 해석해 보자. 동변량성을 가정할 수 있는 집단이므로 '등분산이 가정됨' 을 해석하는데 *t*값은 2.755가 나왔다. 이는 '(새로운 기억책략 집단의 사례 수−1)+(기존의 기억책략 집단의 사례 수−1)' 의 자유도, 즉 17의 자유도를 갖는 *t*분포를 통해 유의확률 .014의 수준임을 알 수 있다. 또한 집단 1과 집단 2의 평균의 차이는 5.32임을 보여주고 있는데 이를 차의 표준오차인 1.93으로 나누어 준 값이 *t*값이다. 또한 95% 신뢰구간의 하한선이 1.25, 상한선이 9.40이므로 이 구간은 0을 포함하고 있지 않으며 평균의 차이를 포함하고 있으므로 95% 신뢰구간에서 대립가설을 수용하고 영가설을 기각할 수 있음을 의미하는 것이다.

중점 사항

동변량성 가정(등분산 가정) 유무는 통계 결과표의 'Levene의 등분산검정' 부분을 보면 알 수 있다. Levene의 등분산검정 부분의 유의확률이 '.718'로 .05 유의도 수준에서 '모집단의 등분산이 가정된다'는 영가설을 거부하지 못하고 받아들이게 된다. 따라서 통계적으로 동변량성을 가정할 수 있는 집단이므로 동변량성을 가정한 두 표본의 *t*검증(독립표본 *t*검증)을 수행할 수 있는 근거가 되는 것이다.

2) 동변량성을 가정할 수 없는 두 표본의 *t*검증(독립표본 *t*검증)

- 연구의 예(동변량성 가정하지 못하는 경우)

연구자는 쥐가 미로학습에 성공했을 때 주는 먹이 보상 유형이 미로학습에 성공하는 횟수에 영향을 미치는지를 조사하기 위하여 실험을 설계하고 수행하였다. 즉, 먹이 보상 유형에 따라 미로를 통과하는 데 걸린 시간에 차이가 있는지를 조사하였다. 4마리는 쥐들이 특별히 좋아하는 것들로 만든 특수먹이를 보상으로 주었고 8마리는 보통 쥐들이 먹는 일반먹이를 보상으로 주었다. 이때 쥐들이 미로를 통과하는 데 걸린 시간을 초로 환산하여 SPSS에 입력하였으며 [그림 5-6]이 입력된 '*t*검증2.sav' 데이터이다.

	먹이집단	학습수행
1	1	32
2	1	38
3	1	27
4	1	45
5	2	118
6	2	78
7	2	82
8	2	91
9	2	67
10	2	41
11	2	97
12	2	42

그림 5-6 SPSS에 입력된 '*t*검증2.sav' 데이터

- 분석 과정

① [그림 5-6] SPSS의 '*t*검증2' 데이터를 보고 SPSS에 직접 입력하거나 예제 데이터의 「*t*검증2.sav」 파일을 불러온다.

② 메뉴 상에서 〈분석(A)〉-〈평균비교(M)〉-〈독립표본 T검정(T)〉을 차례로 선택한다. 그러면 [그림 5-7]과 같은 「독립표본 T검정」 대화상자가 나타난다.

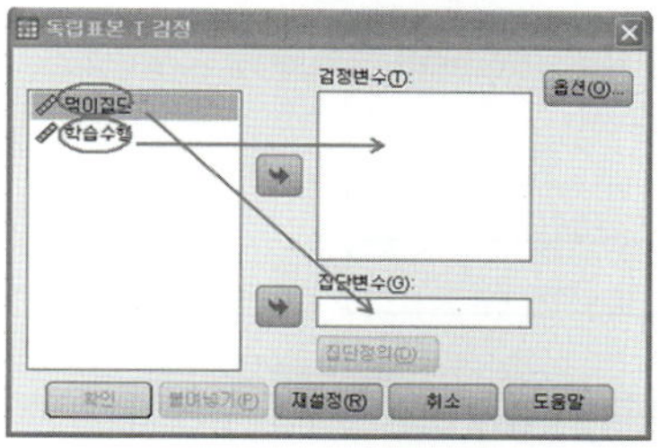

그림 5-7 「독립표본 T검정」 대화상자

③ [그림 5-7]과 같이 "집단변수" 왼편의 단추를 눌러 "먹이집단" 변인을 독립변인으로 삼고, 아래 집단정의(D) 단추를 누르면 [그림 5-8] 집단 지정(Define Groups)이 나온다.

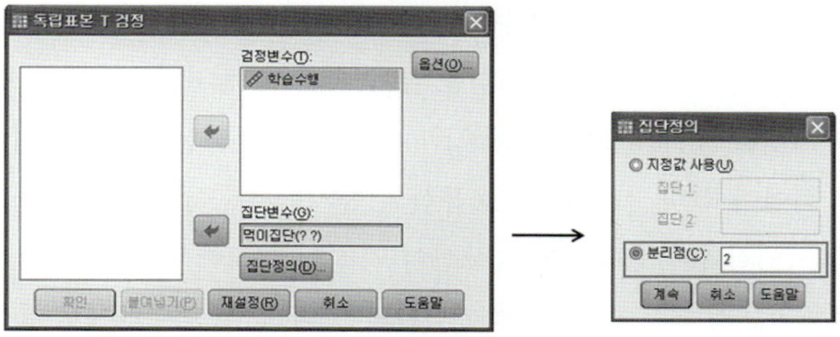

그림 5-8 집단 지정(Define Groups)

④ 빈칸에 1과 2를 넣어 특수먹이 집단과 일반먹이 집단을 지정해 줄 수도 있지만 연속변인일 경우 사용하는 "분리점"을 이용해 보도록 하자. "분리점"을 마우스로 클릭한 후 2를 넣는다. 이 "분리점"은 크거나 같은 집단과 작은 집단으로 집단을 분류해 주는데 먹이집단은 1과 2로 나뉘어 있으므로 1〈 2, 2≧2 두 집단으로 나뉘게 된다. 아래 하단의 "계속" 단추를 누르면 [그림 5-7] 「독립표본 T검정」 대화상자로 돌아온다.

⑤ "학습수행" 변인을 클릭하고 검정변수(T) 왼편의 단추를 눌러 종속변인을 입력하고 아래 하단의 "확인" 단추를 누르면 아래와 같은 결과가 나온다.

T-검정

집단통계량

	먹이집단	N	평균	표준편차	평균의 표준오차
학습수행	>= 2	8	77.00	26.522	9.377
	< 2	4	35.50	7.767	3.884

독립표본 검정

		Levene의 등분산 검정		평균의 동일성에 대한 t-검정						
									차이의 95% 신뢰구간	
		F	유의확률	t	자유도	유의확률 (양쪽)	평균차	차이의 표준오차	하한	상한
학습수행	등분산이 가정됨	3.222	.103	2.999	10	.013	41.500	13.836	10.671	72.329
	등분산이 가정되지 않음			4.089	8.990	.003	41.500	10.149	18.536	64.464

○ 결과표 해석

집단통계량을 보면 일반먹이를 보상한 집단(≥2)은 사례 수 8, 미로 통과에 걸린 평균 시간은 77초임을 알 수 있고, 특수먹이를 보상으로 사용한 집단(〈 2)은 사례 수 4, 미로 통과에 걸린 평균 시간은 35.5초임을 알 수 있다. 독립표본 T검정을 보면 두 집단의 동질성을 가정할 수 없다고 판단됨으로 아래쪽의 '등분산이 가정되지 않음' 의 값을 기준으로 삼아야 한다. Levene의 등분산 검증의 결과는 p값이 .103으로 영가설을 기각하지 못하는 결과가 산출되어 등분산이 가정된다고 해석될 수 있다. 하지만 .05 수준에 근접한 p값과 더불어 본 연구의 집단별 사례 수가 각각 8, 4로 등분산 가정을 유보하는 것이 합리적인 판단이다.

t값은 4.089, 자유도는 8.990, 유의도는 .003, 평균의 차는 41.50임을 알 수 있다. 여기서 평균의 차 41.50을 차의 표준오차인 10.15로 나누어 준 값이 t값이다. 95%의 신뢰구간이 하한 18.54와 상한 64.46이 0을 포함하지 않으며 평균의 차 41.50을 포함하고 있어 영가설을 기각할 수 있음을 보여준다.

3) 동변량성을 가정한 종속표본 *t*검증(대응표본 *t*검증)

○ 연구의 예

연구자는 유아의 정서인식 향상을 위해 동화책을 활용한 이야기 꾸미기 활동을 만 5세 유아 40명을 대상으로 6주 동안 적용하였다. 동화책을 활용한 이야기 꾸미기 활동을 적용하기 전후 유아들의 정서인식 점수에 차이가 있는지를 알아보기 위해 데이터를 입력한 결과는 [그림 5-9]와 같다.

	연번	사전정서인식	사후정서인식
1	1.00	2.23	3.23
2	2.00	3.39	4.26
3	3.00	3.52	4.32
4	4.00	3.16	4.26
5	5.00	2.77	3.81
6	6.00	3.35	4.29
7	7.00	3.23	4.03
8	8.00	3.13	3.87
9	9.00	3.55	4.61
10	10.00	3.81	4.58
11	11.00	3.52	4.42

그림 5-9 SPSS 대응표본 *t*검증 입력 데이터

○ 분석 과정

① [그림 5-9] 대응표본 *t*검증 데이터를 보고 SPSS에 직접 입력하거나 예제 데이터의 「대응표본 *t*검증.sav」 파일을 불러온다.

② 메뉴 상에서 〈분석(A)〉-〈평균비교(M)〉-〈대응표본 T검정(T)〉을 차례로 선택한다. 그러면 [그림 5-11]과 같은 「대응표본 T검정」 대화상자가 나타난다.

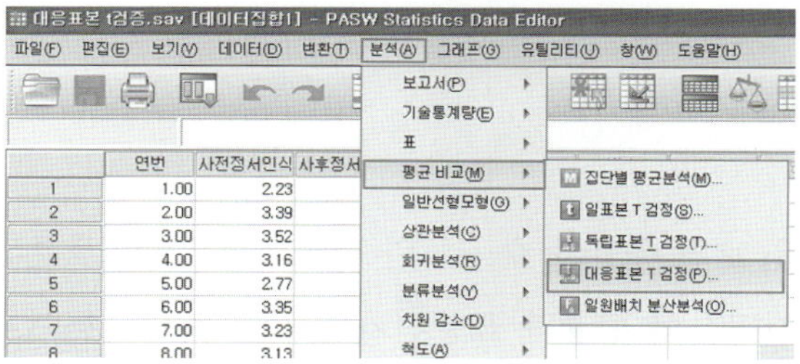

그림 5-10 SPSS 대응표본 *t*검증 실행 명령

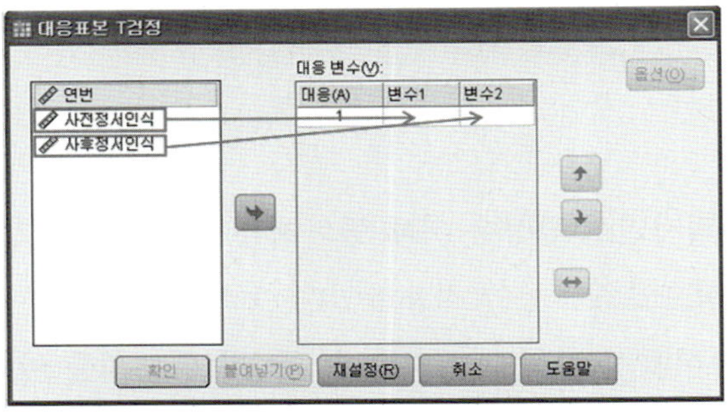

그림 5-11 「대응표본 T검정」 대화상자

③ "집단변수" 왼편의 단추를 눌러 "사전정서인식" 변인을 '변수 1' 변인으로 삼고, "사후정서인식" 변인을 '변수 2' 변인으로 지정한 후 "확인"을 누르면 아래와 같은 결과가 나온다.

T-검정

대응표본 통계량

		평균	N	표준편차	평균의 표준오차
대응 1	사전정서인식	3.2968	20	.36067	.08065
	사후정서인식	4.2113	20	.32688	.07309

대응표본 상관계수

		N	상관계수	유의확률
대응 1	사전정서인식 & 사후정서인식	20	.949	.000

대응표본 검정

		대응차					t	자유도	유의확률 (양쪽)
					차이의 95% 신뢰구간				
		평균	표준편차	평균의 표준오차	하한	상한			
대응 1	사전정서인식 - 사후정서인식	-.91452	.11526	.02577	-.96846	-.86057	-35.485	19	.000

○ 결과표 해석

대응표본 통계량을 보면 응답자 수, 두 변수에 대한 평균, 표준편차, 표준오차의 값이 나타나 있다. 사전점수의 평균과 표준편차는 각각 3.30, .36이고, 사후점수의 평균과 표준편차는 각각 4.21, .33으로 나타났다.

사전정서인식 점수와 사후정서인식 점수의 상관계수는 .95로 유의수준 .05에서 유의미한 상관이 있다고 볼 수 있으며, '대응표본 검정' 부분에서 계산된 t통계값을 살펴보면 사전정서인식 점수보다 사후정서인식 점수가 높아 음수로 제시되는 것을 알 수 있다.

사전정서인식과 사후정서인식 점수의 차이에 대한 통계적 유의성을 검증한 결과 t통계값은 −35.49, 유의확률 p값은 .000으로서 동화책을 활용한 이야기 꾸미기 활동에 의한 유아들의 사전과 사후 정서인식에 있어 유의수준 .05 수준에서 통계적으로 유의미한 차이가 있음을 보여준다.

제 6 장

일원변량분석과 반복측정 변량분석

우리는 앞에서 표본의 비교를 통해 가설을 검증하는 t검증에 대하여 알아보았다. 본 장에서는 표본의 변량을 비교하여 독립변인이 종속변인에 미치는 영향을 검증할 수 있는 일원변량분석에 대하여 기술하고 있다. t검증은 두 개의 평균을 비교하였지만 변량분석은 독립변인에 의한 종속변인의 변화를 집단의 수에 구애되지 않고 분석할 수 있는 장점을 갖고 있다. 여기서는 독립변인이 하나인 일원변량분석에 대해서 다루기로 하고 독립변인이 둘인 이원변량분석은 8장에서 다루기로 한다. 또, 부가적으로 독립변인이 한 개인 반복측정 분석(one-way repeated measure)을 다루기로 한다. 일원변량분석은 독립표본 t검증의 확장이라고 한다면, 일원 반복측정분석은 종속표본 t검증(대응표본 t검증)의 확장이라고 할 수 있다.

1. 일원변량분석

앞에서 우리는 두 집단의 평균을 비교해 보았다. 그러나 비교할 집단이 셋 이상일 경우 t검증을 사용하게 되면 각 집단을 모두 둘씩 쌍을 만들어 각기 독립적으로 비교해 보아야 한다. 그러므로 번거로울 뿐 아니라 오차율이 높아지는 통계적 제한이 따르게 된다. 변량분석(ANOVA, analysis of variance)은 각 집단 내의 변량과 집단 간의 변량의 차이를 비교하는 개념이며 t검증에서의 평균의 비교를 대신한다. 이 장에서는 단순변량분석, 즉 독립변인이 하나인 일원변량분석을 중심으로 살펴보기로 한다.

1) 일원변량분석의 가설검증

일원변량분석은 하나의 독립변인에 따른 하나의 종속변인의 변화를 밝힌 것이다. 종속변인의 범주가 k개로 나뉜다고 할 때 이를 t검증으로 비교한다면 그때의 영가설은

$$H_0;\ \mu_1=\mu_2,\ \mu_1=\mu_3,\ \mu_1=\mu_4,\ \cdots\cdots,\ \mu_{k-1}=\mu_i$$

이다. 이렇듯 독립된 여러 영가설을 검증해야 한다(실제 검증할 개수는 ${}_kC_2$개이다).

반면 일원변량분석의 영가설은

$$H_0;\ \mu_1=\mu_2=\mu_3=\mu_4=\ \cdots\cdots\ \mu_k$$

이다. 때문에 변량분석은 t검증에 비해 다음의 3가지 장점을 지니고 있다.

① (여러 개의 분리된 t검증에 비해) 제1종 오류를 줄일 수 있다.
② 검증력이 높다. 즉, 영가설이 틀렸을 경우 이를 더 잘 기각할 수 있다.
③ 둘 이상의 독립변인을 동시에 효과적으로 분석할 수 있다.

만일 .05 수준의 유의도로 각기의 t검증을 실시한다고 하면 각각의 t검증이 맞을 확률은 95%이다. 그럼 유의수준 .05에서 두 번의 t검증이 모두 맞을 확률은 95%×95%이므로 90.25%이다. 그럼 다섯 개의 표본평균을 t검증한다고 한다면, ${}_{10}C_2$, 즉 모두 10쌍의 표본평균의 짝을 검증해야 하므로 5개의 표본평균이 모두 일치할 확률은 $(.95)^{10}$, 즉

.599, 약 60%의 확률밖엔 되지 않는다. 제1종 오류의 확률이 약 40%로 너무 높아 가치 있는 검증이라고 보기엔 어려운 것이다.

(1) *F*검증

일원변량분석을 수행하기 위해서는 *F*검증(*F*-test)을 적용하는데 *F*분포상에서 해석하게 된다. 이러한 분석에 있어서의 *F*비(*F*점수, *F*값)는 다음과 같다.

$$F = \frac{MS_b(\text{집단 간 평균자승화})}{MS_w(\text{집단 내 평균자승화})}$$

이는 각 집단 내의 변량(집단 내 점수들 간의 거리)에 비해 집단 간의 변량(집단 간 점수들 간의 거리)이 얼마나 큰가 하는 변량 비교의 개념으로 이해할 수 있다. 즉, 집단 내 변량에 비해 집단 간 변량이 일정 수준 이상으로 크게 되면 통계적으로 유의미한 집단 간 차이가 있는 것으로 결론 내리게 되는 것이다.

(2) *F*검증의 기본 가정

*F*검증에 필요한 통계적 기본 가정들은 다음과 같다.

① 표본들이 전집에서 무선으로 선정되어야 한다(무선표집 가정).

② 전집에서 표집된 측정치들이 서로 독립적이어야 한다(독립성 가정).

③ 측정치들이 전집에서 정상분포를 이루어야 한다(정상분포 가정).

④ 전집의 변량들이 서로 동등해야 한다(전집의 동변량성 가정).

2) 일원, 이원변량분석

일원변량분석이란 앞서 밝힌 대로 하나의 독립변인에 따른 하나의 종속변인의 변량, 즉 변량을 분석해 종속변인의 영향을 분석하는 것이다. 여기서 변인이란 한 집단이나 무리를 각기 다른 것으로 나누는 것을 말한다. 예를 들면, 유치원에 다니는 원아를 '성(sex)' 이라는 변인으로 나누고자 한다면 '남아' 와 '여아' 로 나눌 수 있는데 이때 주의할 점은 '남아'와 '여아'는 범주(category)이지 변인이 아니라는 점이다. 변인은 '성'인 것이다. 연령도 마찬가지이다. 3, 4, 5세아로 원아를 분류했다면 이는 '연령'이 변인이 되고 그 범주로 '3세', '4세', '5세'가 된다.

이원변량분석은 독립변인이 둘일 경우이다. 그럼 3, 4, 5세 아동의 신체표현능력의 발달을 비교하는 연구가 있다면 어떤 변량분석을 사용하는 것이 좋은지 살펴보자. 3세, 4세, 5세 아동의 신체표현능력을 비교하는 것이므로 3원변량분석이 된다고 할 수 있을까? 그렇지 않다. 범주는 3개이지만 이들은 '연령'이라는 하나의 변인의 범주들인 것이다. 또한 '신체표현능력'이라는 하나의 종속변인의 변량을 분석하는 것이니 일원변량분석이 적합할 것이다.

중점 사항

▣ 2원, 3원 변량분석과 MANOVA

2원변량분석은 독립변인이 2개, 종속변인이 한 개일 때의 변량분석이고 3원변량분석은 독립변인이 3개, 종속변인이 한 개인 변량분석이다. 앞서 강조한 것처럼 변인과 범주를 혼동하는 사례가 많은데 변인에 대하여 확실히 알아두자. 또한 둘 이상의 독립변인과 둘 이상의 종속변인 간의 변량을 분석하는 것은 중다변량분석(MANOVA: multivariate analysis of variance)이라고 한다.

3) 일원변량분석의 원리

일원변량분석은 F비(F-ratio)를 사용하여 검증한다.

$$F = \frac{\text{평균처치(효과)자승화}}{\text{평균오차자승화}}$$

즉, 전체 변량에서 처치의 효과에 의해 생긴 변량(처치변량)이 오차변량, 즉 설명되지 않는 변량에 비해 얼마나 큰가를 비교하는 것이다. 그럼 전체 변량에 관하여 다음에서 더 자세히 살펴보자.

4) 총변량의 이해

부모교육 프로그램에 참가한 시간과 부모-자녀의 상호작용 시간을 회귀분석한 표를 통해 변량의 개념을 확인해 보자.

a_1, a_2는 정확한 예측의 정도, 즉 프로그램 참가 시간이 상호작용을 예측하게 해 주는 정도를 나타낸다. 그러나 b_1, b_2는 잔차(residual), 즉 통계적으로 예측하지 못한 차이, 즉 프로그램 참가 시간만으로는 이해할 수 없는 요인에 의해 부모-자녀 간의 상호작용이 예상보다 더 많거나 적은 정도를 나타낸다. 그래서 전체 변량은 설명되는 변량(처치 효과에 의한 변량)과 설명되지 않는 변량(오차변량)의 합으로 이루어진다.

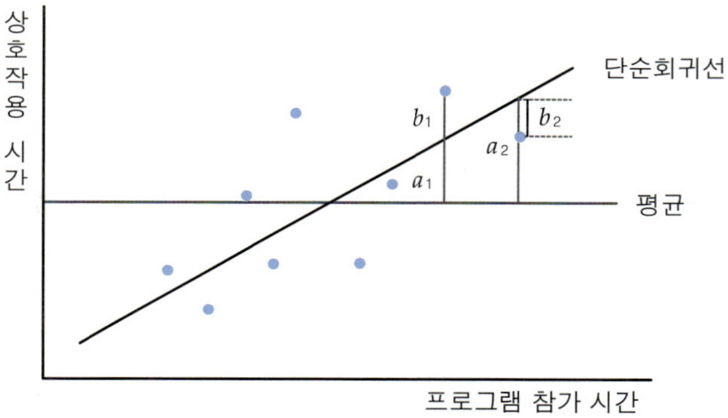

그림 6-1 부모교육 프로그램 참가 시간과 자녀와 상호작용 시간과의 관계

5) 반복측정분석

반복측정분석(repeated measure analysis)은 동일한 연구 대상에게 다른 처치를 반복적으로 가했을 때 그 처치 간에 차이가 있는지를 검증하는 분석 방법이다. 반복측정에 있어서 각각의 처치는 독립변인이자 종속변인이 되는데, 각각의 처치(독립변인)에 따라 다른 측정치가 부여(종속변인)되기 때문이다.

반복측정을 위한 기본 가정으로는 이전의 처치가 다음의 처치에 영향을 주지 않아야 하며, 처치에 따른 결과값들의 공분산의 크기가 모집단에서 모두 동일하여야 한다. 즉, 종속변인의 측정값 차이의 분산이 동일하여야 함을 의미한다.

2. SPSS와 일원변량분석

SPSS의 변량분석은 대부분 '일반선형모형' 에서 실행하게 되어 있으나 일원변량분석은 '평균의 비교(compare means)' 항목에 포함되어 있는 것에 유의하도록 한다.

○ 연구의 예

연구자는 아동학대 범죄의 전과 기록이 처벌에 대한 판단에 영향을 미치는지를 조사하고자 하였다. 16명의 연구 대상자들은 아동학대로 고소된 피고인들이었고 배심원들에 의하여 7점 만점으로 죄의 경중에 대한 평정을 받았다. 피고인 16명은 경찰 기록에 의하여 다음과 같이 전과 유무를 기준으로 분류되었다.

- 전과-무: 아동학대 전과가 없었다.
- 전과-유: 아동학대 전과가 있었다.
- 통제: 아동학대 전과에 대한 기록이 빠져 있다.

죄에 대한 평정은 7점 만점으로 평정되었고 1점은 "유죄임을 확신한다" 이었고 7점은 "무죄임을 확신한다" 이었다. 연구 참여자의 평정은 [그림 6-2]와 같이 SPSS에 입력되었다. 16명의 대상자를 각기 한 줄로 입력하고 이들을 전과가 없는 집단은 0, 전과가 있는 집단은 1, 전과 기록이 표시되지 않은 집단은 9로 각기 "전과유무" 를 체크하였다.

	전과유무	평정
1	0	6
2	0	5
3	0	7
4	0	6
5	0	3
6	0	7
7	1	1
8	1	2
9	1	1
10	1	3
11	1	2
12	9	4
13	9	3
14	9	5
15	9	6
16	9	4

그림 6-2 SPSS에 입력한 일원변량분석 데이타

◎ 분석 과정

① [그림 6-2]는 16개의 데이터를 입력한 화면이다. 나머지 데이터는 본 책 예제 데이터의 「일원변량.sav」 파일을 불러온다.

② [그림 6-3]과 같이 메뉴 상에서 〈분석(A)〉-〈평균비교(M)〉-〈일원배치 분산분석(O)〉을 차례로 선택한다. 그러면 [그림 6-4]와 같은 「일원배치 분산분석」 대화상자가 나타난다.

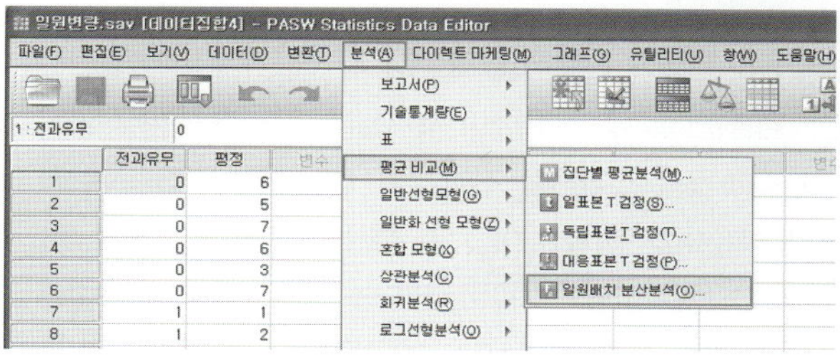

그림 6-3 SPSS에서의 일원변량분석 실행 명령

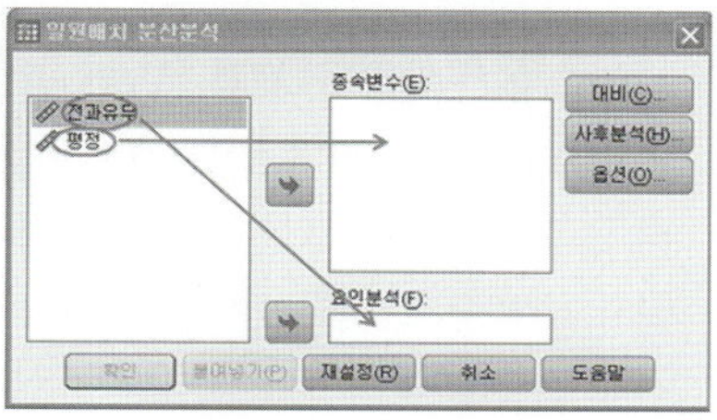

그림 6-4 「일원배치 분산분석」 대화상자

③ "요인분석(F)" 좌측의 화살표를 눌러 "전과유무"를 독립변인으로 삼고 좌측 변인에서 하나 남은 "평정" 변인을 종속변수에 추가한다.

④ 좌측 하단의 "확인" 단추를 누르면 다음 결과가 나타난다.

일원배치 분산분석

분산분석

평정

	제곱합	df	평균 제곱	거짓	유의확률
집단-간	41.604	2	20.802	13.988	.001
집단-내	19.333	13	1.487		
합계	60.938	15			

◎ 결과표 해석

41.604는 집단 간 자승화(SS_b; sum of squares between groups) 값이고 19.333은 집단 내 자승화, 이 둘을 합한 전체 자승화가 60.938이다. 자유도에서 집단 간 자유도는 "3집단−1"이므로 2, 집단 내 자유도는 "전체 16−3집단"이므로 13, 전체 자승화의 자

유도는 "전체 16−1"이므로 15로 나타났다. 평균제곱은 제곱합을 자유도로 나눈 값이다. F비는 '집단 간/집단 내'이다. 유의확률은 .001이 산출되어 통계적으로 상당히 의의 있는 차이라고 할 수 있다. 결과적으로 .05 수준에서 통계적으로 유의미한 차이가 나타났다고 해석한다. 즉, 전과 유무에 따라 배심원의 평정에 있어 통계적으로 유의미한 차이가 나타난 것이다.

중점 사항

본 절에서 예를 든 전과 유무에 따른 배심원의 평정에 관한 변량 분석을 실시하기에 앞서 일원변량분석을 위한 전제 조건인 Levene 등분산 검증을 실시할 필요성이 제기된다. 이는 아동학대 범죄의 전과 기록 내에 있는 전과 없음(전과-무), 전과 있음(전과-유), 전과 기록 없음(통제)의 3 표본 집단의 사례 수가 10보다 작은 것으로 나타났기 때문이다. 이와 같이 처치 집단 간 사례 수 차이가 크거나 한 집단의 사례 수가 10보다 작은 경우 집단 간 변량의 차이는 없다는 동변량성 가정(등분산 가정) 충족 여부를 검증해 봐야 한다. Levene 등분산 검증 결과 p값이 .05보다 작아서 동변량성 가정을 할 수 없다면 일원변량분석으로 처리할 수 없고 비모수적 통계 기법을 사용하여야 한다.

3. SPSS와 일원 반복측정 변량분석

아래의 예에서 4주의 적응 과정은 반복 측정된 변인(개체-내 변인)으로 독립변인이자 종속변인으로 볼 수 있다. 본 예에서는 4주의 적응 과정에 따른 통계적 검증을 실시하며 독립변인이 한 개(적응 과정)이기 때문에 일원 반복측정 변량분석(one-way repeated measure ANOVA)이 된다.

- 연구의 예

연구자는 시간이 지남에 따라 유아가 유치원 생활에 적응하는 과정의 차이를 조사하고자 하였다. 30명의 유아들을 대상으로 1주, 2주, 3주, 4주의 유치원 생활 적응행동 문제 점수를 기록하였으며 [그림 6-5]와 같이 SPSS에 입력하였다. 여기에서는 '애착유형' 변인은 고려하지 않는다.

	애착유형	적응문제1주	적응문제2주	적응문제3주	적응문제4주
1	1.00	13.00	11.00	10.00	8.00
2	1.00	14.00	14.00	13.00	12.00
3	1.00	15.00	13.00	12.00	10.00
4	1.00	14.00	13.00	12.00	10.00
5	1.00	15.00	12.00	12.00	9.00
6	1.00	15.00	14.00	12.00	9.00
7	1.00	15.00	13.00	12.00	10.00

그림 6-5 SPSS에 입력한 반복측정 변량분석 데이타

- 분석 과정

① [그림 6-5]는 7개의 데이터를 입력한 화면이다. 나머지 데이터는 본 책 예제 데이터의 「반복측정.sav」 파일을 불러온다.

② [그림 6-6]과 같이 메뉴 상에서 〈분석(A)〉-〈일반선형모형(G)〉-〈반복측정(R)〉을 차례로 선택한다. 그러면 [그림 7-7]과 같은 「반복측정 요인 정의」 대화상자가 나타난다.

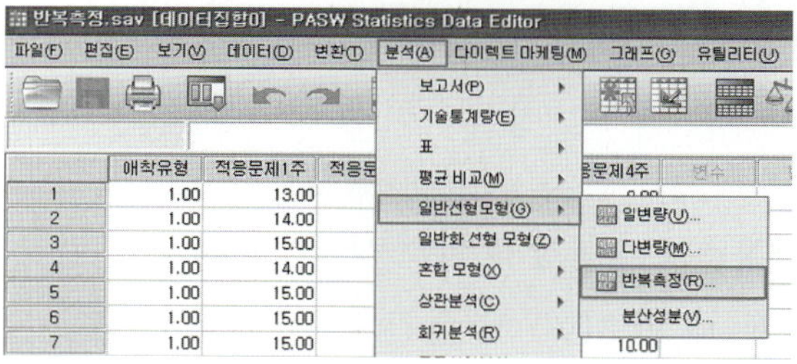

그림 6-6 SPSS에서의 반복측정 변량분석 실행 명령

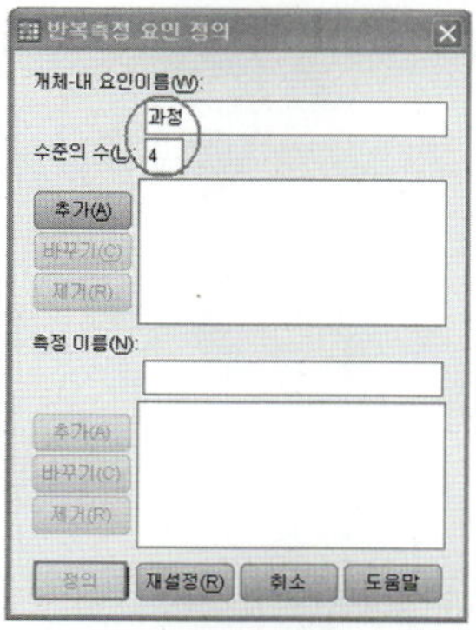

그림 6-7 「반복측정 변량분석」 요인 정의

③ [그림 6-7]의 반복측정 요인 정의 상자에서 '개체-내 요인이름(W)' 과 '수준의 수(L)' 를 지정하고 "추가(A)" 를 선택한 후 "정의(F)" 를 클릭하면 [그림 6-8]과 같은 '반복측정' 대화상자가 열린다. (여기에서는 '개체-내 요인이름' 으로는 [과정]을 '수준의 수' 는 '적응 과정' 변인이 4개 수준임으로 [4]를 선택하였다.)

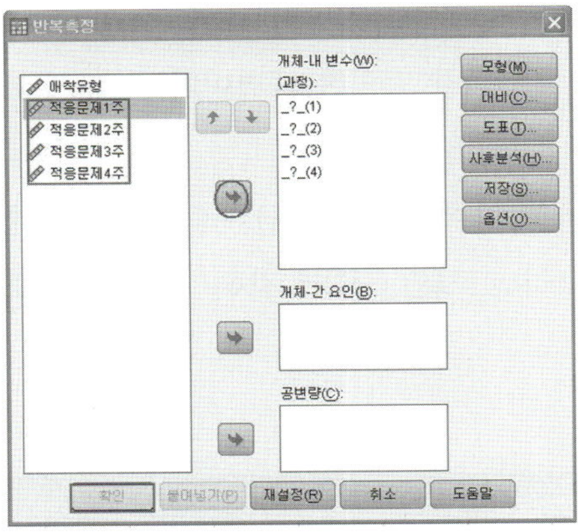

그림 6-8 「반복측정 분산분석」 대화상자

④ [그림 6-8]의 반복측정 대화상자 왼쪽 상자의 변수에서 반복측정에 사용될 종속변수 4개를 '개체-내 변수(W)' 로 옮긴다.

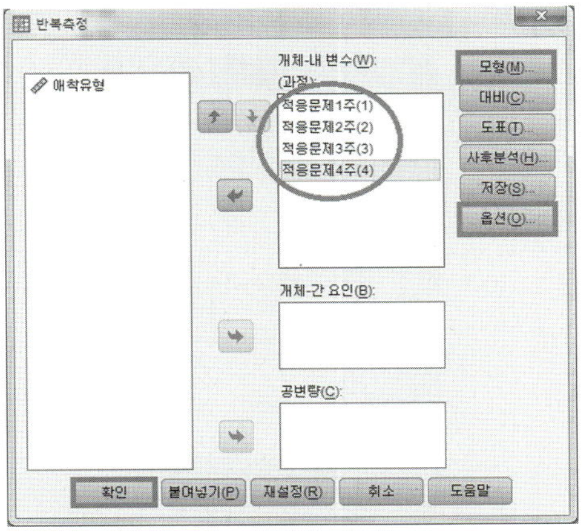

그림 6-9 「반복측정 분산분석」 대화상자

⑤ 그러면 [그림 6-9] 화면과 같이 '적응 과정' 변인 4개 수준이 '개체-내 변수(W)'로 들어온다. 분석을 위해 "모형(M)"을 클릭하면 [그림 6-10]에서와 같이 '완전요인모형(F)'과 '제III유형 제곱합'이 기본으로 선택되어 있는 것을 확인할 수 있다. 그대로 두고 "계속"을 클릭한다.

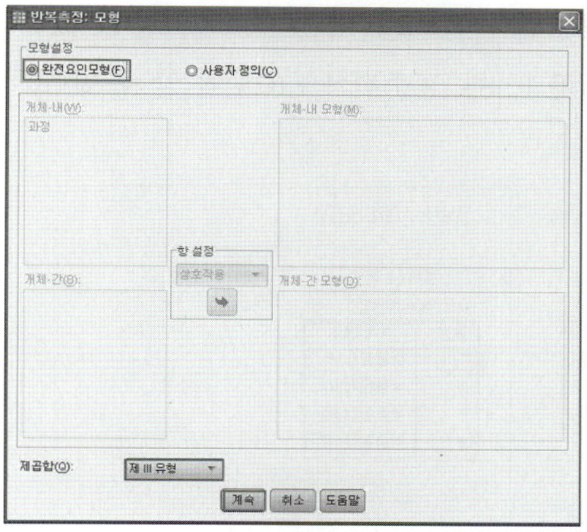

그림 6-10 「반복측정: 모형」 대화상자

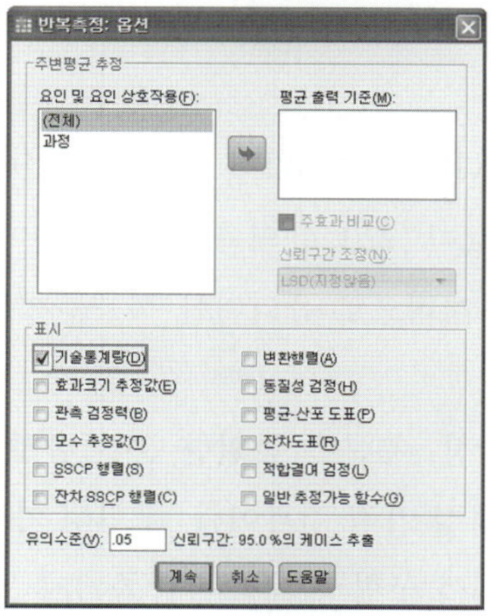

그림 6-11 「반복측정: 옵션」

⑥ 다시 반복측정 대화상자로 돌아와 [그림 6-9]의 "옵션" 단추를 누르면 [그림 6-

11]과 같은 '옵션' 대화상자가 나타난다. 여기에서 "기술통계량(D)"을 선택하고 "계속"을 클릭한 후 "확인" 단추를 누른다. 그러면 결과표가 산출된다.

결과표 해석

① 「기술통계」 부분은 적응문제 1주, 2주, 3주, 4주 기술통계치가 제시되어 있다. 1주 평균 14.17, 표준편차 .83, 2주 평균 13.10, 표준편차 .99, 3주 평균 12.23, 표준편차 1.36, 4주 평균 10.83, 표준편차 1.82임을 알 수 있다.

일반 선형 모델

개체-내 요인

측도:MEASURE_1

과정	종속 변수
1	적응문제1주
2	적응문제2주
3	적응문제3주
4	적응문제4주

기술통계량

	평균	표준편차	N
적응문제1주	14.1667	.83391	30
적응문제2주	13.1000	.99481	30
적응문제3주	12.2333	1.35655	30
적응문제4주	10.8333	1.82101	30

② 「다변량 검정」 부분은 다변량 통계값이 제시되어 있다. 결과를 살펴보면, 적응문제 과정 Wilks의 람다값이 .220, 유의확률(p-value)이 .000으로 나타나 4주 동안의 반복측정에 따라 통계적으로 유의미한 적응문제행동의 차이가 있다고 볼 수 있다.

③ 「Mauchly의 구형성 검정」 부분은 동일한 분산 유무를 점검하는(동변량성 가정 충족 유무의 검증) 구형성 가정 결과이다. 구형성 가정을 검증한 결과, 유의확률이 .000으로 .05 수준에서 구형성 가정이 충족되지 못했음을 알 수 있다. 따라서 종속변인의 측정값 차이의 분산이 동일하다고 볼 수 없다. 이럴 경우 「개체-내 효과검증」 결과는 'Greenhouse-geisser' 등의 결과에 의해 해석되어야 하나 여기에서는 독자 해석의 편의상 구형성 가정 충족의 경우라고 가정하고 해석하기

로 한다.

④「개체-내 효과검증」 분석 결과를 보면, 적응문제 과정에 따라 적응문제행동에는 통계적으로 유의미한 차이가 나타난 것으로(F값 81.343, 유의확률 .000으로) 해석할 수 있다.

다변량 검정[b]

효과		값	F	가설 자유도	오차 자유도	유의확률
과정	Pillai의 트레이스	.780	31.909[a]	3.000	27.000	.000
	Wilks의 람다	.220	31.909[a]	3.000	27.000	.000
	Hotelling의 트레이스	3.545	31.909[a]	3.000	27.000	.000
	Roy의 최대근	3.545	31.909[a]	3.000	27.000	.000

a. 정확한 통계량

b. Design: 절편
개체-내 계획: 과정

Mauchly의 구형성 검정[b]

측도:MEASURE_1

개체-내 효과					엡실런[a]		
	Mauchly의 W	근사 카이제곱	자유도	유의확률	Greenhouse-Geisser	Huynh-Feldt	하한값
과정	.157	51.249	5	.000	.472	.489	.333

정규화된 변형 종속변수의 오차 공분산행렬이 단위행렬에 비례하는 영가설을 검정합니다.

a. 유의성 평균검정의 자유도를 조절할 때 사용할 수 있습니다. 수정된 검정은 개체내 효과검정 표에 나타납니다.

b. Design: 절편
개체-내 계획: 과정

개체-내 효과 검정

측도:MEASURE_1

소스		제 III 유형 제곱합	자유도	평균 제곱	F	유의확률
과정	구형성 가정	178.767	3	59.589	81.343	.000
	Greenhouse-Geisser	178.767	1.416	126.268	81.343	.000
	Huynh-Feldt	178.767	1.467	121.838	81.343	.000
	하한값	178.767	1.000	178.767	81.343	.000
오차(과정)	구형성 가정	63.733	87	.733		
	Greenhouse-Geisser	63.733	41.057	1.552		
	Huynh-Feldt	63.733	42.550	1.498		
	하한값	63.733	29.000	2.198		

제 7 장

평균치 개별 비교

일원변량분석에서는 하나의 독립변인에 따른 종속변인의 변량을 분석하여 독립변인의 효과를 검증하였다. 그런데 전체적인 효과의 유무는 판단할 수 있지만 독립변인 내의 각 집단 간의 구체적인 비교는 할 수 없었다. 본 장에서는 평균치들을 개별적으로 비교하여 각 집단 간의 구체적인 효과를 검증하는 사후검증을 중심으로 알아보기로 한다.

1. 사후비교검증

1) 사전비교검증

사전비교는 연구자가 연구에서 제기될 수 있는 여러 가지 의문들 중 소수의 문제에 관해서 관심이 있을 때 유용한데 사전비교를 위해서는 자료 수집 이전에 대립되는 가설들이 구체화되어 있어야 한다. 사전비교가 사후비교에 비해 지닌 장점은 사후비교 검증은 변량분석의 중요한 방법이기는 하지만 연구의 관심 대상이 되지 않는 모든 대비도 유의수준을 공유해야 하므로 검증력을 낮추는 결과를 초래하게 되는데 사전비교는 그런 부담이 적다는 장점이 있다. 때문에 사전비교를 사용하게 되면 사후비교를 사용하는 것에 비해 마치 일방검증이 양방검증에 비해 더 높은 검증력을 갖는 것에 비유할 수 있다.

2) 사후비교검증

사후검증(post-hoc test)이란 자료 수집 전에 계획된 일정한 연구계획에 의해 평균치 간의 모든 가능한 비교를 하거나, 일단 분석된 자료를 다른 방식으로 재분석하는 과정을 이른다. 따라서 전반적인 독립변인의 효과를 검증하는 *F*검증 후에 *F*검증의 결과가 유의할 경우 평균치들을 여러 가지로 개별적으로 비교하거나 혹은 평균치를 통합하여 상호 비교하는 경우가 이에 속한다고 하겠다. 실제 *F*검증은 여러 집단 간에 통계적으로 유의미한 차이가 있다는 대답은 해줄 수 있지만 그런 차이가 어디에 있는가라는 구체적인 질문에는 답할 수 없다. 이처럼 사후비교법은 일반적인 변량분석 방법에 중요한 보조적인 역할을 하는 방법으로서 독립변인의 효과를 좀 더 구체적으로 드러내 주는 방법이라고 할 수 있다.

평균치들의 사후비교에는 여러 방법이 있으나 가장 자주 사용되는 방법은 Scheffé 검증이다. Scheffé 검증은 대표적으로 사용되는 사후비교 중 하나로 각 집단들이 수가 동일하지 않아도 사용될 수 있으며 변량분석표를 이용하여 바로 사용할 수 있기에 가장 많이 쓰이고 있는 방법이다. 그러나 검증력이 낮은, 달리 말해 매우 보수적인 검증이기에 유의수준은 주로 .05를 사용한다.

이 외에도 Tukey의 HSD(honestly significant difference) 검증, LSD 검증(최소차 검증) 등이 있다. Tukey의 HSD(honestly significant difference) 검증은 모든 집단의 사례 수가 같고, 집단의 평균을 1대 1 짝을 이루어 비교할 경우에 Scheffé 검증보다 통계적 검증력이 더 강력하다. 즉, 집단 간 차이가 있을 때 통계적으로 유의미한 차이를 검증하기가 Scheffé 검증에 비해 더 수월하다는 의미가 된다.

2. SPSS와 사후비교

SPSS에서는 일원변량분석에 추가로 사후비교를 할 수 있게 구성하였다.

다음 연구 사례를 사용하여 SPSS에서 사후검증을 해 보기로 한다.

연구의 예

유치원 원아의 부모를 대상으로 부모교육 프로그램을 실시하였다. 참여하지 않은 부모 10명과 부모 중 한 명만 참여한 10명과 두 부모 모두가 참여한 10쌍을 대상으로 그들의 자녀와의 상호작용 정도를 설문, 조사하였다. 각 집단 간의 차이를 검증해 보자.

교육에 참여하지 않은 부모는 0, 한 명만 참여한 부모는 1, 양친 모두 참여한 부모는 2로 하여 SPSS에 [그림 7-1]과 같이 입력하였다.

교육참여	상호작용
0	26
0	34
0	46
0	48
0	42
0	49
0	74
0	61
0	51

그림 7-1 SPSS에 입력한 데이타

○ 분석 과정

① [그림 7-1]은 8개의 데이터를 입력한 화면이다. 나머지 데이터는 본 책 예제 데이터의 「사후검증.sav」 파일을 불러온다.

② [그림 7-2]과 같이 메뉴 상에서 〈분석(A)〉-〈평균 비교(M)〉-〈일원배치 분산분석(O)〉을 차례로 선택한다. 그러면 [그림 7-3]과 같은 「일원배치 분산분석」 대화상자가 나타난다.

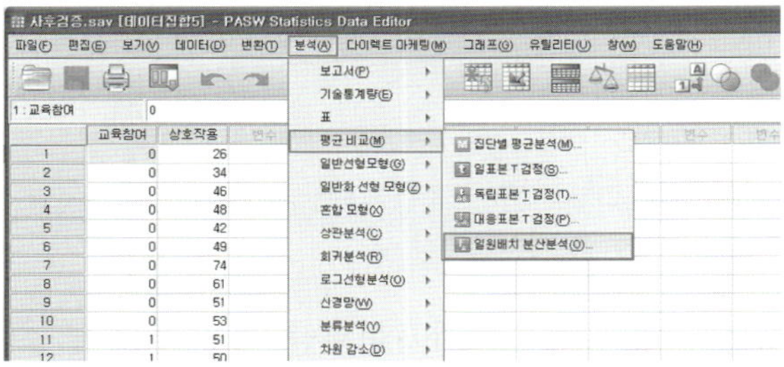

그림 7-2 SPSS에서의 일원변량분석 실행 명령

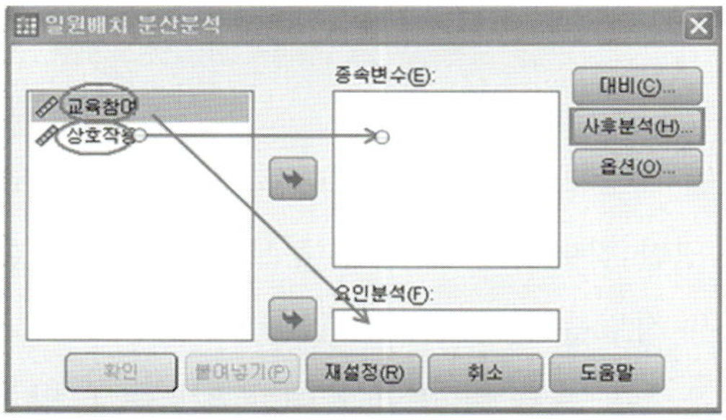

그림 7-3 「일원배치 분산분석」 대화상자

③ [그림 7-3]과 같이 "요인분석(F)" 좌측의 화살표를 눌러 "교육참여" 변인을 독립변인으로 삼고 좌측 변인에서 하나 남은 "상호작용" 변인을 종속변수(E)에 추가한다.

④ 오른쪽 상단 가운데 〈사후분석(H)〉 단추를 누르면 [그림 7-4] 「일원배치 분산분석: 사후분석-다중비교」 대화상자가 나타난다.

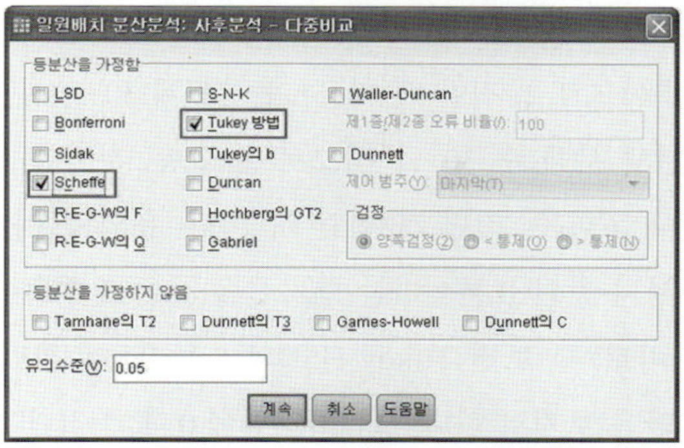

그림 7-4 「일원배치 분산분석: 사후분석-다중비교」 대화상자

⑤ 좌측 중간의 'Scheffe', 우측의 'Tukey' 방법의 체크 상자를 클릭해 체크한 후 하단의 "계속"을 누른다. 만약 유의도 수준을 조정하여 검증하고 싶다면 아래 하단의 유의수준을 .01이나 .001 등으로 바꾸어 주면 된다.

⑥ 다시 [그림 7-3] 「일원배치 분산분석」 대화상자로 돌아와 우측 상단의 "확인" 단추를 누르면 다음 결과가 나타난다.

일원배치 분산분석

분산분석

상호작용

	제곱합	df	평균 제곱	F	유의확률
집단-간	577.400	2	288.700	2.044	.149
집단-내	3812.900	27	141.219		
합계	4390.300	29			

사후검정

다중 비교

종속 변수:상호작용

	(I) 교육참여	(J) 교육참여	평균차(I-J)	표준오차	유의확률	95% 신뢰구간 하한값	95% 신뢰구간 상한값
Tukey HSD	0	1	.400	5.314	.997	-12.78	13.58
		2	-9.100	5.314	.219	-22.28	4.08
	1	0	-.400	5.314	.997	-13.58	12.78
		2	-9.500	5.314	.193	-22.68	3.68
	2	0	9.100	5.314	.219	-4.08	22.28
		1	9.500	5.314	.193	-3.68	22.68
Scheffe	0	1	.400	5.314	.997	-13.36	14.16
		2	-9.100	5.314	.249	-22.86	4.66
	1	0	-.400	5.314	.997	-14.16	13.36
		2	-9.500	5.314	.221	-23.26	4.26
	2	0	9.100	5.314	.249	-4.66	22.86
		1	9.500	5.314	.221	-4.26	23.26

결과표 해석

577.400는 집단 간 자승화(SS_b; sum of squares between groups) 값이고 3812.900

은 집단 내 자승화, 이 둘을 합한 전체 자승화가 4390.300이다. 자유도에서 집단 간의 자유도는 "3집단−1"이므로 2, 집단 내 자유도는 "전체 30−3집단"이므로 27, 전체 자승화의 자유도는 "전체 사례 수 30−1"이므로 29가 된 것이다. 평균제곱은 제곱합을 자유도로 나눈 값이다. *F*비는 '집단 간/집단 내'이다. 유의확률은 .149로 세 집단이 각기 동일한 모집단에서 추출된 표본이라는 영가설을 α=.05 수준에서 기각할 수 없다.

두 번째 표 〈다중비교〉를 보면 Tukey HSD와 Scheffé의 결과가 함께 나와 있는데 여기서는 'Scheffé' 만을 보기로 한다. Scheffé 열에 0, 1, 2 집단 각각과 다른 집단과의 비교표가 제시되어 있는데 I열의 평균에서 J열의 평균을 뺀 값이 평균차(I-J)에 있다. 표준오차(Std. Error) 다음에 있는 유의도(Sig.)를 주의 깊게 보자. α=.05 수준에서 검증하기로 하였는데 6개의 비교 모두(실제는 3개; 두 번씩 반복되었으므로)가 .05보다 크게 나타나 유의미한 차이를 보이지 않았다. 따라서 세 집단 서로 간에는 .05 수준에서 통계적으로 유의미한 차이가 없다고 해석할 수 있다.

좀 더 자세히 살펴보면, 제일 우측의 95%의 신뢰구간(95% Confidence Interval)의 하한값과 상한값이 모두 음과 양으로 나뉘었는데, 즉 신뢰구간이 0을 포함하고 있다. 신뢰구간이 0을 포함하게 되면 영가설을 기각할 수 없다. 여기서 주의할 점은 Scheffé와 달리 Tukey 검증법은 각 집단의 사례 수가 동일해야 한다는 점이다. 앞서 일원변량분석의 자료처럼 각 집단의 사례 수가 상이한 경우엔 Tukey 검증법을 사용할 수 없다.

그러면 추가적으로 「일원변량.sav」 자료를 불러서 일원변량분석과 더불어 사후검증을 실시해 보기 바란다.

중점 사항

이미 본 절에서 설명한 바와 같이, 여기의 예에서 프로그램 참여 집단 간(프로그램 비참여, 한 명만 참여, 양친 모두 참여) 차이가 있는지를 검증하기 위하여 일원변량분석을 수행하고 통계적으로 유의미한 차이가 나타난 경우에 구체적으로 어떤 집단 간에 차이가 있는지를 알아보기 위해 실시하는 것이 사후검증(Post-hoc Multiple Comparisons)이다. 본 예에서는 집단 간 차이가 나타나지 않았으므로 사후검증 결과를 제시하는 것은 무의미하지만 참고 차원에서 제시한 것이다.

제 8 장

이원변량분석과 반복측정 변량분석

1. 이원변량분석
2. SPSS와 이원변량분석
3. SPSS와 이원 반복측정 변량분석

제6장에서는 독립변인이 하나이고 종속변인이 하나인 경우의 변량분석을 알아보았다. 본 장에서는 두 개의 독립변인이 하나의 종속변인에 미치는 영향을 분석하는 이원변량분석을 살펴본다. 단순하게 독립변인의 수가 하나 더 늘어난 것이 아니라 독립변인을 추가하여 분석하게 되면 두 개의 독립변인 간의 상호작용의 결과를 알 수 있으므로 일원변량분석을 두 번 수행한 것과는 다른 해석이 가능해진다.

본 장에서는 추가하여 앞의 '제6장 일원변량분석과 반복측정 변량분석' 부분에서 제시한 일원 반복측정분석의 확장으로 1개의 독립변인이 추가된 이원 반복측정분석을 SPSS 분석을 통하여 다루어 본다.

1. 이원변량분석

제6장의 일원변량분석에서 잠깐 소개한 바처럼 이원변량분석은 두 개의 독립변인이 하나의 종속변인에 영향을 미칠 때, 주 효과(main effect)와 상호작용(interaction)에 관하여 분석하는 것이다. 한 유치원에 서로 다른 수교육에 대한 교수법을 실시하는 남자 교사 둘, 여자 교사 둘이 있다고 생각해 보자. 남녀 각 1명씩의 교사가 A 교수법을 사용하고 또 다른 남녀 각 1명씩의 교사가 B 교수법을 사용한 후 유아들에게 성취도 검사를 실시하였다. 만일 남자 교사가 사용하든, 여자교사가 사용하든 어느 한 교수법이 눈에 띄게 효과적이었다면 교사의 성별과 교수법 간에 상호작용은 없다고 볼 수 있다. 그러나 여자 교사나 남자 교사가 특정한 교수법이 다른 교수법에 비해 더 나은 성취도를 보여준 반면 반대 성의 교사에게 있어서는 성취도에 있어 별 차이가 없었다면 이는 교수법과 교사의 성별 간의 상호작용을 시사하는 것이라고 할 수 있다. 물론 단순히 두 교수법 간의 효과의 차이를 비교하거나, 교사의 성에 따른 유아의 성취도 검사의 차이를 비교할 수도 있다. 하지만 여자 교사에게 더욱 적합한 교수법, 혹은 남자 교사에게 더욱 적합한 교수법이 있음이 밝혀진다면 어떤가? 단순히 교수법 간의 차이, 혹은 교사의 성에 따른 차이만으로 결론짓는 것이 합리적이라고 할 수 있는가? 이런 경우 특정한 교수법이나 어느 한 성별의 교사가 더욱 효과적이라거나 우수하다고 말할 수만은 없다. 실제로 상호작용 효과가 나타났을 때는 해석에 유의해야 한다. 독립변인에 대하여 설정한 주 효과(main effect: 예를 들면 두 가지 교수법 간의 차이나, 교사의 성별 차이에서 검증된 효과)를 의의 있는 것으로 받아들이는 것을 유보하고 두 변인의 수준(level)에 따라 효과가 교차되는지를 검증해야만 한다. 검증 결과 두 변인의 수준(level)에 따라 효과가 교차되는 경우에는 먼저 처치의 차이를 나타낸 원인이 된 변인의 수준에서만 검증 결과를 해석하고 따라서 설정한 가설도 부분적으로만 인정한다. 특히 연구에 있어 가설이 수준(level)별로 설정되었을 경우 특히 그렇다. 가설이 수준별로 설정되지 않았을 경우는 부가적으로 제시하는 형태를 취한다.

1) F검증

이원변량분석을 수행하기 위해서는 3개의 F검증(F-test)이 적용되는데 각각의 분석에 있어서의 F비(F점수, F값)는 다음과 같다.

A 변인의 주 효과 F값은 다음과 같다.

$$F_A = \frac{MS_A}{MS_w}$$

B 변인의 주 효과 F값은 다음과 같다.

$$F_B = \frac{MS_B}{MS_w}$$

A×B 상호작용 효과 F값은 다음과 같다.

$$F_{AB} = \frac{MS_{AB}}{MS_w}$$

2) F검증의 기본 가정

F검증에 필요한 통계적 기본 가정들은 다음과 같다.

① 표본들이 전집에서 무선으로 선정되어야 한다(무선표집 가정).

② 전집에서 표집된 측정치들이 A집단의 각 수준과 B집단의 각 수준이 이루는 모든 조합에 따라 서로 독립적이어야 한다(독립성 가정).

③ 측정치들이 A집단의 각 수준과 B집단의 각 수준이 이루는 모든 조합에 따라 각 전집에서 정상분포를 이루어야 한다(정상분포 가정).

④ 전집의 변량들이 A집단의 각 수준과 B집단의 각 수준이 이루는 모든 조합에 따라 서로 동등해야 한다(전집의 동변량성 가정).

3) F검증의 이해

전술하였듯이 일원변량분석에서는 점수들의 전체 변량은 집단 간과 집단 내의 두 부분으로 분할되었다. 기호로 나타내면 다음과 같다.

$$SS_t = SS_b + SS_w$$

그러나 이원변량분석에서의 전체자승화는 네 가지 성분으로 분할된다.

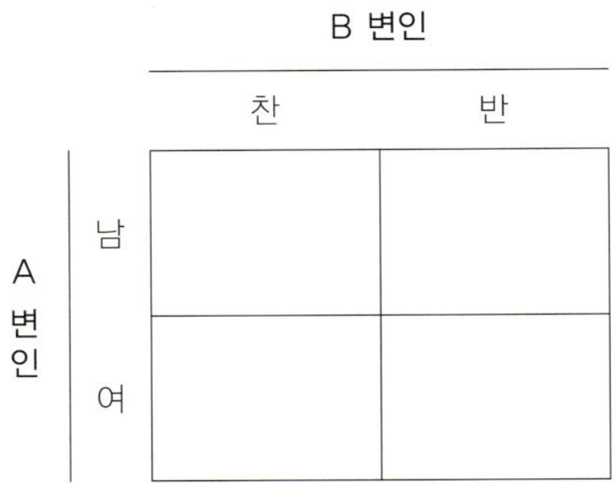

그림 8-1 2×2 요인설계

A 변인과 B 변인으로 이루어진 이원변량분석에서는 [그림 8-1]과 같이 전체자승화는 행자승화와 열자승화, 상호작용자승화, 집단내자승화로 분할되는데 이를 기호로 표시하면 다음과 같다.

$$SS_t = SS_a + SS_b + SS_{ab} + SS_w$$

전술하였듯이 SS_a의 분석을 통하여는 A 변인의 주 효과를,
SS_b의 분석을 통하여는 B 변인의 주 효과를,
SS_{ab}의 분석을 통하여는 A, B 변인의 상호작용 효과를 분석할 수 있다.

자승화 계산과 F값 산출을 비롯한 검증 과정은 SPSS를 이용하는 것이 효율적이다. 다음 절에는 SPSS를 이용한 이원변량분석의 예와 자세한 해석을 제시한다.

2. SPSS와 이원변량분석

○ 연구의 예

연구자는 유아들의 놀이 형태가 놀이 지속시간에 미치는 영향에 관심을 갖게 되었다. 더불어 유아들의 성별이 놀이 지속시간에 미치는 영향에도 관심이 있었다. 따라서 연구자는 유아들의 놀이 형태를 극놀이(1), 블록놀이(2), 혼자놀이(3) 세 가지 형태로 나누었다. 그리고 각각의 집단에 남녀 각각 5명씩을 무선 배정하여 남아는 1, 여아는 2로 코딩하였다. 그 결과 전체 사례 수는 30명이었는데 30명을 SPSS에 입력한 것이 [그림 8-2]와 같은 데이터이다. 지속시간은 분단위로 측정하였다.

	놀이형태	성별	지속시간
1	1	1	7
2	1	1	9
3	1	1	10
4	1	1	12
5	1	1	8
6	1	2	14
7	1	2	8
8	1	2	11

그림 8-2 SPSS에 입력한 이원변량분석 데이터

○ 분석 과정

① [그림 8-2]는 8개의 데이터를 입력한 화면이다. 나머지 데이터는 본 책 예제 데이터의 「이원변량.sav」 파일을 불러온다.

② [그림 8-3]과 같이 메뉴 상에서 〈분석(A)〉-〈일반선형모형(G)〉-〈일변량(U)〉을 차례로 선택한다. 그러면 [그림 8-4]와 같은 「일변량분석」 대화상자가 나타난다.

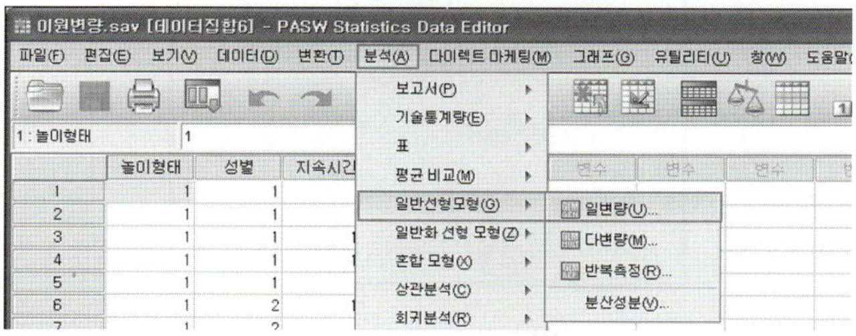

그림 8-3 SPSS에서의 이원변량분석 실행 명령

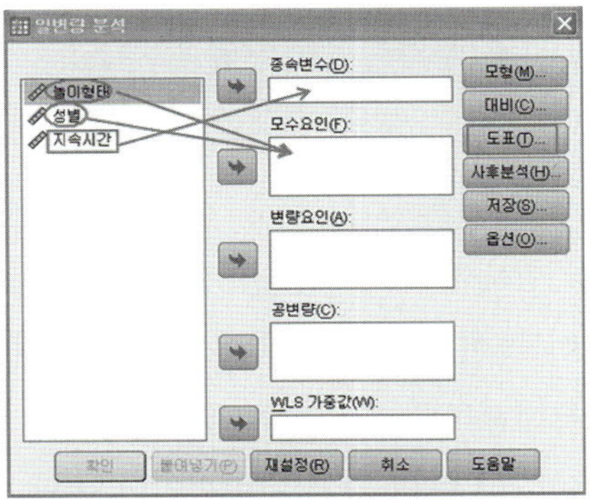

그림 8-4「일변량분석」대화상자

③ '모수요인(F)' 항목 옆의 단추를 눌러 "놀이 형태" 변인을 독립변인으로 하고 "성별" 변인도 함께 추가한다.

④ "지속시간" 변인을 클릭한 후 '종속변수(D):' 옆의 단추를 눌러 종속변인에 등록시킨 후 우측 세 번째 "도표(T)" 단추를 누르면 [그림 8-5]의 '일변량: 프로파일 도표' 대화상자가 나온다.

⑤ "놀이 형태" 변인을 클릭한 후 '수평축 변수(H)' 옆의 단추를 눌러 X 축으로 삼고 "성별"을 클릭한 후 '선구분 변수(S)' 옆의 단추를 누른다.

⑥ 좌측 하단의 "추가(A)" 단추를 누르고 아래 하단의 "계속" 단추를 누른다.

⑦ 다시 [그림 8-4]의「일변량분석」대화상자가 나오면 우측 단추들 중 가장 아래 있는 "옵션" 단추를 누르면 [그림 8-6]의 '일변량: 옵션' 대화상자가 나온다.

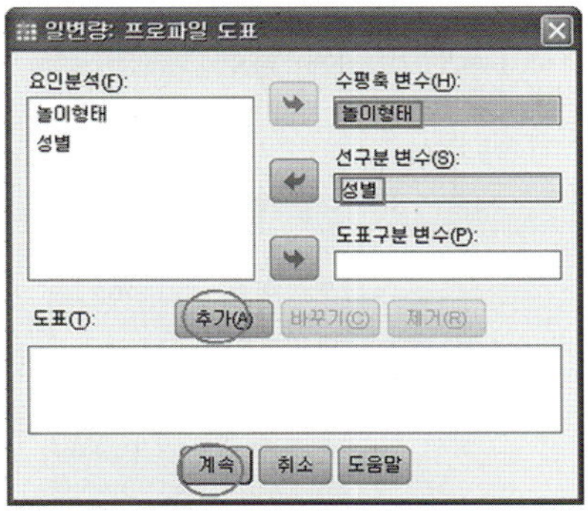

그림 8-5「일변량: 프로파일 도표」대화상자

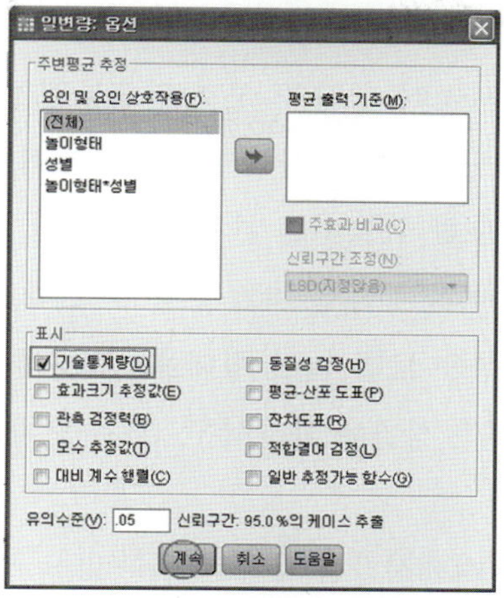

그림 8-6「일변량: 옵션」 대화상자

⑧ 좌측 체크 상자 중 맨 위의 "기술통계"를 체크하고 아래 "계속" 단추를 누른다.

⑨ 다시「일변량분석」 대화상자가 나오면 좌측 하단의 "확인" 단추를 누르면 다음과 같은 결과가 나타난다.

일변량 분산분석

개체-간 요인

		N
놀이형태	1	10
	2	10
	3	10
성별	1	15
	2	15

기술통계량

종속 변수:지속시간

놀이형태	성별	평균	표준편차	N
1	1	9.20	1.924	5
	2	11.00	2.236	5
	합계	10.10	2.183	10
2	1	10.00	2.646	5
	2	5.80	3.114	5
	합계	7.90	3.510	10
3	1	6.00	3.536	5
	2	8.00	2.345	5
	합계	7.00	3.018	10
합계	1	8.40	3.135	15
	2	8.27	3.262	15
	합계	8.33	3.144	30

개체-간 효과 검정

종속 변수:지속시간

소스	제 III 유형 제곱합	자유도	평균 제곱	F	유의확률
수정 모형	113.067[a]	5	22.613	3.126	.026
절편	2083.333	1	2083.333	288.018	.000
놀이형태	50.867	2	25.433	3.516	.046
성별	.133	1	.133	.018	.893
놀이형태 * 성별	62.067	2	31.033	4.290	.026
오차	173.600	24	7.233		
합계	2370.000	30			
수정 합계	286.867	29			

a. R 제곱 = .394 (수정된 R 제곱 = .268)

프로파일 도표

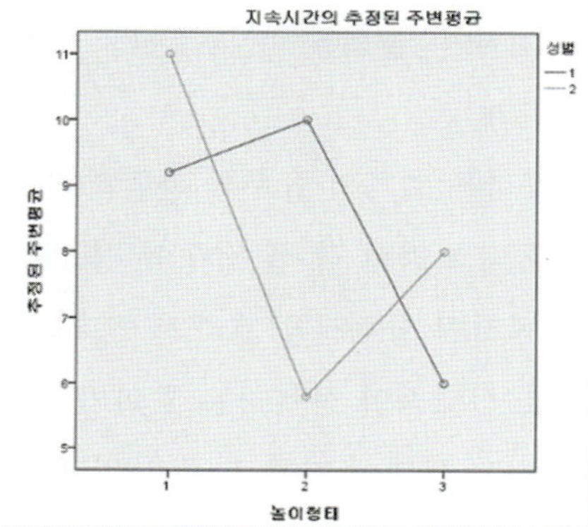

결과표 해석

'기술통계량' 부분에서는 놀이 형태와 성별 기술통계치가 제시되어 있다. 극놀이(놀이 형태 1)를 한 남아(성별 1)는 지속시간 평균이 9.20이었으며 표준편차는 1.92, 사례 수는 5임을 알 수 있다. 또한 극놀이를 한 여아와 전체 대상에 대한 기술통계와 블록놀이, 혼자놀이를 하는 유아들에 대한 자료를 볼 수 있다.

'개체-간 효과 검정' 부분을 보면 놀이 형태에 따라서는 .05 수준에서 통계적으로 유의미한 차이가 나타난 반면, 성별에 따라서는 .05 수준에서 통계적으로 유의미한 차이가 나타나지 않았다.

놀이 형태에 따른 놀이의 지속시간은 자승화(type III Sum of Squares)가 50.867인데 자유도가 2(놀이 형태 3가지-1)이므로 자승화를 자유도로 나눈 평균자승화는 25.433이 되었으며, 이를 오차(Error)의 평균자승화 7.233으로 나눈 F비는 3.516으로 유의도 .046을 나타내 α=.05 수준에서 유의미한 차이가 있는 것으로 나타났다. 그러나 성별에 따른 놀이의 지속시간은 자승화가 .133이고 자유도가 1(성별 종류 2-1)이므로 자승화를 자유도로 나눈 평균자승화는 .133이 되었으며 이를 오차(Error)의 평균자승화 7.233으로 나눈 F비는 .018로 유의도 .893을 나타내 α=.05 수준에서 유의미한 차이가 없는 것으로 나타났다.

한편 놀이 형태와 성별 간의 상호작용은 자승화가 62.067인데 자유도가 '(놀이 형태 3−1)(성별 2−1)' 로 2이므로 자승화를 자유도로 나눈 평균자승화는 31.033이 되었으며 이를 오차(Error)의 평균자승화 7.233으로 나눈 F비는 4.290으로 유의도 .026을 나타내 α=.05 수준에서 유의미한 상호작용 효과가 있는 것으로 나타났다.

이원변량분석에서 상호작용의 해석 유의점

〈1단계〉

상호작용 효과의 유무를 판단하기 위해서 선도표(꺽은선 차트)를 그려 본다.

도표를 그려서 각 셀 점수의 평균을 나타내는 점을 이은 선이 만나거나 교차하게 되면 실제적인 상호작용 효과가 있다는 것을 의미한다. 여기의 예에서는 선이 서로 교차하므로 실제적인 상호작용 효과가 있다. 이럴 경우는 도표를 제시하고 각각의 성별에서의 놀이 형태에 따른 평균을 비교하여 해석한다. 위에서 예를 든 상호작용 도표에서 평균을 비교해 보면 남아의 경우 2, 1, 3 놀이 형태 순으로, 여아의 경우는 1, 3, 2 놀이 형태 순으로 나타나서 성별에 따라 놀이 형태의 선호도가 다른 것으로 나타났다. 그리고 추가적으로 다음의 2단계를 실시할 수 있다.

〈2단계〉

상호작용 효과의 성질을 구체적으로 알아보기 위해 단순 주 효과 검증을 실시한다.

단순 주 효과 검증은 의의 있는 차이를 나타낸 변인(여기의 예에서는 '놀이형태' 변인)의 단순 주 효과를 검증한다. 어떤 변인(예를 들면, A변인)에 대한 단순 주 효과는 다른 변인(예를 들면, B변인)의 수준(level)에 따른 일원변량분석을 수행함으로써 분석할 수 있다. 두 변인 모두 의의 있는 차이를 나타냈다면 두 변인 모두(A변인, B변인) 단순 주 효과 검증을 한다.

본 절에서 제시한 예에 있어서는 통계적으로 유의미한 차이가 나타난 변인이 '놀이형태' 이기 때문에 성별의 수준(남아, 여아) 각각에 있어서 놀이 형태의 차이를 검증함으로써 상호작용 효과를 알아볼 수 있다. 이렇게 함으로써 놀이 형태의 차이가 남아에 기인한 것인지, 여아에 기인한 것인지 검증할 수 있는 것이다. 이런 분석을 위해서는 여아를 제외한 남아 대상 일원변량분석($B@A_1$)과 남아를 제외한 여아 대상 일원변량분석($B@A_2$) 두 번이 실시될 필요가 있다.

표 8-1 단순 주 효과 검증 결과표

변산원	*SS*	*df*	*MS*	*F*	*p*
B					
$B@A_1$	44.8	2	22.4	2.90	.09
$B@A_2$	68.13	2	34.07	5.06*	.03

$^* p < .05$

여기에서는 의의 있는 차이를 나타낸 변인이 B변인이므로 B변인에 대하여 단순 주 효과 검증을 실시하겠다. B변인에 대하여 단순 주 효과 검증을 실시한 결과 〈표 8-1〉과 같다. 〈표 8-1〉에서 볼 수 있는 것처럼 B의 단순 주 효과를 검증한 결과, A_1 수준(남아)에서는 통계적으로 유의미한 차이가 없었고[$B@A_1(F=2.90,\ p > .05)$], A_2 수준

(여아)에서는 통계적으로 유의미한 차이가 있었다[B@A_2(F=5.06, p < .05)].

따라서 A_1의 경우는 B변인의 차이가 없지만 A_2의 경우는 B변인의 차이가 있다. 즉, 남아의 경우에는 놀이 유형에 따라 놀이 지속시간의 차이가 없지만 여아의 경우에는 놀이 유형에 따라 놀이 지속시간의 차이가 있다고 결론지을 수 있다. 따라서 놀이 유형에 따라 처치효과가 나타난 것은 여아의 경우에서 처치효과가 있었기 때문에 나타난 것으로 해석할 수 있다.

힌 트

실제적으로 상호작용 효과가 나타났을 때는 해석에 유의해야 한다. 독립변인에 대하여 설정한 주 효과를 의의 있는 것으로 받아들이는 것을 유보하고 먼저 도표와 단순 주 효과 검증에 의하여 해석한 결과를 토대로 해석해야 한다. 이렇게 함으로써 처치의 차이를 나타낸 원인이 된 변인의 수준에서만 검증결과를 해석하고 따라서 설정한 가설도 부분적으로만 인정한다. 특히 연구에 있어 가설이 수준(level)별로 설정되었을 경우 특히 그렇다. 가설이 수준별로 설정되지 않았을 경우는 부가적으로 제시하는 형태를 취한다.

또 여아의 경우에도 구체적으로 어떤 놀이 유형 간에 놀이 지속시간이 차이가 나는지를 알아보기 위하여 추가적으로 사후검증을 실시한다. 이렇게 하면 변량분석에서 왜 상호작용 효과가 나타났는지 해석이 가능해진다.

3. SPSS와 이원 반복측정 변량분석

아래의 이원 반복측정 변량분석의 예는 '제6장 일원변량분석과 반복측정 변량분석' 부분에서 제시한 일원 반복측정 변량분석의 확장으로 1개의 독립변인(애착 유형)이 추가된 이원 반복측정분석이다. 여기에서 애착 유형은 일반 독립변인(개체-간 변인)이고 4주의 적응 과정은 반복 측정된 변인(개체-내 변인)이다. 이렇게 독립변인이 2개(애착 유형, 적응 과정)이면서 그중 한 개 변인이 반복 측정되기 때문에 이원 반복측정 변량분석(two-way repeated measure ANOVA)이 된다.

연구의 예

연구자는 시간이 지남에 따라 애착 유형(안정애착, 불안정애착)별 유아가 유치원 생활에 적응하는 과정의 차이를 조사하고자 하였다. 30명의 유아들을 대상으로 1주, 2주, 3주, 4주의 유치원 생활 적응행동문제 점수를 기록하였으며 [그림 8-7]과 같이 SPSS에 입력하였다. 안정애착 유아를 1로, 불안정애착 유아를 2로 분류하였다.

	애착유형	적응문제1주	적응문제2주	적응문제3주	적응문제4주
1	1.00	13.00	11.00	10.00	8.00
2	1.00	14.00	14.00	13.00	12.00
3	1.00	15.00	13.00	12.00	10.00
4	1.00	14.00	13.00	12.00	10.00
5	1.00	15.00	12.00	12.00	9.00
6	1.00	15.00	14.00	12.00	9.00
7	1.00	15.00	13.00	12.00	10.00
8	1.00	14.00	12.00	11.00	10.00
9	1.00	14.00	12.00	12.00	10.00
10	1.00	13.00	12.00	11.00	9.00
11	1.00	15.00	13.00	11.00	9.00
12	1.00	14.00	12.00	10.00	9.00
13	1.00	15.00	13.00	11.00	9.00

그림 8-7 SPSS에 입력한 반복측정 분산분석 데이터

분석 과정

① [그림 8-7]은 10개의 데이터를 입력한 화면이다. 나머지 데이터는 본 책 예제 데이터의 「반복측정.sav」 파일을 불러온다.

② [그림 8-8]과 같이 메뉴 상에서 〈분석(A)〉-〈일반선형모형(G)〉-〈반복측정(R)〉을 차례로 선택한다. 그러면 [그림 8-9]와 같은 「반복측정 요인 정의」 대화상자가 나타난다.

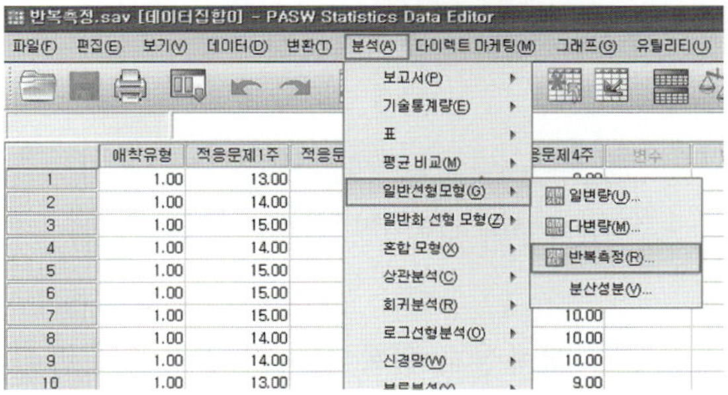

그림 8-8 SPSS에서의 반복측정 분산분석 실행 명령

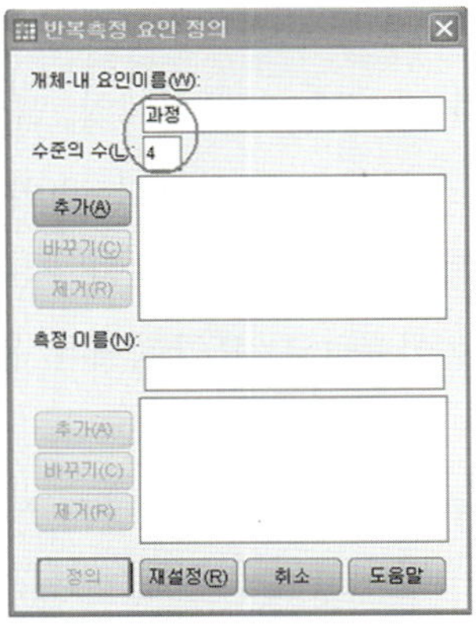

그림 8-9 「반복측정 분산분석」 요인 정의

③ [그림 8-9]의 반복측정 요인 정의 상자에서 '개체-내 요인이름(W)' 과 '수준의 수(L)' 를 지정하고 "추가(A)" 를 선택한 후 " 정의(F)" 를 클릭하면 [그림 8-10]과 같은 대화상자가 열린다. (여기에서는 '개체-내 요인이름' 으로는 [과정]을 '수준의 수' 는 '적응 과정' 변인이 4개 수준이므로 [4]를 선택하였다.)

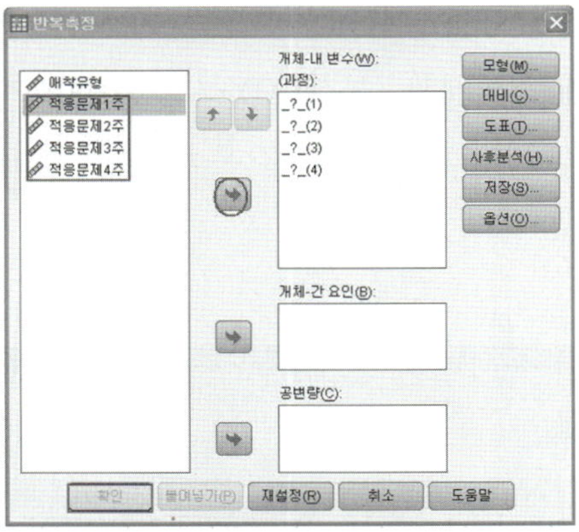

그림 8-10 「반복측정 분산분석」 대화상자

④ [그림 8-10]의 반복측정 대화상자 왼쪽 상자의 변수에서 반복측정에 사용될 종속변수를 개체-내 변수(W)로 옮기고, 독립변수를 개체-간 요인(B)으로 옮긴다.

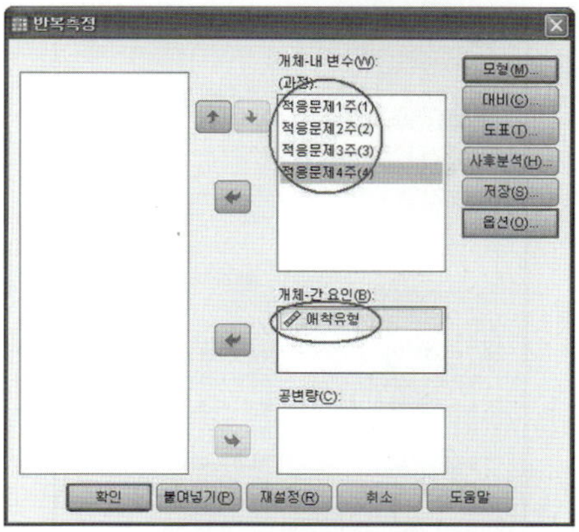

그림 8-11 「반복측정 분산분석」 대화상자

⑤ 그러면 [그림 8-11] 화면과 같이 '적응 과정' 변인 4개 수준이 '개체-내 변수(W)' 로 들어온다. 분석을 위해 "모형(M)" 을 클릭하면 [그림 8-12]에서와 같이 '완전요인모형(F)' 과 '제Ⅲ유형 제곱합' 이 기본으로 선택되어 있는 것을 확인할 수 있다. 그대로 두고 "계속" 을 클릭한다.

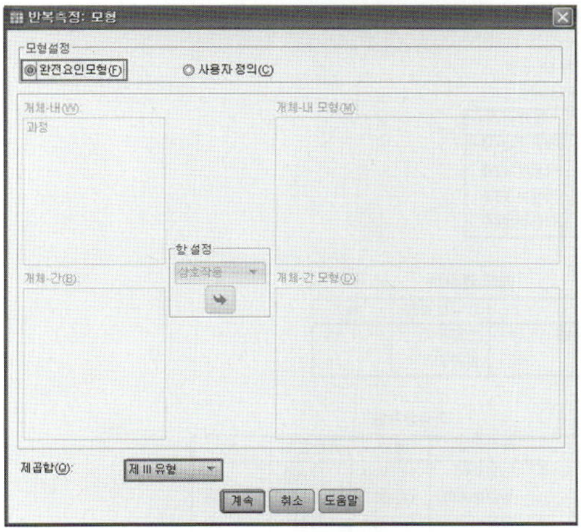

그림 8-12 「반복측정: 모형」 대화상자

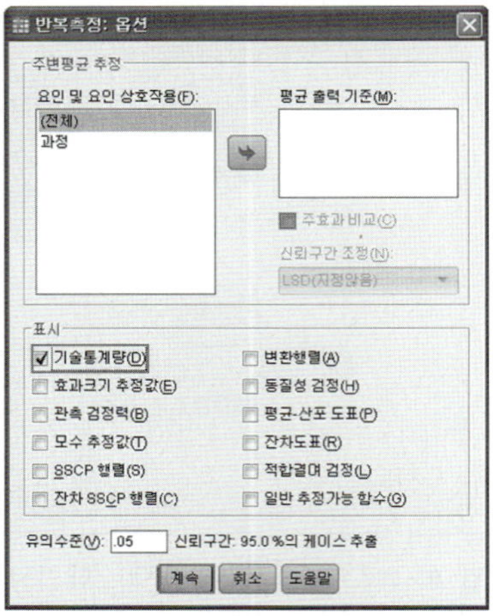

그림 8-13 「반복측정: 옵션」 대화상자

⑥ 다시 [그림 8-11]의 반복측정 "옵션" 단추를 누르면 [그림 8-13]과 같이 '옵션' 대화상자가 나타나는데, '옵션' 대화상자에서 "기술통계량(D)"을 선택하고 "계속"을 클릭한 후 "확인" 단추를 누른다. 그러면 결과표가 산출된다.

일반 선형 모델

개체-내 요인

측도:MEASURE_1

과정	종속 변수
1	적응문제1주
2	적응문제2주
3	적응문제3주
4	적응문제4주

개체-간 요인

		변수값 설명	N
애착유형	1.00	안정애착	15
	2.00	불안정애착	15

기술통계량

	애착유형	평균	표준편차	N
적응문제1주	안정애착	14.2000	.77460	15
	불안정애착	14.1333	.91548	15
	합계	14.1667	.83391	30
적응문제2주	안정애착	12.6000	.82808	15
	불안정애착	13.6000	.91026	15
	합계	13.1000	.99481	30
적응문제3주	안정애착	11.2667	.96115	15
	불안정애착	13.2000	.94112	15
	합계	12.2333	1.35655	30
적응문제4주	안정애착	9.3333	1.04654	15
	불안정애착	12.3333	.97590	15
	합계	10.8333	1.82101	30

다변량 검정[b]

효과		값	F	가설 자유도	오차 자유도	유의확률
과정	Pillai의 트레이스	.927	110.756[a]	3.000	26.000	.000
	Wilks의 람다	.073	110.756[a]	3.000	26.000	.000
	Hotelling의 트레이스	12.780	110.756[a]	3.000	26.000	.000
	Roy의 최대근	12.780	110.756[a]	3.000	26.000	.000
과정 * 애착유형	Pillai의 트레이스	.735	24.074[a]	3.000	26.000	.000
	Wilks의 람다	.265	24.074[a]	3.000	26.000	.000
	Hotelling의 트레이스	2.778	24.074[a]	3.000	26.000	.000
	Roy의 최대근	2.778	24.074[a]	3.000	26.000	.000

a. 정확한 통계량

b. Design: 절편 + 애착유형
개체-내 계획: 과정

Mauchly의 구형성 검정[b]

측도:MEASURE_1

개체-내 효과	Mauchly의 W	근사 카이제곱	자유도	유의확률	엡실런[a] Greenhouse-Geisser	Huynh-Feldt	하한값
과정	.674	10.534	5	.062	.775	.880	.333

정규화된 변형 종속변수의 오차 공분산행렬이 단위행렬에 비례하는 영가설을 검정합니다.

a. 유의성 평균검정의 자유도를 조절할 때 사용할 수 있습니다. 수정된 검정은 개체내 효과검정 표에 나타납니다.

b. Design: 절편 + 애착유형

개체-내 효과 검정

측도:MEASURE_1

소스		제 III 유형 제곱합	자유도	평균 제곱	F	유의확률
과정	구형성 가정	178.767	3	59.589	198.630	.000
	Greenhouse-Geisser	178.767	2.326	76.841	198.630	.000
	Huynh-Feldt	178.767	2.641	67.699	198.630	.000
	하한값	178.767	1.000	178.767	198.630	.000
과정 * 애착유형	구형성 가정	38.533	3	12.844	42.815	.000
	Greenhouse-Geisser	38.533	2.326	16.563	42.815	.000
	Huynh-Feldt	38.533	2.641	14.593	42.815	.000
	하한값	38.533	1.000	38.533	42.815	.000
오차(과정)	구형성 가정	25.200	84	.300		
	Greenhouse-Geisser	25.200	65.141	.387		
	Huynh-Feldt	25.200	73.937	.341		
	하한값	25.200	28.000	.900		

개체-내 대비 검정

측도:MEASURE_1

소스	과정	제 III 유형 제곱합	자유도	평균 제곱	F	유의확률
과정	선형모형	177.127	1	177.127	342.826	.000
	2차모형	.833	1	.833	4.118	.052
	3차모형	.807	1	.807	4.458	.044
과정 * 애착유형	선형모형	38.507	1	38.507	74.529	.000
	2차모형	.000	1	.000	.000	1.000
	3차모형	.027	1	.027	.147	.704
오차(과정)	선형모형	14.467	28	.517		
	2차모형	5.667	28	.202		
	3차모형	5.067	28	.181		

개체-간 효과 검정

측도:MEASURE_1
변환된 변수:평균

소스	제 III 유형 제곱합	자유도	평균 제곱	F	유의확률
절편	19000.833	1	19000.833	7585.884	.000
애착유형	64.533	1	64.533	25.764	.000
오차	70.133	28	2.505		

결과표 해석

① 「기술통계」 부분은 애착 유형별 적응문제 1주, 2주, 3주, 4주 기술통계치가 제시되어 있다. 안정애착집단은 1주 평균 14.20, 표준편차 .77, 2주 평균은 12.60, 표준편차 .83, 3주 평균은 11.27, 표준편차 .96, 4주 평균 9.33, 표준편차 1.05이었으며, 불안정한 집단의 유아들은 1주 평균 14.13, 표준편차 .92, 2주 평균 13.60, 표준편차 .91, 3주 평균 13.20, 표준편차 .94, 4주 평균 12.33, 표준편차 .98임을 알 수 있다.

② 「다변량 검정」 부분은 다변량 통계값이 제시되어 있다. 결과를 살펴보면, 적응문제 과정 Wilks의 람다값이 .073, p-value(유의확률)가 .000, 적응문제 과정과 애착 유형 상호작용 Wilks의 람다값이 .265, p-value(유의확률)가 .000로 나타났다. 따라서 4주 동안의 반복측정에 따라 통계적으로 유의미한 차이가 있으며, 또한 적응문제 과정(개체 내)과 애착 유형(개체 간)과의 상호작용 효과가 있다고 볼 수 있다.

③ 「Mauchly의 구형성 검정」 부분은 동일한 분산 유무를 점검하는(동변량성 가정 충족 유무의 검증) 구형성 가정 결과이다. 구형성 가정을 검증한 결과, 유의확률이 .062로 구형성 가정이 충족되었음을 알 수 있다. 따라서 종속변인의 측정값 차이의 분산이 동일하다고 볼 수 있다.

④ 「개체-내 효과검증」 분석 결과를 보면, 적응문제 과정에 따라 적응문제행동에는 통계적으로 유의미한 차이가 있으며(*F*값 198.630, 유의확률이 .000으로), 적응 과정과 애착 유형의 상호작용 효과가 나타난 것으로(*F*값 42.815, 유의확률이 .000으로) 해석할 수 있다. 이러한 상호작용 효과는 앞에서 제시한 바와 같이 상호작용 도표를 그리고 해석되어야 한다. 물론 단순 주 효과 검증에 의한 상호작용 해석도 실시될 수 있다.

⑤ 「개체-간 효과검증」 분석 결과를 보면, *F*값은 25.764, 유의확률은 .000으로 애착 유형에 따라 적응문제행동에는 통계적으로 유의미한 차이가 있다고 해석할 수 있다.

제 9 장

공변량분석

제6장과 제8장에서는 처치 수준이 다른 집단 간에 종속변인 값의 차이가 있는지를 조사하는 방법인 변량분석을 살펴보았다. 처치 수준이 종속변인 값에 미치는 영향을 보기 위해서는 실험설계에 의해 매개변인(가외변인)이 통제되어야 하는데 이처럼 매개변인을 통계적인 방법으로 조정하는 것이 공변량분석이다. 본 장에서는 매개변인을 통제함으로써 독립변인 외에 종속변인에 미치는 요소들이 작용할 경우 종속변인에 미치는 효과를 통계적인 방법으로 통제하는 공변량분석을 다루어 보고자 한다.

1. 공변량분석

공변량분석(ANCOVA; analysis of covariance)은 독립변인 외에 종속변인에 미치는 요소들(가외변인들)이 작용할 경우 종속변인에 미치는 효과를 통계적인 방법으로 통제하는 분석 방법이다. 즉, 공변량분석은 통제하지 않았거나 통제하지 못한 변인이 종속변인에 미친 효과를 통계적인 방법으로 통제하는 분석 방법으로 이때 공변인(covariate)은 독립변인과 긴밀한 관계를 갖는 변인이어야 한다. 또한, 매개변인과 종속변인의 상관관계가 높을 때 변량분석 대신 공변량분석을 실시함으로써 순수한 처치효과를 검증할 수 있다. 이러한 공변량분석은 집단의 차이 검증에 있어서 결과에 대한 검증력을 높이거나, 실험 전에 이미 존재하는 집단의 차이를 통계적으로 통제하고자 할 때 유용한 분석 방법이다.

각 집단의 사전 점수가 동일하지 않은 상태에서 처치를 하였을 경우, 사후점수에서의 집단 차이가 처치에 의한 효과라고 말하기는 어렵다. 예를 들어, 동화책을 활용한 이야기 꾸미기 활동이 유아의 친사회적행동에 효과가 있는지의 여부를 검증하기 위해 실험집단과 통제집단으로 배정하여 두 집단에게 사전친사회적행동을 측정한 후, 실험집단은 동화책을 활용한 이야기 꾸미기 활동을 실시하였고 통제집단은 동화책을 활용한 이야기 꾸미기 활동을 실시하지 않고 친사회적행동(사후검사)을 재측정하였다. 이때, 사후검사에서 실험집단과 통제집단 간의 차이가 발견된다면 그 차이는 실험처치에 의해 유발된 것일 수도 있고 사전검사에서의 두 집단 차이가 반영된 것일 수도 있다. 사전검사와 사후검사가 높은 상관관계를 가지고 있는 상태라면 사전검사의 영향이 원인일 수 있다는 것이다. 즉, 처음부터 낮은 친사회적행동 점수를 보였던 유아의 친사회적행동 사후검사 점수는 해당 유아 본인의 사전검사 점수보다는 높아졌을지라도 다른 유아들과 비교해 볼 때 다른 유아들의 사후검사 점수보다는 낮은 친사회적행동 점수를 보일 수 있을 것이다. 따라서, 이야기 꾸미기 활동에 대한 처치효과를 보다 순수하게 검증하기 위해서는 사전점수를 공변인으로 한 회귀등식을 사용하여 각 집단의 매개변인(사전점수)의 평균을 동일하게 한 후 종속변인(사후점수)을 교정하여 교정된 종속변인의 평균 차이를 검증하는 공변량분석을 사용해야 할 것이다.

사전검사와 사후검사 점수의 산포도를 각 집단별로 비교해 보면 다음과 같다.

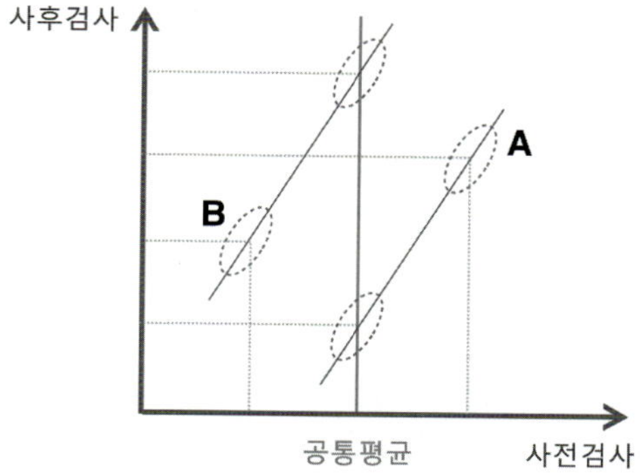

그림 9-1 공변량분석의 원리

[그림 9-1]과 같이 두 집단의 사전능력이 다르기 때문에 사후점수를 비교하기 어렵게 되므로 사전능력을 통제하기 위해 사전검사 점수의 평균, 즉 두 집단의 사전능력의 평균이 동일해지도록 회귀등식을 이용하여 사후점수를 이동시켜 교정점수를 만들어 낸다. 그러면, 사전검사에서 높은 점수를 나타냈던 실험집단(A)의 사후검사의 평균은 내려가게 되고 사전검사에서 낮은 수준을 나타냈던 통제집단(B)의 사후검사 점수는 올라가게 되어 동화책을 활용한 이야기 꾸미기 활동의 효과 차이를 정확하게 정의할 수 있게 된다. 이러한 공변량분석을 통하여 집단별 교정된 사후점수의 평균 차이, 다시 말하면 교정평균의 차이를 검증할 수 있게 되는 것이다.

1) 공변량분석의 기본 가정

공변량분석에 필요한 통계적 기본 가정들은 다음과 같다.

① 표본들이 전집에서 무선으로 선정되어야 한다(무선표집 가정).

② 전집에서 표집된 측정치들이 A집단의 각 수준과 B집단의 각 수준이 이루는 모든 조합에 따라 서로 독립적이어야 한다(독립성 가정).

③ 측정치들이 A집단의 각 수준과 B집단의 각 수준이 이루는 모든 조합에 따라 각 전집에서 정상분포를 이루어야 한다(정상분포 가정).

④ 전집의 변량들이 A집단의 각 수준과 B집단의 각 수준이 이루는 모든 조합에 따라 서로 동등해야 한다(전집의 동변량성 가정).

⑤ 매개변인과 종속변인 간에 선형적 상관관계가 있어야 한다(상관관계 가정).

⑥ 매개변인과 종속변인의 회귀선이 동일한 기울기를 가져야 한다(회귀계수의 동일 가정).

2. SPSS와 공변량분석

◉ 연구의 예

연구자는 동화책을 활용한 이야기 꾸미기 활동이 유아의 친사회적행동에 영향을 미치는지를 알아보기 위해 먼저 실험집단과 통제집단의 친사회적행동에 대한 사전검사를 실시하였다. 실험집단과 통제집단 각 20명의 유아를 대상으로 실험집단의 유아들은 동화책을 들려준 후 이야기 꾸미기 활동을 실시하였으며 통제집단의 유아들은 동화책을 들려준 후 이외의 활동들은 실시하지 않았다. 활동이 모두 마무리된 후 사후친사회적행동 검사를 재측정하였으며 그 결과를 SPSS에 입력한 것이 [그림 9-2]와 같은 데이터이다. 연구자는 사전능력의 영향이 배제된 동화책을 활용한 이야기 꾸미기 활동에 따른 사후친사회적행동의 교정 평균에 있어 차이가 있는지 알아보기 위해 아래와 같은 공변량분석을 실시하였다.

	집단	성별	사전친사회적행동	사후친사회적행동
1	1.00	1.00	2.33	4.19
2	1.00	1.00	3.12	4.38
3	1.00	1.00	3.48	4.45
4	1.00	1.00	2.48	4.26
5	1.00	1.00	2.64	4.40
6	1.00	1.00	3.12	4.57
7	1.00	1.00	2.76	4.43
8	1.00	1.00	3.00	4.55
9	1.00	2.00	3.69	4.86

그림 9-2 SPSS에 입력한 공변량분석 데이터

힌 트

여기에서 예로 든 데이터의 경우 사전능력의 영향이 배제된 사후친사회적행동의 교정 평균의 차이를 알아보았기 때문에 공변량분석에 해당하며 독립변인이 1개(동화책을 활용한 이야기 꾸미기 활동)이기 때문에 일원 공변량분석(one-way ANCOVA)에 해당한다.

- 분석 과정

① [그림 9-2]는 공변량분석을 하기 위한 데이터를 입력한 화면이다. 나머지 데이터는 본 책 예제 데이터의 「공분산분석.sav」 파일에 저장되어 있다.

② [그림 9-3]과 같이 메뉴 상에서 〈분석(A)〉-〈일반선형모형(G)〉-〈일변량(U)〉을 차례로 선택한다. 그러면 [그림 9-4]와 같은 「공분산분석」 대화상자가 나타난다.

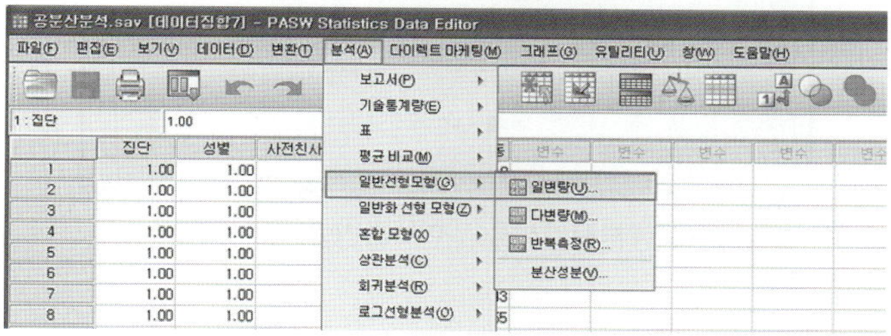

그림 9-3 SPSS에서의 공분산분석 실행 명령

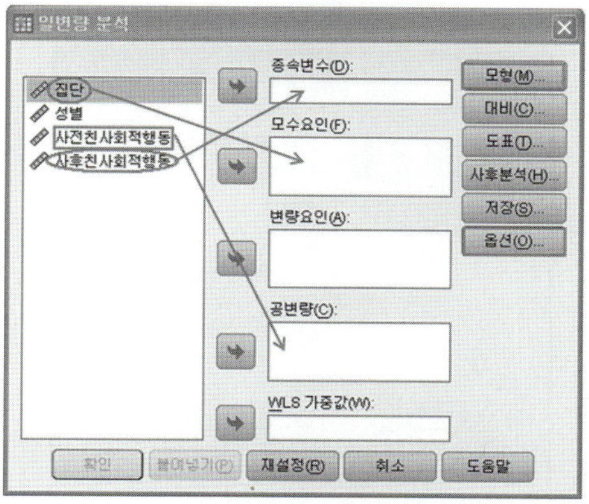

그림 9-4 공분산분석을 위한 「일변량분석」 대화상자

③ 변수들 중 '모수요인(F):' 에는 독립변인인 '집단' 을 '종속변수(D):' 에는 종속변인인 '사후친사회적행동', '공변량(C):' 에는 '사전친사회적행동' 을 지정한다.

④ [그림 9-4]의 일변량분석 대화상자의 오른쪽 상단에 있는 모형(M)을 클릭한 후 공변량 주 효과 전에 입력한 결과를 산출하기 위해 [그림 9-5]와 같이 제 I 유형 제곱합을 선택한다.

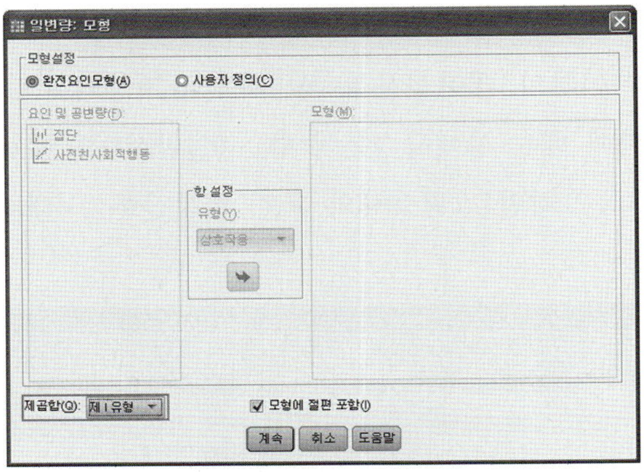

그림 9-5 공분산분석을 위한「일변량: 모형」대화상자

⑤ 다음으로 [그림 9-4]의 일변량분석 대화상자의 '옵션(O)' 단추를 누르면 [그림 9-6] '일변량: 옵션' 대화상자가 나온다. '주변평균 추정' 의 '요인 및 요인 상호작

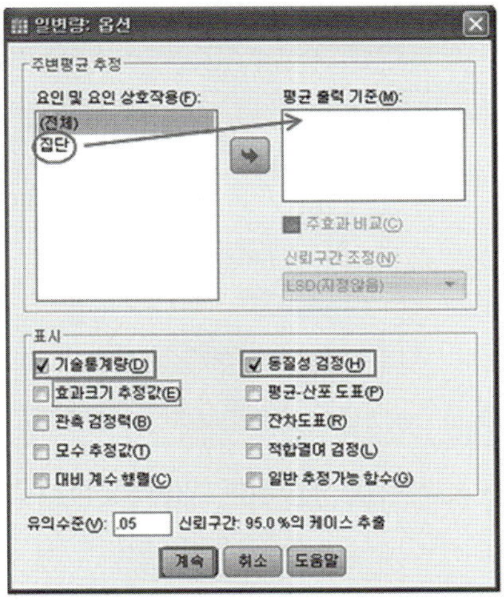

그림 9-6 공분산분석을 위한「일변량: 옵션」대화상자

용(F):' 에서 공변량의 효과를 제거한 후 추정된 종속변인의 평균(교정평균)을 알아보기 위해 산출하고자 하는 변인을 오른쪽 '평균출력기준(M)' 으로 이동시킨다. 여기에서는 '집단' 변인에 따른 교정평균을 산출할 것이다.

⑥ [그림 9-6]의 '일변량: 옵션' 대화상자 "기술통계량(S)" 과 "동질성 검정(H)" 을 선택하고 하단의 "계속" 단추를 누르면 [그림 9-4]의 일변량분석 대화상자가 나오는데 여기서 "확인" 을 누르면 다음과 같은 결과가 나타난다.

일변량 분산분석

개체-간 요인

		변수값 설명	N
집단	1.00	실험집단	20
	2.00	비교집단	20

기술통계량

종속 변수:사후친사회적행동

집단	평균	표준편차	N
실험집단	4.6024	.19997	20
비교집단	3.3683	.28889	20
합계	3.9853	.67129	40

오차 분산의 동일성에 대한 Levene의 검정[a]

종속 변수:사후친사회적행동

F	df1	df2	유의확률
2.005	1	38	.165

여러 집단에서 종속변수의 오차 분산이 동일한 영가설을 검정합니다.

a. Design: 절편 + 사전친사회적행동 + 집단

개체-간 효과 검정

종속 변수:사후친사회적행동

소스	제 I 유형 제곱합	자유도	평균 제곱	F	유의확률
수정 모형	16.824[a]	2	8.412	414.357	.000
절편	635.319	1	635.319	31295.054	.000
사전친사회적행동	2.708	1	2.708	133.414	.000
집단	14.115	1	14.115	695.300	.000
오차	.751	37	.020		
합계	652.894	40			
수정 합계	17.575	39			

a. R 제곱 = .957 (수정된 R 제곱 = .955)

추정된 주변평균

집단

종속 변수:사후친사회적행동

집단	평균	표준오차	95% 신뢰구간 하한값	95% 신뢰구간 상한값
실험집단	4.582[a]	.032	4.518	4.647
비교집단	3.388[a]	.032	3.324	3.453

a. 모형에 나타나는 공변량은 다음 값에 대해 계산됩니다.: 사전친사회적행동 = 3.0964.

○ 결과표 해석

① 「기술통계」 부분은 처치 후 검사한 사후친사회적행동의 집단 기술통계치가 제시되어 있다. 실험집단은 평균이 4.60, 표준편차는 0.20, 사례 수는 20이었으며, 통제집단의 평균은 3.37, 표준편차는 0.29, 사례 수는 20임을 알 수 있다.

② 「오차분산의 동일성에 대한 Levene의 검정」 부분은 실험, 통제집단에 따른 사후친사회적행동의 Levene의 등분산 가정 검증 결과가 제시되어 있다. 결과를 살펴보면, p-value(유의확률)가 .165로 나타나 실험, 통제집단 간의 등분산 가정에 문제가 없는 것으로 나타났다.

③ 「개체-간 효과검증」 부분은 사전친사회적행동이 공변인으로 반영된 상태에서의 공변량분석 결과이다. 결과, 사전친사회적행동 *F*통계값은 133.41, 유의확률은 .000으로 사전능력이 사후친사회적행동 점수에 유의미한 영향을 미치고 있음을 알 수 있다. 사전능력이 사후친사회적행동 점수에 미치는 영향을 통제한 후의 사후친사회적행동 점수의 *F*통계값은 695.300, 유의확률은 .000으로 집단에 따라 통계적으로 유의미한 차이가 나타났다. 따라서 동화책을 활용한 이야기 꾸미기 활동에 따라 교정된 친사회적행동 수준에 유의미한 차이가 있다고 결론 내린다.

④ 「추정된 주변평균」 부분은 공변량분석에 의해 추정된 교정평균값이 제시되어 있다. 표를 보면 교정된 사후친사회적행동 점수의 집단별 평균과 표준오차가 제시되어 있음을 알 수 있다.

제 10 장

중다변량분석

1. 중다변량분석
2. SPSS와 중다변량분석

제6장부터 다룬 변량분석은 종속변인이 하나일 때 처치의 차이가 있는지를 구분하는 방법인데 비하여, 중다변량분석은 종속변인이 두 개 이상일 때 독립변인의 효과를 분석하는 방법이다. 본 장에서는 두 개 이상의 종속변인이 선형적으로 결합하여 이룬 평균들의 집합이 모든 집단에서 같다는 영가설을 검증하는 중다변량분석을 다루어 보고자 한다.

1. 중다변량분석

중다변량분석(MANOVA; multi-variate analysis of variance)은 변량분석을 확장한 방법으로 두 개 이상의 종속변인에 대한 독립변인의 효과를 분석하는 방법이다.

변량분석은 하나의 종속변인의 평균이 모든 집단에서 동일하다는 영가설을 검증하는 반면 중다변량분석은 두 개 이상의 종속변인이 선형적으로 결합하여 이룬 평균들의 집합이 모든 집단에서 같다는 영가설을 검증한다. 즉, 중다변량분석은 검증하고자 하는 종속변인의 수가 2개 이상이라는 것과 독립변인들의 집단 간 종속변인에 대한 평균의 차이 검증이 아니라 모집단의 중심인 평균들의 집합(vector) 간에 차이가 있는지를 검증하는 통계 방법이라는 점에서 구별된다. 종속변인들 간의 상관관계가 높은 경우 변량분석을 여러 번 실시하는 대신 중다변량분석을 실시하는 것이 바람직하다. 종속변인이 두 개 이상인 경우 변량분석을 여러 번 실시하는 대신 중다변량분석을 하는 이유는 첫째, 종속변인들 간 서로 상관관계가 높은 경우 중다변량분석을 사용하면 변량분석에서 분석할 수 없는 결합된 차이를 밝혀낼 수 있다. 즉, 종속변인 군에 대해서 차이가 있음을 검증할 뿐만 아니라 종속변인 군에서의 차이가 종속변인 중에서 어느 변인에서 차이가 나는지도 검증할 수 있다. 둘째, 변량분석을 사용하면 어떤 종속변인에 실제적으로 차이가 존재하지 않는 경우에도 차이가 있는 것으로 결론지을 확률인 1종 오류의 확률이 커지기 때문에 변량분석을 여러 번 사용하는 대신에 중다변량분석을 사용한다.

1) 중다변량분석의 가설검증

중다변량분석은 종속변인들의 평균벡터가 모든 집단에서 동일하게 나타난다는 영가설과 집단 간의 종속변인에 대한 평균벡터의 차이가 존재한다는 연구가설을 설정하여 이를 검증할 수 있다.

$$H_0 : \begin{bmatrix} \mu_{11} \\ \mu_{21} \\ \cdot \\ \cdot \\ \cdot \\ \cdot \\ \mu_{p1} \end{bmatrix} = \begin{bmatrix} \mu_{12} \\ \mu_{22} \\ \cdot \\ \cdot \\ \cdot \\ \cdot \\ \mu_{p2} \end{bmatrix} = \cdot\ \cdot\ \cdot\ \cdot\ \cdot\ \cdot = \begin{bmatrix} \mu_{1k} \\ \mu_{2k} \\ \cdot \\ \cdot \\ \cdot \\ \cdot \\ \mu_{pk} \end{bmatrix}$$

〈집단 1〉 〈집단 2〉 〈집단 k〉

중다변량분석에 필요한 통계적 기본 가정들은 다음과 같다.

① 종속변인들은 다변량 정상분포를 이루어야 한다(정상분포 가정).

② 각 집단의 분산-공분산 행렬의 동질성을 확보해야 한다(동변량성 가정).

③ 종속변인 간의 다중공선성의 문제가 없어야 한다(다중공선성 가정).

2. SPSS와 중다변량분석

○ 연구의 예

연구자는 어머니의 직업 유형이 유아의 스트레스와 유치원 적응에 영향을 미치는지를 조사하고자 하였다. 따라서 연구자는 어머니의 직업 유형을 종일제직업(1), 시간제직업(2), 전업주부(3) 세 가지 형태로 나누었다. 입력한 데이터는 [그림 10-1]과 같다.

	직업유형	스트레스	유치원적응
1	3.00	2.95	4.27
2	1.00	3.00	2.77
3	2.00	2.84	3.64
4	2.00	2.16	4.27
5	2.00	2.74	3.38
6	2.00	3.16	4.35
7	3.00	2.68	4.89
8	1.00	3.05	2.69
9	2.00	1.68	3.01
10	2.00	3.00	3.96
11	1.00	3.11	4.10
12	2.00	2.00	3.49

그림 10-1 SPSS에 입력한 중다변량분석 데이터

중점 사항

연구의 예에서 '스트레스'와 '유치원 적응'이라는 2개의 종속변인이 사용될 뿐 아니라 이 2개 변인 간에 상관이 가정되기 때문에 중다변량분석(MANOVA)을 수행하는 것에 대한 개념을 명확히 하기 바란다.

또, 중다변량분석을 수행하면 '스트레스'와 '유치원 적응'이라는 2개의 종속변인 모두를 고려한 다변량 F검증의 통계치와 종속변인별 각각의 단변량 F검증의 통계치 둘 다가 산출되고 해석된다는 점도 이해하기 바란다.

- 분석 과정

① [그림 10-1]은 중다변량분석을 위한 데이터를 입력한 화면이다. 본 책 예제 데이터의 「다변량분산분석.sav」 파일을 불러온다.

② [그림 10-2]와 같이 메뉴 상에서 〈분석(A)〉-〈일반선형모형(G)〉-〈다변량(M)〉을 차례로 선택한다. 그러면 [그림 10-3]과 같은 「다변량분산분석」 대화상자가 나타난다.

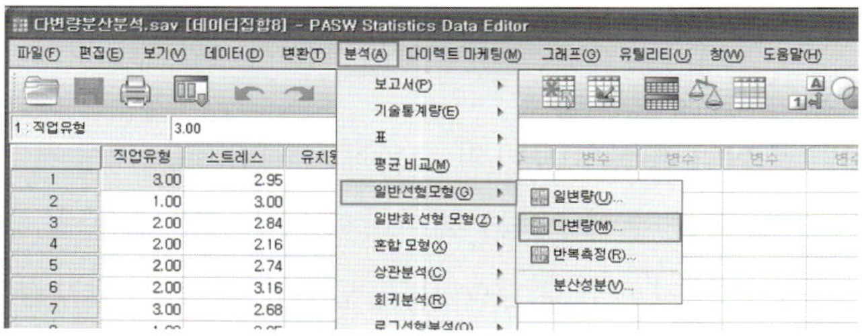

그림 10-2 SPSS에서의 다변량분산분석 실행 명령

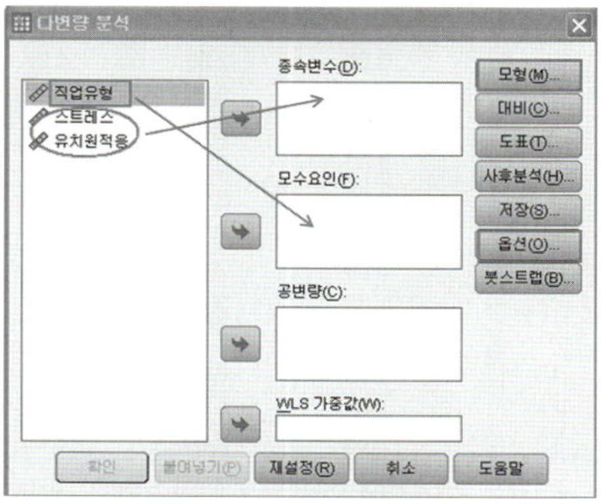

그림 10-3 「다변량분산분석」 대화상자

③ [그림 10-3]과 같이 왼쪽 변인들 중 "직업 유형" 변인을 독립변인으로(모수요인:) 하고 "스트레스" 와 "유치원 적응" 변인을 '종속변수' 로 클릭하여 옮긴다.

④ [그림 10-3]의 「다변량분산분석」 대화상자에서 오른쪽 상단의 "모형(M)" 단추를 누르면 [그림 10-4] 「다변량: 모형」 대화상자가 나온다. 본 분석에서는 기본 설정된 분석 방법(완전요인모형: 두 처치 변수의 주 효과와 상호작용 효과 및 절편이 포함된 값이 제시되며 기본 설정 값)을 이용한다.

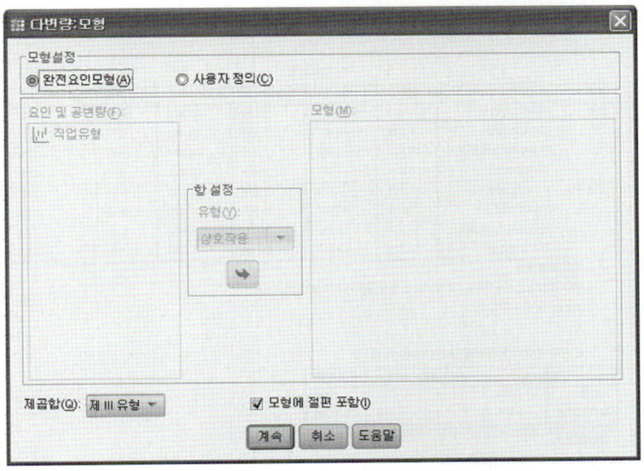

그림 10-4 「다변량: 모형」 대화상자

⑤ [그림 10-4] 좌측 하단의 "계속" 을 누르면 다시 [그림 10-3]의 「다변량분산분석」 대화상자가 나오는데, 이 대화상자에서 오른쪽 "옵션(O)" 을 클릭하면 [그림 10-5]와 같이 「다변량: 옵션」 대화상자가 나온다. 여기서 '요인 및 요인 상호작용(F)' 의 변인 "직업 유형" 을 평균 출력 기준(M)으로 옮기고, "기술통계량(D)", "동질성 검정(H)", "효과크기 추정값(E)" 을 클릭하고 "계속" 을 누른다.

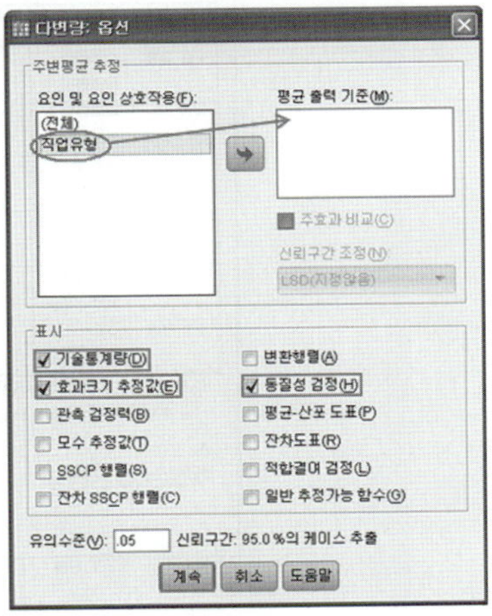

그림 10-5 「다변량: 옵션」 대화상자

⑥ [그림 10-3]의 「다변량분산분석」 대화상자에서 확인을 누르면 다음과 같은 결과가 나타난다.

기술통계량

	직업유형	평균	표준편차	N
스트레스	종일제직업	2.5088	.45732	9
	시간제직업	2.3707	.52786	23
	전업주부	2.2599	.58117	32
	합계	2.3347	.54562	64
유치원적응	종일제직업	2.9828	.44789	9
	시간제직업	3.6977	.61419	23
	전업주부	3.9494	.65770	32
	합계	3.7230	.68891	64

공분산행렬에 대한 Box의 동일성 검정[a]

Box의 M	4.775
F	.741
df1	6
df2	4915.633
유의확률	.616

여러 집단에서 종속변수의 관측 공분산행렬이 동일한 영가설을 검정합니다.

a. Design: 절편 + 직업유형

다변량 검정[c]

효과		값	F	가설 자유도	오차 자유도	유의확률	부분 에타 제곱
절편	Pillai의 트레이스	.975	1158.108[a]	2.000	60.000	.000	.975
	Wilks의 람다	.025	1158.108[a]	2.000	60.000	.000	.975
	Hotelling의 트레이스	38.604	1158.108[a]	2.000	60.000	.000	.975
	Roy의 최대근	38.604	1158.108[a]	2.000	60.000	.000	.975
직업유형	Pillai의 트레이스	.244	4.237	4.000	122.000	.003	.122
	Wilks의 람다	.756	4.494[a]	4.000	120.000	.002	.130
	Hotelling의 트레이스	.322	4.743	4.000	118.000	.001	.138
	Roy의 최대근	.320	9.761[b]	2.000	61.000	.000	.242

a. 정확한 통계량

b. 해당 유의수준에서 하한값을 발생하는 통계량은 F에서 상한값입니다.

c. Design: 절편 + 직업유형

오차 분산의 동일성에 대한 Levene의 검정[a]

	F	df1	df2	유의확률
스트레스	.327	2	61	.722
유치원적응	1.706	2	61	.190

여러 집단에서 종속변수의 오차 분산이 동일한 영가설을 검정합니다.

a. Design: 절편 + 직업유형

개체-간 효과 검정

소스	종속 변수	제 III 유형 제곱합	자유도	평균 제곱	F	유의확률	부분 에타 제곱
수정 모형	스트레스	.482[a]	2	.241	.804	.452	.026
	유치원적응	6.586[b]	2	3.293	8.616	.001	.220
절편	스트레스	274.271	1	274.271	915.548	.000	.938
	유치원적응	608.027	1	608.027	1590.894	.000	.963
직업유형	스트레스	.482	2	.241	.804	.452	.026
	유치원적응	6.586	2	3.293	8.616	.001	.220
오차	스트레스	18.274	61	.300			
	유치원적응	23.314	61	.382			
합계	스트레스	367.609	64				
	유치원적응	917.000	64				
수정 합계	스트레스	18.755	63				
	유치원적응	29.900	63				

a. R 제곱 = .026 (수정된 R 제곱 = -.006)

b. R 제곱 = .220 (수정된 R 제곱 = .195)

추정된 주변평균

직업유형

종속 변수	직업유형	평균	표준오차	95% 신뢰구간	
				하한값	상한값
스트레스	종일제직업	2.509	.182	2.144	2.874
	시간제직업	2.371	.114	2.142	2.599
	전업주부	2.260	.097	2.066	2.453
유치원적응	종일제직업	2.983	.206	2.571	3.395
	시간제직업	3.698	.129	3.440	3.955
	전업주부	3.949	.109	3.731	4.168

결과표 해석

①「기술통계」 부분은 종속변인인 '스트레스'와 '유치원 적응'의 평균과 표준편차 및 사례 수가 제시되어 있다.

②「공분산행렬에 대한 Box의 동일성 검증」 부분은 변량-공변량행렬의 동질성을 평가한다. 공분산행렬이 동일하다는 가정에 대한 Box M 검증 결과, .62($p > .05$)로 "H_0 : 공분산행렬이 동일하다"를 기각하지 않으므로 동질성 가정에 문제가 없다고 볼 수 있다.

③「다변량 검정」 부분은 직업 유형에 대한 다변량 검증 결과가 제시되어 있다. 어머니의 직업 유형에 따른 유아의 스트레스와 유치원 적응의 차이를 분석한 결과 네 가지 다변량 통계치인 Pillai의 트레이스, Wilks의 람다, Hotelling의 트레이스, Roy의 최대근의 F값이 제시되어 있다. 일반적으로 Wilks의 람다 값을 제시하고 결과 해석하는데, 여기에서는 확률값이 .002로 나타나서 .01 수준에서 어머니의 직업 유형에 따라 유아의 스트레스와 유치원 적응에 차이를 보이는 것으로 나타났다.

④「오차 분산의 동질성에 대한 Levene의 검정」 부분은 모든 종속변인의 유의확률이 유의수준 $p > .05$이므로 영가설을 기각하지 못한다. 즉, 어머니의 직업 유형에 따라 모든 종속변인의 오차분산의 동질성은 검증되었다고 할 수 있다.

⑤「개체-간 효과검정」 부분은 단변량 효과검증으로 어머니의 직업 유형에 따른 유아의 스트레스와 유치원 적응 종속변인 각각에 대한 차이검증을 나타낸 결과이다. 어머니의 직업 유형에 따라 유아의 스트레스(F=.084, $p > .05$)에 있어서는 통계적으로 유의미한 차이가 없는 것으로 나타났으며, 유치원 적응(F=8.616, $p < .05$)에 있어서는 통계적으로 유의미한 차이가 있는 것으로 나타났다.

따라서 2개 종속변인을 고려한 다변량검증에서 어머니의 직업 유형에 따라 통계적으로 유의미한 차이가 나타난 것은 유치원 적응 변인에 기인한 것으로 해석될 수 있다.

제 11 장

비모수적 통계와 카이자승

1. 비모수적 통계검증
2. χ^2검증
3. SPSS와 χ^2검증

제5장에서 배운 t검증은 t분포에 근거를 둔 것으로서 전집의 분포가 정상분포일 것을 전제하고 있으며 변량분석은 전집변량 간에 차이가 있는지의 여부를 검증하기 위한 표집분포로 F분포가 사용되었다. χ^2검증은 χ^2분포라는 새로운 분포에 근거하고 있으며 자료가 빈도로 주어졌거나 빈도로 환산할 수 있는 자료, 즉 명명척도로 측정된 자료에 적용할 수 있는 비모수적 검증의 대표적인 기법이다.

본 장에서는 이러한 χ^2검증을 이용하여 한 개의 변인을 몇 개의 유목으로 분류하였을 때의 분석과 각각 몇 개의 유목으로 나누어진 두 변인 간의 동시적인 관계의 분석(교차분석)을 다룬다. 또 SPSS를 이용하여 복잡한 명령이나 프로그래밍 없이 계산하는 방법을 제시하고 결과를 해석해 봄으로써 비모수적 통계 기법의 전산처리를 이해할 수 있게 한다.

1. 비모수적 통계검증

모수적 통계(母數的 統計, parametric statistics)와 비모수적 통계(比母數的 統計, nonparametric statistics), 두 가지 유형의 통계는 사용할 수 있는 연구 상황에 있어 차이가 있다. 모수적 통계는 다음과 같은 가정이 충족되는 전집에서 나온 자료에 적용된다.

① 연구 대상 변인이 동간척도나 비율척도로 측정되어야 한다.

② 피험자들이 집단에 무선으로 배정되어야 한다.

③ 점수들이 정상분포를 이루어야 한다(정상분포 가정).

④ 비교된 집단의 변량의 차이가 크지 않아야 한다. 이는 표본이 추출된 전집변량이 동질적이어야 한다는 것을 의미한다(同變量性 가정).

이러한 가정들이 충족될 경우에는 모수적 통계가 비모수적 통계에 비하여 더 효율적이고 강력한 힘을 발휘한다. 이러한 모수적 통계법을 사용하는 모수적 검증(母數的 檢證, parametric tests)은 어떤 일정한 이론적 분포를 가정한 상태에서 실제적인 자료로부터 수집된 내용(통계치)을 가정된 분포에 비추어 해석하고 결론을 내리는 통계법이기 때문에 분포가정 통계법(分布假定 統計法)이라고도 한다.

하지만 유아교육 분야를 포함한 행동과학에서의 많은 연구들에서는 이와 같은 4가지 가정들을 모두 충족시키는 것이 쉬운 일이 아니다. 때문에 모수적 검증을 사용한 자료처리 결과는 신중하게 해석되어야만 한다.

실제 자료처리에 있어서 표본의 사례 수가 너무 적거나 집단 간의 사례 수 차이가 클 때는 모수적 통계검증에서 전제하고 있는 동변량성 가정을 충족시키기 어려울 수 있다. 또 자료처리 대상 변인이 명명척도나 서열척도인 경우에는 이론적 분포를 가정하는 모수적 검증이 적절하지 못하다. 이렇게 모수적 검증에서 요구하는 가정들이 충족되기 어려운 경우에 편리하게 사용할 수 있는 통계법이 비모수적 검증(比母數的 檢證, nonparametric tests)인데 이는 분포와는 무관하기 때문에 비분포가정 통계법(比分布假定 統計法)이라고도 한다.

이러한 비모수적 검증은 전집의 이론적 분포에 대한 전제가 불필요하며 표본의 자료를 가지고 모수치를 추정하지 않는 검증법으로 모수적 검증이 요구하는 모든 가정을 요구하지 않는다. 때문에 이론적 전제를 고려하지 않은 상태에서 간편하게 검증할 수 있는 장점을 갖고 있는 것이 비모수적 검증이다. 하지만 다음과 같은 두 가지 이유 때문에 가정을 충족시킬 경우에는 일반적으로 모수적 검증을 선호하는 경향이 있다.

① 모수적 검증은 정상분포 가정과 동변량성 가정을 어느 정도 위반하더라도 통계적 검증력이 손상되지 않기 때문에 적용에 큰 무리가 없다.

② 모수적 검증은 비모수적 검증에 비하여 자료처리 결과로 많은 정보를 제공해 줄 수 있다. 예를 들면, 이원변량분석의 결과에서 두 변인 간의 상호작용 효과와 같은 정보가 그것이다.

요 약

결론적으로 위와 같은 장점이 있기 때문에 기본 가정을 어느 정도 충족시키는 한에 있어서는 모수적 검증을 사용하는 것이 유리하다고 할 수 있다. 하지만 정상분포나 동변량성 가정에서 심하게 이탈되거나 명명변인이나 서열변인의 경우에는 비모수적 검증을 사용하는 것이 적절하다고 할 수 있다.

모수적 통계법으로는 앞에서 기술한 t검증과 변량분석(ANOVA)이 많이 쓰이며 비모수적 통계법으로는 본 장에서 기술하는 카이자승(Chi square, χ^2)이 대표적이다.

2. χ^2검증

카이자승 검증은 χ^2(그리스 문자 chi squared)이라고 표시하며 불연속 데이터(예를 들면, 명명이나 범주 데이터)에 적용한다. 측정의 단위는 점수(scores)보다는 빈도수(frequency counts)이다. 카이자승은 1990년에 피어슨(Karl Pearson, 적률상관계수를 개발한 그 사람이다)에 의하여 개발되었으며 관찰된 자료가 이론적 자료 분포에 얼마나 잘 들어맞는지를 측정하기 위해 개발되었다. 카이자승은 비모수적 검증(比母數的檢證, nonparametric tests) 혹은 비분포가정 통계법(比分布假定 統計法)이라고도 한다. 비모수적 검증은 t검증이나 ANOVA와 같은 다른 검증들을 사용할 때 요구되는 어떤 가정들(예를 들면, 간격척도나 비율척도로 측정되어야 한다거나, 정상분포 가정이라든가)을 충족시키지 못하는 자료에 적용된다. 카이자승에서의 독립변인들은 적어도 두 개의 수준(levels, 혹은 범주)을 갖는다. 예를 들어, 성(sex) 변인은 두 개의 수준(남성, 여성)을 갖는다. 정당 변인은 3개의 수준(한나라당, 민주당, 선진당)을 가질 수 있다. 수준이나 범주는 서열척도 자료를 사용해서 만들어질 수도 있고(예를 들면, 상, 중, 하의 사회경제적 지위), 명명척도를 사용해서 만들어질 수도 있는데, 명명척도의 경우에는 특별한 순서를 갖지 않는다(예를 들면, 서울시, 충청도, 강원도, 대전시, 부산시).

카이자승은 질문지 자료를 분석하는 데 광범위하게 사용된다. 질문지에서는 집단이나 반응들에 숫자가 할당된다. 예를 들어, 대상자들의 성(sex)에 있어서는 남자는 "1"로 여자는 "2"로 코딩될 수 있으며, 대상자들의 반응에 있어서는 "예"는 "1"로 "아니오"는 "2"로 코딩될 수 있다. 범주 자료를 코딩하기 위해서 숫자가 사용될 경우 명명척도에 사용될 수 있다.

카이자승에는 두 가지 유형의 빈도가 있는데, 관찰빈도와 기대빈도이다. 관찰빈도(觀察頻度, observed frequency)는 실제 관찰한 것에 기초하며 머리수를 센 것이다. 관찰빈도의 예로는 어떤 질문에 "예"나 "아니오"로 대답한 대상자 수를 들 수 있다. 이러한 관찰빈도는 이론적이며 사전 지식에 기초한 기대빈도(期待頻度, expected frequency)와는 비교된다. 기대빈도는 실제 관찰한 것이 아니라 실제 관찰 이전에 확률적으로 기대할 수 있는 빈도를 뜻하며 일반적으로는 각 변인의 사례 수를 각 변인의 수준(범주) 수로 나눈다. 연구자가 동전을 100번 던져서 앞면이 55번 나오고 뒷면이 45번 나왔다고 한다면, 관찰빈도는 각각 55, 45가 되고, 기대빈도는 둘 다 50이 되는 것이다.

힌 트

예를 들어 동전을 100번 던져서 동전의 앞면과 뒷면이 나오는 관찰빈도를 기록함으로써 동전의 면이 공정하게 나오는지를 검증하기 위해서 카이자승을 사용할 수 있다. 기대빈도는 동전의 면이 공정하게 나온다는 가정에 기초한다. 따라서 관찰빈도의 반은 앞면이 나와야 하고, 또 반은 뒷면이 나와야 한다. 영가설은 동전의 면이 공정하게 나오며 따라서 앞면이 나오는 횟수와 뒷면이 나오는 횟수가 같을 것이라고 진술되어야 한다.

카이자승은 관찰빈도와 영가설이 진(true)일 때 기대되는 기대빈도 사이에 의의 있는 차이가 있는지를 검증하기 위해 사용된다. 기대빈도의 전체 수는 관찰빈도의 전체 수와 같아야 한다.

1) χ^2에 요구되는 가정들

카이자승 검증을 위하여 다음과 같은 가정들을 만족시켜야 한다.

① 관찰들이 서로 독립적(independent)이어야 한다. 한 사람의 반응이 한 범주(수준) 이상에 속해서는 안 되며 관찰빈도의 전체 수가 대상자 수를 넘어서는 안 된다. 예를 들어, 마치 두 사람이 한 번씩 반응한 것처럼 한 사람이 같은 질문에 두 번 반응하게 해서는 안 된다.

② 자료들은 빈도(frequency)의 형태이어야 한다. 관찰빈도의 전체 수는 기대빈도의 전체 수와 같아야 한다.

③ 각 변인들의 범주(수준)들은 어떤 논리성을 갖추어서 만들어져야 한다. 특히 서열척도나 동간척도 자료를 사용해서 만들어질 경우가 그렇다. 예를 들어, 변인들 중 하나가 소득수준이라고 가정해 보자. 소득수준을 상, 중, 하 세 개 범주로 나누려고 한다. 이러한 범주들로 나누기 위해서 사용되는 기준이 주의 깊게 선정되어야 한다. 소득이라는 변인이 연속변인이기 때문에 세 개 범주로 나누기 위해서는 논리적인 점수대를 확립할 필요가 있다.

2) χ^2이 사용되는 두 가지 경우

카이자승 통계검증은 대표적으로 다음과 같은 두 가지 연구 상황에서 사용될 수 있다.

① 변인이 한 개(일원 분류, one-way classification)만 있는 연구의 경우로 단일변인에 관한 검증이라고 할 수 있다. 이런 카이자승 검증은 관찰빈도의 분포가 이론빈도의 분포에 얼마나 잘 들어맞는지를 검증하기 때문에 적합성 검증(test of goodness of fit)이라고도 부른다.

② 변인이 두 개(이원 분류, two-way classification)인 연구의 경우로 두 독립변인에

관한 검증이라고 할 수 있다. 이런 카이자승 검증은 두 변인 간에 관계가 있는가, 혹은 두 변인이 관계가 없고 독립적인가를 검증하기 때문에 독립성 검증(test of independence)이라고도 부른다. 이러한 경우의 분석은 교차분석(Crosstabs)이라고 부르는 통계 기법의 한 유형으로 볼 수 있다.

힌 트

교차분석(Crosstabs)은 명명척도나 서열척도 자료를 사용해서 만들어진 범주(수준)들로 이루어진 변인(범주형 변인, categorical variables)들을 분석하기 위한 통계 기법이다. 한 변인의 범주를 열(column)로, 다른 변인의 범주를 행(row)으로 배열하여 빈도를 교차 분류하는 교차표(Cross Tabulation, 분할표)를 작성하여 두 변인 간의 독립성이나 관련성을 분석한다.

3. SPSS와 χ^2검증

SPSS를 통한 χ^2검증의 예를 '단일변인에 관한 검증'과 '두 독립변인에 관한 검증'으로 나누어 제시한다.

◎ 연구의 예

유치원교사는 원아 75명을 대상으로 원아 가정의 사회경제적 지위(SES)와 원아의 사회성과의 관계에 대한 연구를 수행하였다. 원아 가정의 사회경제적 지위(SES)를 조사하기 위해서 원아 부모를 대상으로 질문지를 작성하게 하여 SES를 상, 중, 하로 구분하였다. 또 유아들의 사회성을 측정하기 위하여 1개월 동안 관찰한 결과, 사회성 점수를 상, 하로 구분하였다. SPSS의 Data Editor에 입력한 데이터는 사례 수가 커서 다 제시하지 못하고 [그림 11-1]에 앞의 8명 사례만을 제시하였다. 하지만 χ^2의 계산에는 75명의 유아 데이터 모두가 포함된다. 나머지 사례의 데이터는 예제 데이터에 포함된 「카이자승.sav」 파일을 참고하기 바란다. 데이터 입력 시 사회성 변인은 상(上)을 '1'로 하(下)를 '2'로 입력하였다. SES 변인은 상(上)을 '1'로 중(中)을 '2'로 하(下)를 '3'으로 입력하였다.

	사회성	ses
1	1.00	2.00
2	2.00	1.00
3	2.00	2.00
4	2.00	3.00
5	2.00	3.00
6	1.00	3.00
7	2.00	2.00
8	2.00	3.00
9	1.00	2.00
10	1.00	1.00
11	1.00	1.00
12	2.00	3.00
13	2.00	3.00
14	1.00	2.00
15	2.00	3.00

그림 11-1 SPSS의 Data Editor에 입력한 데이터 중 앞의 15명 사례

1) 단일변인에 관한 검증

변인이 한 개(일원 분류, one-way classification)만 있는 연구의 경우로 단일변인에 관한 검증이라고 할 수 있다. 이런 카이자승 검증은 관찰빈도의 분포가 이론빈도의 분포에 얼마나 잘 들어맞는지를 검증하기 때문에 '적합성 검증(test of goodness of fit)'이라고도 부른다.

- 연구의 예

여기에서는 [그림 11-1]의 데이터에서 SES(사회경제적 지위) 변인을 대상으로 하여 유아들 가정의 사회경제적 지위는 상, 중, 하 균등하게 분포하고 있는지를 검증해 보자.

- 분석 과정

① [그림 11-1]의 SES(사회경제적 지위) 변인의 75개 데이터를 입력하거나 본 책 예제 데이터의 「카이자승.sav」 파일을 불러온다.

② 주 메뉴 상에서 [그림 11-2]와 같이 〈분석(A)〉-〈비모수 검정(N)〉-〈레거시 대화상자(L)〉-〈카이제곱 검정(C)〉을 차례로 선택한다. 그러면 [그림 11-3]과 같은 「카이제곱 검정」 대화상자가 나타난다.

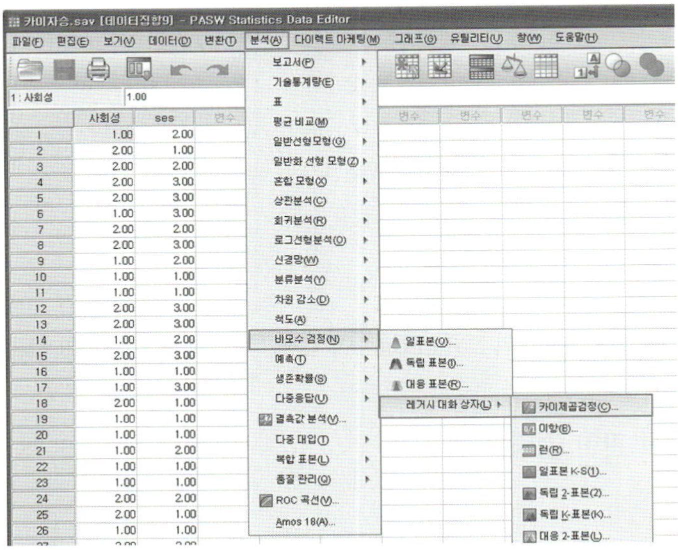

그림 11-2 「카이제곱 검정」 분석 시 절차

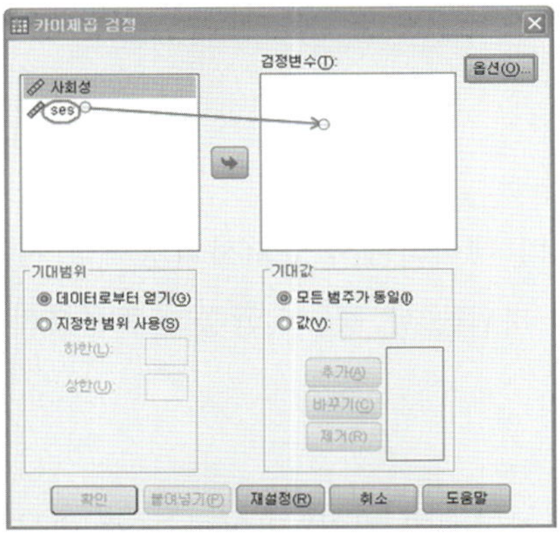

그림 11-3 「카이제곱 검정」 대화상자

③ 대화상자에서 「검정변수(T)」로 「ses」를 선택한다. 카이자승 검증의 대상 변인이 「ses」이기 때문이다.

대화상자 오른쪽 상단의 "옵션(O)" 단추를 누르면 카이제곱 검정 옵션을 선택할 수 있는데 여기서는 [그림 11-4]에서처럼 기술통계치를 산출하기 위하여 「기술통계」에 체크한다. "계속" 단추를 누른다.

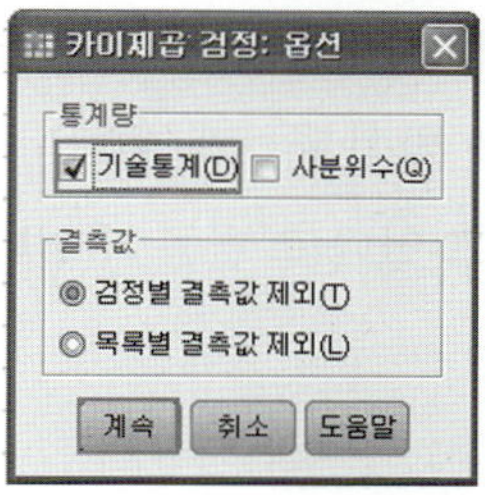

그림 11-4 「카이제곱 검정: 옵션」 대화상자

④ 그러면 다시 [그림 11-3]의 '카이제곱 검정' 대화상자가 나타나는데 그대로 "확인" 단추를 누른다.

⑤ 그러면 다음과 같은 결과표가 산출된다.

비모수 검정

기술통계량

	N	평균	표준편차	최소값	최대값
ses	75	2.0133	.79684	1.00	3.00

카이제곱 검정

빈도 분석

ses

	관측수	기대빈도	잔차
1.00	23	25.0	-2.0
2.00	28	25.0	3.0
3.00	24	25.0	-1.0
합계	75		

검정 통계량

	ses
카이제곱	.560[a]
자유도	2
근사 유의확률	.756

a. 0 셀 (.0%)은(는) 5보다 작은 기대빈도를 가집니다. 최소 셀 기대빈도는 25.0입니다.

◯ 결과표 해석

「기술통계」 부분은 SES 변인의 각종 기술통계치를 산출한 것이다.

「빈도분석」의 「SES」 부분은 SES 변인의 각 범주별(상, 중, 하)로 관찰빈도(관측수)와 기대빈도를 제시한 것이다.

「검정통계량」 부분에는 카이자승 값과 자유도, 의의도 값(확률)이 제시되어 있다.

카이자승 값은 .560, 자유도는 1이고 p값은 .756으로 .05 수준에서 통계적으로 유의미한 차이가 없다. 따라서 영가설을 받아들ㅇ게 된다. 즉, 유아들 가정의 사회경제적 지위는 상, 중, 하 균등하게 분포하고 있다고 결론 내린다.

2) 두 독립변인에 관한 검증

변인이 두 개(이원 분류, two-way classification)인 연구의 경우로 두 독립변인에 관한 검증이라고 할 수 있다. 이런 χ^2검증은 두 변인 간에 관계가 있는가, 혹은 두 변인이 관계가 없고 독립적인가를 검증하기 때문에 '독립성 검증(test of independence)' 이라고도 부른다. 이러한 경우의 분석은 '교차분석(Crosstabs)' 이라고 부르는 통계 기법의 한 유형으로 볼 수 있다.

교차분석(Crosstabs)은 명명척도나 서열척도 자료를 사용해서 만들어진 범주들로 이루어진 변인(범주형 변인, categorical variables)들을 분석하기 위한 통계 기법이다. 한 변인의 범주를 열(column)로, 다른 변인의 범주를 행(row)으로 배열하여 빈도를 교차 분류하는 교차표(Cross Tabulation, 분할표)를 작성하여 두 변인 간의 독립성이나 관련성을 분석한다. 이러한 교차표는 이원빈도표(二元頻度表, bivariate frequency distribution)라고도 부르며 교차표에 의한 χ^2검증기법은 유아교육 분야에서도 광범위하게 사용되고 있지만 그 적용과 해석에 있어서 오류를 많이 범하고 있는 방법 중 하나이다.

여기에서 그 기본 가정과 적용에 있어서 유의할 점을 들면 다음과 같다.

① 한 변인의 범주(수준, 유목)에 속하는 관찰 사례는 다른 범주에 속하는 관찰 사례와 상호 독립적이어야 한다. 따라서 동일집단의 반복측정과 같이 각 범주의 관찰 사례 간에 상호 의존성이 있는 경우에는 두 독립변인에 관한 χ^2검증기법을 적용할 수 없다. 그러므로 한 개인에 대한 측정치가 하나 이상인 경우, 즉 전체 빈도보다 측정치가 많은 경우에는 상호 독립성 가정을 어겼다고 의심해 봐야 한다.

② 교차표의 각 셀(cell)은 상호 배타적이며 동시에 포괄적이어야 한다. 예를 들어, 어떤 사례가 남학생에 포함되면 여학생에는 포함되어서는 안 된다. 또 모든 사례가 남학생이나 여학생 둘 중 하나에는 포함되어야 한다.

③ 사례 수 n이 어느 정도 커야 한다. 일반적으로 자유도가 "1"인 경우에는 각 셀의 이론빈도가 10 이상이어야 하며 자유도가 "2" 이상인 경우에는 각 셀의 이론빈도가 5 이상이 되어야 한다. 하지만 자유도가 클 경우에는 어느 한 셀의 이론빈도가 1 정도로 적더라도 다른 셀의 이론빈도가 5 이하로 적지 않으면 χ^2의 적용이 오류를 범할 가능성이 거의 없다고 본다. 따라서 사례 수가 적을 경우에는 유목을 통합하여 이론빈도를 크게 함으로써 χ^2의 기본 가정에 근접할 수 있다. 그러나 이 경우 주의할 점은 유목의 통합은 자료 결과를 보기 전에 이루어져야 한다는 것이다. 만일 자료를 본 후에 유목을 통합한다면 이것은 무선표집이라는 기본 가정을 위반하는 것이기 때문에 또 다른 문제가 제기된다.

연구의 예

여기에서는 [그림 11-1]의 데이터에서 SES(사회경제적 지위) 변인과 사회성 변인을 대상으로 하여 유아들 가정의 사회경제적 지위와 유아들의 사회성 간에 관계가 있는지를 검증해 보자.

분석 과정

① [그림 11-1]의 SES(사회경제적 지위) 변인과 사회성 변인 75개 데이터를 입력하거나 본 책 예제 데이터의 「카이자승.sav」 파일을 불러온다.

② 주 메뉴 상에서 [그림 11-5]와 같이 〈분석(A)〉-〈기술통계량(E)〉-〈교차분석(C)〉을 차례로 선택한다. 그러면 [그림 11-6]과 같은 「교차분석」 대화상자가 나타난다. 대화상자에서 행에 "사회성" 변인을 열에 "SES" 변인을 선택한다.

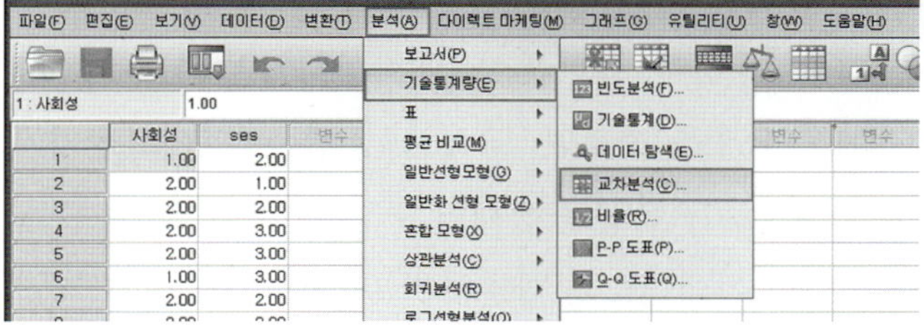

그림 11-5 「교차분석」 분석 시 절차

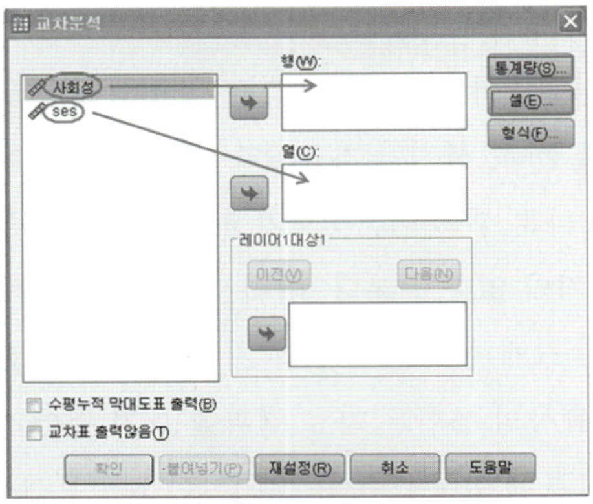

그림 11-6 「교차분석」 대화상자

③ 대화상자 오른쪽 상단의 "통계량(S)" 단추를 누르면 「교차분석: 통계량」 대화상자가 나타난다. 여기에서는 옵션을 선택할 수 있는데 여기서는 [그림 11-7]에서처럼 통계치를 산출하기 위하여 「카이제곱」에 체크한다. "계속" 단추를 누른다.

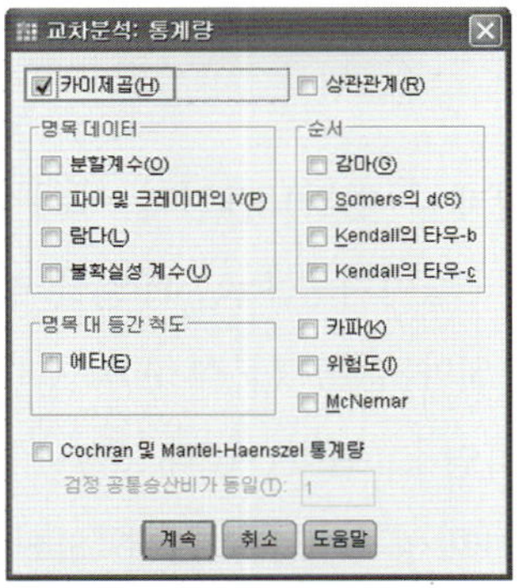

그림 11-7 「교차분석: 통계량」 대화상자

④ 그러면 다시 [그림 11-6]의 「교차분석」 대화상자가 나타난다. 다시 대화상자 오른쪽 상단의 "셀(E)" 단추를 누르면 「교차분석: 셀출력」 대화상자가 나타난다. 여기에서는 각 셀에 해당하는 옵션을 선택할 수 있는데 여기서는 [그림 11-8]에서처럼 각 셀의 관찰빈도와 기대빈도를 산출하기 위하여 「관측빈도」와 「기대빈도」를 체크한다. 또 각 셀의 백분율(%)을 산출하기 위하여 「행」와 「열」, 「전체」를 체크한

다. "계속" 단추를 누른다.

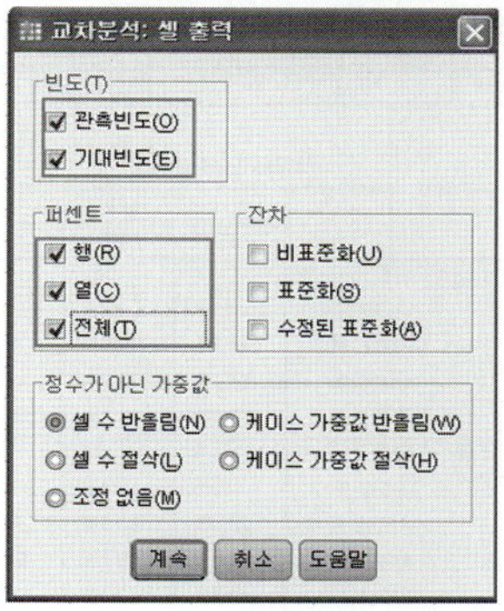

그림 11-8 「교차분석: 셀출력」 대화상자

☞ 교차분석: 셀출력 정의는 다음의 내용을 의미한다.

- 빈도(T)
  - 관측빈도(O) : 관찰빈도를 제시해 준다.
  - 기대빈도(E) : 기대빈도를 제시해 준다.
- 퍼센트
  - 행(R): 가로열의 백분율을 제시해 준다.
  - 열(C) : 세로열의 백분율을 제시해 준다.
  - 전체(T) : 전체의 백분율을 제시해 준다.
- 잔차
  - 비표준화(U) : 비표준화된 잔차를 제시해 준다.
  - 표준화(S) : 표준화된 잔차를 제시해 준다.
  - 수정된 표준화(A) : 수정 표준화된 잔차를 제시해 준다.

⑤ 그러면 다시 [그림 11-6]의 '교차분석' 대화상자가 나타나는데 나머지 설정은 기본값(default) 상태로 두고 그대로 "확인" 단추를 누른다.

⑥ 그러면 다음과 같은 결과표가 산출된다.

교차분석

케이스 처리 요약

	케이스					
	유효		결측		전체	
	N	퍼센트	N	퍼센트	N	퍼센트
사회성 * ses	75	100.0%	0	.0%	75	100.0%

사회성 * ses 교차표

			ses			전체
			1.00	2.00	3.00	
사회성	1.00	빈도	15	11	10	36
		기대빈도	11.0	13.4	11.5	36.0
		사회성 중 %	41.7%	30.6%	27.8%	100.0%
		ses 중 %	65.2%	39.3%	41.7%	48.0%
		전체 %	20.0%	14.7%	13.3%	48.0%
	2.00	빈도	8	17	14	39
		기대빈도	12.0	14.6	12.5	39.0
		사회성 중 %	20.5%	43.6%	35.9%	100.0%
		ses 중 %	34.8%	60.7%	58.3%	52.0%
		전체 %	10.7%	22.7%	18.7%	52.0%
전체		빈도	23	28	24	75
		기대빈도	23.0	28.0	24.0	75.0
		사회성 중 %	30.7%	37.3%	32.0%	100.0%
		ses 중 %	100.0%	100.0%	100.0%	100.0%
		전체 %	30.7%	37.3%	32.0%	100.0%

카이제곱 검정

	값	자유도	점근 유의확률 (양측검정)
Pearson 카이제곱	3.969[a]	2	.137
우도비	4.010	2	.135
선형 대 선형결합	2.526	1	.112
유효 케이스 수	75		

a. 0 셀 (.0%)은(는) 5보다 작은 기대 빈도를 가지는 셀입니다. 최소 기대빈도는 11.04입니다.

◯ 결과표 해석

「사회성*SES 교차표」 부분은 사회성과 SES 변인의 교차표상에 각 셀의 관찰빈도와 기대빈도를 산출하고 「행」과 「열」, 「전체」 각각에 대하여 백분율(%)을 산출한 것이다. 이 부분에서 SES 변인과 사회성 변인 둘 중 연구자가 비교하고자 하는 변인을 중심으로 읽고 논문에 제시하면 효과적인 해석이 될 수 있다. 예를 들어, SES 변인 중에서 사회성 각 수준에 따른 관찰빈도와 백분율을 제시하고자 하면(비교하고자 하는 변인이 사회성 변인이라면) SES 1, 2, 3수준 각각에서 'SES 중 %'의 값을 읽고 논문에 제시하면 된다. 그렇게 하면 SES 변인 각각에서 사회성 수준에 따른 차이가 있는지를 확인할 수 있게 된다.

「카이제곱 검정」 부분에는 카이자승 값과 자유도, 의의도 값(확률)이 제시되어 있다. 카이자승 값은 3.969, 자유도는 2이고 p값은 .137로 .05 수준에서 통계적으로 유의미한 관계가 없다. 따라서 영가설을 받아들이게 된다. 즉, 유아들 가정의 사회경제적 지위와 유아들의 사회성 간에는 관계가 없다고 결론 내린다. 다시 말하면 유아들 가정의 사회경제적 지위에 따라 유아들의 사회성에는 차이가 나지 않는다고 해석할 수 있다.

중점 사항

교차표의 제시와 해석은 대부분의 연구자가 어려워하는 문제인데, 세로(열)와 가로(횡)에 어떤 변인을 배치하는가에 따라 달라짐으로 유의해야 한다. 본 예에서 보면 세로(열)에는 SES(독립변인)를 가로(횡)에는 사회성(종속변인)을 배치하였다. 이런 상태에서 비교하고자 하는 변인이 가로(횡) 변인임으로 세로(열)를 중심으로 100%가 되도록 제시하고 해석하는 것이 일반적이다. 본 예에서는 SES(독립변인)에 따른 사회성(종속변인)의 차이를 알아보고자 하는 것임으로 세로(열)를 중심으로 100%가 되도록 제시하고 해석하면 된다. 따라서 'SES 중 %'의 값을 읽고 논문에 제시하면 되는 것이다. 이럴 경우 사회경제적 지위가 높은 집단에 있어 사회성이 높은 집단과 낮은 집단의 빈도와 백분율을 제시하고 해석하게 된다.

제 12 장

상관관계와 상관분석

본 장에서는 상관관계의 개념과 도표화 방법을 제시하고 두 변인 사이의 상관의 정도를 나타내는 상관계수인 적률상관계수와 등위상관계수의 개념을 설명하고 계산의 원리를 제시한다. 통계처리에 있어서는 SPSS를 이용하여 복잡한 명령이나 프로그래밍 없이 통계 분석하는 방법을 제시하여 상관관계와 상관분석을 이해할 수 있게 한다.

1. 상관관계

교육 분야를 비롯하여 모든 존재하는 것은 홀로 존재한다기보다 더불어 존재하기 때문에 한 변인과 다른 변인과의 관계를 알아볼 필요성이 제기된다. 현실에서 우리가 관련이 없을 것 같은 변인들도 실지로 측정해 보면 관련이 있는 경우를 자주 보게 된다.

1) 정의

우리는 일상생활에서 '관계가 있다', '관계가 없다' 라는 말을 자주 쓴다. 두 사람이 관계가 있다는 말은 부부 관계나 부모·자식 관계, 친구 관계 등에서처럼 서로 관련을 맺고 있다는 것을 뜻한다. 이렇게 사람뿐만 아니라 존재하는 모든 것들은 짝 지어서 관계 지을 수 있다. 여기에서 관계는 상관을 의미한다.

상관(相關, correlation)이란 어떤 것과 어떤 것의 관계를 말하는 것으로, 두 개 이상의 변인들 사이의 관계로 정의된다. 두 개 변인 사이에, 혹은 그 이상의 변인들 사이에 관계가 있을 때 상관이 있다고 한다. 이는 한 변인이 변할 때 다른 변인이 어떻게 변하는가를 나타낸다.

두 개 변인을 예로 들면, 두 개 변인이 동시에 변하는 것을 상관이라고 한다. 예를 들어, 유아 수와 공격행동 간의 관계를 분석한다면 여기에서 두 개의 변인은 유아 수와 공격행동 횟수가 된다. 만약 유아 수와 공격행동이 상관이 있다는 결론을 내렸다면 유아의 수가 증가할 때 공격행동도 따라서 증가한다는 것을 의미하는 것이다.

2) 상관관계의 해석과 적용

상관관계를 해석할 때 주의해야 할 것이 한 가지 있는데 그것은 상관관계와 인과관계의 개념이다. 특히 상관관계에 있는 두 개의 변인 중 하나가 다른 하나의 원인이 되는 인과관계로 잘못 해석하는 경우가 많다는 점에 주의해야 한다. 예를 들어, 한 유치원 교실에서 유아 수가 증가하였을 때 공격행동이 증가하였다 해서 유아 수의 증가가 공격성을 유발하는 직접적인 원인이라고 곧바로 판정하는 것은 문제가 있을 수 있다. 그 이유는 유아들의 공격행동 증가의 원인이 증가된 한 유아가 특별히 공격적인 성향을 가지고 있기 때문일 수도 있고 교사가 더욱 공격적이 되었기 때문일 수도 있다. 만약 이러한 것이 원인이 되어 유아들의 공격행동이 증가하였다면 공격적인 성향을 가지고 있지 않은 유아가 배치되었거나 유아교사가 공격적이지 않았다면 그러한 공격행동의 증가를 가져오지 않았을 수 있다. 따라서 상관관계를 항상 인과관계로 해석하는 것은 심각한 문제를 유발할 수 있다.

실험설계의 경우에 한 개 변인이 조작될 경우에는 인과관계로 해석이 가능하다. 이러한 경우는 의도적으로 조작된 변인이 원인이 되고 다른 한 변인이 결과가 된다. 예를 들면, TV 시청이 유아의 공격성에 미치는 연구를 하기 위하여 색동유치원의 유아 40명을 대상으로 20명의 유아들에게는 3개월 동안 TV를 시청하게 하고 다른 20명의 유아들에게는 TV를 시청하지 못하게 한 후 공격행동의 변화를 측정하여 상관이 있음을 발견하였다면(의의 있는 차이를 발견하였다면) 인과관계로 해석할 수 있다. 물론 이러한 실험에 있어서 TV 시청이라는 변인 이외에 공격성에 영향을 미칠 수 있는 다른 변인들이 적절히 통제되어야 한다는 전제는 따른다. 어떤 한 집단의 유아들이 실험 이전에 공격적인 기질을 더 가지고 있었다거나 실험 도중에 한 집단이 공격적인 놀이를 많이 하였다면 실험 결과에 영향을 미칠 것이기 때문이다. 원인이 되는 변인 이외의 변인들이 통제된 실험설계에서의 상관관계는 인과관계로 해석이 가능하다.

상관관계는 인과관계가 아니라 상호 관계(interaction)로 해석하는 것이 적절하다. 한 변인이 다른 변인에 영향을 주고, 다른 변인도 한 변인에 영향을 준다는 것이다. 예를 들어, 수학 점수와 과학 점수의 상관을 구했더니 상관이 있다고 하자. 이는 어느 한 점수가 다른 점수의 원인이 된 것이라기보다는 수학능력이 과학능력에 영향을 주고, 과학능력도 수학능력에 상호 영향을 준다고 보는 것이 타당하다. 이와 같이 실험통제가 일어나지 않는 사회현상에서 나타나는 상관은 상호작용으로 해석해야 한다.

상관의 정도를 나타내 주는 상관계수는 일반적으로 유아교육을 비롯한 교육 분야에서 사용되는 다양한 검사(지능 · 적성 · 성격 · 체력 검사)의 신뢰도(信賴度, reliability)와 타당도(妥當度, validity)를 계산할 때 많이 사용된다. 신뢰도는 앞에서 설명하였듯이('제1장, 2., 6) 신뢰도와 타당도' 에서) 한 검사자가 여러 번 검사를 실시할 때 그때마다 얼마나 동일한 값을 얻을 수 있느냐의 정도로 일관성 정도를 일컫는다. 이러한 신뢰도를 계산하기 위해서는 동일한 대상을 동일한 검사를 가지고 여러 번 반복 측정해서 각 측정치 간의 상관계수를 계산하게 된다. 예를 들어, 유아들의 EQ(정서지수)를 측정하는 검사를 개발하였을 경우 이 검사를 대상 유아들에게 실시하고 일주일 후에 같은 유아들에게 다시 실시해서 얻어진 두 결과 간의 상관계수를 계산하였을 때 이때의 상관도가 개발된 EQ 검사의 신뢰도가 되는 것이다. 타당도란 검사가 측정하려고 하는 것을 어느 정도 정확하게 측정하고 있는가 하는 문제로 정확성 정도이다. 이러한 타당도를 계산하기 위해서는 일반적으로 준거관련 타당도라는 것이 많이 이용되는데 예를 들면 개발한 검사 결과와 준거가 될 수 있는 다른 준거 검사 결과와의 상관계수로 표시된다. 공인타당도도 유사한 개념으로 사용된다.

3) 상관의 도표화

같은 집단으로부터 얻어진 두 측정치 사이의 관계는 [그림 12-1]과 같은 상관도표(相關圖表, scattergram)를 사용함으로써 도표화할 수 있다. 상관도표를 그리는 일반적인 방법은 수평축(X축)에 한 개 변인을 기입하고 수직축(Y축)에 다른 한 개 변인을 기입하는 것이다.

제3장에서 다루었듯이 한 변인의 분포를 나타내기 위해서는 히스토그램이나 절선도표를 사용하여 도표화하였다. 한 변인이 아니라 두 변인의 관계를 알아보기 위하여 사용되는 것이 상관도표이다.

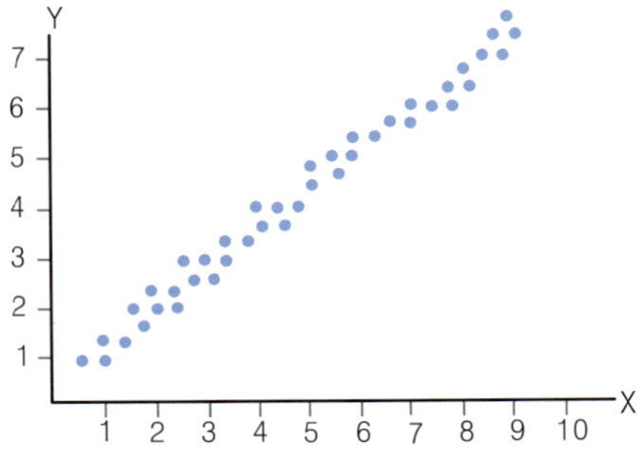

그림 12-1 두 개의 변인 X와 Y 사이의 상관을 나타내는 상관도표

상관도표에서 집단 내의 각 사례는 X변인에서의 점수와 Y변인에서의 점수가 만나는 지점에 찍히는 한 점으로 표시된다. 예를 들어, 〈표 12-1〉의 초등학교 3학년 학생 7

명의 훌라후프 돌리기 횟수와 윗몸 일으키기 횟수를 도표화하고자 한다고 가정하자.

표 12-1 초등학생 7명의 훌라후프 돌리기, 윗몸 일으키기 횟수

	훌라후프 돌리기	윗몸 일으키기
A	18	20
B	17	15
C	11	12
D	19	18
E	13	12
F	15	16
G	17	18

상관도표 그리기

먼저 X축, Y축을 그린 다음 각 축에 해당하는 모든 데이터 점수들을 기록한다([그림 12-2]를 보라). X축, Y축 상의 모든 점수들을 다 포함시켰는지 확인한다. 그러기 위해서는 각 변인의 가장 낮은 점수와 가장 높은 점수를 확인해 봐야 한다.

각 학생의 위치를 표시하기 위해서 X축 상의 학생 점수에서 시작하여 위쪽으로 가상의 수직선을 그리고 Y축 상의 학생 점수에서 시작하여 X축과 평행하게 가상의 수평선을 그린다. 이 두 선의 교차점이 각 학생의 위치를 나타내는 점이 된다. 예를 들어, A 학생의 경우에는 X 점수 18에서 시작하여 가상의 수직선을 그리고 Y 점수 20에서 시작하여 가상의 수평선을 그린다. 이 두 선의 교차점이 A학생의 위치를 나타낸다([그림 12-2] 원 안의). B학생부터 G학생까지 같은 방식으로 위치를 표시한다.

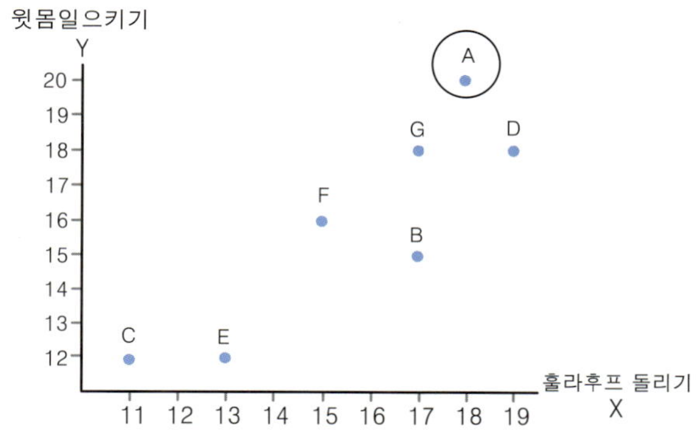

그림 12-2 상관도표 그리기

상관도표상의 점들이 왼쪽 아래에서 오른쪽 위로 향하고 있는 형태가 만들어진 것을 주목하라. 이러한 것은 정적 상관(正的 相關, positive correlation)의 전형이다. 이러한 정적 상관에서는 한 변인이 증가함에 따라 다른 변인도 따라서 증가한다. 위 예에서 훌라후프 돌리기에서 높은 점수를 얻은 학생은 일반적으로 윗몸 일으키기에서도 높은 점수를 얻었다. 훌라후프 돌리기에서 낮은 점수를 얻은 학생은 일반적으로 윗몸 일으키기에서도 낮은 점수를 얻었다.

부적 상관(負的 相關, negative correlation)에 있어서는 한 변인에 있어서의 증가가 다른 변인에 있어서의 감소와 관련된다. 예를 들어, 학생들의 연간 결석 일수와 학업성적 평균치 사이에는 부적 상관관계가 있을 확률이 높다. 즉, 학생이 결석을 더 많이 하면 할수록(X 변인의 증가), 학업성적 평균치는 점점 더 낮아진다(Y 변인의 감소). [그림 12-3]의 상관도표는 두 변인 사이의 이러한 가정적인 관계를 나타내고 있다. 점들의 방향이 왼쪽 위에서 오른쪽 아래로 향하고 있다는 점을 주목하라.

상관도표 상의 점들 주변에 가상의 선을 긋는다고 가정하면 상관이 더 높으면 높을수록 점들이 직선에 더 가깝게 모이는 경향이 있다는 것을 알게 된다([그림 12-4]를 보라). 따라서 상관도표를 살펴보면 대략적인 상관의 정도를 알 수 있게 된다. 예를 들어, [그림 12-4]에서는 (a) 도표가 (b) 도표보다 상관이 더 높다는 것을 나타낸다.

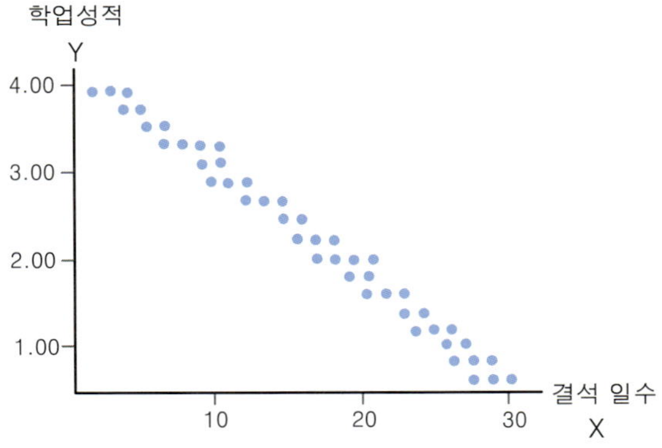

그림 12-3 두 개의 변인 X와 Y 사이의 부적상관을 나타내는 상관도표

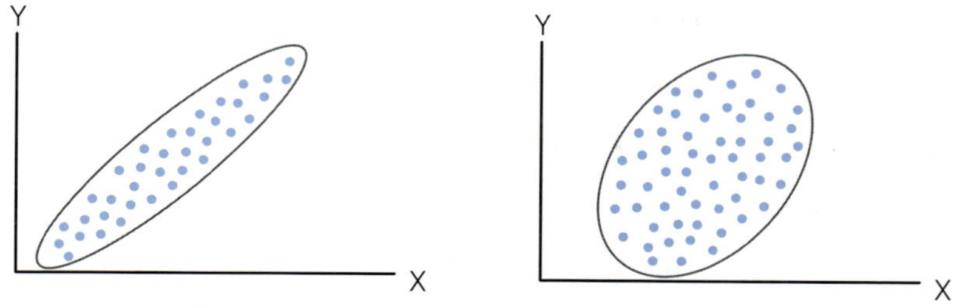

(a) 높은 정적상관 (b) 낮은 정적상관

그림 12-4 높은 정적상관(a)과 낮은 정적상관(b)을 나타내는 상관도표

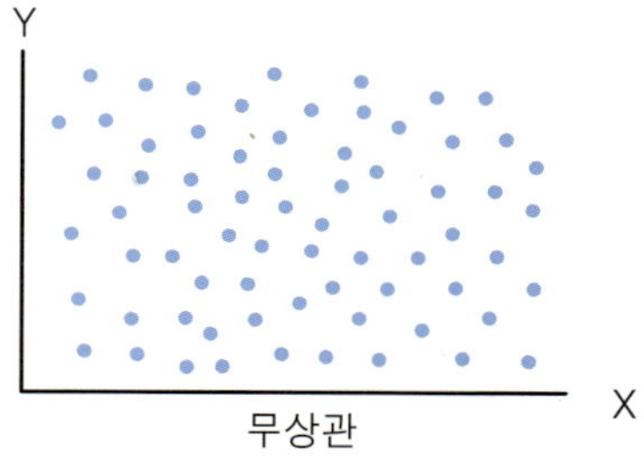

무상관

그림 12-5 X, Y 두 변인 사이에 상관이 없는 것을 나타내는 상관도표

두 변인 사이에 상관이 아주 낮거나, 상관이 없을 때, 상관도표는 명확한 패턴을 형성하지 못하는 점들을 포함하게 되고 넓게 분포하게 된다([그림 12-5]를 보라). 이렇게 두 변인 사이에 아무런 관련성이 없을 경우 무상관(無相關)이라고 한다.

4) 적률상관계수

상관의 정도를 나타내는 가장 일반적인 절차는 피어슨(Pearson)의 적률상관계수(積率相關係數, product-moment correlation coefficient)이다. 이는 피어슨이 고안하였기 때문에 그렇게 부르며 기호로는 r 또는 r_{xy}로 표기한다. 피어슨(Karl Pearson, 1857~1936)은 통계학의 발전에 지대한 공헌을 한 영국의 과학자이다. 1896년에 피어슨은 적률상관계수를 만들어 냈는데 이것은 단기간 내에 유명해졌다. 피어슨의 상관계수를 사용하기 위해서는 다음과 같은 요구 조건들을 만족시켜야 한다.

① 점수들이 간격척도나 비율척도로 측정된다. 점수들이 명명척도나 서열척도로 구성되어 있다면 적률상관계수가 사용되어서는 안 된다(서열척도일 경우에 사용되는 Spearman 등위상관계수는 본 장의 후미에 기술되며, 다른 척도 유형 데이터의 경우에 사용되는 상관계수는 본 책에서는 다루지 않는다).

② 상관되는 두 개 변인이 직선의(linear) 관계에 있어야 한다. 이는 곡선의(curvilinear) 관계와는 반대되는 것이다. 직선의 관계와 곡선의 관계 사이의 차이에 대한 예를 들어 보기 위해서 [그림 12-6]을 주의 깊게 보자. (a) 도표는 키와 몸무게 사이의 직선적인 관계를 나타낸다. 여기에서의 점수들은 한 방향으로 향하는 패턴을 형성한다. (b) 도표는 개개인의 연령과 체력 사이의 곡선의 관계를 보여준다. 점들의 방향이 일관적이지 않음을 주목하라. 여기에서 보면 경향이 정적 관계로 시작하여 부적 관계로 끝난다는 것을 알 수 있다. 예를 들어, 신생아는 체력이 매우 약하고 연령이 증가함에 따라 점점 강해진다. 그런 다음 체력이 가장 강한 연령에 도달하게 되고 다시 나이 들어 감에 따라 체력이 다시 약해지게 된다. 곡선의 관계에 있는 변인들에 있어서 피어슨의 r이 사용될 경우에는 변인들 사이의 실제 관계를 과소 추정하게 되는 결과를 빚는다.

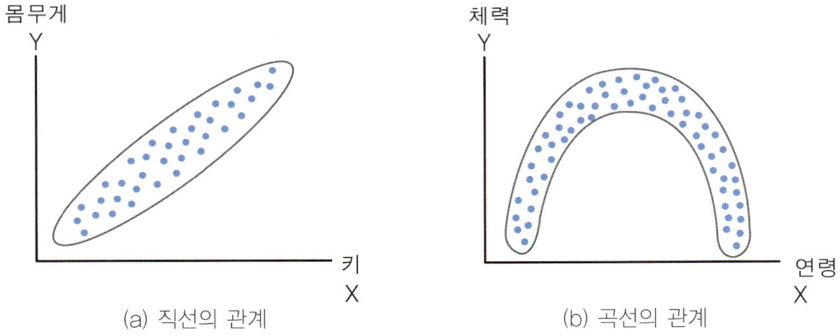

그림 12-6 두 변인 사이의 직선의 관계(a)와 곡선의 관계(b)를 나타내는 상관도표

(1) 상관계수의 해석

상관계수를 계산하고 나면 다음 단계는 상관계수를 해석하고 평가하여야 한다. 이는 상관계수를 통하여 상관의 정도를 파악하는 단계를 일컫는 것으로, 상관의 부호(정

적상관 혹은 부적상관)는 상관의 정도를 나타내는 것이 아니라는 점은 꼭 염두에 두어야 한다. 즉, −.91의 상관은 +.84의 상관보다 더 강한 관계를 나타내는 것이다.

〈표 12-2〉는 상관계수의 상관 정도에 대해서 해석할 때의 지침을 열거한 것이다. 표에서 제시한 상관계수의 범주들은 상호 배타적이 아니라는 점이 지적되어야 한다. 즉, 제시된 상관계수들은 두 개 범주에 동시에 포함되는 경우가 있다는 것이다(예를 들어 상관계수 .65는 '상관이 있는' 으로 해석될 수도 있고 '상관이 높은' 으로 해석될 수도 있다). 이러한 것은 각각의 범주에 해당하는 상관계수 범위에 대해서 연구자들 간에 의견의 차이가 있기 때문에 나타난 현상이다. 확실치 않을 경우에는 상관계수 .70을 '상관이 있는' 에서 '상관이 높은' 까지(상관이 있는–상관이 높은)로 해석이 가능하다. 또 상관계수는 사용 목적에 따라 해석이 달라질 수 있기 때문에 상관계수로써 변인 간에 상관성이 있다, 없다 또는 높다, 낮다는 식의 언어적 표현으로 해석하려고 할 경우에는 여러 가지 조건을 고려해야만 한다.

표 12-2 상관계수의 해석

상관계수	해석
.00 – .30	상관 없는–상관이 낮은
.20 – .50	상관이 낮은–상관 있는
.40 – .70	상관 있는
.60 – .90	상관이 높은
.80 – 1.00	상관이 높은–상관이 매우 높은

상관은 변인들 사이의 관계를 기술하기 위하여 사용될 뿐만 아니라 한 개 변인으로 다른 변인을 예언하는 경우에도 사용될 수 있다(회귀라고 부르는 통계 절차는 제13장에서 다룬다). 부가적으로 상관은 신뢰도(예를 들면, 재검사 신뢰도)와 타당도(예를 들면, 공인 타당도)를 평가하는 경우에도 사용될 수 있다.

하지만 꼭 유의하여야 할 사항이 있는데 상관관계는 어디까지나 두 변인 사이에 관찰된 직선적 관련의 정도를 나타내는 것이지 인과적 관계를 나타내는 것은 아니라는 점이다. 즉, 변인 X와 Y 사이에 관찰된 어떤 상관계수는 변인 X와 Y 간에 공통적으로 관련된 어떤 공변화(共變化)가 있다는 것을 말할 뿐이지 반드시 X관계 Y의 원인이 되거나 또는 Y관계 X의 원인이 된다는 등의 인과관계를 말하지는 못한다는 것이다. 일반적으로 교육연구에서 있어서는 자연 상태에서 관찰연구가 이루어지는 경우에는 상관관계를 조작상태에서 실험연구가 이루어지는 경우에는 인과관계를 말하는 경우가 많다. 또 변인 간에 인과관계가 있으면 상관관계가 있다고 말할 수 있지만 상관관계가 있다고 해서 인과관계가 있다고 말할 수 없기 때문에 상관관계보다 까다로운 조건이 인과관계라고 이해할 수 있다.

보통 두 변인 간의 상관 정도를 상관계수의 백분율로 바꾸어 곧바로 해석하는 경우가 많은데 이런 경우 결정계수(決定係數, coefficient of determination)라는 것으로 바꿔 주어야 한다. 결정계수는 상관계수를 자승한 값(r^2)으로 사용하게 되는데 상관의 정도를 우리가 익숙해 있는 백분율로 해석하기 위해서 사용한다. 결정계수는 전체 변량 중 두 변인이 공통적으로 관련되어 있는 변량의 비율을 나타낸다. 예를 들어, 유치원에서 유아들의 지능검사와 창의성검사를 측정한 결과 지능검사 점수와 창의성검사 점수 간의 상관계수가 .6이었다면 이러한 상관 정도를 백분율로 바꾸면 어떻게 될까? 이 값은 상관계수 .6을 자승한 값($.6^2$)인 .36으로 이것이 결정계수이다. 이는 두 검사가 공통적으로 측정하고 있는 변량이 전체 변량 100% 중 36%를 차지하고 있음을 뜻한다. 이러한 관계를 도표화하면 [그림 12-7]과 같다.

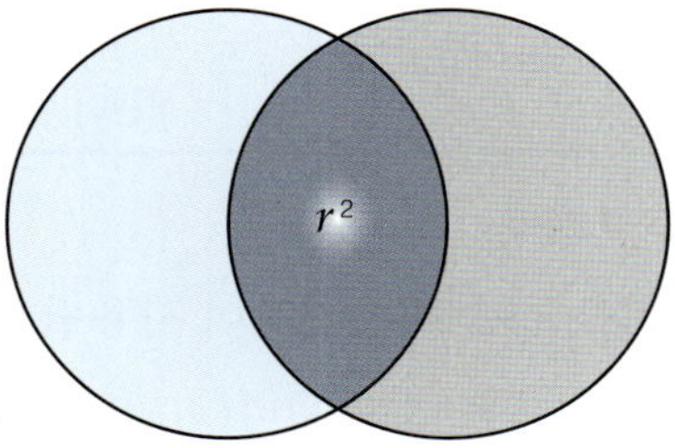

r=0.6일 때 r^2=0.36

그림 12-7 두 변인 사이의 상관의 정도를 나타내는 결정계수

(2) 적률상관계수의 계산

두 변인 간의 상관계수 계산에 있어서 먼저 염두에 두어야 할 점은 두 변인 간의 교적화(交積和)가 한 변인과 다른 변인 사이의 관계를 이해하는 데 유용한 지수가 될 수

있다는 것이다. 이는 두 변인의 각 점수를 서로 곱해서 더한 것이 커지면 커질수록 두 변인 간의 상관계수도 그만큼 커지기 때문이다. 이렇게 상관계수를 계산하기 위한 기초로서 교적화(交積和)를 사용하고자 한다면 두 변인의 각 점수를 비교가 가능한 측정치 단위(測定値 單位)로 바꾸어 주어야만 한다. 이러한 것은 각 변인의 원점수를 표준점수인 Z점수로 환산함으로써 가능해진다.

또 상관관계를 나타내는 지수로서 교적화 그 자체만을 사용할 수는 없다는 점이 꼭 지적되어야 한다. 그 이유는 교적화의 크기가 사례 수의 크기에 따라 영향을 받기 때문이다. 이러한 문제를 해결하기 위해서는 교적화를 사례 수(N)로 나누어 교적화의 평균을 구해야 한다.

편의상 적률상관계수의 계산은 다음 절에 제시할 SPSS를 사용하는 방법을 사용하기로 한다.

5) 상호상관도표와 상관도표

(1) 상호상관도표

여러 개의 변인들이 서로 상관되는 경우를 볼 수 있다. 이런 경우 일일이 변인들 간의 상관을 문장으로 기술하기보다 상호상관도표(相互相關圖表, intercorrelation table)라고 부르는 도표로 표시하는 것이 좋다. 예를 들어, 연구자가 언어 영역의 4개 검사(듣기, 말하기, 읽기, 쓰기) 상호 간의 상관 정도를 알고 싶어 한다고 하자. 이러한 4개 검사와 검사 전체에 1부터 5까지의 번호를 매길 수 있다. 검사 상호 간의 상관계수를 계산한 후에 〈표 12-3〉과 같이 제시할 수 있다.

〈표 12-3〉을 잘 살펴보면 다음과 같은 분명한 두 가지 특징이 있음을 알게 된다.

① 빗금 친 부분의 대각선에 제시된 모든 상관은 완전상관($r=1.00$)이라는 것이다. 그 이유는 분명하다. 이러한 상관들은 변인 자신과의 상관이기 때문이다(예를 들면, 변인 1과 1, 2와 2).

표 12-3 5개 검사의 상호상관

	1	2	3	4	5
1. 듣기	1.00	.63	.45	.57	.82
2. 말하기	.63	1.00	.39	.68	.78
3. 읽기	.45	.39	1.00	.85	.86
4. 쓰기	.57	.68	.85	1.00	.91
5. 검사 전체	.82	.78	.86	.91	1.00

② 빗금 친 부분의 대각선에 의하여 나누어진 두 삼각형 영역에 제시된 상관들은 대각선을 중심으로 접으면 일치한다는 사실이다.

이러한 두 가지 특징을 염두에 둔다면 〈표 12-3〉이 중복된 정보(나누어진 삼각형 영역 중 하나는)와 불필요한 정보(대각선상의 1.00이라는 상관은)를 포함하고 있다는 사실은 분명해진다. 따라서 표가 상관 정보를 더 효율적으로 제시할 수 있기 위해서는 재조직될 필요성이 있다. 〈표 12-4〉는 일부 정보가 빠져 있는 것처럼 보일 수 있지만 사실은 필요한 모든 정보를 포함하고 있어서 일반적으로 많이 사용된다.

표 12-4 간략한 상호상관도표

	2	3	4	5
1. 듣기	.63	.45	.57	.82
2. 말하기		.39	.68	.78
3. 읽기			.85	.86
4. 쓰기				.91
5. 검사 전체				

상호상관도표 읽기

상호상관도표가 생략된 형태로 제시되기 때문에 읽으려면 약간의 연습을 필요로 한다. 일반적으로 상호상관도표를 읽으려면 횡렬과 종렬에 90도로 가상의 선을 그어 겹치는 부분의 수치를 읽으면 된다. 이때 횡렬을 먼저 읽고 종렬을 읽어서 수치를 읽으면 되는데 해당 수치가 없을 경우 종렬을 먼저 읽고 횡렬을 읽으면 된다. 예를 들어, 검사 2와 검사 3의 상관계수는 횡렬 2와 종렬 3에 해당하는 .39를 읽으면 된다. 또 검사 4와 검사 2의 상관계수는 종렬 4와 횡렬 2에 해당하는 .68을 읽으면 된다. 물론 검사의 순서를 바꾸면 횡렬을 먼저 읽고 종렬을 읽는 것만으로도 모든 상관계수를 읽을 수 있다. 예를 들어, 검사 4와 검사 2의 상관계수는 2, 4의 상관으로 바꾸면 횡렬을 먼저 읽어 .68을 읽을 수 있다.

상호상관도표가 연구보고서에 제시될 때 통계적으로 의의 있는 상관계수들을 표시하는 경우가 있다. 이때 유의도 수준이 각 유의도 수준에 따른 별표로 표시될 수 있다(예를 들면, * $p < .05$, ** $p < .01$). 또는 각 상관계수 옆에 정확한 유의도 수준을 기록함으로써 표시될 수도 있다(예를 들면, $r=.56$, $p=.046$). 여기에서 유의도 수준 $p < .05$라는 것은 계산된 상관계수가 우연히 나올 수 있는 확률이 5% 미만이라는 것을 의미한다(다른 말로 바꾸면 계산된 상관계수가 우연에 의한 것이 아닌 진정한 값일 확률이 95% 이상이라는 것을 의미한다). 그래서 상관이 0은 아니라고(상관이 있다고) 높은 확률로 자신할 수 있는 것이다. 물론 유의도 수준 $p < .01$이라는 것은 계산된 상관계수가 우연히 나올 수 있는 확률이 1% 미만이라는 것을 의미한다.

(2) 상관도표

상관도표(相關圖表, correlation table)는 전달하는 정보 유형과 그리는 형태에 있어서 상호상관도표(intercorrelation table)와는 다르다. 부모와 해당 유아들의 IQ 점수에 대한 상관을 구하려고 하는 경우를 가정해 보자. 유아들은 세 집단으로 나누어지는데 낮은 IQ, 중간 IQ, 높은 IQ이다. 또 유아들 엄마, 아빠의 IQ 점수가 이용 가능하다(〈표 12-5〉를 보라). 또 유아들은 세 집단 각각에서 남아와 여아로 구분하였다.

힌 트

<표 12-5>의 IQ 점수의 범주 분류에서와 같이 연속변인을 몇 개 범주로 나눌 때는 범주를 분류하기 위한 척도가 논리적이어야 한다.

표 12-5 IQ 수준에 따른 남아, 여아와 그들의 부모와의 상관

	낮은 IQ		중간 IQ		높은 IQ	
	여아	남아	여아	남아	여아	남아
엄마	r=.56* n=15	r=.62** n=20	r=.55** n=22	r=.44* n=21	r=.48 n=16	r=.58* n=15
아빠	r=.52 n=14	r=.45 n=18	r=.54** n=23	r=.48* n=20	r=.49* n=17	r=.50 n=15

*p<.05　　**p<.01

〈표 12-5〉에서 보면 유아의 IQ 수준, 유아의 성별, 부모의 성별에 따른 상관계수(r), 통계적 의의도, 사례 수 등이 각 셀에 제시되어 있다. 예를 들어, 표에 따르면 낮은 IQ의 20명의 남아(n=20)와 엄마와의 상관이 제시되어 있다. 이 남아들과 엄마와의 IQ 점수 상관은 .62(r=.62)이고 유의도 수준은 .01 수준(**p < .01)이다(.01 수준에서 통계적으로 유의미한 상관이 있다).

상관도표는(〈표 12-5〉와 같은) 또한 도표 형태에 있어서 상호상관도표(〈표 12-3〉과 같은)와는 다르다. 상관도표는 좌측 하단의 빈 공간이 없고 변인이 횡렬과 종렬에 똑같이 제시되지 않는다. 이 두 가지 유형의 표(상관도표와 상호상관도표)가 여러 개의 상관계수를 효율적인 방식으로 제시해 준다.

6) 등위상관계수

상관된 변인들에 대한 측정치가 순위로 되어 있을 경우에 통계치는 스피어맨 등위상관계수(spearman rank-order correlation coefficient)라고 불리는 통계치가 사용된다. 이러한 등위상관계수는 ρ(그리스 문자 rho, 로오) 또는 r_s의 기호로 표시한다. 등

위상관계수는 계산하기 쉽고 피어슨의 적률상관계수(r)와 같은 방식으로 해석된다. 한 개 변인 혹은 두 개 변인 모두가 등간성(等間性)이 의심되거나 서열변인(序列變因)인 경우에 적합한 것으로 특히 사례 수가 30 이하일 때는 매우 편리하다. 원점수는 알 수 없다 하더라도 등위만 알고 있으면 등위상관계수를 계산할 수 있으며 등위로 제시된 경우에는 적률상관계수보다 계산 과정이 간편한 등위상관계수를 이용하는 것이 좋다. 즉, 한 자료가 등위 정보로 제시될 경우에는 두 가지 상관계수 중 어떤 것을 사용해도 같은 결과를 얻게 되지만 상대적으로 계산 과정이 간편한 등위상관계수를 사용하는 것이 편리한 것이다.

힌 트

한 자료가 등위 정보로 제시될 경우에는 상대적으로 계산 과정이 간편한 등위상관계수를 사용하는 것이 편리하기는 하나 최근에는 SPSS 프로그램을 사용하여 통계처리하기 때문에 일반적으로 일괄 적률상관계수를 사용하기도 한다. 이는 등위로 제시한 자료를 가지고 등위상관계수와 적률상관계수를 계산하면 같은 값이 나오기 때문이기도 하다.

7) 상관계수의 평균

한 개의 전집에서 표집할 경우 한 개의 표집을 대상으로 하여 얻은 두 변인 X와 Y 간의 상관계수보다 몇 개의 표집을 대상으로 상관계수를 계산하여 평균하면 한 개의 표본을 대상으로 하여 얻은 상관계수보다 훨씬 더 신뢰로운 값을 얻을 수 있는 것은 사실이다. 하지만 상관계수는 동일한 측정 단위의 값이 아니고 단순한 지수이기 때문에 단순한 산술평균으로는 의미를 잃게 된다. 그렇지만 상관계수의 값이 비슷하고 또 값의 크기가 그렇게 크지 않을 경우는(대개 0.3 이하) 단순한 산술평균으로도 신뢰로운 값을 얻을 수 있기 때문에 산술평균을 사용하여도 무방하다.

상관계수의 크기가 표집에 따라 아주 다르거나 그 값이 매우 클 때는 좀 더 복잡한 공식을 사용하여 추가적인 계산을 해 주어야 하기 때문에 신중을 기할 필요가 있다.

8) 부분상관(편상관)

부분상관(部分相關, partial correlation)은 편상관(偏相關)이라고도 하는데 특정한 제3의 변인이 미치는 영향을 통제하고 난 후의 두 변인 간만의 상관관계를 말한다. 즉, 두 변인 X와 Y에 공통으로 영향을 미치는 제3의 변인 Z를 통제해 버리고 난 후의 순수한 X와 Y의 상관계수이다. 이러한 상관계수를 부분상관계수 혹은 편상관계수라 하고 r_{xyz}로 표기한다. 예를 들어, 유아들의 연령이 증가함에 따라 함께 증가하는 여러 가지 특징으로 신장, 체중, 운동능력, 지적 능력, 정의적 능력, 사회적 능력 등을 들 수 있을 것이다. 따라서 연령과 이러한 각 특징과의 상관계수를 산출해 보면 모두가 정적 상관관계를 보일 것이다. 이러한 경우 연령과 운동능력 간의 상관관계에 신장, 체중 등의 다른 변인의 영향을 받았을 수도 있다는 가정이 가능하다. 이러한 가정하에 연령과 운동능력과의 관계에 영향을 주었을지도 모르는 다른 요인들의 영향을 제거한 후에 순수한 연령과 운동능력 간의 관계를 알고자 할 경우에 부분상관을 사용한다.

보통의 경우는 통제되는 변인의 수가 한 개일 경우인데 1차 부분상관(first-order partial correlation)이라고 한다. 통제되는 변인의 수가 두 개일 경우는 2차 부분상관(second-order partial correlation)이라고 한다.

2. SPSS와 상관

앞에서 지적한 대로 상관관계분석(Correlation Analysis)은 변인들 간의 관련성을 분석하기 위해 사용한다. 한 변인이 다른 변인과 관련성이 있는지의 여부와 관련성이 있다면 어느 정도나 있는지를 알고자 할 때 이용하는 분석기법이다. 이러한 상관관계분석은 변인들이 주로 연속적 데이터인 경우에 사용하며 SPSS에서는 분석 대상이 되는 연속적 변인들을 지정함으로써 분석을 수행한다.

이러한 SPSS를 이용한 상관관계분석을 앞에서 제시한 대로 단순상관과 부분상관(편상관)으로 나누어서 제시한다.

1) 단순상관분석

SPSS의 단순상관분석을 통하여 피어슨의 적률상관계수(r), 스피어맨의 로오(ρ), 켄달의 타우 등을 계산할 수 있다. 단순상관분석을 실행하기 위해서는 다음과 같은 절차를 따른다.

① 먼저 데이터를 입력한다. 입력이 끝난 데이터 편집기의 화면은 [그림 12-8]과 같다. 혹은 예제 데이터에 포함된「상관.sav」파일을 불러온다.

② [그림 12-9]와 같이 메뉴 상에서「분석」을 선택한 다음 계속해서「상관분석(C)」,「이변량상관계수(B)」를 선택한다.

	언어유아	흥미유아	언어부	흥미부	언어모	흥미모
1	84.00	15.00	72.00	12.00	90.00	16.00
2	65.00	12.00	85.00	16.00	70.00	15.00
3	91.00	16.00	81.00	19.00	86.00	17.00
4	75.00	19.00	83.00	7.00	82.00	18.00
5	81.00	14.00	84.00	12.00	84.00	12.00
6	79.00	9.00	72.00	17.00	93.00	8.00
7	83.00	6.00	70.00	9.00	72.00	4.00
8	92.00	18.00	88.00	12.00	90.00	15.00
9	61.00	4.00	68.00	14.00	74.00	16.00
10	73.00	18.00	82.00	18.00	60.00	14.00
11	85.00	17.00	72.00	4.00	83.00	19.00
12	90.00	16.00	94.00	16.00	91.00	13.00
13	54.00	10.00	69.00	15.00	64.00	9.00
14	70.00	12.00	62.00	14.00	78.00	10.00

그림 12-8 입력이 끝난 데이터 편집기의 화면

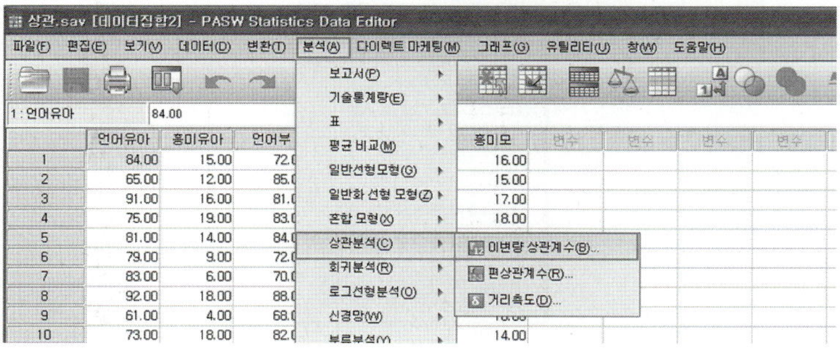

그림 12-9 SPSS에서의 상관분석 실행 명령

③ 그러면 데이터 파일의 변인들이 왼쪽 상자에 나타난다. [그림 12-10]은 변인「언어 점수-유아(A)」와 변인「언어 점수-부(C)」를 선택하고 상관계수로 적률상관계

수와 스피어맨 상관계수를 선택하였으며 나머지는 기본(default) 상태를 설정한 화면을 보여준다.

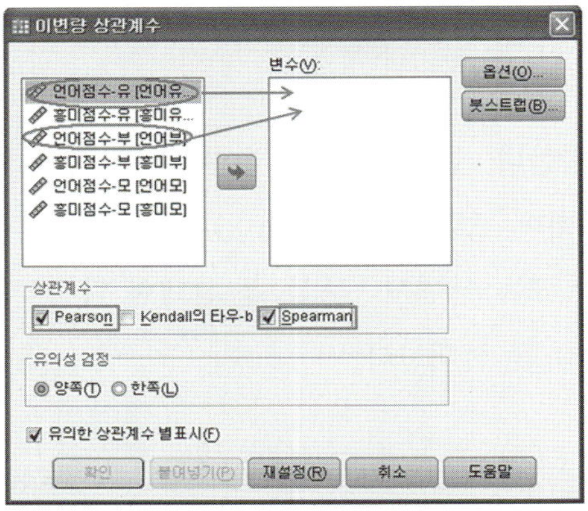

그림 12-10 단순상관 대화상자

④ [그림 12-10]의 대화상자에서 "옵션(O)" 단추를 누르면 피어슨의 상관관계에 대한 통계량을 계산하도록 지정하거나 무응답치를 가진 사례들의 처리 방법을 지정할 수 있다. 여기에서는 [그림 12-11]처럼 평균과 표준편차 값만 지정하고 나머지는 기본값(default)을 그대로 사용한다. "계속" 단추를 누른다.

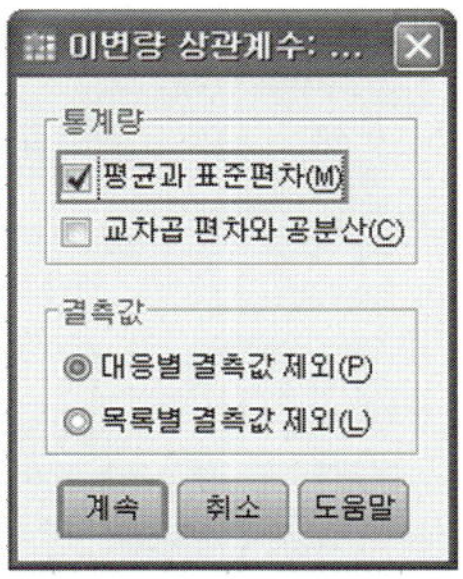

그림 12-11 단순상관의 옵션 대화상자

⑤ 다시 [그림 12-10]의 단순상관 대화상자가 다시 나타나는데 여기에서 "확인" 단추를 누른다. 그러면 다음과 같은 처리 결과를 SPSS 결과창에서 볼 수 있다.

상관계수

기술통계량

	평균	표준편차	N
언어점수-유	77.3571	11.61966	14
언어점수-부	77.2857	9.16875	14

상관계수

		언어점수-유	언어점수-부
언어점수-유	Pearson 상관계수	1	.467
	유의확률 (양쪽)		.092
	N	14	14
언어점수-부	Pearson 상관계수	.467	1
	유의확률 (양쪽)	.092	
	N	14	14

비모수 상관

상관계수

			언어점수-유	언어점수-부
Spearman의 rho	언어점수-유	상관계수	1.000	.488
		유의확률(양측)	.	.077
		N	14	14
	언어점수-부	상관계수	.488	1.000
		유의확률(양측)	.077	.
		N	14	14

▶ 해석

〈기술통계량〉 결과표에는 두 변인에 대한 평균 및 표준편차가 나타나 있다. 〈상관계수〉 결과표에는 두 변인 간의 적률상관계수가 나타나 있다. 산출된 상관계수는 .467인 것을 알 수 있다. 이는 두 변인 간에 정적상관이 있다고 해석할 수 있다. p값이 .092이므로 5% 유의도 수준에서 볼 때(.05 수준에서) 두 변인 간의 상관관계가 0이라는 영가설을 부정하지 못하고 받아들인다. 즉, 두 변인 간에는 .05 수준에서 통계적으로 유의미한 상관이 없다.

두 변인이 간격척도나 비율척도일 경우는 피어슨의 적률상관계수를 사용하므로 본 예에서는 적률상관계수로 해석하는 것이 타당하다 할 것이다.

〈비모수 상관〉의 〈상관계수〉 결과표에는 스피어맨의 등위상관계수 .488이 나타나 있다. p값이 .077이므로 5% 유의도 수준에서 볼 때 두 변인 간의 상관관계가 0이라는 영가설을 부정하지 못하며 두 변인 간에는 .05 수준에서 유의미한 상관이 없다고 결론 내리게 된다. 등위상관계수는 두 변인이 서열척도일 경우 적용한다.

2) 부분상관분석

두 변인 간의 상관관계를 알고자 할 때 제3의 변인이 두 변인에 미치는 영향에 대해 주의를 기울일 필요가 있다. 예를 들어, 유치원 교사의 교육 수준과 소득 간의 관계에 대하여 연구할 때 제3의 변인인 근무 연수나 연령이 끼치는 영향을 고려해야 한다. 따라서 두 변인에 영향을 미칠 수 있는 근무 연수나 연령 변인을 통제하고 순수한 교육 수준과 소득 간의 상관관계를 조사해야 한다. 이런 경우 이용되는 것이 부분상관계수이다.

앞에서 제시한 예([그림 12-8]의 예)를 가지고 분석을 수행하여 SPSS의 부분상관계수와 비교해 보자.

① 먼저 데이터를 입력한다. 여기에서는 앞에서 사용했던 예제 데이터에 포함된 「상관.sav」 파일을 불러온다.

② 메뉴 상에서 「분석(A)」을 선택한 다음 계속해서 「상관분석(C)」, 「편상관계수(R)」를 선택한다.

③ 그러면 데이터 파일의 변인들이 왼쪽 상자에 나타난다. 왼쪽 상자의 변인들 중에서 상관계수를 구하고자 하는 두 개 이상의 변인과 제어변인을 선택한다. [그림 12-12]는 변인 「언어점수-유아(A)」와 변인 「언어점수-부(C)」를 선택하고 제어변인으로 「언어점수-모(E)」를 선택한 화면을 보여준다.

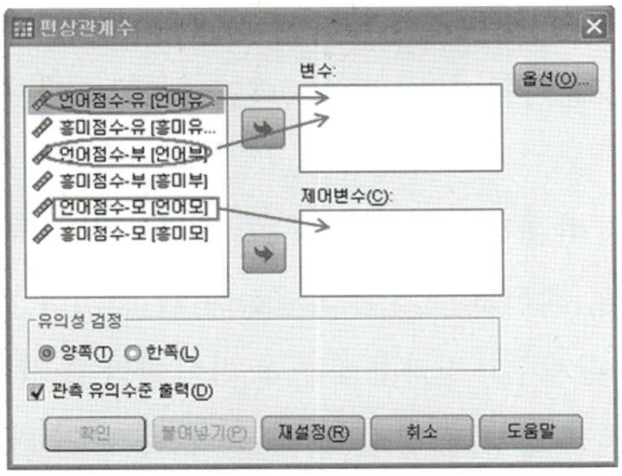

그림 12-12 부분상관 대화상자의 설정

④ "확인" 단추를 누른다. 그러면 다음과 같은 처리 결과를 SPSS 결과창에서 볼 수 있다.

편상관계수

상관

통제변수			언어점수-유	언어점수-부
언어점수-모	언어점수-유	상관	1.000	.421
		유의수준(양측)	.	.152
		df	0	11
	언어점수-부	상관	.421	1.000
		유의수준(양측)	.152	.
		df	11	0

▶ 해석

위 결과표에서 보면 변인 「언어 점수–모(E)」를 통제한 상태에서의 「언어 점수–유아(A)」와 「언어 점수–부(C)」 사이의 부분상관계수는 .421이다. 앞에서 제시한 변인 「언어점수–모(E)」를 통제하기 전의 상관계수 값 .467에 비하여 값이 줄어들었다. 이는 「언어 점수–모(E)」와의 상관을 통제한 후 상관계수 값이 줄어든 것이다.

이상에서 「언어 점수–모(E)」를 통제한 상태에서 「언어 점수–유아(A)」와 「언어 점수–부(C)」 사이에는 .05 수준에서 유의미한 상관이 없는 것으로 결론 내릴 수 있다(p =.152).

제 13 장

회귀분석

두 변인 간의 관계를 연구할 때 상관계수를 구하여 해석하는 경우도 있지만 나아가 한 변인에 관한 정보를 통하여 다른 변인의 값을 예측 또는 추정해야 할 경우도 있다. 이처럼 한 변인을 가지고 다른 변인을 예언하는 문제를 회귀라고 하는데 본 장에서는 이러한 회귀의 개념과 회귀에 관련된 각종 통계치를 구하는 방법을 간단하게 제시하고 SPSS를 이용하여 분석하는 방법을 제시한다.

1. 예언과 회귀

우리의 일상생활에서 예언(豫言, prediction)이라는 것은 일반적인 현상이다. 천둥소리를 듣고 번개 불빛을 보았다면 비가 올 것이라는 예언을 하게 된다. 교육 분야에 있어서도 예언을 사용한다. 예를 들어, 유치원에서 총명한 아이는 초등학교에 가서도 공부를 잘 할 것이라고 예언할 수 있다. 또 중간고사에서 좋은 점수를 얻지 못한 학생은 기말고사에서도 낮은 점수를 받을 것이라는 예언이 가능하다.

우리는 경험에 의해서 이러한 예언이 항상 맞아 들어가는 것은 아니라는 것을 알고 있다. 사람이나 사건이 우리의 예상을 빗나가게 하는 경우가 많은 것이다. 또 예언하는 변인(predictor variable)과 예언 받는 변인(predicted variable) 사이의 관계가 강할 때 예언이 맞을 가능성이 더 높다는 것도 알고 있다. 이런 경우에도 예외는 있기 마련인데 천둥과 번개 이후에도 비가 오지 않고 유치원에서 총명한 아이가 초등학교에서는 공부를 못할 수도 있는 것이다. 그럼에도 불구하고 변인들 간의 관계에 관하여 무언가를 알고 있으면 우연에 의하여 추측하는 것보다 더 잘 예언할 수 있게 된다.

본 책에서는 예언을 교육 장면에 초점을 맞추어 논의를 전개하며 한 변인의 점수들을 다른 한 변인의 점수들을 예언하기 위하여 사용한다. 예언하기 위해서 사용되는 변인은 예언변인(predictor variable) 혹은 독립변인(independent variable)이라고 부르고 X문자로 표시한다. 예언 받는 변인은 Y문자로 표시하며 준거변인(criterion variable) 혹은 종속변인(dependent variable)이라고 부른다. 예를 들어, 학업적성검사 점수는 예언변인으로 대학 1학년 학점 평점은 준거변인으로 사용될 수 있다.

예언을 위하여 사용되는 통계 기법을 '회귀(回歸, regression)'라고 부른다. 예언이 논리적으로 타당하기 위해서는 예언변인과 준거변인이 상관된다는 전제가 필요하다. 변인들 간의 상관이 높으면 높을수록 예언이 더 정확해진다. 다른 변인을 예언하기 위해서 한 개 변인만이 사용될 때 단순회귀(simple regression)라고 하고 두 개 이상의 변인들이 예언변인으로 사용될 때 중다회귀(multiple regression)라고 부른다.

회귀이론은 갤톤(Francis Galton; 1822~1911)에 의하여 구안되었다. 갤톤은 적률상관계수를 만들어 낸 피어슨(Karl Pearson)의 친구이자 선도자이었다. 갤톤은 아버지의 신장(X)으로 아들의 신장(Y)을 예언하려고 시도하였다. 갤톤은 아버지와 아들의 신장을 각각 Z점수로 환산하여 좌표상에서 아버지의 신장별로 분포되어 있는 아들의 신장 평균치를 산출하였다. 그 결과 아버지의 신장에 해당하는 아들의 신장 평균치가 일직선상에 놓이는 경향을 발견하였다. 여기에서 그의 관심을 끈 것은 아들의 평균 신장은 아버지의 평균 신장처럼 급속하게 증가하지 않았다는 사실이었다. 예언방정식을 사용하였을 때, 키가 큰 아버지의 아들은 아버지보다 더 작은 것으로 예언되었으며 키가 작은 아버지의 아들은 아버지보다 더 큰 것으로 예언되었다. 갤톤은 이렇게 예언된 Y점수는 Y분포의 평균에 가까워진다는 것을 알아냈다. 이와 같이 아들의 신장평균을 향해 예언된 아들들의 키가 접근하려는 경향, 다시 말하면 예언된 개개의 점수가 평균치를 향하여 집중되는 경향을 갤톤은 자녀회귀의 법칙(子女回歸의 法則, law of filial regression)이라고 불렀다.

지금까지 설명한 것은 불완전한 상관의 예이다. 만약 신장에 대한 아버지와 아들의 상관이 1(완전상관)이라면 이러한 현상은 관찰되지 않을 것이다.

갤톤은 처음에 한 변인으로 다른 변인을 예언할 때, 두 변인 간의 회귀 정도를 수치로 표시해 줄 수 있는 방안을 찾으려고 하였으며 회귀선의 기울기를 사용하였다. 이 회귀선의 기울기는 X가 한 단위 증가함에 따라 Y가 어느 정도 증감하는가를 나타내주는 비(比)로 이것이 갤톤의 회귀계수(Galton' s coefficient of regression)이다. 그러나 이 문제는 피어슨에 의하여 적률상관계수 공식에 의하여 해결되었다. 피어슨의 적률상관계수는 X와 Y 두 변인의 점수가 표준점수로 환산되었을 때의 회귀선의 기울기이다. 일반적으로 두 변인 간의 회귀 정도는 피어슨의 적률상관계수로 파악할 수 있다.

1) 단순회귀

두 변인 사이에 의의 있는 상관을 발견한 후에 연구자가 한 변인을 예언하기 위하여 다른 한 변인을 사용하려 할 수 있다. 예를 들어, 유아들의 체중을 예언하기 위하여 키가 사용될 수 있다. 이러한 예언을 가능하게 하려면 회귀방정식(regression equation)을 만들어야 한다. 회귀방정식을 만들려면 나중에 예언하려고 하는 집단을 대상으로 측정한 예언점수들과 준거점수들이 있어야 한다. 일단 회귀방정식이 만들어지면 이

회귀방정식을 이용하여 예언변인 점수만 알고 있는 새로운 집단의 준거점수들을 예언할 수 있게 된다.

예를 들어, 초등학교 교사가 학생들의 학습욕구검사 점수가 학업성적을 예언하기 위해 사용될 수 있는지를 알고자 한다고 하자. 초등학교 학생들 중 무선으로 선정된 집단의 학습욕구검사 점수들이 학생들의 학업성적과 상관될 수 있다. 측정된 두 가지 점수들을 사용하여 회귀방정식을 계산할 수 있다. 학습욕구검사가 학업성적을 잘 예언할 수 있다면 교사는 이러한 정보를 학생들에 대한 수업활동을 계획하는 데 사용할 수 있을 것이다. 물론 상관과 예언이 인과관계를 의미하지는 않는다. 회귀 연구를 통해서는 학습욕구가 학업성적에 영향을 미친다고 결론 내릴 수 없다. 두 변인은 능력 있는 학생이 더 높은 학습욕구를 가지고 더 높은 학업성적을 얻을 수 있는 것처럼 둘 다 능력에 관련되는 것 같다. 학습욕구가 학업성적에 영향을 미친다는 것을 증명하기 위해서는 학습욕구라는 변인을 조작하여 실험연구를 수행해야만 한다.

힌 트

예언은 상관과 같은 의미를 지닌다. X, Y 두 변인 간에 상관이 있다는 것은 X에 의해서 Y를 Y에 의해서 X를 예언하는 것이 가능하다는 것을 의미하기 때문이다. 하지만 예언은 인과관계와는 다른 의미이다. X에 의해서 Y를 Y에 의해서 X를 예언하는 것이 X가 Y의 Y가 X의 원인이 된다는 것을 의미하지는 않기 때문이다. 이러한 인과관계는 한 변인에 조작을 수행하는 실험연구를 통해서만 가능하다. 어떤 변인에 조작을 가해서 결과가 나타났을 경우 조작을 가한 변인이 원인이 되기 때문이다.

회귀방정식은 X와 Y, 두 변인에 대한 분산도(scattergram)를 통과하는 직선을 그리기 위해서 사용되는데 이 선을 회귀선(回歸線, regression line), 혹은 최적선(最適線, line of best fit)이라고 부른다([그림 13-1]을 보라).

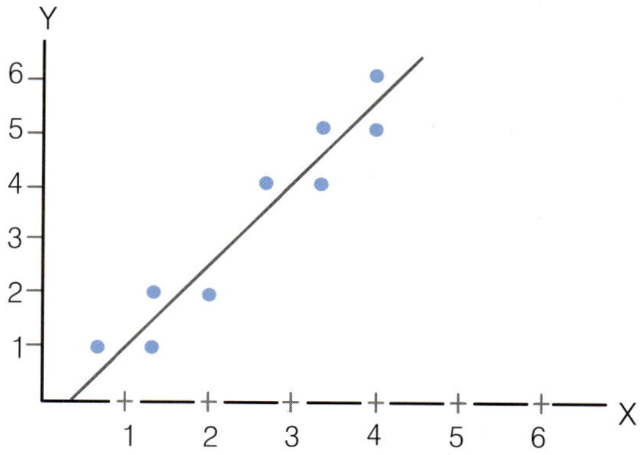

그림 13-1 회귀선을 나타내는 분산도

[그림 13-1]과 같이 9명에 대한 측정치를 9개의 점으로 표시했을 때 만약 두 변인이 직선적인 관계라면 이들 점들은 한가운데를 통과하는 직선으로 점들의 경향을 대표적으로 나타낼 수가 있다. 만일 9개의 점들이 하나의 직선에 완전히 포함된다면 한 변인을 가지고 다른 변인을 정확하게 예언할 수 있게 된다.

그러나 실제에 있어서는 완전한 직선적 관계를 가지는 자료가 드물고 점들이 직선으로부터 많이 떨어져 있을수록 상관계수는 점점 작아져서 예언의 오차가 크다는 것을 의미한다. 따라서 [그림 13-1]에서도 9개의 점들이 하나의 직선상에 포함되지 못하기 때문에 정확하게 직선을 그리려면 최적선(line of best fit)을 찾아내어야 하는데 이 최적선을 회귀선(回歸線, regression line)이라고 하는 것이다. X와 Y 두 변인 간의 관계를 나타내는 모든 직선의 방정식은 $Y=bX+c$가 되므로 이것이 모든 점들의 경향을 가장 잘 나타낼 수 있는 최적선이 되도록 b(기울기)와 c(절편)을 구하게 되면 최적선의 방정식이 결정되게 되는데 이를 회귀방정식(回歸方程式, regression equation)이라 한다. 한 변인을 알고 다른 변인을 예언하는 근거가 되는 것이 바로 이 회귀방정식이다.

회귀선의 위치는 기울기(각도, b로 표시된다)와 절편(선이 Y축과 교차하는 점, c로 표시된다)에 의해서 결정된다.

회귀방정식은 다음과 같이 표시된다.

<회귀방정식> [13-1]

$$\hat{Y} = bX + c$$

$\hat{Y}$ = Y의 예언치("와이 햇"으로 발음한다.)
b = 기울기
X = 예언변인(독립변인) 점수
c = 절편

위 회귀방정식을 보면 $\hat{Y}$(Y의 예언치)를 계산하기 위해서는 먼저 b와 c를 계산할 필요가 있다는 것을 알게 된다. b와 c를 계산하기 위한 공식은 각각 공식 [13-2], [13-3]과 같다.

<회귀방정식의 기울기(b) 계산 공식> [13-2]

$$b = r\frac{S_y}{S_x}$$

b = 기울기
r = X변인과 Y변인 사이의 상관계수
S_y = Y변인의 표준편차
S_x = X변인의 표준편차

<회귀방정식의 절편(c) 계산 공식> [13-3]

$$c = \overline{Y} - b\overline{X}$$

c = 절편
$\overline{Y}$ = Y변인의 평균
$\overline{X}$ = X변인의 평균
b = 기울기

회귀선과 기울기(b)를 잘 살펴보면 b값이 클수록 선의 경사가 더 심해져서 가파르고 b값이 작을수록 선이 평평하다는 것을 알게 된다. 예를 들어, b=0.25일 때는 X가한 단위 증가할 때마다 Y가 0.25단위 증가한다. $b=0.5$일 때는 X가 한 단위 증가할 때마다 Y가 0.5단위 증가한다. $b=1$일 때는 X가 한 단위 증가할 때마다 Y도 1단위 증가한다. $b=2$일 때는 X가 한 단위 증가할 때마다 Y는 2단위 증가한다. [그림 13-2]의 (a), (b), (c), (d)는 상수가 0일 때 각각 다른 기울기를 가진 4개의 회귀선을 나타내 준다.

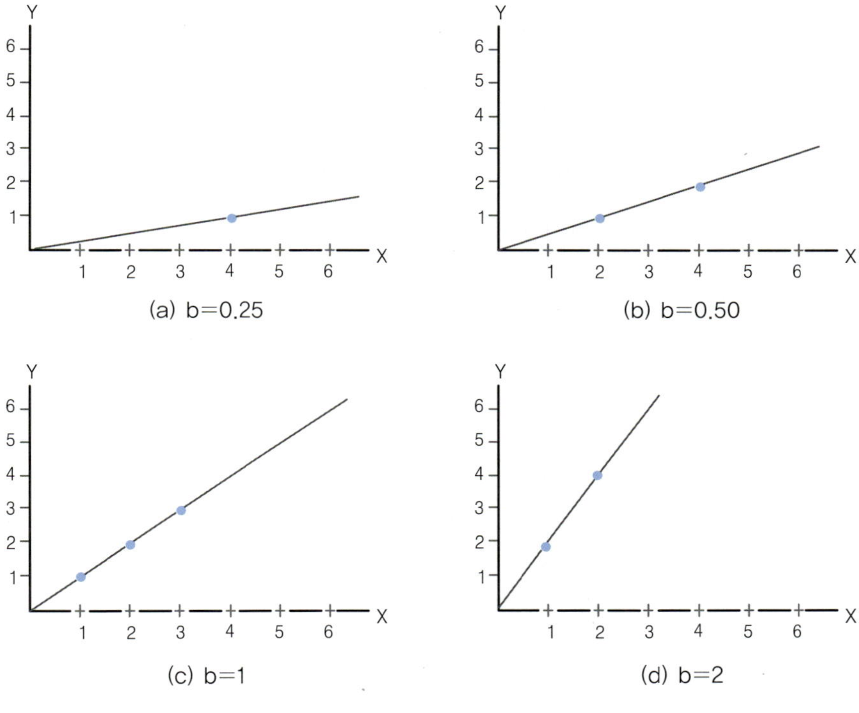

그림 13-2 기울기가 다른 4개의 회귀선

2) 중다회귀

하나의 준거변인을 예언하기 위해서 두 개 이상의 예언변인들이 사용될 때 중다회귀(重多回歸, multiple regression)라는 절차가 사용된다. 예를 들어, 유치원아를 대상으로 한 학습준비도검사 점수와 유아교사가 평가한 발달평가 점수가 초등학교 1학년에서의 학업능력검사 점수를 예언하기 위해서 사용될 수 있다. 어떤 한 개의 변인만이 준거변인과 높은 상관을 갖는 경우가 아니라면 예언변인이 만족스런 역할을 하게 하기 위해서 연구자가 예언변인으로 몇 개의 변인을 사용하는 것이 가능하다. 그런 경우에는 준거변인을 더 정확하게 예언하기 위해서 추가적인 예언변인들이 사용될 수가 있는 것이다.

예언변인들과 준거변인과의 복합상관은 중다상관(multiple R; 重多相關, multiple correlation)이라고 부른다. 중다상관이란 두 개 이상의 예언변인에 의해 하나의 준거변인을 예언하고자 할 때 각 예언변인에 적절한 비중치(比重値, weight)를 줌으로써 준거변인과 최대의 상관을 갖도록 할 때 얻어진 상관계수를 의미한다.

중다회귀에 있어서의 회귀방정식은 단순회귀방정식의 확장에 불과하다. 중다회귀방정식은 절편(c)과 더불어 예언변인(X) 각각에 대하여 회귀계수(b)를 포함하게 된다. 두 개의 예언변인을 갖는 회귀방정식은 공식 [13-4]와 같다.

<중다회귀방정식> **[13-4]**

$$\hat{Y} = b_1X_1 + b_2X_2 + c$$

$\hat{Y}$ = Y점수의 예언치

b_1 = 예언변인 X_1의 기울기

b_2 = 예언변인 X_2의 기울기

X_1 = 예언변인 X_1의 점수

X_2 = 예언변인 X_2의 점수

c = 절편

중다상관계수(R; 重多相關係數, multiple correlation coefficient)란 두 개 이상의 예언변인($X_1, X_2, X_3 \cdots X_k$)에 의해 하나의 준거변인(Y)을 예언하고자 할 때 얻어진 상관계수를 의미한다. 중다상관계수는 R로 표기하며 R은 준거변인(Y)과 몇 개 예언변인($X_1, X_2, X_3 \cdots X_k$) 간에 피어슨의 적률상관계수가 된다. R은 0에서 1.00까지 +값만 취하게 되며 R계수 자체의 의미는 일반 r과 동일하다.

중다상관계수를 구하는 방법과 중다회귀방정식을 구하는 방법은 복잡한 과정을 필요로 하기 때문에 SPSS를 사용하는 것이 효율적이다.

중다회귀에서도 단순회귀에서의 r^2과 유사한 R^2을 계산할 수 있으며 0에서 1.00까지의 범위를 차지한다. R^2은 중다상관변량 혹은 중다상관의 결정계수라고도 하는데,

준거변인의 전체 변량 중에서 결합된 예언변인들의 변량에 의해 설명되는 비율을 나타낸다. 즉, 준거변인의 전체 변량 중 예언변인들이 차지하는 변량 비율을 나타낸다.

예언변인들과 준거변인 사이의 상관이 일정하다면, 예언변인들 간의 상관이 낮을 때가 예언변인들 간의 상관이 높을 때보다 R^2이 더 크다. 이러한 점을 예시하기 위하여 [그림 13-3]을 보자.

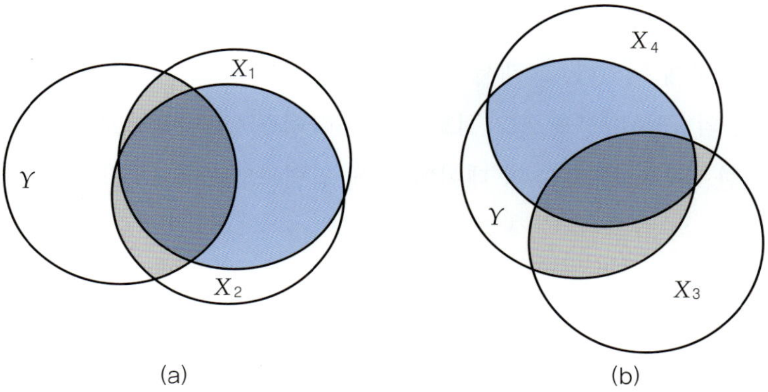

그림 13-3 두 예언변인들 간, 예언변인들과 준거변인 간 다른 상관 정도를 나타내는 두 개 도표

[그림 13-3]의 도표 (a)는 예언변인 Y와 높은 상관을 갖고 있을 뿐 아니라 서로도 높은 상관을 갖고 있는 두 개의 예언 변인 X_1과 X_2를 나타내고 있다. 두 예언변인들(X_1, X_2)이 서로 겹치는 부분이 많다는 사실로 두 변인 간의 상관이 높다는 것을 알 수 있다. 첫 번째 변인(X_1)에 두 번째 변인(X_2)이 더해짐으로써 예언변인에 의해서 설명되는 준거변인(Y) 변량의 양인 R^2이 의의 있게 증가하지 않았다. 즉, 두 번째 변인(X_2)을 더함으로써 많은 부분의 준거변인(Y)을 설명하지 못한다.

도표 (b)는 두 개의 예언변인 X_3와 X_4, 그리고 준거변인을 나타내고 있다. 두 개의 예언변인이 각각 준거변인과 높은 상관을 보이고 있고 서로와는 낮은 상관을 보이고 있다(서로 겹치는 부분이 적다). 도표 (a)와 비교하여 도표 (b)는 결합된 두 개의 예언변인들이 준거변인과 더 많이 겹쳐 있어서 Y변인을 더 많이 설명할 수 있다.

2. SPSS와 회귀

1) 단순회귀분석

○ 단순회귀분석의 예

색동유치원의 원장은 유아교사의 대학 학점이 교사의 자질을 얼마나 예언할 수 있는지에 관심을 갖게 되었다. 그래서 15명의 교사를 대상으로 대학에서의 평점을 조사하고 유아교사의 근무평정을 평가척도를 이용하여 30점 만점으로 평정하였다. 이렇게 해서 수집한 데이터를 SPSS의 데이터 창에 입력하였는데 그 결과는 [그림 13-4]와 같다.

	대학학점	근무평정
1	3.25	24.00
2	2.87	21.00
3	2.66	18.00
4	3.33	22.00
5	2.87	22.00
6	3.21	22.00
7	2.76	18.00
8	3.91	28.00
9	3.55	29.00
10	2.55	18.00
11	2.44	20.00
12	3.22	24.00
13	3.22	25.00
14	3.44	24.00
15	3.01	21.00

그림 13-4 SPSS에 입력한 유아교사의 대학학점과 근무평정 점수 데이터

○ 분석 과정

① 먼저 데이터를 입력한다. 입력이 끝난 데이터 편집기의 화면은 [그림 13-4]와 같다. 혹은 예제 데이터에 포함된 「회귀분석.sav」 파일을 불러온다.

② [그림 13-5]와 같이 메뉴 상에서 「분석(A)」을 선택한 다음 계속해서 「회귀분석(R)」, 「선형(L)」을 선택한다.

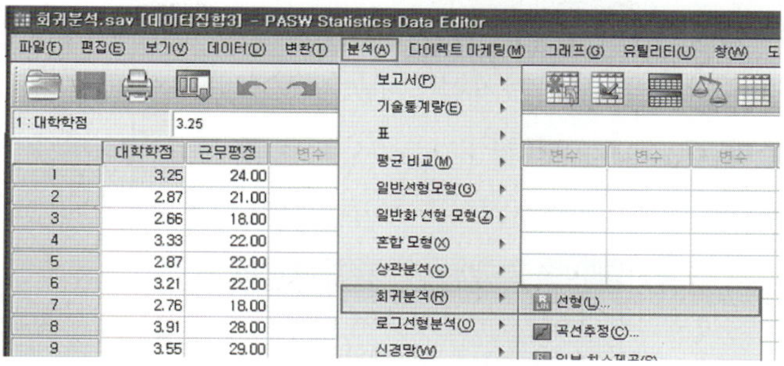

그림 13-5 SPSS에서의 회귀분석 실행 명령

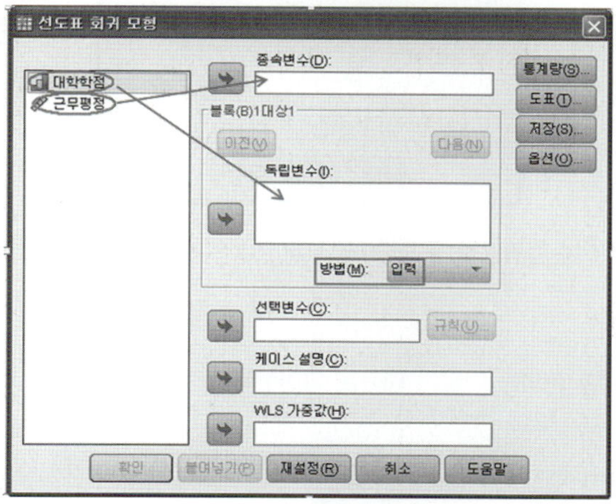

그림 13-6 단순회귀 대화상자

③ 그러면 단순회귀 대화상자가 나타나고 데이터 파일의 변인들이 왼쪽 상자에 나타난다. 종속변인과 하나 이상의 독립변인을 선택한 후, 강제등록 방법('입력' 방식)을 사용하여 분석을 실행하기 위해서는 기본 값(default)으로 설정되어 있기 때문에 "확인" 단추를 누르면 된다. [그림 13-6]은 종속변인으로 「근무평정」을 선택하고 독립변인으로 「대학학점」을 선택한 다음 분석 방법은 기본값(default)인 「'입력' (강제등록 방식)」을 선택한 화면을 보여준다.

④ [그림 13-6] 대화상자 오른쪽 상단의 "통계량" 단추를 누르면 단순회귀분석 통계량(Linear Regression Statistics) 대화상자가 나타나는데 여기에서는 결과표에 산출될 회귀분석에 관련된 각종 통계량을 지정할 수 있다. 기본값(default)으로 지

정되어 있는 통계량은 「추정값(E)」과 「모형적합(M)」이다. 여기에서는 기본값 이외에 [그림 13-7]에서 보는 것처럼 「기술통계(D)」를 추가로 선택하였다. "계속" 단추를 누른다.

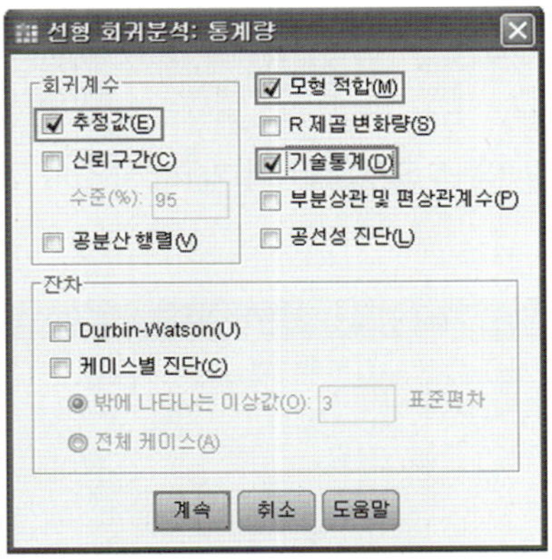

그림 13-7 단순회귀분석 통계량(Linear Regression Statistics) 대화상자

☞ 선형 회귀분석: 통계량 정의는 다음의 내용을 의미한다.

- 회귀계수
  - 추정값(E) : 회귀계수 추정치를 표시한다. Y절편과 예언변인에 대해서 회귀계수 베타(b), 베타의 표준오차, 표준계수 베타, 베타의 t값, t에 대한 양방검증 유의도 수준 등을 산출한다. t값은 "회귀선의 기울기(b, 회귀계수)는 0이다"라는 영가설을 검증할 때의 t값을 의미한다. 결과표에는 「계수」라는 제목으로 산출된다.
  - 신뢰구간(C) : 비표준화 회귀계수에 대한 95% 신뢰구간을 제시해 준다.
  - 공분산 행렬(V) : 비표준화 회귀계수에 대한 분산-공분산 행렬을 제시해 준다.
- 잔차
  - Durbin-watson(u) : 수정된 잔차에 대한 더빈왓슨 검증과 잔차 및 예측값에 대한 계량을 제시해 준다.
  - 케이스별 진단(C) : 정해진 기준과 너무 벗어난 잔차에 대해서 이상 값으로 처리하여 제시해 준다.
  - 모형 적합(M) : R, R^2, 교정 R^2, 추정의 표준오차 등이 「모형요약」이라는 제목으로 산출되며 자유도, 자승화, 평균자승화, F값, F의 의의도 값(확률) 등의 변량분석표가 「분산분석」이라는 제목으로 산출된다. 회귀분석에 포함되는 변량분석은 회귀선의 기울기(b, 회귀계수)가 0이라는 영가설을 검증한다.

- R 제곱 변화량(S) : R 제곱 변화량을 제시해 주며, R^2 변화량을 통해서 독립변수에 대한 종족변수의 예측 정도를 판단할 수 있다.
- 기술통계(D) : 예언변인과 준거변인에 대한 평균과 표준편차, 사례 수 등을 나타낸다.
- 부분상관 및 편상관계수(P) : 무차상관, 부분상관, 편상관 등을 제시해 준다.
- 공선성 진단(L) : 개별 변수에 대한 공차 한계와 공선성 문제 진단을 위한 통계량을 제시해 준다.

⑤ 나머지는 모두 기본값(default)을 그대로 사용할 것이므로 [그림 13-6] 대화상자에서 "확인" 단추를 누른다. 그러면 다음과 같은 처리 결과를 SPSS 결과창에서 볼 수 있다.

회귀 모형

기술통계량

	평균	표준편차	N
근무평정	22.4000	3.35517	15
대학학점	3.0860	.40078	15

상관계수

		근무평정	대학학점
Pearson 상관	근무평정	1.000	.884
	대학학점	.884	1.000
유의확률 (단측)	근무평정	.	.000
	대학학점	.000	.
N	근무평정	15	15
	대학학점	15	15

진입/제거된 변수[b]

모형	진입된 변수	제거된 변수	방법
1	대학학점[a]	.	입력

a. 요청된 모든 변수가 입력되었습니다.
b. 종속변수: 근무평정

모형 요약

모형	R	R 제곱	수정된 R 제곱	추정값의 표준오차
1	.884[a]	.781	.764	1.63045

a. 예측값: (상수), 대학학점

분산분석[b]

모형		제곱합	자유도	평균 제곱	F	유의확률
1	회귀 모형	123.041	1	123.041	46.284	.000[a]
	잔차	34.559	13	2.658		
	합계	157.600	14			

a. 예측값: (상수), 대학학점
b. 종속변수: 근무평정

계수[a]

모형		비표준화 계수		표준화 계수	t	유의확률
		B	표준오차	베타		
1	(상수)	-.427	3.382		-.126	.901
	대학학점	7.397	1.087	.884	6.803	.000

a. 종속변수: 근무평정

결과표 해석

① 「기술통계량」 부분은 예언변인과 준거변인의 평균과 표준편차, 사례 수를 산출한 것이다.

② 「상관계수」 부분은 두 변인 간의 단순상관계수와 두 변인 간의 관련성 정도에 대한 통계적 유의도 검증을 산출한 것이다. 이 부분은 대학학점이라는 독립변인으로 근무평정이라는 종속변인을 예언한 단순회귀분석의 결과이다. 전체 분석에 포함된 사례 수는 15명이며 두 변인 간의 상관계수는 .884로서 일방검증일 때 확률이 .000으로서 .05 수준에서 두 변인 간에는 상호 관련성이 있다고 결론 내린다.

③ 「모형요약」 부분은 R, R^2, 교정 R^2, 추정의 표준오차 등을 산출한 것이다. 두 변인 간의 상관계수는 .884이다. 또 R^2은 .781로 준거변인의 변량 중에서 예언변인에 의하여 설명되는 부분이 78.1%라고 할 수 있다. 다시 말하면 데이터에 포함된 사례들의 78.1%가 회귀선(회귀방정식)에 적합하다고 말할 수 있다. 만일, 모든 사례들이 회귀선에 머문다면 R^2은 1이 되고, 모든 사례들이 회귀선에서 벗어난다면 R^2은 0이 된다.

④ 「분산분석」 부분은 회귀분석에 포함되는 변량분석으로 회귀선의 기울기(b, 회귀계수)가 0이라는 영가설을 검증한다. 다른 말로 바꾸면 두 변인 사이에 통계적으로 의의 있는 직선적 관계가 없다는 영가설을 검증한다. 회귀선의 기울기가 의의 있게 0이 아니라면 두 변인 사이에 통계적으로 의의 있는 직선적 관계가 있다고 결론 내린다.

각 변산원(source of variation)에 대하여 결과표에는 자승화(*SS*)와 자유도(*df*), 평균자승화(*MS*)가 나타나 있다. *F*값(*F* value, *F*비)은 회귀(Regression)의 평균자승화를 잔차(Residual)의 평균자승화로 나눔으로써 얻을 수 있다. *F*의 의의도(significance of *F*)는 얻어진 *F*값의 확률(*P*-value)이다. *F*의 의의도(*F*값의 확률) 값이 .000으로 .05보다 작기 때문에 .05 수준에서 두 변인 간에 의의 있는 관계가 없다는 영가설을 거부하고 두 변인 사이에 통계적으로 의의 있는 직선적 관계가 있다고 결론 내릴 수 있다. 표에 의하면 회귀식에 의하여 설명되는 부분은 123.041이며, 설명되지 않는 부분은 34.559이다.

⑤ 「계수」 부분은 회귀방정식의 계수들을 나타낸다. 각각의 계수들을 회귀방정식에

대입해 보면 여기 예에서의 회귀방정식은 다음과 같이 된다.

$$\hat{Y} = 7.397X - 0.427$$

▶ Y절편(Constant, 상수)

절편은 −0.427이다. t통계량은 "Y절편은 0이다"라는 영가설을 검증할 때의 t값을 의미한다. P값은 t통계치를 얻을 확률을 의미한다. t통계치의 확률이 .901이기 때문에 .05 수준에서 영가설을 거부하지 못한다.

▶ 대학학점

회귀선의 기울기는 7.397이다. t통계량은 "회귀선의 기울기(b, 회귀계수)는 0이다"라는 영가설을 검증할 때의 t값을 의미한다. 위에서 변량분석이 "회귀선의 기울기(b, 회귀계수)가 0이다"라는 영가설을 검증한다고 하였다. 두 개의 변인에 대한 분석에 있어서 t통계치와 변량분석표에서의 F통계치는 같은 가설을 검증하게 된다. 따라서 F통계치는 t통계치를 자승함으로써 얻을 수 있다. 'p값'은 t통계치를 얻을 확률(의의도 값)을 의미한다. t통계치의 확률이 .000이기 때문에 .05 수준에서 영가설을 거부하게 된다. 따라서 얻은 회귀선의 기울기는 0이 아니고 두 변인 사이에 통계적으로 의의 있는 직선적 관계가 있다고 결론 내린다. 앞에서 제시한 변량분석에서의 회귀의 F의 의의도(F값의 확률) 값이 .000으로 같았던 것을 주목하라.

2) 중다회귀분석

◎ 중다회귀분석의 예

색동유치원 원장은 유아교사가 제출한 이력서 평정점수와 직무적성검사 점수가 유아교사의 직무능력을 예언할 수 있는지에 관심을 갖게 되었다. 이러한 예언이 의의 있고 산출된 회귀방정식이 현재 고용된 유아교사들의 직무능력 예언을 정확히 해 준다면, 새로 고용되는 유아교사들에 있어서도 이러한 회귀방정식이 똑같이 적용될 수 있기 때문이다. 이렇게 해서 수집한 데이터를 SPSS의 데이터 창에 입력하였다.

	이력서	직무적성	직무능력
1	25.00	35.00	234.00
2	33.00	44.00	124.00
3	44.00	65.00	345.00
4	54.00	55.00	467.00
5	45.00	60.00	432.00
6	23.00	33.00	235.00
7	53.00	54.00	555.00
8	22.00	12.00	146.00
9	42.00	34.00	345.00
10	25.00	23.00	366.00
11	16.00	22.00	156.00
12	23.00	16.00	123.00
13	36.00	55.00	564.00
14	33.00	28.00	237.00

그림 13-8 SPSS에 입력한 이력서, 직무적성과 직무능력 점수 데이터

- 분석 과정

① 먼저 데이터를 입력한다. 입력이 끝난 데이터 편집기의 화면은 [그림 13-8]과 같다. 혹은 예제 데이터에 포함된 「중다회귀.sav」 파일을 불러온다.

② 메뉴 상에서 「분석(A)」를 선택한 다음 계속해서 「회귀분석(A)」, 「선형(L)」을 선택한다.

③ 그러면 회귀분석 대화상자가 나타나고 데이터 파일의 변인들이 왼쪽 상자에 나타난다. 종속변인과 하나 이상의 독립변인을 선택한 후, 강제등록 방법('입력' 방식)을 사용하여 분석을 실행하기 위해서는 기본값(default)으로 설정되어 있기 때문에 "확인" 단추를 누르면 된다. [그림 13-9]는 종속변인으로 「직무능력」을 선택하고 독립변인으로 「이력서」와 「직무적성」을 선택한 다음 분석 방법은 기본값(default)인 「'입력' (강제등록 방식)」를 선택한 화면을 보여준다.

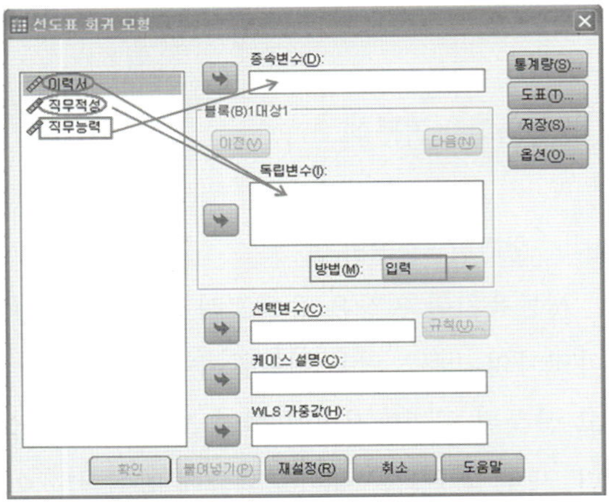

그림 13-9 중다회귀 대화상자

각각의 설정이 의미하는 것은 다음과 같다.

▶ 방법:

분석 방법을 선택할 수 있으며 입력(강제등록) 방식은 변인들이 동시에 등록되어 처리되는 방식이며, 단계선택(단계적 등록) 방식은 변인들이 단계별로 등록되어 처리되는 방식이다. 여기에서는 기본값(default)인 입력(강제등록) 방식을 선택한다.

④ [그림 13-9] 대화상자 오른쪽 상단의 "통계량" 단추를 누르면 단순회귀분석 통계량(Linear Regression: Statistics) 대화상자가 나타나는데 여기에서는 결과표에 산출될 회귀분석에 관련된 각종 통계량을 지정할 수 있다. 기본값(default)으로 지정되어 있는 통계량은 「추정값(E)」과 「모형적합(M)」이다. 여기에서는 기본값 이외에 [그림 13-10]에서 보는 것처럼 「기술통계(D)」를 추가로 선택하였다. "계속" 단추를 누른다.

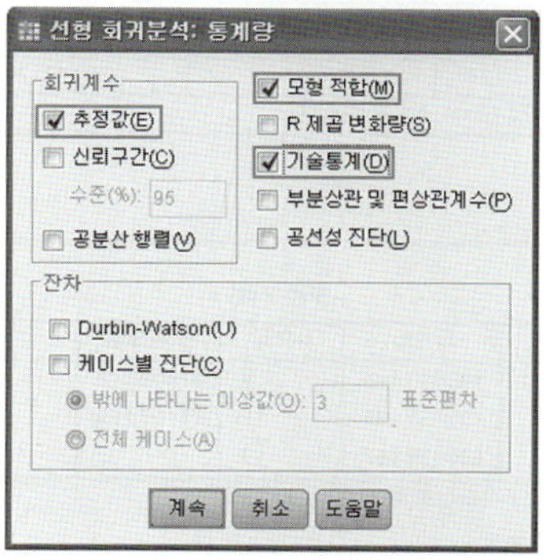

그림 13-10 중다회귀분석 통계량(Linear Regression Statistics) 대화상자

통계량(Linear Regression: Statistics) 대화상자의 각 통계량이 의미하는 것은 SPSS를 통한 단순회귀분석 예의 분석 과정([그림 13-7]에 대한 설명 부분)을 참고하라.

⑤ 나머지는 모두 기본값(default)을 그대로 사용할 것이므로 [그림 13-9] 대화상자에서 "확인" 단추를 누른다. 그러면 다음과 같은 처리 결과를 SPSS 결과창에서 볼 수 있다.

회귀 모형

기술통계량

	평균	표준편차	N
직무능력	309.2143	153.56240	14
이력서	33.8571	12.16462	14
직무적성	38.2857	17.26013	14

상관계수

		직무능력	이력서	직무적성
Pearson 상관	직무능력	1.000	.755	.714
	이력서	.755	1.000	.814
	직무적성	.714	.814	1.000
유의확률 (단측)	직무능력	.	.001	.002
	이력서	.001	.	.000
	직무적성	.002	.000	.
N	직무능력	14	14	14
	이력서	14	14	14
	직무적성	14	14	14

진입/제거된 변수[b]

모형	진입된 변수	제거된 변수	방법
1	직무적성, 이력서[a]	.	입력

a. 요청된 모든 변수가 입력되었습니다.

b. 종속변수: 직무능력

모형 요약

모형	R	R 제곱	수정된 R 제곱	추정값의 표준오차
1	.774[a]	.600	.527	105.63224

a. 예측값: (상수), 직무적성, 이력서

분산분석[b]

모형		제곱합	자유도	평균 제곱	F	유의확률
1	회귀 모형	183818.496	2	91909.248	8.237	.007[a]
	잔차	122739.861	11	11158.169		
	합계	306558.357	13			

a. 예측값: (상수), 직무적성, 이력서

b. 종속변수: 직무능력

계수[a]

모형		비표준화 계수		표준화 계수	t	유의확률
		B	표준오차	베타		
1	(상수)	-11.325	86.323		-.131	.898
	이력서	6.488	4.145	.514	1.565	.146
	직무적성	2.635	2.922	.296	.902	.386

a. 종속변수: 직무능력

◎ 결과표 해석

①「기술통계량」 부분은 두 개의 예언변인(이력서 점수, 직무적성 점수)과 준거변인(직무능력 점수)의 평균과 표준편차, 사례 수를 산출한 것이다.

②「상관관계」 부분은 세 개 변인 서로 간의 단순상관계수와 세 개 변인 서로 간의 관련성 정도에 대한 통계적 유의도 검증을 산출한 것이다. 이 부분은 이력서 점수와 직무적성 점수라는 독립변인으로 직무능력이라는 종속변인을 예언한 중다회귀분석의 결과이다. 전체 분석에 포함된 사례 수는 14명이다. 이력서 점수와 직무능력 점수 변인 간의 상관계수는 .755로서 일방검증일 때 확률이 .001로서 .05 수준에서 두 변인 간에는 상호 관련성이 있다고 결론 내린다. 직무적성 점수와 직무능력 점수 변인 간의 상관계수는 .714로서 일방검증일 때 확률이 .002로서 .05 수준에서 두 변인 간에는 상호 관련성이 있다고 결론 내린다.

③「모형요약」 부분은 R, R^2, 교정 R^2, 추정의 표준오차 등을 산출한 것이다. 중다상관계수는 .774이다. 또 R^2은 .600으로 준거변인의 변량 중에서 예언변인들에 의하여 설명되는 부분이 60%라고 할 수 있다. 다시 말하면 데이터에 포함된 사례들의 60%가 회귀선(회귀방정식)에 적합하다고 말할 수 있다. 만일, 모든 사례들이 회귀선에 머문다면 R^2은 1이 되고, 모든 사례들이 회귀선에서 벗어난다면 R^2은 0이 된다.

④「분산분석」 부분은 회귀선의 기울기(회귀계수; b_1, b_2)가 0이라는 영가설을 검증한다. 다른 말로 바꾸면 예언변인들과 준거변인 사이에 통계적으로 의의 있는 직선적 관계가 없다는 영가설을 검증한다. 회귀선의 기울기가 의의 있게 0이 아니라면 예언변인들과 준거변인 사이에 통계적으로 의의 있는 직선적 관계가 있다고 결론 내린다.

각 변산원(source of variation)에 대하여 결과표에는 자승화(SS)와 자유도(df), 평균자승화(MS)가 나타나 있다. F값(F value, F비)은 회귀(Regression)의 평균자승화를 잔차(Residual)의 평균자승화로 나눔으로써 얻을 수 있다. F의 의의도(significance of F)는 얻어진 F값의 확률(P-value)이다. F의 의의도(F값의 확률)값이 .007로 .05보다 작기 때문에 .05 수준에서 예언변인들과 준거변인 간에 의의 있는 관계가 없다는 영가설을 거부하고 예언변인들과 준거변인 사이에 통계적으로 의의 있는 직선적 관계가 있다고 결론 내릴 수 있다. 표에 의하면 회귀식에 의하여 설명되는 부분은 183818.496이며, 설명되지 않는 부분은 122739.861이다.

⑤ 「계수」 부분은 회귀방정식의 계수들을 나타낸다. 각각의 계수들을 회귀방정식에 대입해 보면 여기 예에서의 회귀방정식은 다음과 같이 된다.

$$\hat{Y} = 6.488X_1 + 2.635X_2 - 11.325$$

▶ *Y*절편(Constant, 상수)

절편은 −11.325이다. *t*통계량은 "*Y*절편은 0이다"라는 영가설을 검증할 때의 *t*값을 의미한다. '*P*값'은 *t*통계치를 얻을 확률을 의미한다. *t*통계치의 확률이 .898이기 때문에 .05 수준에서 영가설을 거부하지 못한다.

▶ 회귀계수 가중치들(이력서, 직무적성)

예언변인(이력서, 직무적성)의 회귀계수 가중치들의 *t*통계량은 둘 다 "회귀계수 가중치는 0이다"라는 영가설을 검증할 때의 *t*값을 의미한다. 물론 '*P*값'은 *t*통계치를 얻을 확률을 의미한다. *t*통계치의 확률이 각각 .146(이력서), .386(직무적성)이기 때문에 둘 다 .05 수준에서 영가설을 거부하지 못한다. 따라서 이력서 변인과 직무적성 변인 각각은 직무능력 변인과 통계적으로 의의 있는 직선적 관계가 없다고 결론 내린다.

제 14 장

요인분석

1. 요인분석
2. SPSS와 요인분석

지금까지의 통계분석들이 독립변인과 종속변인을 지정하여 변수들 간의 차이나 영향력을 분석하는 방법이었다면, 요인분석은 많은 변수들 간의 상호 관련성을 기초로 하여 변수 속에 내재되어 있는 소수의 공통적인 요소를 찾아냄으로써 변수를 축약하거나 요약하기 위해 사용되는 분석 방법이다. 본 장에서는 요인분석의 기본 가정을 살펴보고 많은 변수들의 공통적인 요인을 추출해내는 요인분석을 다루어 보고자 한다.

이러한 요인분석은 '제1장 교육통계 이론과 이해' 부분에서 설명한 것처럼 측정 도구 개발을 위한 타당화 절차에서 중요한 부분을 차지하니 만큼 본 장의 통계처리 과정을 익히고 제1장의 타당화 과정을 전반적으로 이해하기 바란다.

1. 요인분석

요인분석(Factor Analysis)은 변수들의 축소로서 여러 개의 관련 있는 변수를 하나의 요인으로 묶어 주는 분석 방법이다. 즉, 많은 변수들 간의 상호 관련성을 기초로 공통된 특성을 가진 변수들을 잠재적인 요인으로 묶어 변수를 요약하기 위한 통계분석 방법이다. 특히, 요인분석은 변수들 간의 상관관계를 분석하여 변수들의 공통 차원을 통해 변수들을 설명하는 통계 기법이므로 서로 관련성이 없는 변수는 요인으로 묶이지 않기 때문에 불필요한 변수를 발견해 낼 수 있다(이러한 불필요한 변수나 문항을 발견하고 추출해 내는 기능과 관련 있는 변수들을 찾아내 주는 기능 때문에 요인분석이 타당화에 기여할 수 있는 것이다).

요인분석의 종류에는 아이엔 값 "1"을 기준으로 요인을 추출하는 탐색적 요인분석(EFA : Exploratory factor analysis)과 요인의 수를 미리 정해 놓고 이의 결과가 탐색적 요인분석의 결과와 같은지를 점검할 수 있는 확인적 요인분석(CFA : Confirmatory factor analysis)이 있다.

요인분석을 실행할 때 요인을 추출하기 위한 방법에는 두 가지, 즉 주성분 분석법(PCA : Principle component analysis)과 공통요인 분석법(CFA : Common factor analysis)이 있는데 이 두 방법의 특징은 다음과 같다.

주성분 분석 방법은 연구자가 변량에 대한 사전지식을 가지고 있을 때, 연구자가 요인의 특성과 요인의 수를 알고자 할 때 주로 사용되는 분석 방법이며 변량이 큰 것부터 차례대로 요인이 추출되어 보다 널리 사용되는 방법이다. 공통요인 분석법은 연구자가 변량에 대한 사전지식이 없을 때 문항이 쉽게 파악되지 않는 잠재적 공통요인을 규명하고자 할 때 사용되는 방법이다. 이러한 요인분석은 다른 분석들처럼 독립변인과 종속변인이 구분되지 않으며, 모든 변수들 간의 관계를 분석함으로써 변수들의 공통성을 이루는 요인을 발견하는 분석 방법이다. 하지만 요인분석은 기본적인 상관관계가 높은 변수들끼리 그룹핑되므로 변수들 간의 상관관계가 전반적으로 매우 낮을 경우(± .3 이하)에는 요인분석을 하기에 부적합하다고 볼 수 있다.

요인분석에 필요한 통계적 기본 가정들은 다음과 같다.

① 표본의 크기는 일반적으로 100개에서 200개 이상의 사례를 사용할 것이 권장되고 있고 변수의 수를 고려하여 변수 수의 4~5배 이상이 적당하다(표본의 수 고려).

② 무응답자, 극단점수에 대한 점검과 정리가 필요하다(점수 점검).

③ 변수의 상관행렬이 요인분석으로 가능한지 상관 정도(.30~.40 이상)를 점검해야 한다(상관관계 고려).

④ 모든 변인의 선형조합이 정상분포를 이루어야 한다(다변량 정상성 가정).

⑤ 각 문항들은 문항들 간의 선형적인 관계가 있어야 한다(선형성). 일반적으로 위의 정상성 가정이 충족되면 변수들 간의 관계가 직선적이라고 판단할 수 있다.

⑥ 다중공선성이 없어야 한다(다중공선성 점검).

2. SPSS와 요인분석

연구의 예

연구자는 유아들의 유치원 적응 척도 개발의 일환으로 타당성 검증을 하고자 하였다. 따라서 연구자는 유치원 적응 하위 요인을 구성하기 위해 기존의 연구를 참고하여 27개의 문항을 제작하여 설문조사한 결과를 입력하였다. 입력한 데이터는 [그림 14-1]과 같다.

	적응1	적응2	적응3	적응4	적응5	적응6	적응7
1	5.00	5.00	4.00	3.00	5.00	5.00	5.(
2	3.00	3.00	4.00	3.00	3.00	4.00	2.(
3	5.00	5.00	3.00	5.00	3.00	3.00	2.(
4	5.00	5.00	4.00	3.00	5.00	5.00	5.(
5	4.00	4.00	4.00	3.00	3.00	3.00	3.(
6	5.00	5.00	5.00	3.00	3.00	4.00	5.(
7	5.00	5.00	5.00	5.00	5.00	5.00	5.(
8	3.00	3.00	2.00	2.00	3.00	4.00	3.(
9	4.00	3.00	3.00	4.00	4.00	3.00	2.(
10	5.00	5.00	5.00	5.00	4.00	4.00	4.(
11	4.00	4.00	4.00	4.00	4.00	5.00	4.(
12	5.00	5.00	1.00	4.00	4.00	5.00	3.(
13	3.00	3.00	3.00	3.00	4.00	3.00	3.(
14	3.00	3.00	3.00	4.00	3.00	3.00	3.(
15	4.00	4.00	4.00	4.00	3.00	3.00	3.(
16	2.00	2.00	3.00	3.00	4.00	4.00	4.(
17	4.00	4.00	4.00	3.00	5.00	4.00	4.(
18	4.00	4.00	4.00	4.00	2.00	2.00	3.(

[그림 14-1] SPSS에 입력한 요인분석 데이터

○ 분석 과정

① [그림 14-1]은 요인분석을 위한 데이터를 입력한 화면이다. 본 책 예제 데이터의 「요인분석.sav」 파일을 불러온다.

② [그림 14-2]와 같이 메뉴 상에서 〈분석(A)〉-〈차원 감소(D)〉-〈요인분석(F)〉을 차례로 선택한다. 그러면 [그림 14-3]과 같은 「요인분석」 대화상자가 나타난다.

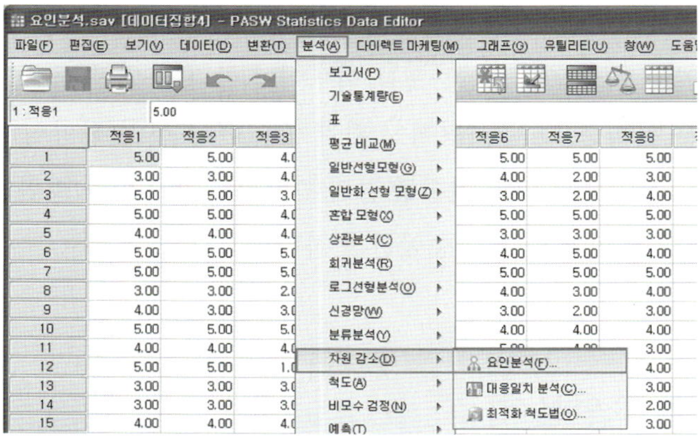

그림 14-2 SPSS에서의 요인분석 실행 명령

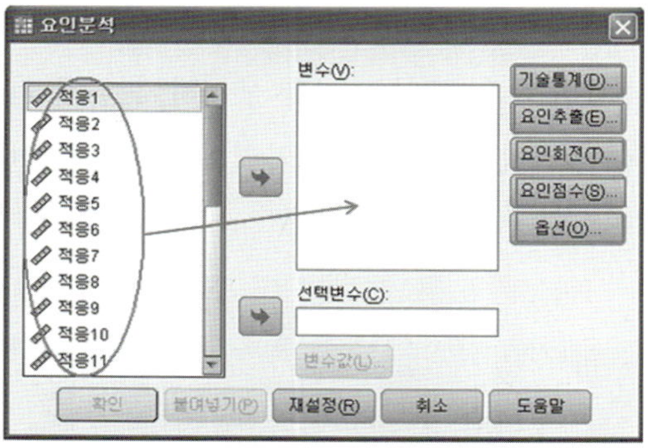

그림 14-3 「요인분석」 대화상자

③ 왼쪽 변인들 중 개발할 척도에서 각 문항에 해당하는 "적응1"~"적응27" 변인을 '변수(V)'로 클릭하여 옮긴다.

④ [그림 14-3]의 「요인분석」 대화상자에서 오른쪽 상단의 "기술통계(D)" 단추를 누

르면 [그림 14-4]「요인분석: 기술통계」 대화상자가 나오는데 여기서는 '일변량 기술통계(U)' 와 '초기해법(I)' , '계수(C)' 를 선택하고 "계속" 버튼을 누른다.

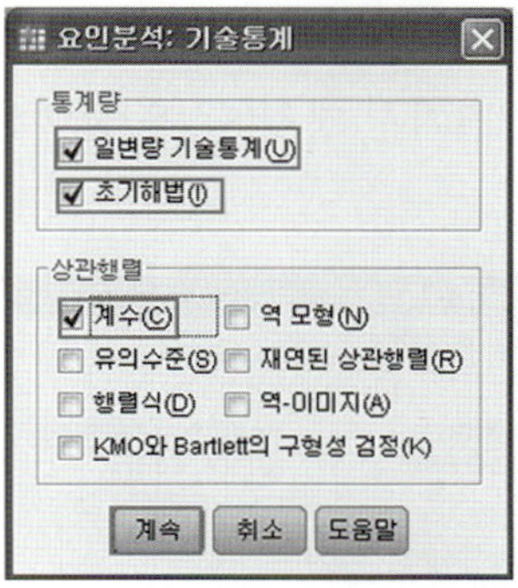

그림 14-4 「요인분석: 기술통계」 대화상자

☞ 요인분석 : 기술통계 정의는 다음의 내용을 의미한다.

- 통계량
  - 일변량 기술통계(U) : 문항의 평균, 표준편차, 사례 수를 제시해 준다.
  - 초기해법(I) : 초기공통성, 고유값, 설명된 변량의 비율을 제시해 준다.
- 상관행렬
  - 계수(C) : 변수들에 대한 상관계수 행렬을 제시해 준다.
  - 유의수준(S) : 상관관계 행렬에서 상관계수의 유의수준을 제시해 준다.
  - 행렬식(D) : 행렬식 값을 제시해 준다.
  - 역 모형(N) : 역상관계수행렬과 공변량행렬을 제시해 준다.
  - 재연된 상관행렬(R) : 요인에 의해 추정된 상관관계 행렬을 제시해 준다.
  - 역이미지(A) : 음 부분상관계수와 부분공분산 행렬을 제시해 준다.
  - KMO와 Bartlett의 구형성 검정(K) : 상관행렬의 적합성을 검정해 주며 KMO 값이 1에 가까울수록 요인분석하기에 적합하다.

⑤ 다시 [그림 14-3]의 「요인분석」 대화상자가 나오면 [그림 14-5]~[그림 14-8]과 같이 오른쪽 상단의 "요인추출(E)" 에서는 방법(M)으로 '주성분 분석' 과 출력으로 '회전하지 않은 요인해법(F)' 과 잠정적인 요인의 수를 알 수 있는 '스크리 도표(S)' 를 선택한다. 본 예시에서는 요인을 수를 고유값 1을 기준으로 분석하기 위해

'고유값 기준' 을 선택한다. "요인회전(T)" 에서는 가장 많이 활용되는 '베리멕스(V)' 를 선택하고, "요인점수(S)" 는 '변수로 저장' 단추와 방법으로 '회귀분석' 방법을 선택하고 계속을 누른다.

마지막으로 "옵션(O)" 에서는 '목록별 결측값 제외(L)' 를 선택하고 적재량이 큰 순서대로 나타내기 위해 '크기순 정렬(S)' 을 선택하고 "계속" 단추를 누른다.

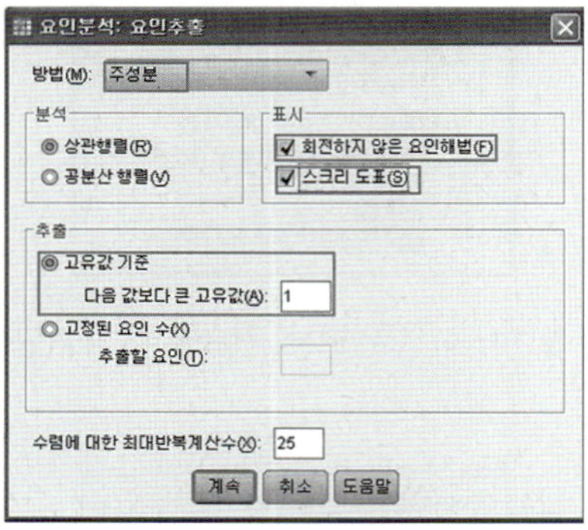

그림 14-5 「요인분석: 요인추출」 대화상자

☞ 요인분석: 요인추출 정의는 다음의 내용을 의미한다.

- 방법(M)
  - 주성분 : 성분을 추출하는 분석 방법으로 변량이 큰 것부터 작은 것까지 내림차순으로 제시된다.
- 분석
  - 상관행렬(R) : 상관행렬을 제시해 준다.
  - 공분산 행렬(V) : 공분산 행렬을 제시해 준다.
- 표시
  - 회전하지 않은 요인해법(F) : 회전 전의 요인 값을 제시해 준다.
  - 스크리 도표(S) : 잠정적인 요인의 수를 나타내 주는 도표로서 연결되는 선이 급감소를 하면 각 성분이 하나의 요인이 된다.
- 추출
  - 고유값 기준 : 일반적으로 "1"로 지정되어 있으나 사용자가 지정된 고유값 이상의 요인이 추출된다.
  - 고정된 요인 수(X) : 추출하고자 하는 요인의 수를 지정하면 지정 수가 추출된다.

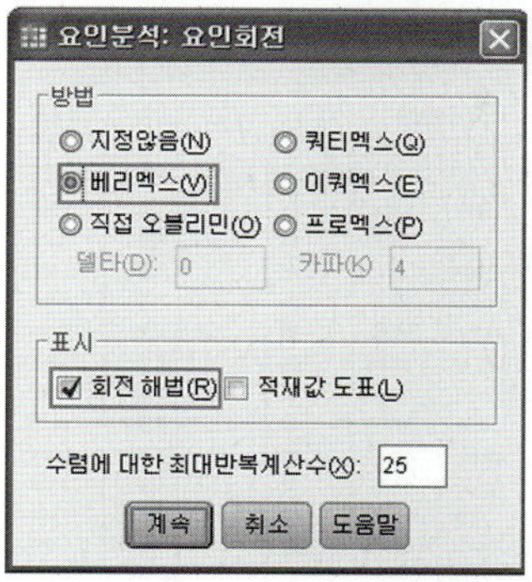

그림 14-6 「요인분석: 요인회전」 대화상자

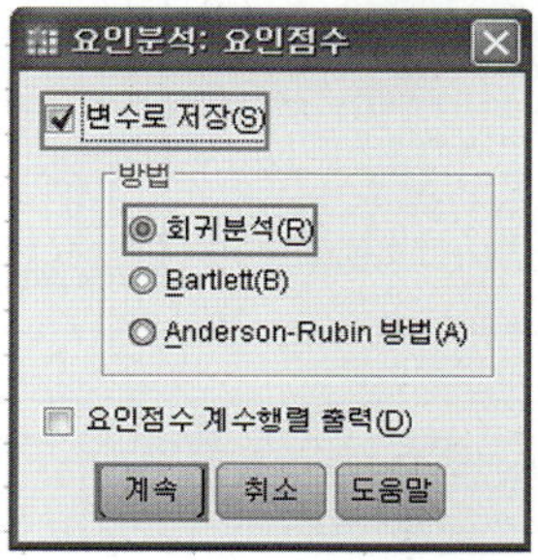

그림 14-7 「요인분석: 요인점수」 대화상자

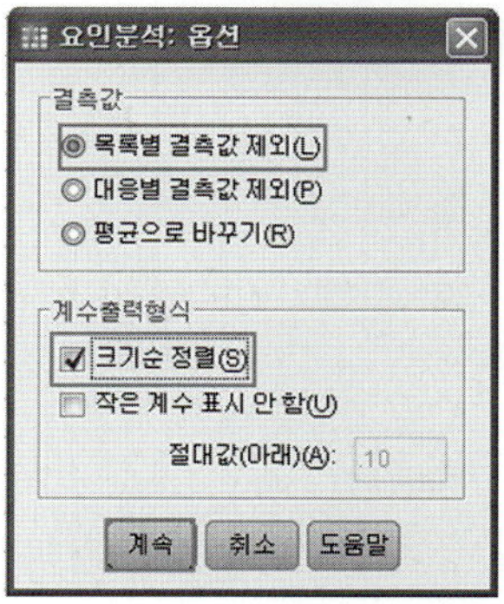

그림 14-8 「요인분석: 옵션」 대화상자

⑥「요인분석」 대화상자가 나오면 좌측 하단의 "확인" 단추를 누르면 다음과 같은 결과가 나타난다.

요인분석

기술통계량

	평균	표준편차	분석수
적응1	4.1746	.85269	63
적응2	4.0794	.88539	63
적응3	3.9206	.86699	63
적응4	3.7937	1.06497	63
적응5	4.0000	.96720	63
적응6	4.0317	.86076	63
적응7	3.7778	.99100	63
적응8	3.8413	.95388	63
적응9	3.6508	.96985	63
적응10	4.0317	.89746	63
적응11	3.5556	.91189	63
적응12	3.5238	.91329	63
적응13	3.3810	1.05385	63
적응14	3.7937	.96985	63
적응15	3.3651	1.12596	63
적응16	3.3333	1.12163	63
적응17	3.3810	1.12778	63
적응18	3.9206	.93845	63
적응19	3.1111	1.16551	63
적응20	3.2381	1.01146	63
적응21	3.7937	.93600	63
적응22	3.9841	.90682	63
적응23	3.7143	.94063	63
적응24	4.0159	.81304	63
적응25	3.8254	.83356	63
적응26	3.9365	.80067	63
적응27	3.8254	.99255	63

공통성

	초기	추출
적응1	1.000	.881
적응2	1.000	.888
적응3	1.000	.578
적응4	1.000	.642
적응5	1.000	.808
적응6	1.000	.824
적응7	1.000	.843
적응8	1.000	.707
적응9	1.000	.714
적응10	1.000	.816
적응11	1.000	.730
적응12	1.000	.787
적응13	1.000	.761
적응14	1.000	.746
적응15	1.000	.850
적응16	1.000	.844
적응17	1.000	.860
적응18	1.000	.760
적응19	1.000	.729
적응20	1.000	.708
적응21	1.000	.879
적응22	1.000	.830
적응23	1.000	.812
적응24	1.000	.824
적응25	1.000	.732
적응26	1.000	.805
적응27	1.000	.702

추출 방법: 주성분 분석.

설명된 총분산

성분	초기 고유값			추출 제곱합 적재값			회전 제곱합 적재값		
	합계	% 분산	% 누적	합계	% 분산	% 누적	합계	% 분산	% 누적
1	14.333	53.085	53.085	14.333	53.085	53.085	5.567	20.617	20.617
2	2.560	9.482	62.567	2.560	9.482	62.567	4.649	17.218	37.836
3	1.714	6.347	68.913	1.714	6.347	68.913	4.576	16.948	54.783
4	1.408	5.214	74.127	1.408	5.214	74.127	4.552	16.860	71.643
5	1.049	3.884	78.010	1.049	3.884	78.010	1.719	6.367	78.010
6	.915	3.387	81.398						
7	.753	2.787	84.185						
8	.597	2.211	86.396						
9	.474	1.755	88.150						
10	.437	1.620	89.771						
11	.371	1.372	91.143						
12	.323	1.196	92.339						
13	.295	1.091	93.430						
14	.272	1.008	94.439						
15	.243	.899	95.338						
16	.227	.842	96.180						
17	.177	.655	96.835						
18	.156	.577	97.412						
19	.131	.484	97.897						
20	.118	.436	98.333						
21	.106	.394	98.728						
22	.094	.349	99.077						
23	.083	.307	99.383						
24	.062	.229	99.613						
25	.049	.182	99.794						
26	.034	.126	99.920						
27	.021	.080	100.000						

추출 방법: 주성분 분석.

스크리 도표

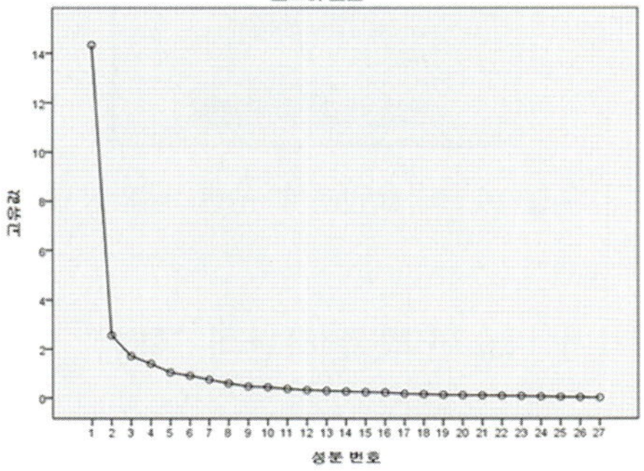

성분행렬[a]

	성분				
	1	2	3	4	5
적응7	.833	-.007	-.127	-.292	-.219
적응2	.827	.075	-.231	-.013	.380
적응26	.823	.109	-.158	.301	.003
적응25	.798	.167	-.123	.090	-.211
적응21	.789	.442	.220	.036	-.109
적응11	.780	.034	-.180	.237	-.181
적응27	.778	.054	.164	-.255	.037
적응1	.773	.131	-.196	.027	.477
적응8	.766	-.148	-.186	-.252	-.018
적응14	.758	-.142	-.351	-.096	-.137
적응6	.753	-.017	-.097	-.497	-.008
적응23	.737	.402	.242	-.005	-.221
적응15	.731	-.541	.139	-.002	.064
적응22	.729	.511	.181	.041	-.067
적응24	.724	.530	.134	-.035	-.003
적응18	.724	-.286	.159	.231	.276
적응9	.720	-.276	-.202	-.280	-.024
적응12	.711	-.097	-.300	.425	-.029
적응13	.710	-.204	-.227	.127	-.384
적응5	.704	-.120	.259	-.480	.043
적응16	.701	-.545	.233	.034	.017
적응3	.681	.318	.104	-.046	.004
적응10	.676	-.005	-.546	.182	.163
적응17	.663	-.452	.402	.017	.233
적응19	.637	-.233	.403	.224	-.237
적응20	.612	-.222	.397	.353	-.034
적응4	.408	.576	.202	.081	.311

요인추출 방법: 주성분 분석.

a. 추출된 5 성분

회전된 성분행렬[a]

	성분				
	1	2	3	4	5
적응22	.842	.242	.143	.190	.081
적응21	.837	.264	.228	.236	.039
적응24	.829	.212	.085	.250	.150
적응23	.793	.246	.218	.260	-.088
적응4	.710	-.043	.020	-.049	.365
적응3	.632	.219	.169	.286	.140
적응12	.204	.762	.328	.065	.230
적응10	.144	.718	.058	.251	.461
적응13	.159	.702	.310	.354	-.148
적응11	.386	.670	.282	.221	.066
적응26	.465	.639	.308	.154	.250
적응14	.159	.614	.179	.546	.117
적응25	.514	.572	.198	.317	.027
적응17	.123	.034	.832	.325	.216
적응16	.025	.250	.788	.394	.066
적응20	.306	.240	.746	-.004	-.004
적응15	.005	.293	.738	.448	.140
적응19	.321	.257	.709	.134	-.199
적응18	.201	.294	.686	.176	.362
적응6	.319	.206	.144	.798	.148
적응5	.340	-.050	.403	.722	.079
적응7	.380	.430	.198	.689	-.009
적응9	.073	.385	.284	.676	.152
적응8	.203	.399	.248	.645	.174
적응27	.489	.141	.345	.551	.142
적응1	.396	.351	.212	.317	.675
적응2	.373	.418	.227	.402	.600

요인추출 방법: 주성분 분석.
회전 방법: Kaiser 정규화가 있는 베리멕스.

a. 7 반복계산에서 요인회전이 수렴되었습니다.

성분 변환행렬

성분	1	2	3	4	5
1	.515	.493	.454	.489	.214
2	.772	-.083	-.589	-.214	.069
3	.362	-.647	.590	-.154	-.280
4	.044	.468	.301	-.827	.064
5	-.070	-.334	.095	-.086	.931

요인추출 방법: 주성분 분석.
회전 방법: Kaiser 정규화가 있는 베리멕스.

결과표 해석

① 「기술통계량과 공통성」 부분은 요인분석에 이용된 변수들의 기술통계와 추출된 요인들에 의해서 각 변수가 얼마나 설명되는지의 공통성이 제시되어 있다. 한 변수의 공통성(communality)은 그 변수의 분산이 추출된 요인들에 의해 설명되는 정도를 가리키며 0과 1 사이의 값을 갖는다. 예를 들면, 적응1이라는 변수는 추출된 요인들에 의해서 88.1%가 설명됨을 알 수 있다.

② 「설명된 총분산」 부분은 모두 27개의 변수로부터 5개 요인이 추출된 경우의 각 요인의 고유값(eigenvalue)과 각 요인의 설명력이 제시되어 있다. 여기서는 요인의 수를 지정하지 않고 eigenvalue 1을 기준으로 요인을 선정하였으며, 요인 5의 eigenvalue는 1.049, 요인 6의 eigenvalue는 .915이므로 5개의 요인이 추출되었다.

③ 「스크리도표」 부분은 요인이 5개에서 6개로 증가하면서 eigenvalue의 값이 체감함을 나타내고 있다. 이에 따라 본 분석 시 설정한 고유값 "1" 기준을 만족시키는 요인도 5개로 추출되었음을 알 수 있다.

④ 「성분행렬과 회전된 성분행렬」 부분은 초기 요인행렬과 회전된 요인행렬이 제시되어 있다. 회전된 성분행렬은 베리멕스 방식으로 7번 반복 회전하여 얻어진 결과로 초기 요인행렬에 비해 요인 구조가 매우 명확해진 것을 알 수 있다. 이 결과를 바탕으로 연구자는 각 요인에 높게 적재된 변수들을 중심으로 요인의 명칭을 부여해 줄 수 있다. 같은 요인으로 구성된 변수들은 모두 그 요인과의 상관관계가 높으므로 해당 변수들의 공통적인 특성을 찾아 요인의 명칭을 정해야 한다.

회전된 성분행렬a

	성분				
	1	2	3	4	5
적응22	.842	.242	.143	.190	.081
적응21	.837	.264	.228	.236	.039
적응24	.829	.212	.085	.250	.150
적응23	.793	.246	.218	.260	-.088
적응4	.710	-.043	.020	-.049	.365
적응3	.632	.219	.169	.286	.140
적응12	.204	.762	.328	.065	.230
적응10	.144	.718	.058	.251	.461
적응13	.159	.702	.310	.354	-.148
적응11	.386	.670	.282	.221	.066
적응26	.465	.639	.308	.154	.250
적응14	.159	.614	.179	.546	.117
적응25	.514	.572	.198	.317	.027
적응17	.123	.034	.832	.325	.216
적응16	.025	.250	.788	.394	.066
적응20	.306	.240	.746	-.004	-.004
적응15	.005	.293	.738	.448	.140
적응19	.321	.257	.709	.134	-.199
적응18	.201	.294	.686	.176	.362
적응6	.319	.206	.144	.798	.148
적응5	.340	-.050	.403	.722	.079
적응7	.380	.430	.198	.689	-.009
적응9	.073	.385	.284	.676	.152
적응8	.203	.399	.248	.645	.174
적응27	.489	.141	.345	.551	.142
적응1	.396	.351	.212	.317	.675
적응2	.373	.418	.227	.402	.600

요인추출 방법: 주성분 분석.
회전 방법: Kaiser 정규화가 있는 베리멕스.
a. 7 반복계산에서 요인회전이 수렴되었습니다.

그림 14-9 회전된 성분행렬을 통한 요인 구성

⑤ 「성분변환행렬」 부분은 요인회전 시 사용한 변환행렬 값이 제시되어 있다.

힌 트

여기에서의 분석 예를 통하여 요인분석의 통계분석 절차를 이해한 후 [제1장 교육통계 이론과 이해 - 4. 유아교육 도구 개발과 통계 - 2) 척도 개발 과정과 타당화 - (3) 리커트 척도 타당화와 통계] 부분에서 리커트 척도 타당화를 위하여 요인분석이 어떻게 기여할 수 있는지 이해하기 바란다. 제1장의 이 부분에서는 실제 논문 예를 제시하여 요인분석을 포함하여 척도의 타당화 절차를 제시한다.

제 3 부

SPSS 통계처리와 논문 작성의 실제

제 15 장

통계처리 결과 논문 작성

1. t검증
2. 일원변량분석과 반복측정 변량분석
3. 평균치 개별 비교
4. 이원변량분석과 반복측정 변량분석
5. 공변량분석
6. 다변량분석
7. 카이자승
8. 상관분석
9. 회귀분석
10. 신뢰도분석
11. 요인분석

1. t검증

1) 독립표본 t검증

연구문제

기억책략 유형(새로운 기억책략 훈련집단, 전통적 기억책략 훈련집단)에 따라 유아의 기억력에는 차이가 있는가?

✻ SPSS 18.0 통계처리 과정은 '제5장 추리통계 절차와 t검증' 부분에 제시되어 있습니다. – 데이터: 「t검증1.sav」 파일

(1) 자료 처리 및 분석

본 연구에서의 자료 처리는 먼저 사전검사 점수의 동질성 검증을 위하여 두 집단(통제집단, 실험집단)의 사전검사 점수를 대상으로 독립표본 t검증을 실시하였다. 또한 처치 후 두 집단의 사후검사 점수를 대상으로 독립표본 t검증을 실시하여 처치효과를 검증하였다. 분석을 위하여 SPSS 18.0(PASW STATISTICS 18.0) 프로그램을 사용하였으며 각각 통계검증의 유의도 수준은 .05로 하였다.

(2) 결과 해석

기억책략 유형에 따른 유아의 기억력 차이를 알아보기 위하여 두 독립표본 t검증을 실시한 결과는 〈표 15-1〉과 같다.

표 15-1 유아의 기억력 사후검사점수에 대한 t검증 결과

집단	새로운 기억책략	전통적 기억책략
N	10	9
평균	15.10	9.78
표준편차	4.28	4.12
t	2.76*	

*$p<.05$

〈표 15-1〉을 보면 새로운 기억책략 집단의 사후검사 점수의 평균은 15.10, 표준편차는 4.28이며, 전통적 기억책략 집단의 평균은 9.78, 표준편차는 4.12이다. 기억책략별 유아의 기억력 점수에 차이가 있는지를 검증한 결과, t값은 2.76($p < .05$)으로 기억책략에 따라 유아의 기억력에는 통계적으로 유의미한 차이가 있는 것으로 나타났다. 즉, 새로운 기억책략은 유아의 기억력 증진에 효과적이라고 할 수 있다.

| 실제 논문 수록 예 |

논문 출처: 오재연, 이지현(2005). 3세 유아의 어머니와 교사에 대한 애착 유형과 유치원생활 적응행동연구. 열린유아교육연구, 10(3), 385-412.

❖ 연구문제

1. 3세 유아가 나타내는 어머니와 유치원 교사에 대한 애착정도는 어떠한가?
2. 3세 유아의 유치원생활 적응행동은 애착대상과의 애착정도에 따라 차이가 있는가?
3. 3세 유아의유치원생활 적응행동은 어머니, 유치원 교사에 대한 애착유형에 따라 차이가 있는가?

❖ 결과

1) 어머니에 대한 애착정도에 따른 유치원 생활 적응행동

어머니의 애착유형에 따라서 유치원 생활 적응행동에서 어떠한 차이가 있는지 살펴보기 위하여 먼저 애착정도 즉 어머니와 유아의 안정애착과 불안정애착에 따른 유치원 생활 적응행동에 차이가 있는지를 보았다. 유아의 어머니에 대한 애착정도가 높은 집단과 낮은 집단을 유치원생활 적응행동문제의 하위영역별로 비교해 본 결과는 <표 Ⅳ-4>와 같다.

<표 Ⅳ-4>와 같이 개인/사회기술문제에서는 애착정도에 따라 유의한 차이가 있었다(t=-4.16, p<.01). 따라서 어머니와 애착정도가 낮은 집단의 유아가 혼자 놀거나 쉽게 포기하거나 우는 행동을 더 많이 하는 것으로 나타났다. 환경적응력에서는 어머니와의 애착정도가 낮은 집단의 평균값이 10.69이고 높은 집단의 평균값이 10.31 으로 집단간 차이가 없었다(t=-1.55, p>.05). 활동적응력에서는 어머니와의 애착정도가 낮은 집단의 평균이 17.25이고 높

〈표 IV-4〉 어머니와의 애착정도에 따른 유치원 생활 적응행동

	애착정도	*M*	*SD*	*t*
개인/사회기술문제	안정애착	14.11	1.12	-4.16**
	불안정애착	15.47	2.26	
환경적응문제	안정애착	10.31	1.16	-1.55
	불안정애착	10.69	1.39	
활동적응문제	안정애착	13.29	2.04	-6.65***
	불안정애착	17.25	2.33	
또래협력 및상호작용문제	안정애착	8.39	1.27	-5.75***
	불안정애착	12.39	1.98	

$^{**}p$ <.01,$^{***}p$ <.001.

은 집단의 평균값이 13.29 로 집단간 유의한 차이가 있었다(t=-6.65, p<.001). 이는 어머니와 애착정도가 낮은 집단의 유아가 어색해 하고 우물쭈물하거나 가만있지 않고 이리저리 돌아 다니는 행동을 더 많이 하는 것으로 나타났다. 또래협력 및 상호작용에서는 어머니와의 애착정도가 낮은 집단의 평균이 12.39이고 높은 집단의 평균값이 8.39 으로 집단간 차이가 있었다(t=-5.75, p<.001). 어머니와의 애착정도가 낮은 집단의 유아가 적대적이며 공격적인 행동을 더 많이 하는 것으로 나타났다.

어머니에 대한 애착정도가 높은 집단과 낮은 집단으로 나누어 유치원생활 적응행동문제를 영역별로 비교 했을 때 개인/사회기술, 활동적응력, 또래협력 및 상호작용에서는 유의한 차이가 나타났으나 환경적응력에서는 유의한 차이가 없었다. 따라서 어머니에 대한 애착정도는 유아가 유치원 생활에서 활동할 때 보이는 혼자 놀거나 어색해하고 우물쭈물하는 행동이나 적대적이며 공격적인 행동을 띠는 행동을 예측해 주었지만, 새것이나 새로운 상황에 대해 두려워하는 경향이나 주의집중을 하는 행동은 예측해 주지 않았다.

❖ 해석

본 연구의 연구자는 애착 대상 중 어머니와의 애착 정도에 따라 유치원 생활 적응행동에 차이가 있는지를 알아보기 위해 애착 정도(안정애착, 불안정애착 집단)를 독립변인으로 하고 유치원 생활 적응행동을 종속변인으로 하는 독립표본 t검증을 사용하였다. 그 결과 어머니와의 애착 정도에 따라 개인/사회기술문제($t=-4.16$, p 〈 .05), 활동적응문제($t=-6.65$, p 〈 .05), 또래협력 및 상호작용 문제($t=-5.75$, p 〈 .05)에 있어서 통계적으로 유의미한 차이가 있는 것으로 나타났다.

힌 트

여기의 해석에서는 통계분석을 위한 유의도 수준(α 수준)을 .05 수준으로 설정한 상태에서의 해석을 제시한 것이다. 제시된 실제 논문의 해석은 유의도 수준(α 수준)이 설정되지 않은 상태에서의 해석이다.

2) 종속표본 t검증(대응표본 t검증)

연구문제

동화책을 활용한 이야기 꾸미기 활동을 적용하기 전후 유아들의 정서인식 점수에 차이가 있는가?

✻ SPSS 18.0 통계처리 과정은 '제5장 추리통계 절차와 t검증' 부분에 제시되어 있습니다. – 데이터: 「대응표본 t검증.sav」 파일

(1) 자료 처리 및 분석

본 연구에서의 자료 처리는 동일한 모집단으로부터 추출된 동일 표본에 대해 동화책을 활용한 이야기 꾸미기 활동의 효과가 있는지를 검증하기 위하여 종속표본 t검증을 실시하였다. 즉, 사전, 사후 검사의 평균 비교를 실시하여 처치효과를 검증하였다. 분석을 위하여 SPSS 18.0 프로그램을 사용하였으며 각각 통계검증의 유의도 수준은 .05, .01로 하였다.

(2) 결과 해석

동화책을 활용한 이야기 꾸미기 활동에 대한 종속표본 t검증을 실시한 결과는 〈표 15-2〉와 같다.

표 15-2 이야기 꾸미기 활동에 대한 종속표본 *t*검증 결과

집단	사전 정서인식	사후 정서인식
N	20	20
평균	3.30	4.21
표준편차	.36	.33
t	−35.49**	

$^{**}p<.01$

〈표 15-2〉를 보면 사전 정서인식의 평균은 3.30, 표준편차는 .36이며, 사후 정서인식의 평균은 4.21, 표준편차는 .33이다. 동화책을 활용한 이야기 꾸미기 활동에 따른 유아의 사전 정서인식 점수와 사후 정서인식 점수 간의 차이를 분석한 결과 t값은 −35.49(p 〈 .01)로 나타나 사전점수와 사후점수 간에는 통계적으로 유의미한 차이가 있는 것으로 나타났다. 따라서 동화책을 활용한 이야기 꾸미기 활동은 유아의 정서인식에 영향을 미치는 것으로 해석될 수 있다.

힌 트

여기의 해석에서는 통계분석을 위한 유의도 수준(α수준)을 .05, .01 수준으로 설정한 상태에서의 해석을 제시한 것이다. 산출된 p값은 .001 수준에서 유의미한 차이가 있는 것으로 나타났으나 설정한 유의도 수준에서 해석한 것이다($p<.01$).

| 실제 논문 수록 예 |

논문 출처: 오재연, 이지현(2005). 3세 유아의 어머니와 교사에 대한 애착 유형과 유치원생활 적응행동연구. 열린유아교육연구, 10(3), 385-412.

❖ 연구문제

1. 3세 유아가 나타내는 어머니와 유치원 교사에 대한 애착정도는 어떠한가?
2. 3세 유아의 유치원생활 적응행동은 애착대상과의 애착정도에 따라 차이가 있는가?
3. 3세 유아의유치원생활 적응행동은 어머니, 유치원 교사에 대한 애착유형에 따라 차이가 있는가?

❖ 결과

1. 3세 유아가 나타내는 어머니와 유치원 교사에 대한 애착정도

유아의 어머니와 교사에 대한 애착점수 사이에 차이가 있는지를 알아보기 위하여 대응표본 t(Paired t-test)검증을 해본 결과는 <표 Ⅳ-1>과 같다.

<표 Ⅳ-1>에 의하면 어머니와의 애착점수가 교사와의 애착점수보다 높게 나타났으며, 유아의 어머니와 교사에 대한 애착점수는 통계적으로 유의한 차이가 있었다(t=3.94, p<.001). 어머니가 평정한 유아의 어머니에 대한 애착점수는 -.06에서 .66까지의 범위에 해당되었으며 평균값은 .38이었다. 교사가 평정한 유아의 교사에 대한 애착점수는 -.12에서 .68까지의 범위에 해당되었으며 평균값은 .34이었다. 애착점수의 평균값은 애착대상이 어머니인 경우 더 높았으며 애착점수의 범위는 애착대상이 교사인 경우에 더 넓게 분포되어 있는 것으로 나타났다. 따라서 유아의 애착정도는 어머니가 교사보다 더 높다는 것을 알 수 있다.

〈표 Ⅳ-1〉 어머니와 교사에 대한 애착정도

애착대상	*M*	*SD*	*t*
어머니	.38	.16	3.94***
교 사	.34	.18	

***p<.001.

❖ 해석

본 연구의 연구자는 유아의 어머니와 교사에 대한 유아의 애착점수 사이에 차이가 있는지를 알아보기 위하여 대응표본 t검증을 실시하였다. 대응표본 t검증을 실시한 이유는 어머니와 교사가 짝짓기 표집에 의하여 표집되었기 때문이었다. 그 결과 유아의 어머니에 대한 애착점수와 교사에 대한 애착점수 간에는 통계적으로 유의미한 차이(t =3.94, p〈 .001)가 있는 것으로 분석되었다.

중점 사항

본 절에서 예를 든 논문에서 종속표본 t검증(대응표본 t검증)을 실시한 이유는 한 유아의 어머니와 교사가 짝짓기 표집에 의하여 표집되었기 때문이었다. 즉, 한 유아의 어머니와 교사를 둘씩 짝을 지어 어머니는 어머니 집단에 교사는 교사 집단에 배정하여 어머니 집단과 교사 집단 간의 차이를 검증하는 경우에 해당되기 때문이다. 이와 유사하게 비슷한 점수의 아이들을 둘씩 짝을 지어 둘 중 한 유아는 달님반으로, 다른 한 명은 별님반으로 무선적(random)으로 배정하여 통계적으로 유의미한 차이가 있는지를 검증한다면 종속표본 간의 차이검증이 된다.

종속표본이라는 의미는 표본 간에 상관이 존재한다는 의미이며, 이는 대표적으로 본 절의 예와 같이 짝짓기 표집 간의 차이검증이나 사전–사후 점수 간의 차이검증이 해당된다. 사전–사후 점수 간의 차이검증이 종속표본 t검증에 해당하는 이유는 사전검사 점수와 사후검사 점수는 결국 같은 유아를 대상으로 한 점수이기 때문에 상관이 존재할 수밖에 없기 때문이다.

2. 일원변량분석과 반복측정 변량분석

1) 일원변량분석

연구문제

아동학대 범죄의 전과기록(전과–무, 전과–유, 통제)에 따라 처벌에 대한 판단 점수는 차이가 있는가?

* SPSS 18.0 통계처리 과정은 '제6장 일원변량분석과 반복측정 변량분석' 부분에 제시되어 있습니다. – 데이터: 「일원변량.sav」 파일

(1) 자료 처리 및 분석

본 연구에서의 자료 처리는 아동학대 범죄의 전과 기록 내에 있는 전과 없음(전과–무), 전과 있음(전과–유), 전과 기록 없음(통제)의 3개 표본 집단에 따른 종속변인인 처벌에 대한 판단점수 평균 차이가 유의미한지를 비교하기 위하여 일원변량분석을 실시하였다. 먼저 기술통계를 통하여 사례 수, 평균, 표준편차 등을 살펴보았으며, 일원변량분석을 실시하여 평균 차이를 검증하였다. 분석을 위하여 SPSS 18.0 프로그램을 사용하였으며 각각 통계검증의 유의도 수준은 .05, .01로 하였다.

(2) 결과 해석

아동학대 범죄의 전과 기록에 따른 처벌점수에 대한 기술통계와 일원변량분석 결과는 〈표 15-3〉, 〈표 15-4〉와 같다.

표 15-3 아동학대 범죄의 전과 기록에 따른 처벌점수 기술통계

	전과-무 (아동학대 전과 없음)	전과-유 (아동학대 전과 있음)	통제 (아동학대 기록 빠짐)	합계
N	6	5	5	16
평균	5.67	1.80	4.40	4.06
표준편차	1.51	0.84	1.14	2.02

〈표 15-3〉과 같이 아동학대 전과가 없는 집단의 평균은 5.67, 표준편차는 1.51이고, 아동학대 전과가 있는 집단의 평균은 1.80, 표준편차는 0.84이며, 아동학대 기록이 빠진 집단의 평균과 표준편차는 4.40, 1.14로 나타났다. 아동학대 범죄의 전과 기록에 따라 처벌점수에 차이가 있는지 알아보기 위하여 일원변량분석을 실시한 결과는 〈표 15-4〉와 같다.

표 15-4 아동학대 범죄의 전과 기록에 따른 처벌점수 일원변량분석 결과

	제곱합	자유도	평균제곱	F
전과기록(집단-간)	41.60	2	20.80	13.99**
오차(집단-내)	19.33	13	1.49	
합계	60.94	15		

**$p<.01$.

〈표 15-4〉와 같이 아동학대 전과가 없는 집단, 아동학대 전과가 있는 집단, 아동학대 기록이 빠진 집단의 평균 차이에 대한 F값은 13.99(p 〉.05)로서 아동학대 범죄의 전과 기록에 따라 처벌점수에 통계적으로 유의미한 차이가 있는 것으로 나타났다.

| 실제 논문 수록 예 |

논문 출처: 김성재, 유구종(2010). 교사의 근무 경력에 따른 유아미술교육활동의 운영실태 및 교수 방법의 차이 분석, 한국열린유아교육학회 발표논문집, 145-169.

❖ 연구문제

1. 교사의 근무경력에 따른 유아미술교육활동의 운영실태는 어떠한 차이가 있는가?
2. 교사의 근무경력에 따른 유아미술교육활동의 교수방법은 어떠한 차이가 있는가?

❖ 결과

교사의 근무경력에 따른 동기유발 방법들의 차이분석에 있어 우선, 일원변량분석 수행을 위한 전제조건 충족여부를 검증하기 위해 Levene 등분산 검증을 실시하였다. 그 결과 아래의 표 13에 제시한 것처럼 유의확률이 각 .381(다양한 미술활동 자료제시), .060(멀티미디어 활용), .288(주제에 대한 이야기 나누기), .406(시범여부)으로 영가설을 기각하지 못한 것으로 나타났다. 따라서 모든 문항에서 집단 간 등분산 가정을 할 수 있기 때문에 일원변량분석을 실시하였다.

교사의 근무경력에 따른 동기유발 방법 중 다양한 미술활동 자료 제시를 일원변량분석한 결과는 표 14와 같다.

근무경력별 평균차이에 대한 F 통계값이 2.019, 유의확률은 .090로서 유의 수준 .05에서 교사의 근무경력에 따라 동기유발 방법 중 다양한 미술활동 자료 제시에는 유의한 차이가 없었다.

〈표 13〉 교사의 근무경력에 따른 동기유발 방법들의 Levene 등분산 검증

동기유발방법	Levene통계량	유의확률
다양한 미술활동 자료제시	1.049	.381
멀티미디어 활용	2.283	.060
주제에 대한 이야기 나누기	1.252	.288
시범여부	1.003	.406

p>.05

〈표 14〉 교사의 근무경력에 따른 동기유발 방법 중 다양한 미술활동 자료 제시 일원변량분석 결과

변량원	자승화	자유도	평균자승화	F	유의확률
근무경력	4.413	4	1.103	2.019	.090
오차	310.975	569	.547		
합계	315.389	573			

p>.05

❖ 해석

본 연구의 연구자는 교사의 근무 경력에 따른 미술교육활동 교수 방법(동기유발 방법)의 차이를 알아보기 위해 연속적 문항의 변인에 대해 일원변량분석을 사용하였다.

교사의 근무 경력에 따른 동기유발 방법의 차이를 분석하기에 앞서 일원변량분석을 위한 전제조건인 Levene 등분산 검증을 실시하였으며, 그 결과 모든 문항에서 집단 간 등분산 가정을 할 수 있는 것으로 나타났기 때문에($p > .05$) 일원변량분석을 실시하였다. 일원변량분석 결과 근무 경력별 평균 차이에 대한 F 통계값이 2.02($p > .05$)로 교

사의 근무 경력에 따라 동기유발 방법에는 통계적으로 유의미한 차이가 나타나지 않았음을 알 수 있다.

중점 사항

본 절에서 예를 든 논문에서 교사의 근무경력에 따른 동기유발 방법의 차이를 분석하기에 앞서 일원변량분석을 위한 전제 조건인 Levene 등분산 검증을 실시하고 해석한 것은 근무 경력 집단 간 사례 수 차이가 큰 것으로 나타났기 때문이다. 이와 같이 처치 집단 간 사례 수 차이가 크거나 한 집단의 사례 수가 10보다 작은 경우 집단 간 변량의 차이는 없다는 동변량성 가정(등분산 가정) 충족 여부를 검증해 봐야 한다. Levene 등분산 검증 결과 p값이 .05보다 작아서 동변량성 가정을 할 수 없다면 일원변량분석으로 처리할 수 없고 비모수적 통계 기법을 사용하여야 한다.

2) 반복측정 변량분석

연구문제

애착 유형별 유아가 유치원 생활에 적응하는 과정에 차이가 있는가?

✲ SPSS 18.0 통계처리 과정은 '제8장 이원변량분석과 반복측정 변량분석' 부분에 제시되어 있습니다. – 데이터: 「반복측정.sav」 파일

(1) 자료 처리 및 분석

본 연구에서의 자료 처리는 애착 유형(안정애착, 불안정애착)을 일반 독립변인(개체-간 변인)으로 하고 유아가 유치원 생활에 적응하는 4주의 적응문제행동 과정(적응문제행동 주기)을 반복측정된 변인(개체-내 변인)으로 한 이원 반복측정 변량분석을 실시하였다. 먼저, 애착 유형별 사례 수, 평균, 표준편차 등의 기술통계치를 살펴보았으며, 반복측정 변량분석을 통해 공분산의 동질성과 평균 차이를 검증하였다. 분석을 위하여 SPSS 18.0 프로그램을 사용하였다.

(2) 결과 해석

애착 유형에 따른 유아의 유치원 적응문제행동 과정에 대한 기술통계와 반복측정 변량분석 결과는 〈표 15-5〉, 〈표 15-6〉과 같다.

표 15-5 애착 유형에 따른 유치원 적응문제행동 과정별 기술통계

애착 유형	적응문제 1주		적응문제 2주		적응문제 3주		적응문제 4주	
	평균	표준편차	평균	표준편차	평균	표준편차	평균	표준편차
안정애착 (N=15)	14.20	.77	12.60	.83	11.27	.96	9.33	1.05
불안정애착 (N=15)	14.13	.92	13.60	.91	13.20	.94	12.33	.98
합계 (N=30)	14.17	.83	13.10	.99	12.23	1.36	10.83	1.82

〈표 15-5〉와 같이 애착 유형에 따른 유아의 유치원 적응문제행동에 대한 점수를 분석한 결과 안정애착집단의 유아들의 1주 평균은 14.20, 표준편차는 .77, 2주 평균은 12.60, 표준편차 .83, 3주 평균은 11.27, 표준편차 .96, 4주 평균 9.33, 표준편차 1.05로 나타났으며, 불안정한 애착집단의 유아들은 1주 평균 14.13, 표준편차 .92, 2주 평균 13.60, 표준편차 .91, 3주 평균 13.20, 표준편차 .94, 4주 평균 12.33, 표준편차 .98로 나타났다. 애착 유형과 유아의 적응문제행동 과정에 따른 차이를 알아보기 위하여 반복측정 변량분석을 실시한 결과는 〈표 15-6〉과 같다.

표 15-6 애착 유형과 유치원 적응문제행동 과정에 따른 반복측정 변량분석 결과

분산원	제곱합	자유도	평균제곱	F
집단 간	64.53	1	64.53	25.76***
오차	70.13	28	2.51	
과정	178.77	3	59.59	198.63***
과정*애착 유형	38.53	3	12.84	42.82***
오차	25.20	84	.30	

***p<.001

〈표 15-6〉과 같이 애착 유형과 유치원 적응문제행동 과정에 따른 차이를 검증한 결과 애착 유형에 따른 F값은 25.76(p 〈 .001), 적응문제행동 과정에 따른 F값은 198.63(p 〈 .001)로서 애착 유형과 유치원 적응문제행동 과정 각각에 따라 통계적으로 유의미한 차이가 있는 것으로 나타났다. 또, 애착 유형과 유치원적응과정에 대한 상호작용 효과도 F값 42.82(p 〈 .001)로 통계적으로 유의미한 것으로 나타났다.

중점 사항

본 절에서 예를 든 반복측정 변량분석은 뒤의 한 요인이 반복 측정된 이원변량분석의 예로 '제6장 일원변량분석과 반복측정 변량분석' 부분에서 제시한 일원 반복측정 변량분석의 확장이다. 집단 간 변산원(애착 유형)과 집단 내 변산원(적응문제행동 과정) 각각의 통계적 유의도가 해석되어야 하며 본 예와 같이 집단 간과 집단 내 간에 상호작용 효과(애착 유형×적응문제행동 과정)가 나타났을 경우에는 '제8장 이원변량분석과 반복측정 변량분석' 부분에서 제시한 바와 같이 도표 제시 방법 등에 의해 상호작용 효과를 해석해 주어야 한다.

또, 적응문제행동 과정 각각에 따라 통계적으로 유의미한 차이가 있는 것으로 나타났기 때문에 4개 유치원 적응문제행동 과정별 구체적인 차이를 검증하기 위하여 사후검증도 실시되어야 한다.

| 실제 논문 수록 예 |

논문 출처: 오재연(2006). 시간 경과에 따른 유아의 유치원생활 적응행동연구. 아동학회지, 27(2), 71-84.

❖ 연구문제

1. 유아의 유치원생활 적응행동은 어떠한 요인으로 구성되어 있는가?
2. 시간 경과에 따른 유아의 유치원 생활 적응행동은 어머니, 유치원교사에 대한 애착 정도에 따라 차이가 있는가?

❖ 결과

〈표 4〉 시간경과에 따른 애착유형별 유아의 유치원생활적응행동문제

		SS	*df*	*MS*	*F*
개인/사회 문제	애착유형 집단간	136.14	3	45.38	7.10***
	오　차	664.83	104	6.39	
	개인/사회문제행동	723.49	3	241.16	1199.97***
	애착유형×개인/사회문제행동	5.13	9	.57	2.84
	오　차	62.70	312	.20	
환경적응 문제	애착유형 집단간	114.66	3	38.22	16.66***
	오　차	238.59	104	2.29	
	환경적응행동문제	92.57	3	30.86	96.51***
	애착유형×환경적응행동문제	11.86	9	1.32	4.12***
	오　차	99.75	312	.32	
활동적응 문제	애착유형 집단간	2461.85	3	820.62	39.49***
	오　차	2161.19	104	2.80	
	활동적응행동문제	711.69	3	237.23	156.51***
	애착유형×활동적응행동문제	26.87	9	2.99	1.97*
	오　차	472.91	312	1.52	
또래협력 및 상호작용 문제	애착유형 집단간	2161.54	3	720.52	38.94***
	오　차	1924.54	104	38.94	
	또래협력 및 상호작용문제	27.43	3	9.14	48.50***
	애착유형×또래협력 및 상호작용문제	8.40	9	.93	4.95***
	오　차	58.82	312	.19	

*p<.05 ***p<.001

이 모두 불안정한 4유형에서는 1주에서 2주 사이에서 평균 2점 감소하였으며 2주에서 3주, 3주에서 4주에서 계속 감소하였다. 이는 어머니와 교사의 애착안정이 유아의 활동적응 문제에 영향을 주며, 유치원 생활을 함으로써 활동적응 문제를 줄어들게 하는 것을 알 수 있다.

유치원생활 적응행동 하위요인인 또래협력 및 상호작용 문제에서는 어머니와 교사의 애착이 안정된 1유형, 어머니와의 애착만 안정된 2유형에 있어서 평균 1점정도 감소하였으며, 교사와의 애착만 안정된 3유형과 어머니와 교사의 애착이 모두 불안정한 4유형에 있어서는 평균 .5점 정도 감소하였다. 또한 2주, 3주, 4주 시간이 지남에 따라 계속적으로 감소하는 추세를 나타냄을 알 수 있다.

유치원 생활 적응기간에 따라 애착유형별 개인/사회문제행동에 있어서의 차이를 알아보기 위하여 반복측정을 실시한 결과에서 Wilks' Lambda를 살펴보면 통계적으로 의미 있는 차이를 갖는 것으로 나타났다(Value=.05, F=598.86, p<.001). <표 Ⅳ-9>를 통해 결과를 자세히 살펴보면 시간경과에 따른 개인/사회 문제행동에 있어서 애착유형별 차이는 통계적으로 유의한 차이를 보였으며(F=7.10, p<.001), 개인/사회문제행동 과정별 차이도 통계적으로 의미 있는 차이를 보였다(F=1199.96, p<.001). 그러나 애착유형과 개인/사회문제행동 과정별 상호작용효과는 통계적으로 무의미하게 나타나 애착유형에 따라서만 변화가 있음을 알 수 있다. 앞의 <표 Ⅳ-9>에서 알 수 있듯이 유아의 개인/사회 문제행동과정에 있어

❖ 해석

본 연구의 연구자는 애착 유형(안정애착, 불안정애착)별 유아의 유치원 적응문제행동 과정의 차이가 나타나는지를 알아보기 위해 반복측정 변량분석을 사용하였다. 구형성 검정을 통해 공분산의 동질성검증을 수행하여 동일한 분산임을 가정할 수 있기 때문에 반복측정 변량분석 수행의 타당성을 검증하였다.

수행 결과('개인/사회 문제의 경우), *F*통계 값이 애착 유형 7.10($p < .001$), 적응문제행동 과정 1199.97($p < .001$)로 나타나, 애착 유형과 유치원 적응문제행동 과정 각각에 따라 통계적으로 유의미한 차이가 있는 것으로 나타났다. 또, 애착 유형과 유치원적응과정에 대한 상호작용 효과는 통계적으로 유의미하지 않은 것으로 나타나 상호작용 효과는 없는 것을 알 수 있다. 따라서 애착 유형(집단 간)과 유치원적응 과정(집단 내) 각각에 따른 차이는 있으나, 애착 유형에 따라 유치원 적응문제행동 과정의 개인/사회 문제 적응행동 차이는 없는 것으로 결론지을 수 있다. (위 논문 예의 결과 부분에서는 이러한 상호작용 효과의 해석이 명확하지 못한 것을 볼 수 있다.)

중점 사항

본 절에서 예를 든 논문의 이원 반복측정 변량분석의 예는 '제6장 일원변량분석과 반복측정 변량분석' 부분에서 제시한 일원 반복측정 변량분석의 확장으로 1개의 독립변인(애착 유형)이 추가된 이원 반복측정분석이다. 여기에서 애착 유형은 일반 독립변인(개체-간 변인)이고 4주의 적응 과정은 반복 측정된 변인(개체-내 변인)이다. 이렇게 독립변인이 2개(애착 유형, 적응 과정)이면서 그중 한 개 변인(적응 과정)이 반복 측정되기 때문에 이원 반복측정 변량분석(two-way repeated measure ANOVA)이 된다.

3. 평균치 개별 비교

연구문제

부모교육 프로그램 참여에 따라 자녀와의 상호작용 점수의 차이가 있는가?

✽ SPSS 18.0 통계처리 과정은 '제7장 평균치 개별 비교' 부분에 제시되어 있습니다. - 데이터: 「사후검증.sav」 파일

(1) 자료 처리 및 분석

본 연구에서의 자료 처리는 프로그램 참여 집단 간(프로그램 비참여, 한 명만 참여, 양친 모두 참여) 차이가 있는지를 검증하기 위하여 일원변량분석을 수행하였다. 또, 구체적으로 어떤 집단 간에 차이가 있는지를 알아보기 위해 사후검증(Post-hoc Multiple Comparisons)을 실시하였으며 검증 방법으로는 Scheffé검증을 사용하였다. 분석을 위하여 SPSS 18.0 프로그램을 사용하였으며 각각 통계검증의 유의도 수준은 .05, .01로 하였다.

(2) 결과 해석

부모교육 프로그램 참여에 따른 상호작용 점수의 사후비교분석을 실시한 결과는 〈표 15-7〉과 같다.

표 15-7 부모교육 프로그램 참여에 따른 상호작용 점수의 사후비교분석

독립변인	평균차	표준오차	p값
참여하지 않은 부모 vs 한 명만 참여한 부모	.40	5.31	1.00
참여하지 않은 부모 vs 양친 모두 참여한 부모	−9.10	5.31	.25
한 명만 참여한 부모 vs 양친 모두 참여한 부모	−9.50	5.31	.22

부모교육 프로그램 참여에 따른 상호작용 점수에 대하여 일원변량분석을 실시하고 〈표 15-7〉과 같이 사후검증을 실시하였다. 그 결과 부모교육 프로그램에 참여하지 않은 부모와 한 명만 참여한 부모에 의한 상호작용 점수의 평균차는 .40(p 〉.05), 부모교육 프로그램에 참여하지 않은 부모와 양친 모두 참여한 부모의 평균차는 −9.10(p 〉.05), 부모교육 프로그램에 한 명만 참여한 부모와 양친 모두 참여한 부모의 경우는 −9.50(p 〉.05)으로 모든 경우에 있어서 통계적으로 유의미한 차이가 나타나지 않았다. 따라서 부모교육 프로그램에 대한 부모의 참여는 자녀와의 상호작용 정도에 영향을 미치지 않는다고 해석할 수 있다.

중점 사항

본 절의 예에서 '(1) 자료 처리 및 분석' 부분에서 제시한 바와 같이 프로그램 참여 집단 간(프로그램 비참여, 한 명만 참여, 양친 모두 참여) 차이가 있는지를 검증하기 위하여 일원변량분석을 수행하고 통계적으로 유의미한 차이가 나타난 경우에 구체적으로 어떤 집단 간에 차이가 있는지를 알아보기 위해 실시하는 것이 사후검증(Post hoc Multiple Comparisons)이다. 본 예에서는 집단 간 차이가 나타나지 않았으므로 사후검증 결과를 제시하는 것은 무의미하지만 참고 차원에서 제시한 것이다.

| 실제 논문 수록 예 |

논문 출처: 정상녀, 유구종(2008). 멀티미디어를 활용한 언어접근 교수 유형이 유아의 언어능력과 컴퓨터 활용능력에 미치는 영향. 열린유아교육연구, 13(6), 69-92.

❖ 연구문제

1. 언어접근 교수유형에 따라 유아의 언어능력에 차이가 있을 것인가?
2. 언어접근 교수유형에 따라 유아의 컴퓨터 활용능력에 차이가 있을 것인가?

❖ 결과

각각의 종속변인에 있어서 세 가지 교수유형에 따른 구체적인 차이를 검증하기 위하여 사후검증으로 *Scheffe* 검증을 실시하였다. 사후검증의 결과는 표 9와 같다.

<표 9> 언어능력에 대한 집단 간 사후분석 결과

집단	어휘력		언어 이해력		언어표현력	
	M	*Scheffe*	*M*	*Scheffe*	*M*	*Scheffe*
이야기 나누기를 활용한 접근(a)	17.00	a<c	25.31	a<b<c	24.25	
멀티미디어 활용 총체적 언어 접근(b)	17.87		28.37		24.87	
멀티미디어 통합 균형 잡힌 문해 접근(c)	18.93		30.44		26.12	

언어접근 교수유형에 따른 언어능력의 구체적인 차이를 알아보기 위하여 표 9와 같이 사후검증을 실시한 결과, 언어능력의 하위요인인 어휘력에 있어서는 이야기 나누기를 활용한 집단과와 멀티미디어 활용 총체적 언어 접근 집단 간, 멀티미디어 활용 총체적 언어 접근 집단과 멀티미디어 통합 균형 잡힌 문해 접근 집단 간에는 통계적으로 유의한 차이가 없는 것으로 밝혀졌다(p>.05). 그러나 이야기 나누기를 활용한 집단과와 멀티미디어 통합 균형 잡힌 언어 접근 집단간에는 통계적으로 유의한 차이가 있는 것으로 나타났다(p<.01). 이는 교수유형에서 멀티미디어의 활용 정도가 유아의 어휘력에도 영향을 미치고 있음을 보여주는 결과이다. 또한 언어능력의 하위요인인 언어이해력은 이야기 나누기를 활용한 집단보다 멀티미디어를 활용한 총체적 언어 접근에서, 멀티미디어를 활용한 총체적 언어 접근보다는 멀티미디어를 통합한 균형 잡힌 문해 접근 집단에서 통계적으로 유의한 차이가 있는 것으로 나타났다(p<.01). 반면 언어능력의 하위요인인 언어 표현력은 세 집단 모두 통계적으로 유의한 차이가 없는 것으로 나타났다. 이는 교수유형에서 멀티미디어의 활용 여부가 유아의 언어표현력에는 영향을 미치지 않음을 보여주는 결과이다.

❖ 해석

본 연구의 연구자는 다변량분석(MANOVA)을 통해 종속변인 중 어휘력과 언어이해력에 있어서 통계적으로 유의미한 차이가 있음을 검증하였다. 따라서 유의미한 차이가 있는 것으로 나타난 어휘력과 언어이해력 변인의 구체적인 차이를 알아보기 위해 사후검증을 실시하였다. 그 결과 어휘력에 있어서는 이야기 나누기를 활용한 집단과 멀티미디어 통합 균형 잡힌 언어접근 집단 간에 통계적으로 유의미한 차이가 있는 것으로 분석되었다. 또, 언어이해력에 있어서는 이야기 나누기를 활용한 집단과 멀티미디어를 활용한 총체적 언어접근 집단 간, 이야기 나누기를 활용한 집단과 멀티미디어를 통합한 균형 잡힌 문해접근 집단 간, 멀티미디어를 활용한 총체적 언어접근 집단과 멀티미디어를 통합한 균형 잡힌 문해접근 집단 간에 통계적으로 유의미한 차이가 있는 것으로 분석되었다.

힌 트

본 절에서 제시한 논문 예의 <표 9>에서 보면 사후검증 표가 일반적으로 사용해 온 표(APA 스타일)가 아닌 것을 볼 수 있다. 최근 학회지 등의 제시에 있어 사후검증 표를 효율적으로 제시하기 위하여 <표 9>와 같이 집단 간 부등호 표시를 사용하는 경우가 많다.

4. 이원변량분석과 반복측정 변량분석

연구문제

유아들의 놀이 형태(극놀이, 블록놀이, 혼자놀이)와 유아의 성별에 따라 놀이 지속시간의 차이는 있는가?

✻ SPSS 18.0 통계처리 과정은 '8장 – 이원변량분석' 부분에 제시되어 있습니다. – 데이터: 「이원변량.sav」 파일

(1) 자료 처리 및 분석

본 연구에서의 자료 처리는 유아들의 놀이 형태와 유아의 성별(독립변인)에 따라 놀이 지속시간(종속변인)에 차이가 있는지를 알아보기 위하여 이원변량분석을 실시하였다. 먼저 사례 수, 평균, 표준편차 등의 기술통계치를 산출하였으며, 이원변량분석을 실시하여 주 효과와 상호작용 효과를 검증하였다. 분석을 위하여 SPSS 18.0 프로그램을 사용하였으며 각각 통계검증의 유의도 수준은 .05, .01로 하였다.

(2) 결과 해석

유아들의 놀이 형태(극놀이, 블록놀이, 혼자놀이)와 유아의 성별에 따른 놀이 지속시간에 대한 기술통계와 이원변량분석 결과는 〈표 15-8〉, 〈표 15-9〉와 같다.

표 15-8 유아들의 놀이 형태와 성별에 따른 놀이 지속시간 기술통계

		극놀이	블록놀이	혼자놀이	합계
남	*N*	5	5	5	15
	평균	9.20	10.00	6.00	8.40
	표준편차	1.92	2.65	3.54	3.14
여	*N*	5	5	5	15
	평균	11.00	5.80	8.00	8.27
	표준편차	2.24	3.11	2.35	3.26

합계	*N*	10	10	10	30
	평균	10.10	7.90	7.00	8.33
	표준편차	2.18	3.51	3.02	3.14

〈표 15-8〉과 같이 유아들의 놀이 형태 중 극놀이를 선택한 유아들의 놀이 지속시간의 평균과 표준편차는 10.10, 2.18이고, 블록놀이의 놀이 지속시간 평균과 표준편차는 7.90, 3.51이며, 혼자놀이를 하는 유아들의 놀이 지속시간 평균과 표준편차는 7.00, 3.02로 나타났다. 놀이 지속시간이 가장 긴 집단은 극놀이 놀이 형태를 하는 여아들이었으며, 이들의 평균과 표준편차는 11.00, 2.24, 놀이 지속시간이 가장 짧은 집단은 블록놀이 형태를 하는 여아들로 평균과 표준편차는 5.80, 3.11로 나타났다.

유아들의 놀이 형태와 성별에 따라 놀이 지속시간에 차이가 있는지 알아보기 위하여 이원변량분석을 실시한 결과는 〈표 15-9〉와 같다.

표 15-9 유아들의 놀이 형태와 성별에 따른 놀이 지속시간에 대한 변량분석 결과

	제곱합	자유도	평균제곱	*F*
놀이 형태	50.87	2	25.43	3.52*
성별	.13	1	.13	.02
놀이 형태 X 성별	62.07	2	31.03	4.29*
오차	173.60	24	7.23	
합계	286.67	29		

*p.<05.

〈표 15-9〉와 같이 유아들의 놀이 지속시간에 대한 놀이 형태의 효과를 분석한 결과 F값이 3.52(p 〈 .05)로 통계적으로 유의미한 차이가 있는 것으로 나타났으며, 유아의 성별이 놀이 지속시간에 영향을 미치는지에 대한 분석 결과 F값은 .02(p 〉.05)로 통계적으로 유의미한 차이가 나타나지 않았다. 이에 따라 유아들의 놀이 형태는 유아들의 놀이 지속시간에 영향을 미치며, 유아의 성별은 유아들의 놀이 지속시간에 영향을 미치지 않는다고 결론 내릴 수 있다.

또한 유아들의 놀이 형태와 성별 간의 상호작용의 F값은 4.29(p 〈 .05)로 상호작용

효과가 통계적으로 유의미한 것으로 나타났다. 따라서 유아의 놀이 형태와 성별에 따라 유아들의 놀이 지속시간은 달라진다고 해석할 수 있다. (이러한 상호작용 효과는 상호작용 도표에 의하여 해석되고 기술되었다.)

중점 사항

본 절의 예에서 상호작용 효과가 통계적으로 유의미한 것으로 나타났다. 따라서 통계적으로는 본 연구의 주 효과(놀이 형태의 효과, 성별의 효과)의 해석은 유보되어야 한다. 상호작용 효과가 상호작용 도표에 의하여 해석되고, 이러한 상호작용 효과 관점에서 기술되어야 한다("유의미한 주 효과가 나타났다. 하지만 상호작용 효과가 나타났기 때문에 ~ 상호작용 효과에 의해 해석하였다."와 같이).

예를 들면, 남아에 있어서는 유의미한 놀이 형태의 효과가 나타난 반면 여아에 있어서는 유의미한 놀이 형태의 효과가 나타나지 않았다면 놀이 형태의 효과는 남아에 한정되어 해석되고 기술되어야 한다. 결국 본 연구의 효과는 남아에 기인한 것으로 해석된다.

| 실제 논문 수록 예 |

논문 출처: 유구종, 박수화(2005). 총체적 언어 쓰기활동과 멀티미디어 매체가 유아의 언어표현력 및 어휘력에 미치는 영향. 열린유아교육연구, 10(3), 361-383.

❖ 연구문제

1. 쓰기활동 유형과 동화전달매체 유형에 따라 유아의 표현 언어력에 차이가 있을 것인가?
2. 쓰기활동 유형과 동화전달매체 유형에 따라 유아의 어휘력에 차이가 있을 것인가?

❖ 결과

〈표 5〉 쓰기활동유형과 동화전달매체유형에 따른 언어표현력 점수의 평균과 표준편차

쓰기활동유형 / 동화전달유형	철자법 쓰기		놀이중심 쓰기		총체적 언어쓰기	
	평 균	표준편차	평 균	표준편차	평 균	표준편차
일반 매체	15.00	.858	15.35	1.18	15.60	1.67
멀티미디어 매체	15.25	.786	16.00	1.52	16.30	1.17

〈표 6〉 쓰기활동유형과 동화전달매체유형에 따른 언어표현력 점수의 변량분석

	자승화	자유도	평균자승화	F
쓰기활동유형	14.117	2	7.058	4.590*
동화전달매체	8.533	1	8.533	5.549*
쓰기유형*전달매체	1.217	2	.608	.396
오차	175.300	114	1.538	
합계	199.167	120		

*p<.05

동화전달 매체유형을 2개의 독립변인으로 하여 이원변량 분석을 실시하였다. 검증결과는 <표 6>에 제시되어있다.

<표 6>의 변량분석결과에 의하면 쓰기활동유형에 따른 언어표현력의 효과가 .05수준에서 통계적으로 유의미한 차이가 나타났다(F=4.590, p<.05).

따라서 언어표현력 검사 점수에 있어서 쓰기활동유형에 따라 의의 있는 차이가 있다고 해석할 수 있다.

❖ 해석

본 연구의 연구자는 총체적 언어 쓰기활동과 멀티미디어 매체가 유아의 언어표현력에 미치는 영향을 알아보기 위해 쓰기활동 유형과 동화 전달매체 유형을 독립변인으로, 유아의 언어표현력을 종속변인으로 하여 이원변량분석을 실시하였다. 쓰기활동 유형과 동화 전달매체가 유아의 언어표현력에 미치는 영향을 분석하기에 앞서 변인들의 평균, 표준편차를 살펴보았으며, 이원변량분석 결과 유아의 언어표현력 검사 점수에 있어 쓰기활동 유형(F=4.59, p 〈 .05)과 동화 전달매체(F=5.55, p 〈 .05)에 따라 통계적으로 유의미한 차이를 나타내었다. 또한 쓰기활동 유형과 전달매체 간에는 통계적으로 유의미한 상호작용이 나타나지 않았다(F=.40, p 〉.05). 따라서 두 독립변인의 주 효과는 나타난 반면 상호작용 효과는 나타나지 않은 바, 쓰기활동 유형과 전달매체는 유아의 언어표현력에 영향을 미치는 것으로 해석될 수 있다.

5. 공변량분석

연구문제

동화책을 활용한 이야기 꾸미기 활동이 유아의 친사회적행동에 효과적인지 검증하기 위하여 처치 전 친사회적행동에 대한 사전검사를 실시하였다. 사전능력의 영향이 배제된 상태에서 동화책을 활용한 이야기 꾸미기 활동은 사후 유아의 친사회적행동에 영향을 미치는가? 즉, 교정된 사후친사회적행동 능력 점수의 차이가 있는가?

✲ SPSS 18.0 통계처리 과정은 '제9장 공변량분석' 부분에 제시되어 있습니다. – 데이터: 「공분산분석.sav」 파일

(1) 자료 처리 및 분석

본 연구에서의 자료 처리는 동화책을 활용한 이야기 꾸미기 활동 이전에 이미 존재하는 집단 간 차이를 통계적으로 통제하는 일원 공변량분석(one-way ANCOVA)을 실시하였다. 이를 위하여 종속변인인 유아의 친사회적행동의 측정치를 사전에 조정하여 두 집단을 비교하였다. 먼저, 사전친사회적행동 점수를 공변인으로 하여 사전, 사후, 교정된 사후 점수의 사례 수, 평균, 표준편차 등을 산출하였으며, 공변량분석을 실시하여 동화책을 활용한 이야기 꾸미기 활동에 따른 교정된 사후친사회적행동 능력의 평균 차이를 검증하였다. 분석을 위하여 SPSS 18.0 프로그램을 사용하였다.

힌트

여기에서 예로 든 데이터의 경우 사전능력의 영향이 배제된 사후친사회적행동의 교정 평균의 차이를 알아보았기 때문에 공변량분석에 해당하며 독립변인이 1개(이야기 꾸미기 활동 집단)이기 때문에 일원 공변량분석(one-way ANCOVA)에 해당한다.

(2) 결과 해석

동화책을 활용한 이야기 꾸미기 활동에 따른 실험집단과 통제집단의 사전친사회적행동 점수, 사후친사회적행동 점수, 사전친사회적행동능력을 통제한 교정점수의 기술

통계 및 공변량분석의 결과는 〈표 15-10〉, 〈표 15-11〉과 같다.

표 15-10 동화책을 활용한 이야기 꾸미기 활동에 따른 사전, 사후, 교정된 사후 점수의 기술통계

집단	사전친사회적행동		사후친사회적행동		교정사후친사회적행동	
	평균	표준편차	평균	표준편차	평균	표준오차
실험집단(N=20)	3.13	.40	4.60	.20	4.58	0.32
통제집단(N=20)	3.06	.36	3.37	.29	3.39	0.32
합계	3.10	.37	3.99	.67	3.99	

〈표 15-10〉과 같이 실험집단 유아들의 교정된 사후친사회적행동의 평균은 4.58, 통제집단 유아들의 교정 평균은 3.39로 나타났다. 교정된 사후친사회적행동 능력 점수가 동화책을 활용한 이야기 꾸미기 활동에 따라 차이가 있는지에 대한 공변량분석 결과는 〈표 15-11〉과 같다.

표 15-11 동화책을 활용한 이야기 꾸미기 활동에 따른 교정된 사후점수의 공변량분석 결과

분산량	제곱합	자유도	평균제곱	F
공분산(사전친사회적행동)	2.71	1	2.71	
집단	14.12	1	14.12	695.30***
오차	.75	37	.02	
합계	17.58	39		

***p<.001.

〈표 15-11〉과 같이 사전친사회적행동 점수의 영향을 통제한 후 교정된 사후친사회적행동 점수의 통계적 유의성을 분석한 결과 F값은 695.30(p < .001)으로 나타났다. 따라서 동화책을 활용한 이야기 꾸미기 활동을 한 실험집단과 전통적인 이야기 꾸미기 활동을 한 통제집단의 교정된 사후친사회적행동은 통계적으로 유의미한 차이를 나타낸다고 볼 수 있다.

실제 논문 수록 예

논문 출처: 유구종(2006). 언어 영역과 역할놀이 영역에서의 멀티미디어 통합이 유아의 읽기행동과 읽기능력에 미치는 영향. 열린유아교육연구, 11(5), 97-121.

❖ 연구문제

1. 언어 영역과 역할놀이 영역에서의 멀티미디어 통합이 유아의 읽기행동에 영향을 미칠 것인가?
2. 언어 영역과 역할놀이 영역에서의 멀티미디어 통합이 유아의 읽기능력에 영향을 미칠 것인가?
   2-1. 멀티미디어 통합이 유아의 읽기 음역화에 영향을 미칠 것인가?
   2-2. 멀티미디어 통합이 유아의 읽기 이해에 영향을 미칠 것인가?

❖ 결과

본 연구의 목적은 언어영역과 역할놀이 영역에서의 멀티미디어 통합에 따른 유아의 읽기 행동과 읽기 능력에 차이가 있는지 알아보는 것이다. 본 연구의 결과를 연구문제에 따라 제시하면 다음과 같다.

각 영역에 따른 읽기행동 하위 점수의 평균과 표준편차는 표 2에 제시하였다.

표 2에서 사후검사 평균을 비교해 보면 탐색행동과 읽기행동 모두에 있어서 통합영역의 평균이 상대적으로 높은 것으로 나타났다. 이러한 차이가 통계적으로 유의미한지 알아보기 위하여 선택활동 영역이 독립변인이고 읽기행동 점수가 종속변인이며, 사전 읽기행동 점수를 공변인으로 한 공변량분석(ANCOVA)을 수행하였다. 연구문제에 따른 분석을 위하여 탐색행동 점수와 읽기행동 점수의 합산 점수를 대상으로 검증하였다. 결과는 표 3에 제시하였다.

사전검사 점수를 공변인으로 한 공변량분석 결과에 의하면 집단 간 통계적으로 유의미한 차이가 나타났다($F(1, 37)=59.344$, $p<.001$). 따라서 선택활동영역에 따라 유아들의 읽기행동에는 유의미한 차이가 있다고 결론 내릴 수 있다.

각 영역에 따른 읽기능력 음역화 검사 점수의 평균과 표준편차는 표 4에 제시하였다.

〈표 2〉 선택활동 영역별 유아의 읽기행동 하위 점수의 평균, 표준편차

선택활동 영역	*N*	사전검사				사후검사			
		탐색행동		읽기행동		탐색행동		읽기행동	
		M	*SD*	*M*	*SD*	*M*	*SD*	*M*	*SD*
일반 영역	20	2.05	1.70	2.45	2.35	2.10	1.89	2.70	2.77
통합 영역	20	1.95	1.76	2.65	2.71	4.10	3.51	4.70	3.03

〈표 3〉 영역간의 읽기행동 점수 공변량분석 결과

변량원	자유도	자승화	평균자승화	F	유의도
공변인	1	17.669	17.669	.257	.699
집단간	1	149.927	149.927	59.344***	.000
오차	37	93.476	2.526		
전체	39	261.072			

*** $p < .001$

❖ 해석

본 연구의 연구자는 언어 영역과 역할놀이 영역에서의 멀티미디어 통합이 유아의 읽기행동에 영향을 주는지를 알아보기 위해 각 영역에 따른 읽기행동의 평균과 표준편차를 산출했으며, 사후검사 결과 통합 영역의 평균이 상대적으로 높은 것을 조사하였다. 이러한 차이가 통계적으로 유의미한지를 알아보기 위하여 사전 읽기행동 점수가 처치 결과에 체계적으로 영향을 미치는 것을 통제하여 사전 읽기행동 점수를 공변인으로 한 공변량분석을 실시하였다. 그 결과 일반 영역, 통합 영역 두 집단 간 통계적으로 유의미한 차이가 나타나(F= 59.34, $p < .001$), 선택활동 영역에 따라 교정된 유아들의 읽기행동 수준에 유의미한 차이가 있다고 결론 내렸다.

6. 다변량분석

연구문제

어머니의 직업 유형(종일제 직업, 시간제 직업, 전업주부)에 따라 유아의 스트레스와 유치원 적응은 차이가 있는가?

✲ SPSS 18.0 통계처리 과정은 '제10장 중다변량분석' 부분에 제시되어 있습니다. – 데이터: 「다변량분산분석.sav」 파일

(1) 자료 처리 및 분석

본 연구에서의 자료 처리는 두 개 이상의 범주를 가지는 독립변인(어머니의 직업 유

형)이 하나이고 종속변인(유아의 스트레스, 유치원 적응)이 두 개 이상일 경우 사용되는 다변량분석을 실시하였다. 먼저 기술통계를 통하여 종속변인인 유아의 스트레스, 유치원 적응의 사례 수, 평균, 표준편차를 산출하였으며, 다변량분석을 통하여 어머니의 직업 유형에 따른 유아의 스트레스와 유치원 적응변인의 조합된 값의 차이를 검증하였다. 분석을 위하여 SPSS 18.0 프로그램을 사용하였으며 각각 통계검증의 유의도 수준은 .05, .01로 하였다.

(2) 결과 해석

어머니의 직업 유형에 따른 유아의 스트레스와 유치원 적응 기술통계 및 다변량분석의 결과는 〈표 15-12〉, 〈표 15-13〉과 같다.

표 15-12 어머니의 직업 유형에 따른 유아의 스트레스와 유치원 적응 기술통계

	유아의 스트레스		유치원 적응	
	평균	표준편차	평균	표준편차
종일제 직업(N=9)	2.51	.46	2.98	.45
시간제 직업(N=23)	2.37	.53	3.70	.61
전 업 주 부(N=32)	2.26	.58	3.95	.66
합 계(N=64)	2.33	.55	3.72	.69

〈표 15-12〉와 같이 유아의 스트레스에 대한 종일제 직업 집단의 평균과 표준편차는 2.51, .46, 시간제 직업 집단의 평균과 표준편차는 2.37, .53, 전업주부 집단의 평균과 표준편차는 2.26, .58로 나타났으며, 유치원 적응에 대한 종일제 직업 집단의 평균과 표준편차는 2.98, .45, 시간제 직업 집단의 평균과 표준편차는 3.70, .61, 전업 주부 집단의 평균과 표준편차는 3.95, .66으로 나타났다.

유아의 스트레스와 유치원 적응이 어머니의 직업 유형에 따라 차이가 있는지 알아보기 위하여 다변량분석을 실시한 결과는 〈표 15-13〉과 같다.

표 15-13 어머니의 직업 유형에 따른 유아의 스트레스와 유치원 적응의 차이 다변량분석 결과

독립변인	종속변인	Wiks의 람다	자승합	자유도	평균 제곱	단변량 F
어머니의 직업 유형	유아의 스트레스	.77 p=.002	.48	2	.24	.80
	유치원 적응		6.59	2	3.29	8.62**

$^{**}p<.01$

〈표 15-13〉과 같이 유아의 스트레스와 유치원 적응에 대한 어머니의 직업 유형 효과를 분석한 결과, 총 분산 중 집단 내 분산이 차지하는 비율인 Wiks의 람다 값이 .77(p< .01)로 어머니의 직업 유형에 따라 유아의 스트레스와 유치원 적응에 차이가 있는 것으로 나타났다. 집단에 따른 차이를 개별 종속변인별로 분석해 보면 단변량 F 검정에서 집단에 따라 유아의 스트레스(F=.80, p > .05)에 있어서는 통계적으로 유의미한 차이가 나타나지 않았으나, 유치원 적응(F=8.62, p < .01)에 있어서는 통계적으로 유의미한 차이가 있는 것으로 나타났다. 따라서 본 분석 결과 다변량분석의 유의미한 차이는 유치원 적응 변인에 있어서의 차이에 따라 나타난 것으로 해석될 수 있다.

힌 트

본 절의 <표 15-13>에서 보면 유아의 스트레스와 유치원 적응변인의 조합된 값의 차이 검증(다변량 검증)과 개별 종속변인별 차이검증(단변량 검증)이 함께 제시된 것을 볼 수 있다. 일반적으로 다변량분석 결과와 단변량분석 결과를 나누어 각각의 표로 제시하지만 학회지 등의 다변량분석 결과표 제시에서는 효율성을 위하여 이렇게 다변량 검증과 단변량 검증을 함께 제시하는 경향도 있다.

| 실제 논문 수록 예 |

논문 출처: 정상녀, 유구종(2008). 멀티미디어를 활용한 언어접근 교수 유형이 유아의 언어능력과 컴퓨터 활용능력에 미치는 영향. 열린유아교육연구, 13(6), 69-92.

❖ 연구문제

1. 언어접근 교수유형에 따라 유아의 언어능력에 차이가 있을 것인가?
2. 언어접근 교수유형에 따라 유아의 컴퓨터 활용능력에 차이가 있을 것인가?

❖ 결과

1. 언어접근 교수유형에 따른 유아 언어능력의 차이

1) 언어능력의 사전 검사 결과

세 집단의 유아가 처치 이전에 언어능력에 있어 동질성이 있는지를 알아보기 위하여 각 사전검사 점수를 대상으로 언어능력이 독립변인이고 종속변인이 3개인 중다변량분석(MANOVA)을 실시하였다. 교수유형에 따른 세 집단 유아들의 언어능력에 관한 사전 검사 결과는 표 4와 같으며 중다변량분석 결과는 표 5에 제시하였다.

<표 4> 교수유형에 따른 언어능력의 사전검사 평균과 표준편차

교수유형 / 언어능력	이야기 나누기를 활용한 접근 (N=16)		멀티미디어 활용 총체적 언어 접근 (N=16)		멀티미디어 통합 균형 잡힌 문해 접근 (N=16)	
	M	SD	M	SD	M	SD
어휘력	16.50	1.79	15.56	1.45	16.00	2.06
언어이해력	24.50	1.50	23.50	2.39	24.06	2.95
언어표현력	19.12	6.87	20.31	7.50	20.31	7.39
전체	60.12	7.21	59.37	8.72	61.25	9.94

<표 5> 교수유형 간의 언어능력 사전검사 중다변량분석 결과표

검사	값	*F*	가설 자유도	오차 자유도	유의도
Pillai의 트레이스	.086	.658	6.000	88.000	.683
Wilks의 람다	.915	.653	6.000	86.000	.687
Hotelling의 트레이스	.093	.648	6.000	84.000	.692
Roy의 최대근	.084	1.238	3.000	44.000	.307

p>.05

표 5의 중다변량 분석 결과에 의하면 Wilks의 람다 값(.915, F=.653, p>.05)을 포함한 모든 통계치가 통계적으로 유의한 차이가 없는 것으로 나타났다. 따라서 교수유형에 따른 유아의 언어능력은 사전에 유의한 차이가 없다고 결론 내릴 수 있다.

2) 언어능력의 사후 검사 결과

세 집단의 유아가 처치 이후에 언어능력에 있어 교수유형에 따라 어떠한 차이를 보이는지 알아보기 위하여 각 사후검사 점수를 대상으로 언어능력이 독립변인이고 종속변인이 3개인 중다변량분석(MANOVA)을 실시하였다. 교수유형에 따른 세 집단 유아들의 언어능력에 대한 사후 검사 결과는 표 6과 같으며, 중다변량분석 결과는 표 7에 제시하였다.

<표 6> 교수유형에 따른 언어능력의 사후검사 평균과 표준편차

교수유형 / 언어능력	이야기 나누기를 활용한 접근 (N=16)		멀티미디어 활용 총체적 언어 접근 (N=16)		멀티미디어 통합 균형 잡힌 문해 접근 (N=16)	
	M	SD	M	SD	M	SD
어휘력	17.00	1.59	17.87	1.78	18.93	1.34
언어이해력	25.31	1.66	28.37	.72	30.44	.63
언어표현력	24.25	3.86	24.87	4.30	26.12	5.47
전체	66.62	5.51	71.12	5.20	75.50	6.26

<표 7> 교수유형 간의 언어능력 사후검사 중다변량분석 결과표

검사	값	*F*	가설 자유도	오차 자유도	유의도
Pillai의 트레이스	.913	12.324***	6.000	88.000	.000
Wilks의 람다	.095	32.128***	6.000	86.000	.000
Hotelling의 트레이스	9.420	65.937***	6.000	84.000	.000
Roy의 최대근	9.410	138.016***	3.000	44.000	.000

***$p<.001$

표 7의 중다변량분석 결과에 의하면 Wilks의 람다 값(.095, F=32.128, p<.001)을 포함한 모든 통계치가 통계적으로 유의미한 것으로 나타났다. 따라서 교수유형에 따라 유아들의 언어능력에는 유의미한 차이가 있다고 결론 내릴 수 있다.

❖ 해석

본 연구의 연구자는 언어접근 교수 유형(전통적인 이야기 나누기를 활용한 집단, 멀티미디어를 활용한 총체적 언어접근 집단, 멀티미디어를 통합한 균형 잡힌 문해접근 집단) 간에 유아의 언어능력 하위요인인 어휘력, 언어이해력, 언어표현력에 차이를 검증하기 위하여 다변량분석을 수행하였다. 다변량분석을 통해 종속변인의 모집단 평균 벡터를 비교함으로써 종속변인 간의 관련성을 조사하였다. 먼저, 세 집단의 유아가 처치 이전에 언어능력에 있어 동질성이 있는지를 알아보기 위해 사전검사 점수를 대상으로 다변량분석을 실시하여 Wilks의 람다값을 점검하였으며, 세 집단의 유아가 처치 이후에 언어능력에 있어 교수 유형에 따라 차이가 있는지 조사하기 위해 다변량분석을 실시하였다.

그 결과, 사전검사에 대한 Wilks의 람다 값(.92, $p > .05$)이 통계적으로 유의미한 차이가 없는 것으로 나타나 교수 유형에 따라 유아의 언어능력은 사전에 차이가 없는 것으로 해석될 수 있다. 사후검사결과 Wilks의 람다 값(.10, $p < .001$)이 통계적으로 유의미한 것으로 나타났기 때문에 교수 유형에 따라 유아들의 언어능력에는 유의미한 차이가 있다고 볼 수 있다. (교수 유형 집단에 따른 차이를 개별 종속변인별로 검증하기 위해 단변량 F검정을 실시하고 해석하였다.)

중점 사항

연구의 예에서 '어휘력', '언어이해력', '언어표현력'이라는 3개의 종속변인이 사용될 뿐 아니라 이 3개 변인 간에 상관이 가정되기 때문에 중다변량분석(MANOVA)을 수행하는 것에 대한 개념을 명확히 하기 바란다.

또, 중다변량분석을 수행하면 3개의 종속변인 모두를 고려한 다변량 F검증의 통계치와 종속변인별 단변량 F검증의 통계치 둘 다가 산출되고 해석된다는 점도 이해하기 바란다.

7. 카이자승

연구문제

유치원아 가정의 사회경제적 지위(SES, 상·중·하)에 따라 유아들의 사회성(상·하 집단)의 차이가 있는가?

✲ SPSS 18.0 통계처리 과정은 '제11장 비모수적 통계와 카이자승' 부분에 제시되어 있습니다. – 데이터: 「카이자승.sav」 파일

(1) 자료 처리 및 분석

본 연구에서의 자료 처리는 종속변인인 유아들의 사회성이 명명척도로 측정되었기

때문에 둘 이상의 변인에 대한 빈도를 동시에 나타내어 상관관계를 검증할 수 있는 교차분석에 의한 χ^2검증을 실시하였다. 따라서 셀 출력을 통해 각 셀의 관찰빈도와 백분율을 제시하고 모집단 간의 차이를 검증하였다. 분석을 위하여 SPSS 18.0 프로그램을 사용하였으며 각각 통계검증의 유의도 수준은 .05, .01로 하였다.

(2) 결과 해석

유치원아 가정의 사회경제적 지위에 따른 유아들의 사회성 차이를 조사한 결과는 〈표 15-14〉와 같다.

표 15-14 가정의 사회경제적 지위에 따른 유아의 사회성 차이

SES / 사회성	상	중	하	전체
상	15(65.2)	11(39.3)	10(41.7)	36(48.0)
하	8(34.8)	17(60.7)	14(58.3)	39(52.0)
전체	23(100)	28(100)	24(100)	75(100.0)
χ^2=3.97 (df=2, p=.14)				

〈표 15-14〉에 의하면 사회경제적 지위에 따른 유아의 사회성 차이는 사회경제적 지위가 높은 상집단 유아들의 경우 사회성이 높은 상집단이 15명으로 전체의 65.2%로 가장 많았으며, 사회성이 낮은 하집단이 8명(34.8%)으로 나타났다. 또한 사회경제적 지위 중집단 유아의 경우 사회성 상집단이 11명(39.3%)으로 나타났으며, 사회성 하집단이 17명(60.7%)으로 나타났다. 마지막으로 사회경제적 지위가 낮은 하집단의 경우 사회성 상집단이 10명(41.7%), 사회성 하집단은 14명(58.3%)으로 나타났다.

따라서 교차표에 의하면 사회경제적 지위가 높은 상집단 유아들의 경우 상대적으로 사회성이 높고, 사회경제적 지위가 낮은 하집단의 경우 상대적으로 사회성이 낮은 것으로 나타났다.

유아들 가정의 사회경제적 지위에 따라 유아들의 사회성 점수에 유의미한 차이가 있는지를 알아보기 위해 χ^2검정을 실시한 결과 χ^2값은 3.97(p 〉.05)로 통계적으로 유의미한 차이가 나타나지 않았다. 따라서 유아들 가정의 사회경제적 지위에 따라 유아

들의 사회성 점수에 차이가 나타나지 않는다고 볼 수 있다. 즉, 유아의 사회경제적 지위와 사회성 간에는 상관이 없다.

중점 사항

교차표의 제시와 해석은 대부분의 연구자가 어려워하는 문제인데, 세로(열)와 가로(횡)에 어떤 변인을 배치하는가에 따라 달라짐으로 유의해야 한다. 본 예에서 보면 세로(열)에는 SES(독립변인)를 가로(횡)에는 사회성(종속변인)을 배치하였다. 이런 상태에서 알아보고자 하는 변인이 세로(열) 변인임으로 세로(열)를 중심으로 100%가 되도록 제시하고 해석하는 것이 일반적이다. 본 예에서는 SES(독립변인)에 따른 사회성(종속변인)의 차이를 알아보고자 하는 것임으로 세로(열)를 중심으로 100%가 되도록 제시하고 해석하면 된다. 따라서 'SES 중 %'의 값을 읽고 논문에 제시하면 되는 것이다. 이럴 경우 사회경제적 지위가 높은 집단에 있어 사회성이 높은 집단과 낮은 집단의 빈도와 백분율을 제시하고 해석하게 된다.

| 실제 논문 수록 예 |

논문 출처: 김성재, 유구종(2010). 교사의 근무경력에 따른 유아미술교육활동의 운영실태 및 교수 방법의 차이분석, 한국열린유아교육학회 발표논문집, 145-169.

❖ 연구문제

1. 교사의 근무경력에 따른 유아미술교육활동의 운영실태는 어떠한 차이가 있는가?
2. 교사의 근무경력에 따른 유아미술교육활동의 교수 방법은 어떠한 차이가 있는가?

❖ 결과

1. 교사의 근무경력에 따른 유아미술교육활동 운영실태에 관한 분석

교사의 근무경력에 따른 유아미술교육활동 운영실태 중 교수매체의 활용도에 대한 차이를 조사한 결과는 표 2와 같다.

〈표 2〉 교사의 근무경력에 따른 교수매체의 활용도

근무경력	전혀 활용하지 않는다	자주 활용하지 않는다	보통이다	가끔 활용한다	자주 활용한다	전체	차이검증
1년미만	4(50.0)	8(12.1)	16(7.0)	11(6.4)	13(13.8)	52(9.1)	$\chi^2(16)=$ 41.080, p=.001
1년이상–3년미만	3(37.5)	7(10.6)	25(11.0)	21(12.1)	7(7.4)	63(11.1)	
3년이상–6년미만	1(12.5)	16(24.2)	68(29.8)	44(25.4)	32(34.0)	161(28.3)	
6년이상–10년미만	0(0)	26(39.4)	96(42.1)	69(39.9)	26(27.7)	217(38.1)	
10년이상	0(0)	9(13.6)	23(10.1)	28(16.2)	16(17.0)	76(13.4)	
전체	8(100)	66(100)	228(100)	173(100)	94(100)	569(100)	

***p <.001

미술활동을 위한 교수매체의 활용도에서 높은 응답을 보인 문항은 1년 미만의 교사의 경우, '보통이다'로 응답한 사람이 16명(7.0%), '자주 활용한다'가 13명(13.8%)이었으며, 1년 이상–3년 미만은 '보통이다' 25명(11.0%), '가끔 활용한다' 21명(12.1%), 3년 이상–6년 미만은 '보통이다' 68명(29.8%), '가끔 활용한다' 44명(25.4%), 6년 이상–10년 미만은 '보통이다' 96명(42.1%), '가끔 활용한다' 69명(39.9%), 그리고 10년 이상은 '가끔 활용한다' 28명(16.2%), '보통이다' 23명(10.1%)으로 나타났다. 그러나 '가끔 활용이나 자주 활용'의 경우, 1년 미만 교사는 합계 24명(20.2%), 1년 이상–3년 미만은 합계 28명(19.5%)이 답한 반면, 3년 이상–6년 미만의 교사는 합계 76명(59.4%), 6년 이상–10년 미만의 교사는 합계 95명(67.6%)이 응답해 전반적으로 경력이 짧은 초임교사에 비해 오래된 경력교사들의 교수매체 활용도가 높음을 알 수 있다. 10년 이상은 합계 44명(33.2%)이 응답해 다시 매체활용도의 비율이 떨어지는 모습을 보였다. 근무경력에 따라 미술활동을 위한 교수매체의 활용도에 있어 차이가 나는지 알아보기 위해 χ^2 검정을 실시한 결과, χ^2 통계값은 41.080, 유의확률은 .001로써 유의수준 .001에서 근무경력에 따른 미술활동 교수매체 활용도는 유의한 차이가 있다고 할 수 있다.

❖ 해석

본 연구의 연구자는 교사의 근무 경력에 따른 미술교육활동 운영실태 중 교수매체의 활용도에 대한 차이를 조사하기 위해 비연속적 문항인 교사의 근무 경력과 교수매체의 활용도 간의 교차분석에 의한 카이자승검증을 실시하였다. 그 결과 χ^2통계값은 41.08($p<.05$)로 나타났기 때문에 근무 경력에 따라 미술활동 교수매체 활용도는 유의미한 차이가 있다고 할 수 있다.

힌 트

앞에서 지적한 대로 위 논문 예에서 보면 세로(열)에는 근무 경력(독립변인)을 가로(횡)에는 교수 매체 활용도(종속변인)를 배치하고 해석하는 것이 바람직하다. 이런 상태에서 알아보고자 하는 변인이 세로(열) 변인임으로 세로(열)를 중심으로 100%가 되도록 제시하고 해석하는 것이 좋다. 하지만 여기에서는 근무 경력이 가로(횡) 변인으로 제시하였으므로 가로(횡)를 중심으로 100%가 되도록 제시하고 해석하는 것이 좋다. 그렇게 함으로써 근무 경력에 따른 활용도를 해석하기 용이해지는 것이다.

8. 상관분석

연구문제

유아들의 언어능력과 부의 언어능력은 상관이 있는가?

✲ SPSS 18.0 통계처리 과정은 '제12장 상관관계와 상관분석' 부분에 제시되어 있습니다. – 데이터: 「상관.sav」 파일

(1) 자료 처리 및 분석

본 연구에서의 자료 처리는 유아들의 언어능력과 부의 언어능력 변인 간의 선형적인 상관관계를 알아보기 위해 상관분석을 실시하였다. 또한 언어능력은 등간척도 이상의 척도로 구성되었기 때문에 Pearson 적률상관계수를 산출하였다. 분석을 위하여 SPSS 18.0 프로그램을 사용하였으며 각각 통계검증의 유의도 수준은 .05, .01로 하였다.

(2) 결과 해석

표 15-15 유아의 언어능력과 부의 언어능력 간의 Pearson 적률상관계수

(N=14)

	언어 점수–유아
언어 점수–부	.47

p>.05

상관분석 결과, 유아들의 언어능력 점수와 부의 언어능력 점수 간 상관계수는 .47로 정적상관이 있다고 볼 수 있으나, 두 변인 간에 .05 수준에서 통계적으로 유의미한 상관이 없었다.

연구문제 - 부분상관관계의 경우

어머니의 언어능력을 통제한 상태에서 유아들의 언어능력과 부의 언어능력은 상관이 있는가?

(1) 자료 처리 및 분석

본 연구에서의 자료 처리는 유아들의 언어능력과 부의 언어능력 두 변인에 영향을 미칠 수 있는 어머니의 언어능력 변인을 통제하고 순수한 두 변인 간의 상관관계만을 알아보기 위해서 어머니의 언어능력을 통제한 상태에서 편상관분석(부분상관분석)을 실시하였다. 분석을 위하여 SPSS 18.0 프로그램을 사용하였으며 각각 통계검증의 유의도 수준은 .05, .01로 하였다.

(2) 결과 해석

표 15-17 어머니의 언어능력을 통제한 유아들의 언어능력과 부의 언어능력 간의 상관계수

(N=14)

	언어 점수-유아
언어 점수-부	.42

p>.05

상관분석 결과, 어머니의 언어능력을 통제한 상태에서 유아들의 언어능력 점수와 부의 언어능력 점수 간 상관계수는 .42였으며 .05 수준에서 통계적으로 유의미한 상관이 없는 것으로 나타났다.

실제 논문 수록 예

논문 출처: 김승옥, 유구종, 김민경(2009). 유아의 인터넷 게임 과몰입 변인에 관한 연구. 열린유아교육연구, 14(4), 377-391.

❖ 연구문제

1. 유아 인터넷 게임 과몰입의 행동 특성과 유아의 인구학적 변인, 인터넷 사용 습관, 부모 환경과의 관계는 어떠한가?
2. 유아의 인터넷 게임 과몰입 행동 특성의 하위 요인(게임지향적 생활, 금단과 정서 경험)과 유아의 인구학적 변인, 인터넷 사용 습관, 부모 환경과의 관계는 어떠한가?

❖ 결과

유아의 인터넷 게임 과몰입 특성과 타 변인(인구통계학적, 유아의 인터넷 사용 습관, 부모 및 가족환경) 간의 상관관계를 분석한 결과는 다음과 같다.

유아의 인터넷 게임 과몰입과 타 변인간의 상관관계를 분석한 결과, 유아의 성(r=-.175, p<.05), 출생순위(r=-191, p<.05), 인터넷 이용주기(r=.302, p<.001), 인터넷 1회 사용시간(r=.325, p<.001), 유아의 인터넷 활용 내용에 대한 부모의 인지(r=-.239, p<.001), 자기조절력(r=-.270, p<001)이 유아의 인터넷 게임 과몰입 증상과 통계적으로 유의한 관계가 있는 변인으로 나타났다. 이는 여아보다는 남아가, 출생 순위가 늦을수록, 인터넷을 빈번하게 이용

〈표 4〉 유아의 인터넷 게임 과몰입과 타 변인간의 상관 N=239

	성	연령	출생순위	인터넷 이용주기	1회 이용시간	유아의 인터넷 내용에 대한 부모인지	자기 조절력
게임지향적 생활	-.133*	.057	.198**	.292***	.336***	-.246***	-.237***
금단정서	-.217**	.077	.129*	.250***	.223**	-.169**	-.272***
행동특성	-.175**	.069	.191**	.302***	.325***	-.239***	-.270***

*p<.05, **p<.01, ***p<.001.

할수록, 인터넷 1회 사용시간이 길수록, 유아가 어떤 인터넷 활동을 하는지 부모가 모를수록, 유아의 자기조절력이 낮을수록 인터넷 게임 과몰입 증상과 관계가 있음을 의미한다.

❖ 해석

본 연구의 연구자는 유아의 인터넷 게임 과몰입 행동 특성과 유아의 인구학적 변인, 인터넷 사용 습관, 부모 환경과의 관계를 알아보기 위하여 상관분석을 사용하였다. 그 결과 유아의 성($r=-.18$), 출생 순위($r=.19$), 인터넷 이용 주기($r=.30$), 인터넷 1회 사용 시간($r=.33$), 유아의 인터넷 활용 내용에 대한 부모의 인지($r=-.24$), 자기조절력($r=-.27$) 등이 유아의 인터넷 게임 과몰입 증상과 통계적으로 유의미한 관계($p < .05$)가 있음을 발견하였다. 이를 통해 여아보다는 남아, 출생 순위는 늦을수록, 인터넷을 빈번하게 사용할수록, 인터넷 1회 사용 시간이 길수록, 유아가 어떤 인터넷 활동을 하는지 부모가 모를수록, 유아의 자기조절력이 낮을수록 인터넷 게임 과몰입 행동 특성을 보이는 것을 알 수 있었다.

9. 회귀분석

연구문제 – 단순회귀분석의 경우

유아교사의 대학학점이 근무평정에 영향을 미치는가?

✲ SPSS 18.0 통계처리 과정은 '제13장 회귀분석' 부분에 제시되어 있습니다. – 데이터: 「회귀분석.sav」 파일

(1) 자료 처리 및 분석

본 연구에서의 자료 처리는 독립변인인 유아교사의 대학학점이 종속변인인 교사의 자질을 위한 근무평점에 미치는 영향력을 알아보기 위하여 회귀분석을 실시하였다. 분석을 위하여 SPSS 18.0 프로그램을 사용하였으며 각각 통계검증의 유의도 수준은 .05, .01로 하였다.

(2) 결과 해석

유아교사의 대학학점이 교사의 자질을 위한 근무평정에 미치는 영향에 대한 단순회

귀분석 결과는 〈표 15-18〉과 같다.

표 15-18 교사의 자질을 위한 근무평정에 대한 단순회귀분석 결과

독립변인	비표준화계수		표준화계수	t
	B	표준오차		
대학학점	7.40	1.09	.88	6.803**
R^2(adj, R^2)=.88(.78), F=46.284				

**p<.01

유아교사의 대학학점이 교사 자질을 위한 근무평정점수를 예측하는 모형의 통계적 유의성을 검정한 결과, F값은 46.284로 교사의 자질을 위한 근무평정 점수를 유의하게 설명하고 있었으며(t=6.803, p〈 .01), 교사 자질을 위한 근무평정점수 총변화량의 88%가 대학학점 점수에 의해 설명되는 것으로 나타났다.

힌 트

두 개의 변인에 대한 분석에 있어서 t통계치와 변량분석표에서의 F통계치는 같은 가설을 검증하게 된다. 따라서 F통계치는 t통계치를 자승함으로써 얻을 수 있다. 'p값'은 t통계치를 얻을 확률(의의도 값)을 의미한다. t통계치의 확률이 .000이기 때문에 연구자가 설정한 .01 수준에서 영가설을 거부하게 된다. 따라서 얻은 회귀선의 기울기는 0이 아니고 두 변인 사이에 통계적으로 의의 있는 직선적 관계가 있다고 결론 내린다. 따라서 변량분석에서의 회귀의 F 의의도(F값의 확률) 값도 .000으로 같게 된다.

연 구 문 제 - 중다회귀분석의 경우

유아교사가 제출한 이력서 평정점수와 직무적성검사 점수가 유아교사의 직무능력에 영향을 미치는가?

✲ SPSS 18.0 통계처리 과정은 '제13장 회귀분석' 부분에 제시되어 있습니다. - 데이터: 「중다회귀.sav」 파일

(1) 자료 처리 및 분석

본 연구에서의 자료 처리는 여러 독립변인들과 하나의 종속변인 간의 관계를 분석하는 중다회귀분석을 실시하였다. 즉, 이력서 평정점수와 직무적성검사라는 두 개 독립변인들 중 어느 변인이 유아교사의 직무능력에 영향을 미치는지의 여부와 그 영향력의 크기를 알아보기 위함이다. 분석을 위하여 SPSS 18.0 프로그램을 사용하였으며 각각 통계검증의 유의도 수준은 .05, .01로 하였다.

(2) 결과 해석

유아교사의 직무능력에 대한 중다회귀분석의 변량분석표는 〈표 15-19〉와 같다.

표 15-19 회귀모형에 대한 변량분석표

(N=14)

	제곱합	자유도	평균제곱	F
회귀모형	183818.50	2	91909.25	8.24**
잔차	122739.86	11	11158.17	
합계	306558.36	13		
R^2(adj, R^2)=.77(.60)				

**p<.01.

〈표 15-19〉와 같이 두 개의 독립변인인 직무적성검사와 이력서 평정점수로 유아교사의 직무능력을 추정하는 모형에 대한 통계적 유의성 검증 결과, 직무적성검사와 이력서 평정점수가 포함된 모형의 F값은 8.24(p 〈 .01)로 유의도 수준 .01에서 유아교사의 직무능력을 유의하게 설명하고 있었으며, 직무능력 총변화량의 77%가 이력서 평정점수와 직무적성검사에 의해 설명되고 있다.

표 15-20 유아교사의 직무능력에 대한 중다회귀분석

(N=14)

독립변인	비표준화계수		표준화계수	t
	B	표준오차		
(상수)	−11.33	86.32		−.13
이력서 평정점수	6.49	4.15	.51	1.57
직무적성검사	2.64	2.92	.30	.90

이력서 평정점수와 직무적성검사 각각의 독립변인의 종속변인에 대한 설명량과 통계적 유의성을 검정한 결과 .05 수준에서 이력서 평정점수(t=1.57, p > .05)와 직무적성검사(t=.90, p > .05) 모두 영향을 미치지 않았다. 즉, 이력서 평정점수와 직무적성검사 변인 각각은 직무능력 변인과 통계적으로 유의미한 직선적 관계가 없다고 볼 수 있다.

| 실제 논문 수록 예 |

논문 출처: 김승옥, 유구종, 김민경(2009). 유아의 인터넷 게임 과몰입 변인에 관한 연구. 열린유아교육연구, 14(4), 377-391.

❖ 연구문제

1. 유아 인터넷 게임 과몰입의 행동 특성과 유아의 인구학적 변인, 인터넷 사용습관, 부모환경과의 관계는 어떠한가?
2.유아의 인터넷 게임 과몰입 행동특성의 하위 요인(게임지향적 생활, 금단과 정서경험)과 유아의 인구학적 변인, 인터넷 사용습관, 부모환경과의 관계는 어떠한가?

❖ 결과

1. 유아의 인터넷 게임 과몰입 특성과 타 변인간의 관계

유아의 인터넷 게임 과몰입 행동 특성 전체에 영향을 미치는 변인들의 효과를 알아보기 위하여 실시한 단계적 회귀분석 결과는 표 5에 제시하였다.

단계적 회귀분석 결과, 유아의 인터넷 게임 과몰입 행동에 대한 유아의 1회 평균 인터넷

사용시간, 사용주기, 자기조절력, 유아가 사용하는 인터넷 내용에 대한 부모의 인지, 성별이 유의한 설명력을 갖는 것으로 나타났다. 유아의 인터넷 게임 과몰입 행동에 대해 인터넷 1회 사용시간의 설명력은 10.7%로 나타났으며(F(1,236)=28.344, p<.001), 유아의 인터넷 사용주기가 첨가됨으로써 17.2%으로 설명력이(F(2,235)=24.426, p<.001) 증가하였고, 자기조절력 22.8%(F(3,234)=23.012, p<.001), 유아 인터넷 내용에 대한 부모 인지 26.2%(F(4,233)=20.675, p<.001), 유아의 성 순으로 첨가됨으로 27.9%(F(5,232)=17.990, p<.001)로 전체 설명력이 증

〈표 5〉 유아의 인터넷 게임 과몰입 행동 전체에 대한 다른 변인들의 설명력

단계	독립/ 예측변인	B	β	t	F	R^2	ΔR^2
1	1회 사용시간	.502	.327	5.324***	28.344***	.107	
2	인터넷 사용주기	1.013	.258	4.291***	24.426***	.172	.065
3	자기조절력	-.554	-.237	-4.109**	23.012***	.228	.056
4	유아인터넷 내용에 대한 부모 인지	-1.000	-.183	-3.283**	20.675***	.262	.034
5	성별	-.998	-.133	-2.370*	17.990***	.279	.017

*$p<.05$, **$p<.01$, ***$p<.001$.

가한 것으로 나타났다.

이는 유아가 1회 평균 인터넷 사용시간이 길고, 인터넷을 자주 사용할수록 인터넷 게임 과몰입 증상이 있는 것으로 예측되었다. 또한 유아의 자기조절력이 낮을수록, 부모가 자신의 자녀가 사용하는 인터넷 활동 내용에 관심을 기울이지 못하여 잘 모를수록, 여아보다는 남아가 인터넷 게임 과몰입 증상이 나타남을 의미한다.

❖ 해석

본 연구의 연구자는 유아의 인터넷 게임 과몰입 특성 전체에 영향을 미치는 유아의 인구학적 변인, 인터넷 사용 습관, 부모 환경 변인의 효과를 알아보기 위해 회귀분석의 방법 중 독립변인의 추가와 제거를 적절히 조합하여 변인을 선택하는 방법인 단계적 회귀분석을 사용하였다. 그 결과 각각의 변인은 유의도 수준 .001에서 유아의 과몰입 행동 전체를 유의하게 설명하고 있는 것으로 나타났다. 유아의 인터넷 게임 과몰입 행동에 대해 인터넷 1회 사용 시간(10.7%), 인터넷 사용 주기(6.5%), 자기조절력(5.6%), 유아 인터넷 내용에 대한 부모 인지(3.4%), 성별(1.7%)이 영향을 주는 것으로 나타났으며, 전체 설명량은 27.9%로 조사되었다.

10. 신뢰도분석

연구문제

부모용 유아 놀이 선호도 검사 도구의 신뢰도는 어떠한가?
(부모용 유아 놀이 선호도 검사 도구의 신뢰도 검증)

[신뢰도검증 개념과 SPSS 18.0 통계처리 과정은 '제1장 교육통계 이론과 이해 - 4. 유아교육 도구 개발과 통계 - 2) 척도 개발 과정과 타당화 - (2) 리커트 척도 개발 절차와 문항 분석, 통계 - 나. 문항 분석(개발 절차 7단계)' 부분에 제시되어 있으니 참고하기 바랍니다.]

✲ SPSS 18.0 통계처리 과정은 '신뢰도(알파).sav' 파일을 예제로 한 것입니다.

11. 요인 분석

연구문제

유아의 유아교육기관 적응 하위요인은 어떠한가?
(유아의 유아교육기관 적응 척도 타당성 검증)

✲ SPSS 18.0 통계처리 과정은 '제14장 요인분석' 부분에 제시되어 있습니다. - 데이터: 「요인분석.sav」 파일

(1) 자료 처리 및 분석

본 연구에서의 자료 처리는 유아의 유아교육기관 적응을 설명하는 변인들 간의 상호 관련성을 기초로 하여 변인 속에 내재되어 있는 소수의 공통적인 적응 요인을 찾아내기 위해 요인 분석을 실시하였다. 분석을 위하여 SPSS 18.0 프로그램을 사용하였다.

요인 분석에 있어서 요인 추출은 주성분 분석(principle component analysis : PCA)법을 이용하였으며 요인 회전에 있어서는 요인들 간의 상호 독립성을 검정하는 데 유

용한 직교회전(varimax)법을 이용하였다. 이는 요인 추출 시 요인 수 및 정보 손실을 최소화하는 데 유용하기 때문이다. 또한, 요인 선정의 기준으로 아이겐 값 1.0 이상을 기준으로 하였다.

(2) 결과 해석

유아의 유아교육기관 적응 하위요인 검증을 위한 요인 분석 결과는 〈표 15-21〉, 〈표 15-22〉와 같다.

표 15-21 요인의 아이겐 값

요인	아이겐 값	공통변량	누가백분율(%)
1 일과적응	14.33	53.09	53.09
2 자아적응	2.56	9.48	62.57
3 또래적응	1.71	6.358	68.91
4 친사회적 적응	1.41	5.21	74.13
5 교사적응	1.05	3.88	78.01

〈표 15-21〉을 보면 주성분 분석 실시 결과 5개의 요인의 아이겐 값을 나타내 주고 있는데 값이 모두 1보다 크므로 5개 요인을 선정하는 것이 의미가 있음을 알 수 있다. 또한 5개 요인이 설명해 주는 양은 전체 변량의 78%인 것으로 분석되었다. 요인별로 묶인 각각의 문항들을 살펴보면 요인 1은 유아의 일과 적응, 요인 2는 유아의 자아 적응, 요인 3은 유아의 또래 적응, 요인 4는 유아의 친사회적 적응, 요인 5는 유아의 교사 적응의 특징을 나타내는 문항들이 그룹핑되었음을 알 수 있다(요인명의 판단은 연구자가 묶여진 문항들의 특성을 파악하여 하게 된다). 이를 토대로 유아의 유아교육기관 적응에서의 중요한 요인은 일과 적응(요인 1), 자아 적응(요인 2), 또래 적응(요인 3), 친사회적 적응(요인 4), 교사 적응(요인 5) 등으로 명칭(naming)을 부여할 수 있었다.

표 15-22 유아의 유아교육기관 적응행동에 대한 요인 분석

요인명	문항 번호	요인 1	요인 2	요인 3	요인 4	요인 5	문항 수
일과 적응	22	.842	–	–	–	–	6
	21	.837	–	–	–	–	
	24	.829	–	–	–	–	
	23	.793	–	–	–	–	
	4	.710	–	–	–	–	
	3	.632	–	–	–	–	
자아 적응	12	–	.762	–	–	–	7
	10	–	.718	–	–	–	
	13	–	.702	–	–	–	
	11	–	.670	–	–	–	
	26	–	.639	–	–	–	
	14	–	.614	–	–	–	
	25	–	.572	–	–	–	
또래 적응	17	–	–	.832	–	–	6
	16	–	–	.788	–	–	
	20	–	–	.746	–	–	
	15	–	–	.738	–	–	
	19	–	–	.709	–	–	
	18	–	–	.686	–	–	
친사회적 적응	6	–	–	–	.798	–	6
	5	–	–	–	.722	–	
	7	–	–	–	.689	–	
	9	–	–	–	.676	–	
	8	–	–	–	.645	–	
	27	–	–	–	.551	–	
교사 적응	1	–	–	–	–	.675	2
	2	–	–	–	–	.600	
총 합계							27

〈표 15-22〉에 따르면 요인 1에는 22번, 21번, 24번, 23번, 4번, 3번 문항이, 요인 2에는 12번, 10번, 13번, 11번, 26번, 14번, 25번 문항이, 요인 3에는 17번, 16번, 20번, 15번, 19번, 18번 문항이, 요인 4에는 6번, 5번, 7번, 9번, 8번, 27번 문항이, 요인 5에는 1번, 2번 문항이 상대적으로 높은 요인적재량(factor loading)을 보이고 있다.

| 실제 논문 수록 예 |

논문 출처: 오재연(2006). 시간 경과에 따른 유아의 유치원생활 적응행동연구. 아동학회지, 27(2), 71-84.

❖ 연구문제

1. 유아의 유치원 생활 적응행동은 어떠한 요인으로 구성되어 있는가?

❖ 결과

서 미국유아와 우리나라 유아들이 같지 않은 항목도 있을 수 있다. 그러므로 본 연구에서는 애착 Q-set의 한국판 준거점수를 개발하기 위해 국내에서 애착을 주제로 연구한 경험이 있는 아동학과 발달심리학분야의 교수 및 소아정신과 의사 8명으로 구성된 전문가들이 제시한 준거점수와의 상관계수를 산출한 후 연구대상을 분류하

유치원생활 적응행동을 구체적으로 살펴보기 위하여 문항들을 요인분석(Factor Analysis)하였다. 먼저, 서로 관련성이 있는 문항들을 사용하기 위해 변수들 간의 상관관계를 본 결과, 32문항들이 서로 적절히 높고 낮은 상관관계가 있었으므로 공통요인으로 추출하기에 적합하였다.

요인분석에 있어서 요인추출은 주성분 분석

〈표 1〉 요인의 아이겐 값

요 인	아이겐 값	공통변량	누가백분율(%)
개인/사회기술 문제행동	6.68	20.88	20.88
환경적응 문제행동	5.77	18.02	38.90
활동적응 문제행동	5.04	15.74	54.64
또래협력 및 상호작용 문제행동	4.94	15.44	70.08

〈표 2〉 유치원생활 적응행동의 요인분석 및 기초통계

문 항	요인1	요인2	요인3	요인4	M/SD
7. 대체로 혼자 고독하게 노는 편이다.	.96	.02	.04	.01	1.08/0.28
26. 아무 생각없이 허공을 주시하곤 한다.	.88	-.09	.09	-.02	1.07/0.26
5. 다른아이들과 놀지않고 대체로 혼자노는 편이다.	.87	.14	.01	.04	1.08/0.31
21. 쉽게 잘 운다.	.86	.05	-.06	-.07	1.05/0.21
30. 유치원에 도착해서 잘 운다.	.82	-.08	-.01	-.04	1.06/0.23
22. 쉽게 포기한다.	.79	-.10	-.01	-.06	1.04/0.19
9. 슬퍼보이거나 우울해 보인다.	.74	.14	-.12	-.01	1.07/0.30
19. 무뚝뚝하고 태만하다.	.73	.17	.03	.05	1.06/0.27
28. 가끔씩 멍하니 있다.	.68	-.08	.17	-.03	1.04/0.19
33. 이 아동을 문제아라고 생각하십니까?	.67	.25	.18	.22	1.17/0.37
하위영역 1(개인/사회기술 문제행동)			1.06/0.20		
13. 새것,새로운상황에 두려워하는 경향이 있다.	.08	.96	.08	.02	1.05/0.21
12. 집중을 잘 못하거나 주의 집중 시간이 짧다.	.06	.94	.03	.09	1.06/0.23
29. 엄지손가락을 빤다.	-.09	.90	.14	-.03	1.04/0.19
6. 많은 것들에 대한 걱정에 사로잡혀 있다.	.18	.86	-.02	.13	1.06/0.28
10. 손톱을 물어뜯거나 빤다.	.03	.81	-.06	.15	1.06/0.28
16. 대소변을 잘 못가린다.	-.09	.76	.27	.00	1.06/0.23
2. 꼼지락 거리고 안절부절못한다.	-.07	.72	.04	.15	1.06/0.27
17. 소극적으로 행동한다.	.17	.49	.10	.08	1.09/0.35
하위영역 2(환경적응 문제행동)			1.05/0.21		
27. 어색해하고 우물쭈물한다.	.00	.02	.91	-.08	1.97/0.72
14. 가만히 앉아 있지 못한다.	.01	.02	.90	-.09	1.96/0.71
1. 가만 있지 않고 이리저리 돌아다닌다.	.00	.01	.87	-.20	1.96/0.72
8. 쉽게 화를 내고 잘 참지 못한다.	-.00	.05	.85	.00	2.11/0.79
11. 교사의 지시를 잘 따르지 않는다.	.22	.16	.84	-.05	2.09/0.76
20. 장난감을 다른 아이들과 나누어 놀지 않는다.	.03	.02	.73	-.07	2.04/0.72
32. 남의 것을 개의치 않고 가져간다.	.02	.20	.57	-.19	1.54/0.72
하위영역 3(활동적응 문제행동)			1.90/0.59		
25. 다른 아이들을 괴롭히거나 신체적인 공격을 한다.	-.12	.10	-.02	.89	1.35/0.55
23. 다른 아이에게 상냥치 못하다.	.13	-.07	-.15	.88	1.31/0.54
15. 나쁜 행동을 하고도 개의치 않는다.	-.09	-.03	-.25	.87	1.31/0.64
18. 다른 아이들을 못살게 군다.	.01	.03	-.04	.82	1.50/0.63
31. 아프다고 불평한다.	.03	.09	-.17	.80	1.31/0.54
4. 다른 아이들과 싸운다.	.02	.24	-.07	.79	1.40/0.56
3. 자기나 다른 아이들의 것을 망가뜨리거나 부순다.	.07	.26	-.04	.61	1.70/0.74
하위영역 4(또래협력 및 상호작용 문제행동)			1.41/0.49		

변수선정이 바람직함을 알 수 있다. 또한 요인분석 모형의 적합성 여부를 나타내는 Bartlett의 구형 검정치에 있어서 귀무가설이 기각되었으므로 공통요인이 존재한다고 볼 수 있다.

<표 1>을 보면 주성분 분석 실시결과 4개의 요인의 아이겐 값을 나타내주고 있는데 값이 모두 1보다 크므로 4개 요인이 의미가 있음을 알 수 있다. 또한 4개 요인이 설명해 주는 양은 전체변량의 70%인 것으로 분석되었다. 요인별로 묶인 각각의 문항들을 살펴보면 요인 1은 개인/사회기술 문제행동, 요인 2는 환경적응 문제행동, 요인 3은 활동적응 문제행동, 요인 4는 또래협력 및 상호작용 문제행동의 특징을 나타내는 문항들이 그룹핑 되었음을 알 수 있다. 이를 토대로 유치원생활 적응 문제행동에서의 중요한 요인은 개인/사회기술 문제행동(요인1), 활동적응 문제행동(요인3), 또래협력 및 상호작용 문제행동(요인4) 등으로 명칭(naming)을 부여할 수 있었으며, 하위요인들 간의 상관계수는 .28～.64의 상관을 나타냈다.

유치원생활 적응행동의 요인계수(적재값)는 <표 2>와 같다.

<표 2>에 따르면 요인 1에는 7번, 26번, 5번, 21번, 30번, 22번, 9번, 19번, 28번, 33번 문항이, 요인 2에는 13번, 12번, 29번, 6번, 10번, 16번, 2번, 17번 문항이, 요인 3에는 27번, 14번, 1번, 8번, 11번, 20번, 32번 문항이, 요인 4에는 25번, 23번, 15번, 18번, 31번, 4번, 3번 문항이 높은 요인적재량(factor loading)을 보이고 있다. 유치원생활 적응 문제행동에서의 주요 요인으로 분석된 4가지 요인을 비교·분석해 보면 활동적응 문제행동(M=1.90, SD=0.59)이 가장 높은 점수를 산출한 요인이었으며, 다음으로 또래협력 및 상호작용 문제행동(M=1.41, SD=0.49), 개인/사회기술 문제행동(M=1.06, SD=0.20) 순이었으며, 가장 낮은 요인은 환경적응 문제행동(M=1.05, SD=0.21)인 것으로 분석되었다. 요인별 하위항목들을 분석해 보면 유아의 활동적응 문제행동은 "쉽게 화를 내고 잘 참지 못한다."와 "교사의 지시를 잘 따르지 않는다."(M=2.11, SD=0.79; M=2.09, SD= 0.76)가 가장 문제 있는 항목으로 나타났으며, 가장 낮은 항목은 "남의 것을 개의치 않고 가져간다."(M=1.54, SD=0.72)였다. 그러나 가장 낮은 문항임에도 불구하고 보통점수인 1.5점을 넘으므로 중요도가 낮은 것으로 해석할 수는 없을 것이다. 또래협력 및 상호작용 문제행동은 "자기가 다른 아이들의 것을 망가뜨리거나 부순다."(M=1.70, SD=0.74)라는 문항이 가장 문제 있는 항목으로 나타났으며, 개인/사회기술 문제행동과 환경적응 문제행동은 거의 비슷하게 나타났다.

3. 연구의 절차

측정도구의 적절성과 타당성을 사전에 검증하기 위하여 대상에 포함되지 않는 유치원에서 예비조사를 실시한 후 본조사를 하였다. 우선, 애착 Q-set에 대해 만 3세 유아의 어머니 14명과 유치원 교사 3인이 안면타당도 검사를 하였으며, 아동학 전공자 3인과 유치원교사 1인이 내용타당도 검사를 하였다. 또한, 본 연구에 참여하지 않은 어머니와 유치원 교사 8명을 대상으로 예비조사를 실시한 후 응답하기에 무리가 있다고 지적된 표현들을 유치원의 실정에 맞게 수정하였다. 유아의 유치원생활 적응행동을 관찰하기 위하여 본 연구자 외에 유아교육을 전공하는 대학원생 2명이 관찰을 실시하였으며, 하위문항들 중 신체증상 "24"문항의 발생빈도는 극히 낮아서 분석에서 제외시켰다. 관찰의 신뢰도를 높이기 위하여 관찰에 들어가기 전에 관찰기록지의 각 문항에 관하여 2번의 토론을 거쳤으며, 유아교육전공자

❖ 해석

본 연구의 연구자는 유치원 생활 적응행동을 구체적으로 살펴보기 위해 요인 분석을 사용하였다. 먼저, 서로의 관련성을 점검하기 위해 상관관계를 분석한 결과 서로 적절히 높고 낮은 상관관계가 있었으므로 공통 요인으로 추출하기에 적합함을 조사하였으며, 요인들 간의 상호 독립성 검증을 하는 데 유용한 직교회전법을 사용하여 요인 추출 시 요인 수 및 정보 손실을 최소화하였다. 요인 분석 결과 4개의 요인을 추출하였으며 각 요인들의 특징을 대표하는 명칭(개인/사회기술문제행동, 환경적응문제행동, 활동적응문제행동, 또래협력 및 상호작용문제행동)을 부여하였다.

참고문헌

강상조(1988). 체육통계. 보경문화사.

김석우(2008). 사회과학연구를 위한 SPSS WIN 12.0 활용의 실제. 교육과학사.

김성재, 유구종(2010). 교사의 근무경력에 따른 유아미술교육활동의 운영 실태 및 교수방법의 차이분석, 한국열린유아교육학회 발표논문집, 145-169.

김승옥, 유구종, 김민경(2009). 유아의 인터넷 게임 과몰입 변인에 관한 연구. 열린유아교육연구, 14(4), 377-391.

김재은(1981). 통계적 방법. 교육과학사.

문수백(2003). 연구방법의 실제. 학지사

문수백, 이준석, 채찬호(1997). 사회과학 연구를 위한 실험연구. 학지사.

성태제(1995). 현대 기초통계학의 이해와 적용. 양서원.

______(2011). SPSS/AMOS를 이용한 알기쉬운 통계분석. 학지사.

송인섭(1997). 통계학의 이해. 학지사

예종이(1996). 체육통계와 연구설계. 태근문화사.

오재연, 이지현(2005). 3세 유아의 어머니와 교사에 대한 애착 유형과 유치원생활 적응행동연구. 열린유아교육연구, 10(3), 385-412.

오재연(2006). 시간 경과에 따른 유아의 유치원생활 적응행동연구. 아동학회지, 27(2), 71-84.

유구종(2006). 언어 영역과 역할놀이 영역에서의 멀티미디어 통합이 유아의 읽기행동과 읽기 능력에 미치는 영향. 열린유아교육연구, 11(5), 97-121.

유구종, 박수화(2005). 총체적언어 쓰기활동과 멀티미디어 매체가 유아의 언어표현력 및 어휘력에 미치는 영향, 열린유아교육연구, 10(3), 361-383

이화룡(1998). Excel 97과 경영통계. 혜지원.

임재택(1983). 통계방법. 박영사.

정상녀, 유구종(2008). 멀티미디어를 활용한 언어접근 교수 유형이 유아의 언어능력과 컴퓨터 활용능력에 미치는 영향. 열린유아교육연구, 13(6), 69-92.

정진희(1998). web상에서 통계교육용 가설검정 시스템 구현, 성균관대학교 대학원 석사학위논문.

홍성열(1998). 사회과학도를 위한 기초통계. 학지사.

Anderson, J.G.(1978). Causal Models in Educational Research: Nonrecursive Models, *American Educational Research Journal*, 15-1, 81-97.

Fallik, F., & Brown, B.(1983). *Statistics for Behavioral Sciences, Homewood*. Illinois: Dorsey.

Ferguson, G. A.(1981). *Statistical Analysis in Psychology & Education(5th ed.)*. N.Y.: McGraw-Hill.

Keppel, G.(1973). *Design and ananysis: A researcher' s handbook, Englewood Cliffs*. N.J.: Prentice-Hall.

Ruth, R.(1994). *Practical Statistics for Educators*. University Press of America, Inc.

Shavelson, R. J.(1981). *Statistical Reasoning for the Behavioral Sciences*. Boston: Allyn and Bacon, Inc..

부록

부록 1 SPSS 예제 데이터 다운로드 방법

본 책에서 SPSS 통계처리의 예를 들기 위하여 사용된 데이터들은 SPSS 프로그램의 데이터 파일 형태이며 다음 2가지 방법 중 택일하여 사용하기 바란다.

❖ 방법 1

창지사 홈페이지(www.changjisa.com)에 접속하거나 '네이버' 에서 [창지사]를 검색하여 창지사 사이트로 들어오면, 아래 그림과 같이 상단 메뉴에서 [커뮤니티]를 누르고 다시 [자료실]을 누른 후 '4번' 자료의 아이콘을 눌러 '통계책 데이터.zip' 파일을 다운로드 받아 압축을 푼다.

SPSSWIN 프로그램을 수행시키고 주 메뉴 상의 〈파일〉-〈열기〉를 누른 다음 압축을 푼 해당 파일(.sav 파일)을 불러서 사용하면 된다.

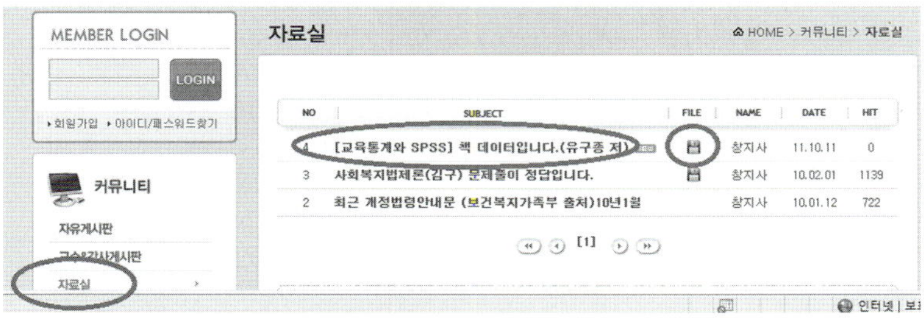

아래와 같이 [자유게시판]에서도 다운로드 받아 사용할 수 있다.

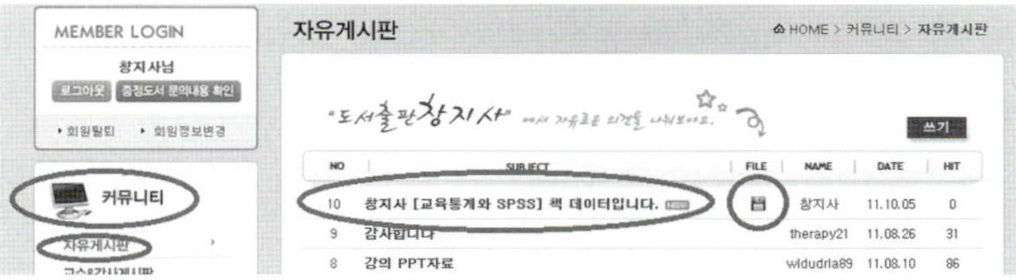

❖ 방법 2

유구종 교수 홈페이지에 접속하여(네이버에서 "유구종"을 검색하면 한국의 유아교육 사이트 'www.youngchild.kr'에 들어갈 수 있다.)

아래 그림과 같이 홈페이지 하단의  아이콘을 누른다.

('mbus.or.kr' 사이트에 직접 들어가도 된다.)

그러면 아래 그림과 같이  사이트로 들어오는데, 여기 상단 메뉴에서 '자료실'을 누르고 왼쪽의 '기타 자료실' 단추를 누른다. 그리고 아래 그림과 같이 5번 자료 '5 창지사 [교육통계와 SPSS] 책 데이터입니다.'를 누르고 '통계책 데이터.zip' 파일을 다운로드 받아 압축을 푼다.

SPSSWIN 프로그램을 수행시키고 주 메뉴 상의 〈파일〉-〈열기〉를 누른 다음 압축을 푼 해당 파일(.sav 파일)을 불러서 사용하면 된다.

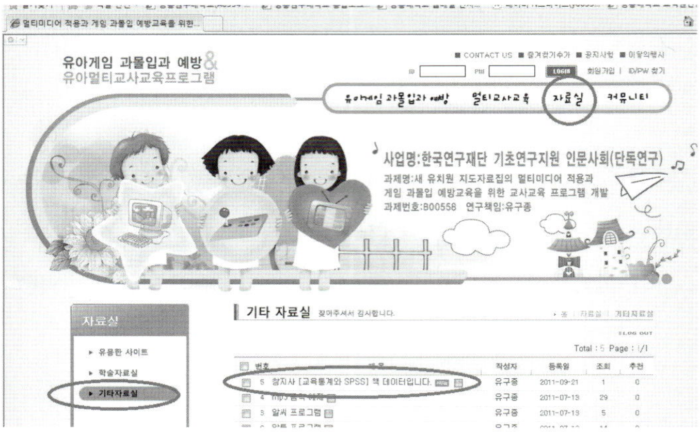

부록 2 난수표

63271	59986	71744	51102	15141	80714	58683	93108	13554	79945
88547	09896	95436	79115	08303	01041	20030	63754	08459	28364
55957	57243	83865	09911	19761	66535	40102	26646	60147	15702
46276	87453	44790	67122	45573	84358	21625	16999	13385	22782
55363	07449	34835	15290	76616	67191	12777	21861	68689	03263
69393	92785	49902	58447	42048	30378	87618	26933	40640	16281
13186	29431	88190	04588	38733	81290	89541	70290	40113	08243
17726	28652	56836	78351	47327	18518	92222	55201	27340	10493
36520	64465	05550	30157	82242	29520	69753	72602	23756	54935
81628	36100	39254	56835	37636	02421	98063	89641	64953	99337
84649	48968	75215	75498	49539	74240	03466	49292	36401	45525
63291	11618	12613	75055	43915	26488	41116	64531	56827	30825
70502	53225	03655	05915	37140	57051	48393	91322	25653	06543
06426	24771	59935	49801	11082	66762	94477	02494	88215	27191
20711	55609	29430	70165	45406	78484	31639	52009	18873	96927
41990	70538	77191	25860	55204	73417	83920	69468	74972	38712
72452	36618	76298	26678	89334	33938	95567	29380	75906	91807
37042	40318	57099	10528	09925	89773	41335	96244	29002	46453
53766	52875	15987	46962	67342	77592	57651	95508	80033	69828
90585	58955	53122	16025	84299	53310	67380	84249	25348	04332
32001	96293	37203	64516	51530	37069	40261	61374	05815	06714
62606	64324	46354	72157	67248	20135	49804	09226	64419	29457
10078	28073	85389	50324	14500	15562	64165	06125	71353	77669
91561	46145	24177	15294	10061	98124	75732	00815	83452	97355
13091	98112	53959	79607	52244	63303	10413	63839	74762	50289
73864	83014	72457	22682	03033	61714	88173	90835	00634	85169
66668	25467	48894	51043	02365	91726	09365	63167	95264	45643
84745	41042	29493	01836	09044	51926	43630	63470	76508	14194
48068	26805	94594	47907	13357	38412	33318	26098	82782	42851
54310	96175	97594	88616	42035	38093	36745	56702	40644	83514
14877	33095	10924	58013	61439	21882	42059	24177	58739	60170
78295	23179	02771	43464	59061	71411	05697	67194	30495	21157
67524	02865	39593	54278	04237	92441	26602	63835	38032	94770
58268	57219	68124	73455	83236	08710	04284	55005	84171	42596
97158	28672	50685	01181	24262	19427	52106	34308	73685	74246
04230	16831	69085	30802	65559	09205	71829	06489	85650	38707
94879	56606	30401	02602	57658	70091	54986	41394	60437	03195
71446	15232	66715	26385	91518	70566	02888	79941	39684	54315
32886	05644	79316	09819	00813	88407	17461	73925	53037	91904
62048	33711	25290	21526	02223	75947	66466	06232	10913	75336

저자소개

학력 사항	중앙대학교 사범대학 교육학과(학사) 중앙대학교 대학원 유아교육전공(석사) 중앙대학교 대학원 유아교육전공(박사)
경력 사항	현, 국립강릉원주대학교 유아교육학과 교수 현, 강원유아교육학회 회장 현, 한국열린유아교육학회 부회장 현, 한국영유아교원교육학회 감사, 편집위원 현, 한국실천유아교육학회 부회장 현, 한국어린이미디어학회 연구이사 현, 한국어린이문학교육학회 홍보이사 현, 한국유아교육학회 강원지회장
대표 저서	유아컴퓨터교육과 ICT(2007). 창지사. 최신 영유아보육학개론(2012). 공동체. 등 다수.
홈 페이지	www.youngchild.kr
이 메 일	ykj@gwnu.ac.kr

유아 · 아동교육에서의

교육통계와 SPSS

초판 1쇄 인쇄 2011년 12월 12일
초판 1쇄 발행 2011년 12월 20일

지은이 | 유구종
펴낸이 | 김기섭
편집인 | 태선옥
펴낸곳 | 창지사 www.changjisa.com
153-802 서울시 금천구 가산동 345-13 파트너스타워1차 (9F, B1F)
전화 (02) 719-2211~3
팩스 (02) 701-9386
등 록 | 1977년 4월 28일 · 제1-421호

ISBN 978-89-426-0648-1 (93370)

값 19,000원